# 长江流域渔业行政执法培训教材

唐 议 主编

中国农业出版社

北 京

图书在版编目（CIP）数据

长江流域渔业行政执法培训教材／唐议主编．—北京：中国农业出版社，2023.10
ISBN 978 - 7 - 109 - 31047 - 6

Ⅰ.①长… Ⅱ.①唐… Ⅲ.①渔业管理－行政执法－中国－培训－教材 Ⅳ.①D922.654

中国国家版本馆 CIP 数据核字（2023）第 161499 号

长江流域渔业行政执法培训教材
CHANGJIANG LIUYU YUYE XINGZHENG ZHIFA PEIXUN JIAOCAI

中国农业出版社出版

地址：北京市朝阳区麦子店街 18 号楼
邮编：100125
责任编辑：杨晓改 文字编辑：蔡雪青
版式设计：杨 婧 责任校对：张雯婷
印刷：三河市国英印务有限公司
版次：2023 年 10 月第 1 版
印次：2023 年 10 月河北第 1 次印刷
发行：新华书店北京发行所
开本：787mm×1092mm 1/16
印张：19.25
字数：430 千字
定价：198.00 元

# 编 者 名 单

**主编** 唐 议

**编者** 唐 议 朱清澄 夏 亮

　　　张 健 张燕雪丹 郭 倩

　　　刘 凯 沈 钢 黎明政

长江是中华民族的母亲河，是中华民族发展的重要支撑。多年来，受栖息地破坏、水域污染、过度捕捞等人类活动的影响，长江生物多样性持续下降，渔业资源严重衰退，水生生物保护形势日趋严峻，水域生态修复任务艰巨。对此，党中央高度重视，习近平总书记作出一系列重要指示，明确要求推动长江经济带发展必须从中华民族长远利益考虑，在当前和今后相当长的一个时期内，要把修复长江生态环境摆在压倒性位置，共抓大保护、不搞大开发，努力探索出一条生态优先、绿色发展新路子，明确指出要切实加强长江水生生物资源保护。

2016 年 12 月 31 日，《中共中央 国务院关于深入推进农业供给侧结构性改革 加快培育农业农村发展新动能的若干意见》发布，提出率先在长江流域水生生物保护区实现全面禁捕。2018 年 10 月 15 日，《国务院办公厅关于加强长江水生生物保护工作的意见》（国办发〔2018〕95 号）发布，提出到 2020 年长江流域重点水域实现常年禁捕，同时要求提升执法监管能力，强化重点水域执法。

2019 年 12 月 27 日，《农业农村部关于长江流域重点水域禁捕范围和时间的通告》（农业农村部通告〔2019〕4 号）发布，规定：长江上游珍稀特有鱼类国家级自然保护区等 332 个自然保护区和水产种质资源保护区，自 2020 年 1 月 1 日 0 时起全面禁止生产性捕捞；长江干流和重要支流除水生生物自然保护区和水产种质资源保护区以外的天然水域，最迟自 2021 年 1 月 1 日 0 时起实行暂定为期

10 年的常年禁捕，其间禁止天然渔业资源的生产性捕捞；鄱阳湖、洞庭湖等大型通江湖泊除水生生物自然保护区和水产种质资源保护区以外的天然水域，由有关省级渔业主管部门划定禁捕范围，最迟自 2021 年 1 月 1 日 0 时起，实行暂定为期 10 年的常年禁捕，其间禁止天然渔业资源的生产性捕捞；与长江干流、重要支流、大型通江湖泊连通的其他天然水域，由省级渔业行政主管部门确定禁捕范围和时间。2020 年 11 月 19 日发布的《农业农村部关于设立长江口禁捕管理区的通告》（农业农村部通告〔2020〕3 号）中规定，在长江口东经 122°15′、北纬 31°41′36″、北纬 30°54′形成的框型区线，向西以水陆交界线为界的范围内，建立长江口禁捕管理区，管理区内的上海市长江口中华鲟自然保护区、长江刀鲚国家级水产种质资源保护区等水生生物保护区水域全面禁止生产性捕捞，水生生物保护区以外水域自 2021 年 1 月 1 日 0 时起实行与长江流域重点水域相同的禁捕管理措施。

在长江重点水域常年实行禁捕管理的形势下，长江流域渔业行政执法面临着前所未有的新挑战，也对提升渔业行政执法监管能力提出了新的和更高的要求，亟待全面提升渔政执法人员的业务能力，尤其是要全面、准确掌握新形势下的执法任务要求和相关规范。为此，在农业农村部长江流域渔政监督管理办公室的领导下，上海海洋大学组织力量编写了这本培训教材，以期为长江流域渔政执法人员业务培训提供学习资料，同时也可作为开展渔业行政执法的工具书、参考书。

本教材共有 7 章、7 个附录。第一章介绍了新形势下长江流域渔业行政执法的政策背景，着重梳理了生态文明建设要求下长江重点水域禁捕的主要政策文件和相关要求；第二章从 13 个方面介绍了长江流域渔业行政执法所涉及的主要法律制度依据，包括长江禁渔、水生生物保护区、渔具和捕捞方法管理、水生野生动物保护管理、长江流域垂钓管理、有关渔业资源保护的其他法律规定，以及渔业水域环境保护、渔业资源与生态环境损害公益诉讼、水生生物增殖放流管理、捕捞业管理、水产养殖管理、渔业船员管理，并介绍了有关渔业行政处罚的其他法律规定；第三章介绍了长江流域渔业行政执法的基本体制与主要内容，包括执法体制、主要执法内容、行政执法管辖和行刑衔接机制；第四章从行政处罚程序流程与基本要求，执法检查的主要内容，执法检查规范、措施和方法，渔业行政处罚的证据，行政执法案件处理规范等方面介绍了长江流域渔业违法案件查处实际操作规范要求；第五章专门针对渔业行政执法文书和案卷归档进行全面介绍，以期提高渔业行政执法的规范性；第六章介绍了渔业行政复议与渔业行政诉讼制度要求，以及诉讼案的应诉；第七章围绕长江流域渔业行政执法规范与作风，重点阐述了习近平法治思想与依法行政的基本原则和要求、渔业行政执法基本规范、队伍作风建设和执法人员过错责任追究。

本教材的附录包括率先全面禁捕的长江流域水生生物保护区名录、长江流域分布的主要国家重点保护水生野生动物、农业部濒危水生野生动植物种鉴定单位名单、水生野生动物基准价值标准目录、长江流域渔业行政处罚管辖主体与罚则速查表、农业农村部关于长江流域重点水域禁用渔具名录的通告、农业部关于长江干流实施捕捞准用渔具和过渡渔具最小网目尺寸刻度的通告（试行）。

本教材由上海海洋大学唐议教授主持编写并负责统稿。上海海洋大学朱清澄教授、夏亮教授、郭倩副教授、张健副教授、张燕雪丹副教授，以及中国水产科学研究院淡水渔业研究中心刘凯研究员、江苏省骆马湖渔业管理委员会沈钢处长、中国科学院水生生物研究所黎明政博士等参加了编写工作。

由于编者水平有限，在内容和结构上难免有疏漏之处，望广大读者批评指正。

编　者

2023 年 5 月

目录

前言

# 第一章 新形势下长江流域渔业
# 行政执法的政策背景

## 第一节 生态文明建设与"长江大保护"概述

坚持人与自然和谐共生，是新时代坚持和发展中国特色社会主义的基本方略之一。党的十八大以来，国家将生态文明建设放在中国特色社会主义事业"五位一体"总体布局的高度予以推进。2015年相继发布了《中共中央 国务院关于加快推进生态文明建设的意见》《生态文明体制改革总体方案》等重大政策文件，强力推进生态文明建设。2016年1月5日，习近平总书记在重庆主持召开推动长江经济带发展座谈会并发表重要讲话，指出要把修复长江生态环境摆在压倒性位置，共抓大保护，不搞大开发。2017年，党的十九大报告进一步明确提出，加快生态文明体制改革，建设美丽中国。

### 一、党的十八大报告关于推进生态文明建设的内容

党的十八大报告首次提出，全面落实经济建设、政治建设、文化建设、社会建设、生态文明建设"五位一体"总体布局，促进现代化建设各方面相协调，促进生产关系与生产力、上层建筑与经济基础相协调，不断开拓生产发展、生活富裕、生态良好的文明发展道路。

十八大报告在第八部分"大力推进生态文明建设"中强调，建设生态文明，是关系人民福祉、关乎民族未来的长远大计。面对资源约束趋紧、环境污染严重、生态系统退化的严峻形势，必须树立尊重自然、顺应自然、保护自然的生态文明理念，把生态文明建设放在突出地位，融入经济建设、政治建设、文化建设、社会建设各方面和全过程，努力建设美丽中国，实现中华民族永续发展。

大力推进生态文明建设的基本原则是：坚持节约资源和保护环境的基本国策，坚持节约优先、保护优先、自然恢复为主的方针，着力推进绿色发展、循环发展、低碳发展，形成节约资源和保护环境的空间格局、产业结构、生产方式、生活方式，从源头上扭转生态环境恶化趋势，为人民创造良好的生产、生活环境，为全球生态安全作出贡献。

大力推进生态文明建设的具体措施包括：优化国土空间开发格局、全面促进资源节约、加大自然生态系统和环境保护力度、加强生态文明制度建设。其中，在加大自然生态系统和环境保护力度方面，要实施重大生态修复工程，增强生态产品生产能力，推进荒漠化、石漠化、水土流失综合治理，扩大森林、湖泊、湿地面积，保护生物多样性；加快水

利建设，增强城乡防洪抗旱排涝能力；加强防灾减灾体系建设，提高气象、地质、地震灾害防御能力；坚持预防为主、综合治理，以解决损害群众健康突出环境问题为重点，强化水、大气、土壤等污染防治；坚持共同但有区别的责任原则、公平原则、各自能力原则，同国际社会一道积极应对全球气候变化。

## 二、党的十九大报告关于推进生态文明建设的内容

党的十九大报告进一步强化了对生态文明建设的要求。在报告全文中，"生态"一词出现43次，"生态文明"一词出现12次，可见其重要程度。

十九大报告在第三部分"新时代中国特色社会主义思想和基本方略"中，明确将"五位一体"作为中国特色社会主义事业总体布局，将坚持人与自然和谐共生作为新时代坚持和发展中国特色社会主义基本方略的一个重要部分，明确指出：建设生态文明是中华民族永续发展的千年大计。必须树立和践行绿水青山就是金山银山的理念，坚持节约资源和保护环境的基本国策，像对待生命一样对待生态环境，统筹山水林田湖草系统治理，实行最严格的生态环境保护制度，形成绿色发展方式和生活方式，坚定走生产发展、生活富裕、生态良好的文明发展道路，建设美丽中国，为人民创造良好的生产、生活环境，为全球生态安全作出贡献。

十九大报告在第九部分"加快生态文明体制改革，建设美丽中国"中，对生态文明建设进行了专门论述。

首先，明确指出：人与自然是生命共同体，人类必须尊重自然、顺应自然、保护自然。人类只有遵循自然规律才能有效防止在开发利用自然上走弯路，人类对大自然的伤害最终会伤及人类自身，这是无法抗拒的规律。

其次，论述了生态文明与现代化的逻辑关系：我们要建设的现代化是人与自然和谐共生的现代化，既要创造更多物质财富和精神财富以满足人民日益增长的美好生活需要，也要提供更多优质生态产品以满足人民日益增长的优美生态环境需要。必须坚持节约优先、保护优先、自然恢复为主的方针，形成节约资源和保护环境的空间格局、产业结构、生产方式、生活方式，还自然以宁静、和谐、美丽。

最后，从以下四个方面提出生态文明建设的具体要求：

（1）推进绿色发展。加快建立绿色生产和消费的法律制度和政策导向，建立健全绿色低碳循环发展的经济体系。构建市场导向的绿色技术创新体系，发展绿色金融，壮大节能环保产业、清洁生产产业、清洁能源产业。推进能源生产和消费革命，构建清洁低碳、安全高效的能源体系。推进资源全面节约和循环利用，实施国家节水行动，降低能耗、物耗，实现生产系统和生活系统循环链接。倡导简约适度、绿色低碳的生活方式，反对奢侈浪费和不合理消费，开展创建节约型机关、绿色家庭、绿色学校、绿色社区和绿色出行等行动。

（2）着力解决突出环境问题。坚持全民共治、源头防治，持续实施大气污染防治行动，打赢蓝天保卫战。加快水污染防治，实施流域环境和近岸海域综合治理。强化土壤污

染管控和修复，加强农业面源污染防治，开展农村人居环境整治行动。加强固体废弃物和垃圾处置。提高污染排放标准，强化排污者责任，健全环保信用评价、信息强制性披露、严惩重罚等制度。构建政府为主导、企业为主体、社会组织和公众共同参与的环境治理体系。积极参与全球环境治理，落实减排承诺。

（3）加大生态系统保护力度。实施重要生态系统保护和修复重大工程，优化生态安全屏障体系，构建生态廊道和生物多样性保护网络，提升生态系统质量和稳定性。完成生态保护红线、永久基本农田、城镇开发边界三条控制线划定工作。开展国土绿化行动，推进荒漠化、石漠化、水土流失综合治理，强化湿地保护和恢复，加强地质灾害防治。完善天然林保护制度，扩大退耕还林还草。严格保护耕地，扩大轮作休耕试点，健全耕地草原森林河流湖泊休养生息制度，建立市场化、多元化生态补偿机制。

（4）改革生态环境监管体制。加强对生态文明建设的总体设计和组织领导，设立国有自然资源资产管理和自然生态监管机构，完善生态环境管理制度，统一行使全民所有自然资源资产所有者职责，统一行使所有国土空间用途管制和生态保护修复职责，统一行使监管城乡各类污染排放和行政执法职责。构建国土空间开发保护制度，完善主体功能区配套政策，建立以国家公园为主体的自然保护地体系。坚决制止和惩处破坏生态环境行为。

### 三、中共中央　国务院关于加快推进生态文明建设的意见

2015 年 4 月 25 日，《中共中央　国务院关于加快推进生态文明建设的意见》（以下简称《关于加快推进生态文明建设的意见》）正式印发。

《关于加快推进生态文明建设的意见》强调，坚持节约资源和保护环境的基本国策，把生态文明建设放在突出的战略位置，融入经济建设、政治建设、文化建设、社会建设各方面和全过程，协同推进新型工业化、信息化、城镇化、农业现代化和绿色化，以健全生态文明制度体系为重点，优化国土空间开发格局，全面促进资源节约利用，加大自然生态系统和环境保护力度，大力推进绿色发展、循环发展、低碳发展，弘扬生态文化，倡导绿色生活，加快建设美丽中国，使蓝天常在、青山常在、绿水常在，实现中华民族永续发展。

《关于加快推进生态文明建设的意见》提出了生态文明建设的五项基本原则：坚持把节约优先、保护优先、自然恢复为主作为基本方针，坚持把绿色发展、循环发展、低碳发展作为基本途径，坚持把深化改革和创新驱动作为基本动力，坚持把培育生态文化作为重要支撑，坚持把重点突破和整体推进作为工作方式。

《关于加快推进生态文明建设的意见》设定了到 2020 年的主要目标：资源节约型和环境友好型社会建设取得重大进展，主体功能区布局基本形成，经济发展质量和效益显著提高，生态文明主流价值观在全社会得到推行，生态文明建设水平与全面建成小康社会目标相适应。具体包括国土空间开发格局进一步优化、资源利用更加高效、生态环境质量总体改善、生态文明重大制度基本确立等 4 个方面。

《关于加快推进生态文明建设的意见》在强化主体功能定位、优化国土空间开发格局方面，提出 4 项措施：积极实施主体功能区战略，大力推进绿色城镇化，加快美丽乡村建设，加强海洋资源科学开发和生态环境保护。在推动技术创新和结构调整、提高发展质量和效益方面，提出 3 项措施：推动科技创新，调整优化产业结构，发展绿色产业。在全面促进资源节约循环高效使用、推动利用方式根本转变方面，提出 3 项措施：推进节能减排，发展循环经济，加强资源节约。在加大自然生态系统和环境保护力度、切实改善生态环境质量方面，提出 3 项措施：保护和修复自然生态系统，全面推进污染防治，积极应对气候变化。在健全生态文明制度体系方面，提出 10 项措施：健全法律、法规，完善标准体系，健全自然资源资产产权制度和用途管制制度，完善生态环境监管制度，严守资源环境生态红线，完善经济政策，推行市场化机制，健全生态保护补偿机制，健全政绩考核制度，完善责任追究制度。在加强生态文明建设统计监测和执法监督方面，提出两项措施：加强统计监测，强化执法监督。在加快形成推进生态文明建设的良好社会风尚方面，提出了 3 项措施：提高全民生态文明意识，培育绿色生活方式，鼓励公众积极参与。在切实加强组织领导方面，提出 4 项措施：强化统筹协调，探索有效模式，广泛开展国际合作，抓好贯彻落实。

## 四、生态文明建设与渔业发展

渔业是典型的资源环境依赖型产业，无论是捕捞还是水产养殖，都依赖于良好渔业资源和水域环境；反之，渔业活动又对渔业资源和水域环境产生影响。在当前我国渔业资源普遍被充分开发、部分渔业资源被过度利用，以及水产养殖大规模发展的现实条件下，在生态优先、绿色发展的大背景下，如何在渔业发展和管理中始终坚持生态文明建设理念，直接关系到渔业产业的生存和可持续发展，也关系到国家生态文明建设的大局和进程。因此，必须深刻认识生态文明建设对渔业发展的重要意义，牢固树立生态文明的理念，正确认识和处理好生态文明建设与渔业发展的关系，在发展渔业的同时建设好生态文明。

### 1. 生态文明对渔业发展的重要意义

（1）生态文明是一种价值理念。"价值理念"好像看不见摸不着，但它决定着对发展方向的判断和实现方式的选择。近代以来，包括渔业在内的资源开发利用活动在创造物质财富和文化成果的同时，也造成了资源约束趋紧、环境污染严重、生态系统退化等一系列问题。从源头上、从根本上跨过资源环境约束这道槛，就必须在思想上牢固树立尊重自然、顺应自然、保护自然的生态文明理念，强化人口众多、资源不足的忧患意识，强化经济发展、社会进步和生态平衡的和谐意识，强化节约资源、循环利用的发展意识。

（2）生态文明是一种发展模式。建设生态文明、发展循环经济反映了现代渔业发展的内在要求，是保护渔业生态环境和合理利用渔业资源的有效手段。在渔业领域，这一发展模式体现为要推动资源利用的合理化和节约化、生产过程清洁化、产业链接循环化、废物处理资源化，形成渔业与其他产业共生的循环渔业生产方式，改善渔（农）村生态环境，提高渔业综合效益。尤其是对于捕捞业而言，渔业资源具有自我繁殖、生长的能力，是一种可再生资源，在理想状态下，如果环境条件适宜、人类的开发利用合理，则渔业资源可以维持正常的世代繁衍，持续为人类提供高质量的水产品。但如果生存环境遭到自然或人为的破坏，或者遭受人类过度的开发利用，渔业资源的可再生能力就会降低，导致渔业资源衰退，甚至种群数量下降到一定程度后将无法维系其生存，从而失去再生能力，致使渔业资源枯竭。

（3）生态文明是一种生活方式。我们推动发展和改革的根本目的是更好满足人民群众的需求，既包括物质文化需求，也包括清新空气、清洁水源、舒适环境、宜人气候等生态产品的需求，生态产品是人们重要的消费品、生活必需品。良好的生态环境是人民生活质量的重要保障，也是人民高质量生活的本质需求，每一代人都有义务保证生态环境不恶化。

**2. 生态文明建设与渔业发展的关系**

渔业是一个传统的基础产业，跟自然生态有着天然的联系，可以说渔业就是一种生态产业。渔业促进了现代文明的发展，水产品是人类食物构成中主要蛋白质来源之一，在我国国民食物构成中占有重要地位。经过几代渔业人的努力，我国渔业取得了长足发展和进步，我国的水产品总产量自 1989 年以来一直居世界首位，2020 年达到 6 546 万 t。渔业在国民经济中的地位和作用有了显著的提高，发展渔业成为农业农村经济的增长点，在调整和优化农业产业结构、增加渔（农）民收入、繁荣渔（农）村经济等方面发挥了重要作用。渔业发展促进了市场的繁荣稳定，改善了国民的食物结构，提高了国民身体素质。渔业发展在保障城乡水产品市场供应的同时，对保障粮食安全作出了重要贡献，特别是水产养殖业的发展，使得我国渔业 30 多年来在增长方式上发生了质的转变和突破，从以捕捞为主转向以养殖为主，改写了世界渔业的发展史。但是，长期以来中国渔业经济的增长主要依靠规模扩张的粗放型增长方式，生产发展与资源环境的矛盾非常突出，在很大程度上以牺牲生态为代价，渔业增长方式急需由规模扩张型向质量效益型转变。在捕捞方面，捕捞能力严重过剩，资源严重短缺；在水产养殖方面，养殖方式仍比较粗放，集约高效养殖、生态养殖、健康养殖等科学养殖方式仍处于探索和起步发展阶段，养殖布局缺乏合理规划，产业化、组织化水平仍较低，渔业水域污染严重。为了应对日益严重的渔业资源危机和生态危机，必须牢固树立尊重自然、顺应自然、保护自然的生态文明理念，加快转变渔业发展方式，充分发挥渔业的生态功能，大力发展现代渔业，节约和合理利用资源，节本增效。

**3. 建设渔业生态文明**

水生生物资源和水域生态环境是渔业可持续发展的物质基础和前提，也是国家粮食安全、生态安全的重要保障。渔业的功能首先是满足人民对食物尤其是优质蛋白质的需求，但在满足食物需求的同时，也需要保证资源永续利用和环境的美好，两者相辅相成、互相促进。由于各种人类活动的影响，我国的渔业水域环境污染严重，水生生物栖息地遭到破坏，水生生物的生存空间越来越小，水域生态环境问题成为制约渔业经济发展的重要因素。建设渔业生态文明，必须在发展生产的同时，把维护渔业生态安全放在更加重要、突出乃至前提的位置。一方面，控制捕捞强度，合理利用资源；另一方面，加强生态环境保护永久修复工作，遏制生态环境恶化的趋势，重建水域生态平衡，为渔业可持续发展奠定基础，并在建设生态文明、维护国家生态安全方面发挥重要的作用。

## 五、长江大保护与长江禁渔

长江是中华民族的母亲河、生命河，拥有独特的生态系统，孕育了丰富的水生生物，是中华民族永续发展的重要支撑。多年来，受拦河筑坝、水域污染、过度捕捞、航道整治、岸坡硬化、挖砂采石等人类活动的影响，长江的生物多样性持续下降，水生生物保护形势严峻，水域生态修复任务艰巨。

### 1. 长江大保护

党的十八大以来，以习近平同志为核心的党中央高度重视长江生态保护，要求长江经济带发展把修复长江生态环境摆在压倒性位置，共抓大保护，不搞大开发。2016年1月5日，习近平总书记在重庆主持召开推动长江经济带发展座谈会。他在会上强调，长江是中华民族的母亲河，也是中华民族发展的重要支撑；推动长江经济带发展必须从中华民族长远利益考虑，把修复长江生态环境摆在压倒性位置，共抓大保护、不搞大开发，努力把长江经济带建设成为生态更优美、交通更顺畅、经济更协调、市场更统一、机制更科学的黄金经济带，探索出一条生态优先、绿色发展新路子。同年3月，中共中央政治局召开会议，审议通过《长江经济带发展规划纲要》，再次强调长江经济带发展的战略定位必须坚持生态优先、绿色发展，共抓大保护，不搞大开发。2017年，党的十九大报告在"实施区域协调发展战略"部分提出，以共抓大保护、不搞大开发为导向推动长江经济带发展。

### 2. 长江禁渔

水生生物是衡量长江生态系统健康程度的最重要的显性指标。党中央高度重视生物资源保护在长江生态保护修复中的重要性。习近平总书记在2018年4月26日主持召开深入推动长江经济带发展座谈会并发表重要讲话，他指出，流域功能退化依然严重，长江"双肾"洞庭湖、鄱阳湖频频干旱见底，接近30%的重要湖库仍处于富营养化状态，长江生物完整性指数到了最差的"无鱼"等级。

在过去的20年中，长江禁渔制度不断强化，日趋完善。从2002年开始长江中下游春季禁渔试点，到2015年调整扩大禁渔区范围、延长禁渔期时间；从2020年的水生生物保护区率先永久禁渔，到2021年"一江一口两湖七河"等重点水域开始常年禁渔，长江禁渔制度得到党中央的高度重视，成为践行长江经济带生态优先、绿色发展的示范工程。尤其是在2020年，习近平总书记先后多次对长江禁渔作出重要指示：7月30日，他在中共中央政治局会议上指出，要持续打好污染防治攻坚战，推动实施一批长江、黄河生态保护重大工程，落实好长江十年禁渔；8月19日，他在安徽省考察时指出，长江生态环境保护修复，一个是治污，一个是治岸，一个是治渔，长江禁渔是件大事，关系 30 多万渔民的生计，代价不小，但比起全流域的生态保护还是值得的；8 月 20 日，他主持召开扎实推进长三角一体化发展座谈会并发表重要讲话，指出长江禁渔是为全局计、为子孙谋的重要决策。

长江禁渔是运用综合施策治疗"长江病"的"一剂良方"。通过实施保护长江母亲河的一系列措施，推动形成部门协同、区域联动的长效机制，从而为推进其他流域治理提供可推广、可复制的长江模式。目前，长江禁渔已初步显现出生态保护修复效果。率先在 2017 年就开始全面禁渔的赤水河，鱼的种类从以前的 32 种上升到 2021 年的 37 种，资源量上升到禁捕前的 1.95 倍；2021 年长江禁渔以来，20 多年未见的鳤鱼在洞庭湖被重新发现，刀鱼能够上溯到长江中游和鄱阳湖水域，多个江豚群体在洞庭湖、鄱阳湖和长江中下游江段频频现身，人与自然和谐相处的生态美景开始初步显现。

# 第二节　长江重点水域禁捕的政策文件

为落实习近平总书记关于长江经济带发展"生态优先，绿色发展，共抓大保护，不搞大开发"等指示精神，加强长江水生生物保护工作，2018 年 10 月 15 日，《国务院办公厅关于加强长江水生生物保护工作的意见》发布，其中明确提出到 2020 年，长江流域重点水域实现常年禁捕，水生生物保护区建设和监管能力显著提升，保护功能充分发挥，重要栖息地得到有效保护等目标。之后，农业农村部发布了若干通告、通知等文件，逐步实施长江流域水生生物保护区全面禁捕、长江重点水域实行暂定 10 年的常年禁捕。为加强长江禁捕监管执法，农业农村部及国家相关部门制定了一系列政策文件，不断完善长江禁捕退捕制度和监管执法体系。本节将 2018 年以来长江流域禁捕及监管执法的政策文件择其重点分述如下：

## 一、国务院办公厅关于加强长江水生生物保护工作的意见

为贯彻落实党中央、国务院关于加强生态文明建设和推动长江经济带发展的系列决策部署，全面加强长江水生生物保护工作，2018 年 10 月 15 日印发的《国务院办公厅关于加强长江水生生物保护工作的意见》（国办发〔2018〕95 号），从国家政策顶层设计的高度确立了相关制度框架和措施体系，是当前和今后一段时间指导长江生物资源保护和水域生态修复工作的纲领性文件。

总体上，国办发〔2018〕95 号文件强调了以下几个方面的要求：①着眼保护全局。按照节约资源和保护环境的基本国策，把长江生态修复摆在压倒性位置，"共抓大保护、不搞大开发"，坚持保护优先、自然恢复为主的方针，坚持全面布局、科学规划、系统保护、重点修复、整体推进、分步实施的总体思路，覆盖加强生态修复、拯救濒危物种、加强生境保护、严控涉水行为、加强执法监管、完善生态补偿、强化支撑保障、加强宣传教育等方面。②坚持问题导向。聚焦涉水工程、水域污染、过度捕捞、航道整治、挖砂采石

等对长江水生生物产生不利影响的关键环节，针对珍稀濒危物种为代表的生物多样性保护面临的突出制约因素，进一步健全严格管控制度，强化保护修复措施，着力破解长江生态难题。③强化保障措施。通过提升监管能力、健全协作机制完善补偿机制、健全监测网络、强化科技支撑、加快保护立法、加大投入力度、拓宽资金来源、提升公众养护意识等措施，保障国办发〔2018〕95 号文件顺利实施和取得成效。④落实责任主体。针对重发展、轻保护的片面认识和保护投入不足、保护手段薄弱等问题，强化地方政府在长江水域生态环境保护中的主体责任，明确各有关部门和执法机构监管职责，严格绩效考核和督查问责。

具体而言，国办发〔2018〕95 号文件共提出了 8 个部分、22 条具体政策措施，基本涵盖了有关长江水生生物保护工作的全过程和各环节。

**1. 总体要求**

明确了长江水生生物保护工作的指导思想，确立了 3 条基本原则：树立红线思维，留足生态空间；落实保护优先，实施生态修复；坚持全面布局，系统保护修复。在目标方面，国办发〔2018〕95 号文件综合考虑了当前水生生物保护的紧迫性任务和今后一段时间内科学合理的保护规划，分别设置了近期目标和远景目标，具体包括：到 2020 年，长江流域重点水域实现常年禁捕，水生生物保护区建设和监管能力显著提升，保护功能充分发挥，重要栖息地得到有效保护，关键生境修复取得实质性进展，水生生物资源恢复性增长，水域生态环境恶化和水生生物多样性下降趋势基本遏制；到 2035 年，长江流域生态环境明显改善，水生生物栖息生境得到全面保护，水生生物资源显著增长，水域生态功能有效恢复。

**2. 开展生态修复**

提出了实施生态修复工程、优化完善生态调度、科学开展增殖放流、推进水产健康养殖 4 条意见，要求通过水生生物产卵场、索饵场、越冬场和洄游通道的保护和修复工程，水库运行的生态影响评价、生态调度机制及运行，增殖放流规范和规划的制定，养殖水域滩涂规划的制定，水产养殖技术创新性研究等各类措施，使水生生物获得恢复性增长，关键栖息地得到有效修复。

**3. 拯救濒危物种**

提出了实施珍稀濒危物种拯救行动、全面加强水生生物多样性保护两条意见，要求加快实施以中华鲟、长江鲟、长江江豚为代表的珍稀濒危水生生物抢救性保护行动，适时调整国家和地方重点保护水生野生动物名录和保护等级，加强水生生物保护执法，开展一批珍稀濒危物种人工繁育和种群恢复工程等措施，全方位提升水生生物多样性保护能力和水平。

**4. 加强生境保护**

提出了强化源头防控、加强保护地建设、提升保护地功能 3 条意见。要求强化国土空间规划中的水生生物保护，强化涉及水生生物重要栖息地的规划和项目的环境影响评价，加强自然保护区、水产种质资源保护区或其他保护地的建设和管理，提升涉水生生物保护地的保护能力建设、监测能力建设、日程监管和专项督查，严格检查涉水生生物保护地违法开发利用和保护职责不落实情况。

**5. 完善生态补偿**

提出了完善生态补偿机制、推进重点水域禁捕两条意见。要求科学确定涉水工程对水生生物及栖息地影响补偿范围、标准和用途，修改完善转移支付政策，加强涉水生生物保护区在建和已建项目督查，跟踪评估生态补偿措施落实情况，建立长江流域重点水域禁捕补偿制度，分步实施水生生物保护区全面禁捕以及长江干流和重要支流等重点水域禁捕。

**6. 加强执法监管**

提出提升执法监管能力、强化重点水域执法两条意见，要求加强立法、加强执法队伍和装备设施建设、完善行政执法与刑事司法衔接机制、强化水域污染风险预警和预防、健全执法检查和执法督察制度，在重点水域和问题突出水域定期组织开展专项执法行动，坚决打击非法捕捞行为。

**7. 强化支撑保障**

提出了加大保护投入、加强科技支撑、提升监测能力 3 条意见。要求加强对水生生物保护工作的政策扶持和资金投入，设立长江水生生物保护基金，鼓励企业和公众支持长江水生生物保护事业；深化水生生物保护研究，加快珍稀濒危水生生物人工驯养和繁育技术攻关，开展生态修复技术集成示范；加强水生生物资源监测网络建设，开展水生生物资源与环境本底调查，建立水生生物资源资产台账。

**8. 加强组织领导**

提出了严格落实责任、强化督促检查、营造良好氛围 3 条意见。要求将水生生物保护工作纳入长江流域地方人民政府绩效及河长制、湖长制考核体系，进一步明确长江流域地方各级人民政府在水生生物保护方面的主体责任；建立长江水生生物保护工作落实情况奖惩制度，建立和完善信息发布机制，加强长江渔文化遗产保护和开发，营造全社会关心支持长江大保护的良好氛围。

## 二、农业部关于公布率先全面禁捕长江流域水生生物保护区名录的通告

为贯彻习近平总书记"把修复长江生态环境摆在压倒性位置"系列重要讲话精神，落实党的十九大报告"以共抓大保护、不搞大开发为导向推动长江经济带发展""健全耕地草原森林河流湖泊休养生息制度"和 2017 年中央 1 号文件"率先在长江流域水生生物保护区实现全面禁捕"等要求，切实保护长江水生生物资源，修复水域生态环境，根据《中华人民共和国渔业法》（以下简称《渔业法》）、《中华人民共和国自然保护区条例》（以下简称《自然保护区条例》）和《水产种质资源保护区管理暂行办法》等的规定，2017 年 11 月 23 日，《农业部关于公布率先全面禁捕长江流域水生生物保护区名录的通告》发布，其中决定从 2018 年 1 月 1 日起率先在长江上游珍稀特有鱼类国家级自然保护区等 332 个水生生物保护区（包括水生动植物自然保护区和水产种质资源保护区）逐步实施

全面禁捕。

### 三、农业农村部关于调整长江流域专项捕捞管理制度的通告

为了贯彻《国务院办公厅关于加强长江水生生物保护工作的意见》，落实长江流域重点水域禁捕工作部署，保护长江流域水生生物资源，根据《渔业法》有关规定，2018 年 12 月 28 日，《农业农村部关于调整长江流域专项捕捞管理制度的通告》发布。根据该通告内容，自 2019 年 2 月 1 日起，停止发放刀鲚（长江刀鱼）、凤鲚（凤尾鱼）、中华绒螯蟹（河蟹）专项捕捞许可证，禁止上述 3 种天然资源的生产性捕捞。农业部于 2002 年 2 月 8 日发布的《长江刀鲚凤鲚专项管理暂行规定》（农渔发〔2002〕3 号）同时废止。未来上述资源的利用，根据资源状况另行规定。

### 四、长江流域重点水域禁捕和建立补偿制度实施方案

为贯彻党中央、国务院关于加强生态文明建设的决策部署，落实党的十九大"以共抓大保护、不搞大开发为导向推动长江经济带发展"的战略布局，根据 2017 年中央 1 号文件"率先在长江流域水生生物保护区实现全面禁捕"、2018 年中央 1 号文件"建立长江流域重点水域禁捕补偿制度"等要求，2018 年 10 月 15 日，《国务院办公厅关于加强长江水生生物保护工作的意见》发布。该文件对各项保护政策措施提出了明确的工作任务和目标要求，包括：推进重点水域禁捕，科学划定禁捕、限捕区域，加快建立长江流域重点水域禁捕补偿制度，引导长江流域捕捞渔民加快退捕转产，率先在水生生物保护区实现全面禁捕，健全河流湖泊休养生息制度，在长江干流和重要支流等重点水域逐步实行合理期限内禁捕的禁渔期制度，到 2020 年长江流域重点水域实现常年禁捕等。

为贯彻落实上述决策部署和工作要求，2019 年 1 月 6 日，农业农村部、财政部、人力资源和社会保障部制订了《长江流域重点水域禁捕和建立补偿制度实施方案》。

**1. 禁捕采取分类分阶段方式推进**

（1）长江水生生物保护区。2019 年底以前，完成水生生物保护区渔民退捕，率先实行全面禁捕，今后水生生物保护区全面禁止生产性捕捞。

（2）长江干流和重要支流。2020 年底以前，完成长江干流和重要支流除保护区以外水域的渔民退捕，暂定实行 10 年禁捕，禁捕期结束后，在科学评估水生生物资源和水域生态环境状况以及经济社会发展需要的基础上，另行制定水生生物资源保护管理政策。

（3）大型通江湖泊。大型通江湖泊（主要指鄱阳湖、洞庭湖等）除保护区以外的水域由有关省级人民政府确定禁捕管理办法，可因地制宜"一湖一策"差别管理，确定的禁捕区在 2020 年底以前实行禁捕。

（4）其他水域。长江流域其他水域的禁渔期和禁渔区制度，由有关地方政府制定并组织实施。

**2. 各地、各部门需切实保障禁捕有序推行**

（1）加强组织领导。中央有关部门和地方政府各司其职，有序推进禁捕各项工作。省级人民政府承担禁捕工作主体责任，建立健全党委或政府领导牵头、各相关部门参加的禁捕工作领导机构和推进机制，因地制宜制订省级实施方案，压实各级地方政府属地责任，切实加强审核把关，统筹协调推进本省区渔民退捕转产和禁捕后执法管理等各项工作。农业农村部门牵头做好渔民渔船调查摸底、补助对象资格和条件核实、禁捕安排等工作；财政部门牵头做好财政补助资金安排，并按规定做好审核拨付等工作；人力资源和社会保障部门牵头做好退捕渔民就业及社会保障领域各项政策落实。

（2）完善配套政策。要加强对退捕渔民职业技能培训，加强创业指导培训和跟踪服务。将符合条件的退捕渔民按照规定纳入相应的社会保险覆盖范围。将符合享受最低生活保障条件的退捕渔民纳入当地最低生活保障范围。继续实施渔民上岸安居和农村危房改造等工程，保障退捕渔民住有所居。

（3）做好政策宣传。深入渔区广泛宣传禁捕的必要性和重大意义，向退捕渔民充分说明禁捕补偿制度和相关保障措施，提高社会公众知晓率和参与度，创造良好的思想基础和社会氛围。就相关工作方案充分征求广大渔民群众意见，保障渔民合法权益。充分预计和严格防范禁捕可能引发的不稳定因素，切实健全风险防控和应急处置预案。

（4）加强执法监管。提升水生生物资源保护执法管理能力，加强禁捕区域执法装备设施建设。吸收符合条件的退捕渔民协助开展巡查救护工作，充分发挥行业协会和公益组织作用，构建群管群护格局。严厉打击"电毒炸"等违法犯罪行为，坚决清理取缔"绝户网"和涉渔"三无"船舶。完善部门协作、流域联动、交叉检查等形式的合作执法和联合执法，增强流域性重点水域和交界水域管理效果。

（5）强化绩效考核。农业农村部、财政部、人力资源和社会保障部制定专项绩效考核办法，会同有关部门对沿江各省（直辖市）渔民退捕、转产保障和禁捕管理等政策执行和任务落实情况进行绩效评价，建立激励约束机制。沿江各省（直辖市）人民政府要把长江禁捕作为落实"共抓大保护，不搞大开发"的约束性任务，纳入地方政府绩效考核和河长制等目标任务考核体系，对工作推进不力、责任落实不到位的地区、单位和个人依法依规问责追责。

## 五、长江禁捕退捕工作专班关于加强长江流域"一江两湖七河"渔政执法能力建设的指导意见

2020年7月4日，为贯彻落实党中央、国务院关于长江流域禁捕退捕的决策部署，如期完成长江流域禁捕目标任务，《国务院办公厅关于切实做好长江流域禁捕有关工作的通知》（国办发明电〔2020〕21号）出台，其中要求坚持中央统筹、省负总责、市县抓落实的工作体制，各有关省、市、县三级政府成立由主要负责人任组长的领导小组，逐级建立工作专班，细化制订实施方案，做到领导到位、责任到位、工作到位。同时，要求农业农村部落实牵头抓总责任，在长江流域禁捕工作协调机制的基础上，组建工作专班进行集

中攻坚。据此，在国家层面以及长江流域有关省、市、县三级地方政府均成立了长江禁捕退捕工作专班。

为进一步加强长江流域重点水域渔政执法能力建设，推动建立人防与技防并重、专管与群管结合的保护管理新格局，为长江禁捕制度顺利实施、取得扎实成效提供坚实保障，2020 年 11 月 7 日，农业农村部长江禁捕退捕工作专班发布了《关于加强长江流域"一江两湖七河"渔政执法能力建设的指导意见》，对长江流域"一江两湖七河"（长江干流，鄱阳湖、洞庭湖 2 个大型湖泊，大渡河、岷江、沱江、赤水河、嘉陵江、乌江、汉江等 7 条重要支流）的渔政执法能力建设提出以下意见：

**1. 基本原则**

（1）坚持责能匹配、保障有力。把加强渔业行政执法能力建设作为保护长江水生生物资源、维护流域禁捕管理秩序的重要方面和基础工作，为实行最严格长江水生生物保护管理提供队伍支撑，为渔业行政执法提供能力保障。

（2）坚持属地为主、分级负责。按照中央统筹、省负总责、市县抓落实的原则，长江流域各级渔业行政主管部门要主动加强与发展和改革委员会、财政等有关部门的沟通协调，按配备需求落实属地责任，加强执法装备建设，保障运行经费需求，增强本地区的渔业行政执法管理力量，提高长江禁捕监管能力。

（3）坚持突出重点、注重实效。根据长江流域"一江两湖七河"禁捕重点县的渔政执法需要和水生生物保护管理实际需求，按照"用什么建什么、缺什么补什么"的原则，突出重点，有针对性地分级分类配备渔业行政执法装备设施，确保满足新时期渔业行政执法监管工作的需要。

**2. 总体目标**

通过合理配置机构人员力量、加强设施装备建设、推广应用信息化手段，建设一批急需的渔业行政执法船艇（趸船）、执法车辆、无人机、视频和雷达监控网络，建立高素质的专业执法队伍和适宜规模的协助巡护队伍；健全与长江大保护和禁捕新形势相适应的渔业行政执法力量，形成权责明确、规模适宜、运行有力、管护有效的渔业行政执法管理格局，切实巩固长江禁捕成效。

**3. 主要任务**

（1）强化渔业行政执法机构人员。根据中共中央办公厅、国务院办公厅印发的《关于深化农业综合行政执法改革的指导意见》中"内陆大江大湖和边境交界等水域渔业执法任务较重、已经设有渔政执法队伍的，可继续保持相对独立设置，与渔业管理职能相衔接，具体由省级党委研究决定"的规定，长江流域"一江两湖七河"禁捕重点县的现有渔业行政执法机构要继续保持独立设置；机构改革后渔业行政执法职能并入农业综合行政执法机构的，要在农业综合行政执法机构内部相对独立设置渔业行政执法机构。根据渔业行政执法监管工作实际需求，每个渔政执法机构应保障 5 名执法人员的基础配置，在此基础上，再根据增量配置需求，每增加一定江河岸线长度或湖泊水域面积，增配渔业行政执法人员，具体标准见表 1-1。

**表 1-1　渔业行政执法人员配备标准**

| 长江流域执法水域 | | 基础配置有效管理标准① | | 区(县)级增量标准② | | 区(县)级增量标准② | |
|---|---|---|---|---|---|---|---|
| | | 范围 | 推荐值 | 范围 | 推荐值 | 范围 | 推荐值 |
| | | (km 或 km²) | (km/人或 km²/人) | (km 或 km²) | (km/人或 km²/人) | (km 或 km²) | (km/人或 km²/人) |
| 长江干流 | 上海、江苏、安徽段 | 4～10 | 5 | 1～2.5 | 1.5 | 10～20 | 10 |
| | 江西、湖北、湖南、重庆段 | 8～12 | 10 | 1.5～4 | 2 | 20～40 | 20 |
| | 四川、云南段 | 12～20 | 15 | 3～6 | 4 | 40～60 | 40 |
| 鄱阳湖、洞庭湖 | 江西、湖南段 | 12～20 | 15 | 3～6 | 4 | 40～60 | 40 |
| 汉江 | | 8～12 | 10 | 2.5～4 | 3 | 20～40 | 20 |
| 嘉陵江、沱江、岷江、乌江下游 | | 15～25 | 20 | 5～8 | 7 | 80～150 | 80 |
| 大渡河、赤水河、乌江上游 | | 30～50 | 35 | 30～50 | 35 | 150～250 | 150 |

注：① 每个渔业行政执法机构的执法人员基础配置需求为 5 人。

② 在执法人员基础配置有效管理标准的基础上，每增加一定江河岸线长度或湖泊水域面积，增配 1 名渔业行政执法人员。

(2) 加强渔政执法装备。根据《全国农业执法监管能力建设规划（2016—2020 年）》和《全国农业综合行政执法基本装备配备指导标准》等有关要求，综合考虑河流长度、湖泊面积、水情特点、监管任务等因素，各区(县)应根据标准配备渔业行政执法船艇(趸船)、无人机、视频和雷达监控等执法装备，实现重点水域、关键时段有效覆盖，形成与禁渔管理新形势相适应的监管能力，具体标准见表 1-2。

**表 1-2　渔业行政执法装备配备情况**

| 执法装备类型 | 长江流域执法水域 | 配备标准 |
|---|---|---|
| 渔政船艇(趸船) | 长江干流(基础配备需求) | 25 km 以下配备 1 艘执法快艇；25～50 km 配备 2 艘执法快艇；50～100 km 配备 1 艘渔政船、3 艘执法快艇、1 座渔政趸船；100～150 km 配备 2 艘渔政船、4 艘执法快艇、1 座渔政趸船；150～250 km 配备 3 艘渔政船、5 艘执法快艇、1 座渔政趸船 |
| | 长江干流上海段(长江口)(增量需求) | 因江面宽广，属于江海交界水域，船艇需增配，具体为：100～200 km 配备 4 艘渔政船、8 艘执法快艇、1 座渔政趸船；200～400 km 配备 6 艘渔政船、10 艘执法快艇、1 座渔政趸船 |
| | 长江干流金沙江(云南段)(增量需求) | 因江面较窄，水流湍急、江面情况复杂，减少渔政船和渔政趸船，具体为：25 km 以下配备 1 艘执法快艇；25～100 km 配备 4 艘执法快艇；100～200 km 配备 1 艘渔政船、7 艘执法快艇、1 座渔政趸船 |

（续）

| 执法装备类型 | 长江流域执法水域 | 配备标准 |
|---|---|---|
| 渔政船艇（趸船） | 鄱阳湖、洞庭湖 | 50 km² 以下配备 1 艘执法快艇；50～100 km² 配备 1 艘渔政船、2 艘执法快艇；100～500 km² 配备 2 艘渔政船、6 艘执法快艇、1 座渔政趸船；500～1 000 km² 配备 3 艘渔政船、9 艘执法快艇、1 座渔政趸船；1 000 km² 以上配备 3 艘渔政船、12 艘执法快艇、2 座渔政趸船 |
| | 汉江 | 25 km 以下配备 1 艘执法快艇；25～50 km 配备 2 艘执法快艇；50～100 km 配备 1 艘渔政船、4 艘执法快艇、1 座渔政趸船；100～150 km 配备 2 艘渔政船、6 艘执法快艇、1 座渔政趸船；150～200 km 配备 3 艘渔政船、8 艘执法快艇、1 座渔政趸船 |
| | 乌江 | 25 km 以下配备 1 艘执法快艇；25～50 km 配备 2 艘执法快艇；50～100 km 配备 3 艘执法快艇；100～150 km 配备 4 艘执法快艇；150～200 km 配备 5 艘执法快艇 |
| | 嘉陵江 | 25 km 以下配备 1 艘执法快艇；25～50 km 配备 2 艘执法快艇；50～100 km 配备 1 艘渔政船、3 艘执法快艇；100～150 km 配备 1 艘渔政船、4 艘执法快艇；150～200 km 配备 2 艘渔政船、5 艘执法快艇、1 座渔政趸船 |
| | 沱江 | 25 km 以下配备 1 艘执法快艇；25～50 km 配备 2 艘执法快艇；50 km 以上配备 3 艘执法快艇 |
| | 岷江、大渡河 | 70 km 以下配备 2 艘执法快艇；70～90 km 配备 1 艘渔政船、3 艘执法快艇、1 座渔政趸船；90～120 km 配备 1 艘渔政船、4 艘执法快艇、1 座渔政趸船 |
| | 赤水河 | 100～150 km 配备 2 艘执法快艇 |
| 执法车辆 | | 每个渔政执法机构基础配备 1 辆渔政执法车，每超过 10 人增配 1 辆渔政执法车 |
| 无人机 | | 每艘渔政船搭配 1 架无人机；没有配备渔政船的地区，每个区（县）配备 1 架无人机、地市配备 2 架无人机 |
| 视频监控 | | 长江干流宜宾以上水域，每个区（县）配备 1 套视频监控，宜宾以下水域，岸线每 10 km 配备 1 套视频监控；洞庭湖和鄱阳湖各配备 20 套视频监控；大渡河、岷江、沱江、赤水河、嘉陵江、乌江、汉江 7 条重要支流，每个区（县）配备 1 套视频监控 |
| 雷达监控 | | 每 3 个视频监控探头配备 1 个雷达监控，每个区（县）级以上行政区布设 1 个监控平台 |

（3）建立长江流域渔政协助巡护队伍。根据《农业农村部办公厅 人力资源社会保障部办公厅 财政部办公厅关于推动建立长江流域渔政协助巡护队伍的意见》，综合考虑公益岗位托底安置就业困难退捕渔民和禁捕水域渔政执法监管需求，发挥退捕渔民熟悉水情鱼情优势，组建规模适度、架构合理的长江流域渔政协助巡护队伍。

**4. 保障措施**

（1）加强组织领导。在长江水生生物保护暨长江禁捕工作协调机制框架下，农业农村部积极协调发展和改革委员会、财政部推动落实建设需求。长江流域"一江两湖七河"各省级人民政府及职能部门要把渔政执法能力建设作为推进长江禁捕和长江大保护的一项政治任务和重要抓手，摆在突出位置，确保地方建设任务按需求及时落地，确保实效。有关部门按照职责分工密切配合，形成合力。

（2）落实主体责任。有关省级人民政府及其有关职能部门要根据执法能力建设需求，有针对性地研究制订加强渔业行政执法能力建设和执法监管工作的实施方案，周密部署重点区域重点时段执法任务，逐项明确时间表、路线图、责任人，确保各项目标要求落到实处。

（3）加强人员配备。有关省级人民政府和农业农村部门要严格落实机构人员配置需求任务，通过积极争取部门间调剂或新增加机构职数等方式，专门用于加强渔业行政执法机构编制，夯实沿江市县渔业行政执法机构和人员编制数量保障，统筹乡村两级禁捕退捕工作人员力量，确保禁捕重点县渔业行政执法机构和人员配备到位。

（4）强化资金保障。有关省级人民政府和农业农村部门要根据测算需求制订详细的资金落实方案，并积极协调发展改革、财政、工信等部门，按规定纳入投资计划和预算管理，充分利用已有移动通信基站等设施条件实现视频雷达监控广覆盖，并将渔业行政执法机构人员经费、渔业行政执法船艇和视频雷达监控等装备设施的运行保障经费和相关工作经费纳入地方财政保障。

（5）提升管理水平。有条件的地区应当根据长江禁捕工作需要，率先试点、大胆探索不同类型的渔业行政执法管理新机制，尽快形成可复制、可推广的经验模式。各省级渔业主管部门要认真分析研判本行政区域渔业行政执法管理工作的重点和难点，及时总结借鉴相关经验做法，不断提升执法管理水平。

## 六、农业农村部办公厅　人力资源社会保障部办公厅　财政部办公厅关于推动建立长江流域渔政协助巡护队伍的意见

在长江重点水域禁捕退捕背景下，针对禁捕监管执法任务重、渔业行政执法队伍人手少的现实挑战，以及退捕渔民再就业的现实需求，为全面适应长江流域常年禁捕新形势新要求，提升长江流域渔政执法监管能力，增强渔业行政执法队伍建设，创新渔业行政执法监管机制，构建新时期专管与群管结合的执法监管体系，确保"禁渔令"落实落地，2020年11月24日，《农业农村部办公厅　人力资源社会保障部办公厅　财政部办公厅关于推动建立长江流域渔政协助巡护队伍的意见》发布，其中就推动建立长江流域渔政协助巡护队伍（以下简称协助巡护队伍）提出了以下几个方面的意见：

**1. 目标任务**

发挥退捕渔民熟悉水情鱼情优势，通过组建规模适度、架构合理的协助巡护队伍，切实加强长江流域渔业行政执法能力建设，满足常年禁捕新形势新任务需要，确保长江禁捕取得扎实成效。

**2. 重点措施**

（1）明确协助巡护队伍的职责。协助巡护队伍是渔业行政执法管理的重要辅助力量，其职责主要包括协助渔业行政主管部门及其所属的渔业行政执法监督管理机构开

展执法巡查、保护巡护、法规宣传等工作，及时发现、报告和制止各种非法捕捞及其他破坏水生生物和渔业水域生态的违法行为。协助巡护队伍不具备执法资格，但在执法人员带领下，可以协助对非法捕捞案件现场进行证据收集和临时处置，及对涉案人员进行初步问询检查。

（2）合理确定协助巡护队伍的规模。坚持中央统筹、省负总责、市县抓落实的工作机制，沿江各省（直辖市）农业农村部门、人力资源和社会保障部门要组织制定协助巡护队伍建设总体安排，有禁捕管理任务的市县负责具体落实。各地要高度重视，统筹谋划，综合研判常年禁捕后渔业行政执法管理面临的新形势新任务，组建规模适度、架构合理的协助巡护队伍。

（3）规范协助巡护人员的招聘录用。各地应结合当地实际，制订协助巡护人员招聘计划，明确协助巡护人员的文化程度、年龄、身体状况、工作技能等招聘条件，按照公正、公开、公平、透明原则，开展协助巡护人员招聘录用工作。渔业行政主管部门可在适当范围对拟招聘的协助巡护人员进行公示公告，优先招录熟悉水情鱼情且无非法捕捞记录的退捕渔民，符合就业困难人员条件并通过公益性岗位安置的，按规定享受社会保险补贴和公益性岗位补贴。录用的协助巡护人员应对所承担的工作负保密责任。

（4）加强对协助巡护队伍的人员管理。各地可同时探索建立协助巡护人员激励、奖惩、考核、晋升等管理机制。按照"谁招聘、谁使用、谁管理"原则，加强对协助巡护人员的岗前培训和在岗培训。培训内容包括《渔业法》《中华人民共和国野生动物保护法》（以下简称《野生动物保护法》）等法律、法规，珍稀濒危水生野生动物救护技能，以及协助巡护的职责、任务、工作纪律、职业道德等。岗前培训一般不少于3 d，在岗培训一般每年不少于1 d。

**3. 组织实施**

（1）加强组织领导，强化资金保障。要求各地把协助巡护队伍建设工作作为加强渔政执法监管能力、有效保障禁捕效果的重要举措，作为发挥退捕渔民特长、拓宽就业安置渠道的重要途径，结合地方实际情况，研究制订实施方案并组织实施。在统筹长江禁捕过渡期补助资金、渔业油补资金用于协助巡护工作基础上，加强经费保障，鼓励吸收社会资金发展协助巡护队伍。

（2）做好人员保障，充实执法装备。要求各地保障协助巡护人员待遇，协助巡护人员工资应不低于当地最低工资标准，健全完善协助巡护人员人身意外伤害保险制度，提高巡护人员履职积极性，增强巡护队伍稳定性。各地要制订科学合理的装备配备计划规划，根据执法需求提供必要的船艇、车辆以及取证、通信和安全防护等设施装备。

（3）总结经验做法，加强宣传引导。要求各地充分发挥主观能动性，创造性地开展协助巡护工作。注意收集提炼协助巡护工作中的好经验好做法，加强宣传报道，加深社会公众对协助巡护工作的理解与支持，营造全社会共同关爱长江、关注保护的良好氛围，增强协助巡护工作实效。

## 七、农业农村部办公厅关于进一步加强长江流域垂钓管理工作的意见

2020 年以来，为深入贯彻落实党中央、国务院关于长江流域重点水域禁捕重大决策部署，落实《国务院办公厅关于加强长江水生生物保护工作的意见》，长江流域重点水域禁捕工作持续推进，长江流域部分地区无序垂钓行为成为破坏水生生物资源的重要因素，影响了禁捕后的禁渔管理秩序和水域生态保护恢复效果，需要进一步完善长江流域垂钓管理制度，建立健全垂钓管理机制。为进一步规范天然水域垂钓行为，严厉打击各类生产性捕捞行为，遏制无序垂钓破坏水生生物资源的现象，2020 年 12 月 16 日，《农业农村部办公厅关于进一步加强长江流域垂钓管理工作的意见》发布，其中就进一步加强长江流域天然水域垂钓管理工作提出以下几个方面的意见：

**1. 总体要求**

（1）要结合长江上中下游、江河湖库不同水域类型和水生生物资源分布特点及保护要求，因地制宜，系统规划，合理布局，科学划定天然水域禁钓区域；在允许垂钓的区域，要严格限定垂钓时间、钓具钓法、钓获物种类、数量和规格。

（2）要全面树立健康垂钓理念，坚决遏制利用或变相利用垂钓进行捕捞生产的行为，严格防范天然水域钓获物上市交易和进入餐饮环节交易，有效维护禁捕管理秩序，保护水生生物资源。

（3）要积极发挥垂钓行业协会自治管理作用，规范垂钓行为，加强垂钓人员自我管理、自我约束、自我规范，提升公众对水生生物的保护意识，杜绝生产性垂钓。

**2. 主要任务**

（1）健全管理制度。各地渔业行政主管部门要积极推动县级以上人民政府按照《渔业法》及《中华人民共和国渔业法实施细则》（以下简称《渔业法实施细则》）等法律、法规以及长江流域重点水域禁捕有关规定要求，结合本地实际情况，尽快制定并发布本地区垂钓管理办法。要根据监管能力实际，在允许垂钓区域和时间积极探索建立备案制度，对垂钓个人和团体进行登记备案，有条件的地方可以实行注册垂钓制度，严格控制垂钓人数及钓具数量，为垂钓管理工作提供健全的制度保障。

（2）明确垂钓区域。各地要按照《中华人民共和国自然保护区条例》《水产种质资源保护区管理暂行办法》等规定，科学合理划定禁钓区，水生生物保护区禁止垂钓。严格控制长江干流、重要支流以及鄱阳湖、洞庭湖等大型通江湖泊的垂钓范围。在其他重要水域，要综合考虑水生生物资源保护和公众休闲垂钓需求，科学划定禁钓区或垂钓区。

（3）规范垂钓行为。各地要根据水生生物产卵、索饵、洄游等特点，制定禁止垂钓期。要科学评估不同钓具、钓法对水生生物资源的影响，规范钓具、钓饵类型，明确垂钓方式，制定准用钓具名录，限制钓具数量，严禁使用严重破坏水生生物资源的钓具、钓法及各类探鱼设备、视频辅助装置。禁止使用船艇、排筏等水上漂浮物进行垂钓。禁止使用含有毒有害物质的钓饵、窝料和添加剂及鱼虾类活体水生生物饵料，鼓励使用人工钓饵或仿生饵。有条件的垂钓区域可从保障生态资源可持续利用的角度出发，通过明确运营主

体、增殖垂钓资源、优化钓位设置、拓展休闲业态等措施，支持进行生态钓场建设。在禁钓水域需以垂钓方式开展科研教学、调查监测、探捕等特殊需要采集水生生物的，须按《农业农村部办公厅关于进一步明确长江禁捕期间因特殊需要采集水生生物有关事项的函》要求严格审批。

（4）加强钓获物管理。各地要明确可钓的鱼类种类、数量和最小可钓标准。误钓小于当地最小可钓标准的幼体及禁钓品种，或钓获物超过当地许可的垂钓获取数量的，应当及时放回原水体（外来入侵物种除外）。要制定重点保护水生野生动物误钓应急救护预案，减少对重点保护水生野生动物伤害。严格禁止钓获物买卖交易，有交易行为的视同非法捕捞。

（5）强化日常执法。各级渔业行政主管部门及渔业行政执法机构要将垂钓行为监管纳入日常管理范畴，开展专群结合的巡查和检查，积极利用"护渔员"等协助巡护制度发现和监督制止非法垂钓行为，主动设立并公布违法垂钓举报专线。对监管中发现的违法违规问题，可综合运用批评教育、行政处罚、联合惩戒、移送司法机关处理等手段。

（6）严打非法垂钓。要充分利用现代化、信息化手段，加强重点区域、重点对象、重点时段执法监管，对违法违规的垂钓和经营行为坚决依法予以查处，严厉打击以捕捞生产或以交易为目的的垂钓行为。要加强与市场监管、公安、交通、海事等部门间信息交换和执法协作，强化源头管理，做好行刑衔接[①]，及时将行政执法检查中查办的涉嫌犯罪案件移送司法机关处理。

（7）强化社会监督。充分发挥休闲垂钓协会等行业协会在规范垂钓行为中的作用，推动行业协会建立健全垂钓自律规范和自律公约，规范会员行为。鼓励行业协会参与制定行业标准、行业规划和政策法规。加强对团体性、群体性垂钓活动的管理，做到事先报备、全程监管。畅通群众监督渠道，对举报严重违法违规行为和重大风险隐患的有功人员予以奖励。强化舆论监督，持续曝光典型案例，震慑违法行为。

**3. 保障措施**

（1）明确监管职责。要落实地方政府主体责任，把垂钓管理工作作为长江流域重点水域禁捕工作的延伸，认真研究、及早谋划、抓好落实，明确管理主体、落实管理责任，纳入河长制、湖长制等政府绩效考核目标，确保各项工作举措落实到位。农业农村部门要发挥好牵头作用，加强与相关部门的协作配合，建立政府统一领导、行业主管部门牵头负责、各部门分工落实的监管机制，做到全链条监管，杜绝监管盲区和真空。

（2）健全监管体系。各地要推动将垂钓行为纳入社会信用体系，加强监管信息归集共享，切实发挥信用效能在垂钓管理中的作用。要将多次违法违规垂钓人员列入失信名单，作为重点监管对象，定期公布失信垂钓人员名单。要探索建立垂钓管理平台，充分发挥信

---

① 行刑衔接是"行政执法和刑事司法相衔接"的简称，指的是检察机关会同行政执法机关、公安机关、行政监察机关实行的旨在防止以罚代刑、有罪不究、降格处理现象发生，及时将行政执法中查办的涉嫌犯罪的案件移送司法机关处理的工作机制。

息化手段作业，建立涵盖垂钓主体备案、垂钓事项及钓获物上报的监管机制，实现全过程闭环管理。

（3）加大宣传引领。各地要充分运用广播、电视、报纸等媒体和微博、微信、短视频等多种宣传手段，广泛宣传水域生态环境保护的重要意义。要积极引导垂钓爱好者摒弃陋习，树立正确的垂钓理念，进一步提高公众对无序垂钓破坏水域生态环境的认识，自觉抵制使用非法钓具、破坏生态、非法交易等违法违规垂钓行为。

## 八、农业农村部　发展改革委　公安部　财政部　交通运输部　市场监管总局关于完善长江流域禁捕执法长效管理机制的意见

2021年1月6日，在长江重点水域全面禁捕开始之际，为有效防范和严厉打击非法捕捞行为，切实巩固和维护长江流域禁捕管理秩序，《农业农村部　发展改革委　公安部　财政部　交通运输部　市场监管总局关于完善长江流域禁捕执法长效管理机制的意见》（农长渔发〔2021〕1号）发布，其中就完善长江流域禁捕执法长效管理机制提出了以下几个方面的意见：

**1. 指导思想**

坚持以习近平新时代中国特色社会主义思想为指导，全面贯彻党的十九大和十九届二中、三中、四中、五中全会精神，坚决落实习近平总书记系列重要指示批示精神，根据《国务院办公厅关于加强长江水生生物保护工作的意见》（国办发〔2018〕95号）和《国务院办公厅关于切实做好长江流域禁捕有关工作的通知》（国办发明电〔2020〕21号）有关要求，适应长江流域禁捕执法监管需要，统筹用好各方资源，健全长效管理机制，构建责任明确、能力匹配、运行高效、监管有力的执法管理格局，推动禁捕执法监管关口向一线前移、触角向下延伸，形成水上打、陆上管、市场查的禁捕执法监管合力，为巩固长江流域禁捕管理秩序、落实共抓长江大保护战略、推动长江经济带绿色发展提供有力保障。

**2. 总体目标**

按照中央统筹、省负总责、市县抓落实的工作机制，在长江流域禁捕水域实行网格化管理，通过强化行刑衔接、加强船舶管理、完善群防群控、规范执法行为、建强执法队伍等，提升渔业行政监管能力，严格依法查处惩治各类非法捕捞和各种破坏水生生物资源和渔业水域生态的违法行为，确保长江流域禁捕执法监管责任落实到位，确保长江10年"禁渔令"有效执行取得扎实成效。

**3. 主要任务**

（1）实行网格管理，明确禁捕执法职责。各地要按照全面覆盖、不留空白、边界清晰、便于管理的原则，以县级行政区划为基本单元，建立长江禁捕执法管理网格，划定管理区域、管理单位和责任主体，实行划片包干、定人定岗、定位定责，向社会公示并接受社会监督。对跨网格的河湖水域，要建立畅通上中下游、江河湖库、左右岸、干支流的协同管理机制，构建纵向到边、横向到底、水陆结合、区域协同的禁捕执法新格局，实行共同管理、联合执法、联防联控。发挥居民委员会、村民委员会等基层群众自治组织协助监

督作用，形成网格化禁捕管理合力。

（2）落实"六有"目标，提升渔政监管能力。"一江两湖七河"等禁捕任务较重的市县，要按照中办、国办关于深化农业综合行政执法改革有关要求，加强农业综合行政执法或相对独立设置的渔业行政执法队伍建设，达到有健全执法机构、有充足执法人员、有执法经费保障、有专业执法装备、有协助巡护队伍、有公开举报电话的"六有"目标。各地要根据禁捕执法管理工作实际，科学确定渔政执法人员配备比例标准，统筹解决好执法机构队伍、人员编制等问题，按标准配备执法船艇、无人机、雷达视频监控等现代化执法装备。推动涉水行政部门发挥职责职能，建设重点水域监控体系，实现设施共建和资源共享，提升执法监管效能。各级渔业行政执法力量要重点向基层一线倾斜，向禁捕水域面积大、非法捕捞行为多发、执法管理任务重的地区倾斜，充分保障禁捕执法管理需要。

（3）强化行刑衔接，加大禁捕执法力度。各级农业农村（渔政）部门要加强禁捕水域日常执法监管，重点加强鄱阳湖、洞庭湖、长江口等非法捕捞隐患突出水域的专项整治。各级农业农村（渔政）、公安、市场监管等部门要强化行刑衔接，推动健全非法捕捞犯罪案件立案追诉标准、证据固定和认（鉴）定、保全等工作程序，完善案件移送、案情通报、信息共享等工作规范，依法增强对有组织、成规模、链条化非法捕捞、运输、销售犯罪团伙的处罚力度，重点打击"电毒炸""绝户网"等非法捕捞和市场销售、加工非法渔获物行为，严肃查处非法制造和销售禁用渔具以及发布相关非法信息等违法行为，形成水上打、陆上管、市场查的执法合力。

（4）加强船舶管理，消除非法捕捞隐患。各地要加强对公务、营运、科研等船舶的规范管理，进一步落实乡镇船舶属地管理职责，由乡镇人民政府将有关部门按照国家规定不予发放相关证书的乡镇自用船舶予以登记备案，确定航区用途，统一编制船名船号标识，并明确要求不得从事非法捕捞、运输、销售天然渔业资源等行为。乡镇人民政府要将登记备案的乡镇船舶信息通报所在地的农业农村（渔政）、公安、交通运输部门。上述部门要按照任务分工，加大涉渔"三无"（即无船名船号、无船舶证书、无船籍港）船舶和大马力快艇整治力度，依法查处"三无"船舶在禁捕水域停泊、航行及从事非法涉渔活动。对长期闲置、无人管理、所有人不明的船舶，地方政府应当依法履行公告程序，会同相关部门进行分类处置。

（5）完善群防群控，建立协助巡护队伍。各地要高度重视舆情监测防控、非法捕捞隐患排查等工作，及时化解矛盾纠纷，避免发生影响社会稳定的群体性事件和恶性事件。要畅通举报渠道，落实奖励资金，进一步健全有奖举报机制。鼓励行业协会、公益组织、志愿者服务队伍等积极参与，对违反长江流域禁捕管理规定以及其他破坏水域生态环境行为进行监督、抵制和举报。要结合执法监管实际需求和退捕渔民安置工作，适当吸收符合条件的退捕渔民协助开展渔政巡护，配合渔业行政执法人员从事宣传教育、巡航巡查、信息收集、违法行为劝阻等辅助性事务。

（6）规范执法行为，强化执法监督检查。各地要严格实行行政执法人员持证上岗和资格管理制度，全面落实行政执法公示、执法全过程记录、重大执法决定法制审核"三项制度"，做到执法全过程留痕和可回溯管理。要完善执法程序，建立健全执法行为规范，编制实施执法人员知识更新轮训计划，定期开展执法示范窗口和示范单位典型推介、指导案例发布、典型案例剖析、案卷评查、评议考核等工作，加强重大案件挂牌督办，全面提升执法队伍软实力。农业农村部要构建跨区域的流域禁捕执法管理和渔政指挥调度系统平台，做到基础网络共建、案件信息共享、程序环节衔接，提高执法效率和规范化水平。

**4. 保障措施**

（1）提高思想认识，压紧压实各方责任。各地要按照中央统筹、省负总责、市县抓落实的工作机制，落实政府主体责任，统筹用好各方资源，加强执法能力建设，强化全面禁捕执法监管。要进一步强化禁捕工作领导小组，完善长效机制，保持工作稳定，把"十年禁渔"抓实抓细抓到位。各级农业农村（渔政）、公安、交通运输、市场监管部门要进一步完善联席会议、会商督办、执法联动、信息共享等协作机制，形成执法监管合力，强化监督检查，确保"禁渔令"落实落地。

（2）强化支撑保障，加强督导考核激励。各地要将长江流域禁捕执法管理经费纳入本级财政预算，加强对渔业行政执法装备设施和执法能力建设的投入保障。要落实协助巡护队伍人员工资福利待遇和劳动保障，维护执法人员合法权益。要将长江"十年禁渔"纳入各级地方政府绩效、河（湖）长制等相关考核体系和督查激励措施，实行科学合理、公平公正的激励约束机制，对禁捕工作绩效突出的部门和人员按照国家有关规定予以表彰奖励，对乱作为、慢作为、不作为等行政违法行为进行追责问责。

（3）注重宣传引导，营造良好社会氛围。各地要深入细致开展法治宣传教育，坚持正确舆论导向，引导党员干部、行业协会、公益组织、新闻媒体等发挥积极作用，倡导饮食文化新风尚，营造水上不捕、市场不卖、餐馆不做、群众不食长江野生鱼的良好氛围。要按照"谁执法、谁普法"责任制要求，创新宣传方式，丰富宣传内容，扩大宣传覆盖面，注重以案释法，强化警示教育，提高社会公众对各类破坏水生生物和水域生态行为的辨识能力和抵制意识。

## 九、长江禁捕退捕工作专班关于切实做好2021年长江重点水域禁捕执法管理有关工作的通知

2021年是长江禁捕开局之年，也是最关键、最重要的一年。2021年禁捕执法监管工作直接关系到长江"十年禁渔"总体成效。为切实做好2021年长江流域重点水域禁捕执法管理各项工作，维护禁捕管理秩序，巩固"四清四无"好形势，长江禁捕退捕工作专班要求沿江各省（直辖市）在组织开展好常态化执法监管和督导检查等日常工作的基础上，着力加强制度供给、组织专项执法、推进队伍建设等相关工作，保障禁捕起好步、管得住，确保"禁渔令"不成为一纸空文。为此，2021年3月10日，长江禁捕退捕工作专班印发了《关于切实做好2021年长江重点水域禁捕执法管理有关工作的通知》，主要内容如下：

**1. 加强顶层设计，保障制度供给**

2021年，农业农村部将积极会同有关部门，深入贯彻落实《中华人民共和国长江保护法》（以下简称《长江保护法》），推动加快《渔业法》修订，出台《长江水生生物保护管理规定》，单独或联合相关部委建立禁捕网格化管理机制，建立暗查暗访等工作制度，发布长江禁用渔具目录，推动完善禁捕激励约束督导考核工作体系，着力从法律、法规、政策、规定、机制、制度等各方面，进一步完善长江禁捕政策制度的"四梁八柱"。

沿江各省（直辖市）要针对禁捕监管和执法办案需求，结合本地实际，统筹立法和相关行政部门力量，抓紧推进本地区禁渔制度体系的制修订工作，做到与习近平总书记等中央领导同志指示批示精神相衔接、与党中央国务院决策部署相衔接，与有关法律、法规和文件规定相衔接，用务实管用的制度手段为禁捕工作提供支撑。近一段时间，各地要着重加快本地区天然水域垂钓管理办法、水产品合法来源凭证制度和网格化管理配套制度的制定，保障执法监管合理有序开展。要严格按照有关规定，进一步规范增殖放流行为，科学制定增殖放流规划，加强放流监管，严禁放流外来非本地种，提升禁渔的生态保护修复效果。

**2. 锤炼业务作风，提升队伍素质**

近期，沿江有关地区接连发生数起渔业行政执法人员、护渔员、禁捕管理基层一线工作人员为非法捕捞违法犯罪分子通风报信等违法违纪案件，对禁捕秩序管控、渔政队伍干部形象甚至相关政府、部门的公信力造成了极坏影响。渔业行政执法队伍和工作体系是抓好禁捕监管工作的重要基础和保障。2021年，农业农村部将坚持问题导向，紧盯工作短板，抓紧修订完善渔政执法培训教材，继续组织渔政执法骨干人员开展师资培训，并依托有关培训机构开展渔业行政执法人员脱产轮训，多措并举进一步提升执法队伍作风和业务水平。沿江各省（直辖市）要引以为鉴、举一反三，加大本地区各层级执法培训和宣传引导力度，并采取层层监督负责、签订责任（承诺）书、树立正面典型、通报反面典型等形式，狠抓本省（直辖市）渔政执法队伍和工作体系人员纪律作风建设，提高巡航、执法、办案的履职能力和业务水平，落实好《渔政执法工作规范（暂行）》等有关制度规定，规范执法程序，严格绩效考核，坚决防止不作为、懒作为和"保护伞""灯下黑"，提升专业化规范化水平，树立和维护中国渔政良好形象。

**3. 组织专项行动，维护禁捕秩序**

2021年，农业农村部将在组织开展"中国渔政亮剑2021"系列专项执法行动的基础上，结合五一国际劳动节、七一建党纪念日、十一国庆节等重要敏感时间节点，开展跨省交界水域执法监管、"四清四无"回头看、重要水生生物栖息地保护等专项执法行动并贯穿全年，加强长江口等重要区域执法管控，组织暗访暗查和督查督导，并与公安部、市场监管总局等部门共同组织开展相关联合执法行动，确保专项行动不断档、水域范围全覆盖。

沿江各省（直辖市）要严格落实执法监管主体和属地责任，加强本地区各类执法行动的组织，并积极配合好上述各类联合或专项执法行动开展，运用好日常监管、蹲点驻守、高频巡查、暗访抽查等多种手段，加强垂钓管理，清除各类"三无"船舶和非法捕捞器具，组织渔政（农业综合执法）、公安、市场监管等部门加大对销售非法渔获物和网上售卖电鱼器具等行为的打击力度，规范乡镇自用船、交通船等船舶管理，严厉打击各类非法捕捞行为，消除非法捕捞隐患，维护水生生物和水域生态安全。

**4. 强化执法能力，提升监管水平**

《长江生物多样性保护建设工程方案（2021—2025 年）》已经农业农村部常务会议审议通过，该方案的施行将有效提升农业农村部及沿江各省（直辖市）相关地区的禁捕执法监管物防、技防水平。沿江各省（直辖市）要以此为契机，切实按照《长江流域"一江两湖七河"渔政执法能力建设标准》要求，按照"缺什么、建什么，用什么、补什么"的原则，加快加大资金保障力度和水平，尽快提升装备设施建设能力。要一体谋划和推进执法机构、人员、协助巡护队伍建设，建立有奖举报制度，尽快实现长江禁捕 227 个重点县区的渔政执法"六有"目标。要持续长久巩固完善禁捕专班运行机制，统筹协调政策落实，加强部门协同管理，确保禁捕各项工作推进有保障、完成不落空。

**5. 加强数据利用，提供决策支撑**

近年来，农业农村部开展了渔业行政执法机构和人员数据调查工作，为增强执法监管针对性提供了支持。近期，农业农村部渔业行政执法机构和人员调查系统将结合禁捕监管工作需要，进行优化升级。沿江各省（直辖市）要高度重视渔业行政执法能力基础数据、禁捕执法监管数据等数据资源的调度、收集、汇总、分析工作，建立分层分级、专人负责的工作机制。每月 25 日前对本辖区渔业行政执法机构、人员、装备、信息化、协助巡护等基础数据通过系统进行初次填报或更新上报，打击非法捕捞专项整治行动等执法数据按照既定要求正常报送，查处的重大或典型案例、禁捕监管经验做法等文字材料可随时报送。各地要加强对数据和案例的汇总梳理分析，为本级和上级渔业行政执法和水生生物保护决策提供参考。

**6. 注重宣传引导，营造良好氛围**

沿江各省（直辖市）要加强对《长江保护法》等法律、法规的宣传普及和贯彻实施，提升依法管渔治渔水平。要适时组织非法捕捞案件公开宣判、非法捕捞器具集中销毁活动，注重以案释法，加大震慑力度。要持续加大宣传海报、标语、宣传栏、电视、短信等媒介的舆论引导力度，并注重正面宣传效应，积极宣扬禁捕工作成效和打击非法捕捞一线的典型事迹，多形态讲好禁捕故事。要组织渔政（农业综合执法）、公安、街道（社区）等强化走访排摸和隐患排查工作，把非法捕捞隐患消灭在萌芽状态。各级党员领导干部、国家工作人员、禁捕管理人员等要率先垂范，带头禁食拒食江鲜等野生水产品，强化示范带动，努力营造"水上不捕、市场不卖、餐馆不做、群众不食"的良好氛围。

# 第二章 长江流域渔业行政执法的主要法律制度

## 第一节 长江禁渔主要法律制度

### 一、禁渔期和禁渔区制度的基本法律规定

禁渔期和禁渔区是最基本、最重要、最有效的渔业资源养护措施，是指根据渔业资源生存繁衍的自然规律和开发利用状况，在一定的区域或一定的时间内禁止部分或全部捕捞作业生产，或禁止某种渔具或捕捞方法的一项保护制度。禁渔区和禁渔期的设定一般是基于某些渔业资源对象产卵、繁殖或幼体发育的场所和时期，或者某个对渔业资源的繁殖和生长普遍有重大影响意义的场所或时期，其主要目的是通过保护渔业资源的繁殖和生长发育来保护渔业资源的再生能力。

《渔业法》第三十条规定，禁止在禁渔区、禁渔期进行捕捞。并进一步规定，在禁渔区或者禁渔期内禁止销售非法捕捞的渔获物。禁渔区和禁渔期由国务院渔业行政主管部门或者省（自治区、直辖市）人民政府渔业行政主管部门规定。

《中华人民共和国水产资源繁殖保护条例》第七条规定，对某些重要鱼虾贝类产卵场、越冬场和幼体索饵场，应当合理规定禁渔区、禁渔期，分别不同情况，禁止全部作业，或限制作业的种类和某些作业的渔具数量；第八条规定，凡是鱼、蟹等产卵洄游通道的江河，不准在闸口拦捕鱼、蟹幼体和产卵洄游的亲体，必要时应当规定禁渔期。

对于具体的禁渔期、禁渔区，需要根据国务院渔业行政主管部门或者省（自治区、直辖市）人民政府渔业行政主管部门的具体规定执行。在实践中，一些省（自治区、直辖市）的地方性法规或者政府规章授权县级以上人民政府或其渔业主管部门规定禁渔期、禁渔区。

### 二、《中华人民共和国长江保护法》关于长江禁渔制度的规定

2020年12月26日，第十三届全国人民代表大会常务委员会第二十四次会议通过了《长江保护法》，其中第五十三条规定，国家对长江流域重点水域实行严格捕捞管理。这进一步强化了禁渔制度。具体如下：

在长江流域水生生物保护区全面禁止生产性捕捞；在国家规定的期限内，长江干流和重要支流、大型通江湖泊、长江河口规定区域等重点水域全面禁止天然渔业资源的生产性捕捞。具体办法由国务院农业农村主管部门会同国务院有关部门制定。

长江流域其他水域禁捕、限捕管理办法由县级以上地方人民政府制定。

从上述规定来看，《长江保护法》针对长江流域禁渔制度作了比《渔业法》更为具体和明确的规定，但仍是基本性规定。在渔政监管执法中，仍需要以国务院渔业主管部门更为具体的规定为依据。

### 三、最新长江禁渔制度的具体内容

在长江流域，大范围的禁渔期起始于农业部在 2002 年试行的长江春季禁渔期。该制度于 2003 年正式实施，之后在 2016 年进行了调整，统一了长江上中下游的禁渔时间，并将禁渔时间从 3 个月延长到 4 个月。

2019 年 12 月 27 日发布的《农业农村部关于长江流域重点水域禁捕范围和时间的通告》（农业农村部通告〔2019〕4 号）中规定，长江流域重点水域暂定 10 年禁捕，由此取代原长江春季禁渔期制度。2020 年 11 月 19 日发布的《农业农村部关于设立长江口禁捕管理区的通告》（农业农村部通告〔2020〕3 号）中规定，建立长江口禁捕管理区，实行与长江流域重点水域相同的禁捕管理措施。

2021 年 12 月 1 日，农业农村部发布了《长江水生生物保护管理规定》，自 2022 年 2 月 1 日起施行。该规定对长江禁渔管理进行了进一步的补充规定。

根据上述通告和管理规定，长江流域最新禁渔制度包括以下 5 类区域的禁渔要求和 5 种主要的管理措施：

#### （一）禁渔区域

**1. 水生生物保护区**

2017 年 11 月 23 日，《农业部关于公布率先全面禁捕长江流域水生生物保护区名录的通告》公布，其中提出，长江上游珍稀特有鱼类国家级自然保护区等 332 个水生生物保护区（包括水生动植物自然保护区和水产种质资源保护区，其名录见附录一）自 2020 年 1 月 1 日 0 时起，全面禁止生产性捕捞。有关地方政府或渔业主管部门宣布在此之前实行禁捕的，禁捕时间从其规定。此后长江流域范围内新建立的以水生生物为主要保护对象的自然保护区和水产种质资源保护区，自建立之日起纳入全面禁捕范围。

**2. 长江干流和重要支流**

这里的长江干流和重要支流是指《农业部关于调整长江流域禁渔期制度的通告》（农业部通告〔2015〕1 号）中公布的有关禁渔区域，即：青海省曲麻莱县以下至长江河口（东经 122°、北纬 31°36′30″、北纬 30°54′之间的区域）的长江干流江段，岷江、沱江、赤水河、嘉陵江、乌江、汉江等重要通江河流在甘肃省、陕西省、云南省、贵州省、四川省、重庆市、湖北省境内的干流江段，大渡河在青海省和四川省境内的干流河段，以及各省确定的其他重要支流。长江干流和重要支流除水生生物自然保护区和水产种质资源保护区以外的天然水域，自 2021 年 1 月 1 日 0 时起实行暂定为期 10 年的常年禁捕，其间禁止天然渔业资源的生产性捕捞。鼓励有条件的地方在此之前实施禁捕。有关地方政府或渔业行政主管部门宣布在此之前实行禁捕的，禁捕起始时间从其规定。

**3. 大型通江湖泊**

鄱阳湖、洞庭湖等大型通江湖泊除水生生物自然保护区和水产种质资源保护区以外的天然水域，由有关省级渔业行政主管部门划定禁捕范围，最迟自 2021 年 1 月 1 日 0 时起，实行暂定为期 10 年的常年禁捕，其间禁止天然渔业资源的生产性捕捞。鼓励有条件的地方在此之前实施禁捕。有关地方政府或渔业行政主管部门宣布在此之前实行禁捕的，禁捕起始时间从其规定。

**4. 长江口禁捕管理区**

按照《农业农村部关于设立长江口禁捕管理区的通告》（农业农村部通告〔2020〕3 号）的规定，在长江口东经 122°15′、北纬 31°41′36″、北纬 30°54′形成的框型区线，向西以水陆交界线为界的范围内，建立长江口禁捕管理区，其中的上海市长江口中华鲟自然保护区、长江刀鲚国家级水产种质资源保护区等水生生物保护区水域全面禁止生产性捕捞，水生生物保护区以外水域自 2021 年 1 月 1 日 0 时起实行与长江流域重点水域相同的禁捕管理措施。

**5. 其他重点水域**

与长江干流、重要支流、大型通江湖泊连通的其他天然水域，由省级渔业行政主管部门确定禁捕范围和时间。

**（二）禁渔管理措施**

**1. 生产性捕捞管理**

在水生生物保护区，全面禁止生产性捕捞。

在国家规定的期限内，长江干流和重要支流、大型通江湖泊、长江口禁捕管理区等重点水域禁止天然渔业资源的生产性捕捞。农业农村部根据长江流域水生生物资源状况，对长江流域重点水域禁捕管理制度进行适应性调整。

长江流域其他水域禁捕、限捕管理办法由县级以上地方人民政府制定。

**2. 禁用渔具管理**

禁止在禁渔期携带禁用渔具进入禁渔区。

长江流域重点水域禁用渔具渔法目录由农业农村部和长江流域省级人民政府农业农村主管部门制定并发布。

**3. 垂钓管理**

禁止在长江流域以水生生物为主要保护对象的自然保护区、水产种质资源保护区核心区和水生生物重要栖息地垂钓。

在长江流域其他水域休闲垂钓的，应以正确、健康、文明的方式进行，禁止一人多竿、多线多钩、钓获物买卖等违规垂钓行为。

**4. 专项（特许）捕捞管理**

禁捕期间，因人工繁育、科研、监测等特殊需要采集水生生物的，或者为了维持生态系统平衡或者调控特定物种种群等，需要在禁渔期、禁渔区捕捞天然渔业资源的，应当按照《渔业捕捞许可管理规定》申请专项（特许）渔业捕捞许可证，并严格按照许可的技术标准、规范要求进行作业，严禁擅自更改作业范围、时间和捕捞工具、方法等。县级以上地方人民政府农业农村主管部门应当加强对专项（特许）渔业捕捞行为的监督和管理。

因科研、教学、环境影响评价等需要在长江流域禁渔期、禁渔区进行捕捞的，应当制订年度捕捞计划，并按规定申请专项（特许）渔业捕捞许可证；确需使用禁用渔具渔法的，长江流域省级人民政府农业农村主管部门应当组织论证。在禁渔期、禁渔区开展调查监测的渔获物，不得进行市场交易或抵扣费用。

在通江湖泊、大型水库针对特定渔业资源进行专项（特许）捕捞的，由有关省级渔业行政主管部门根据资源状况制定管理办法，对捕捞品种、作业时间、作业类型、作业区域、准用网具和捕捞限额等作出规定，报农业农村部批准后组织实施。专项（特许）捕捞作业需要跨越省级管辖水域界限的，由交界水域有关省级渔业行政主管部门协商管理。在特定水域开展增殖渔业资源的利用和管理，由省级渔业行政主管部门另行规定并组织实施，避免对禁捕管理产生不利影响。

**5. 大水面生态渔业和增殖渔业管理**

在长江流域发展大水面生态渔业应当科学规划，按照"一水一策"原则合理选择大水面生态渔业发展方式。开展增殖渔业的，按照水域承载力确定适宜的增殖种类、增殖数量、增殖方式、放捕比例和起捕时间、方式、规格、数量等。

严格区分增殖渔业的起捕活动与传统的非增殖渔业资源捕捞生产。增殖渔业起捕应当使用专门的渔具渔法，避免对非增殖渔业资源和重点保护水生野生动植物造成损害。

## 四、违反禁渔期和禁渔区管理的法律责任

**1. 《渔业法》的规定**

根据《渔业法》第三十八条的规定，违反关于禁渔区、禁渔期的规定进行捕捞的，没收渔获物和违法所得，处 5 万元以下的罚款；情节严重的，没收渔具，吊销捕捞许可证；情节特别严重的，可以没收渔船；构成犯罪的，依法追究刑事责任。在禁渔区或者禁渔期内销售非法捕捞的渔获物的，县级以上地方人民政府渔业行政主管部门应当及时进行调查处理。

**2. 《长江保护法》的规定**

根据《长江保护法》第八十六条的规定，违法在长江流域水生生物保护区内，或者在长江干流和重要支流、大型通江湖泊、长江河口规定区域等重点水域禁捕期间从事天然渔业资源的生产性捕捞的，由县级以上人民政府农业农村主管部门没收渔获物、违法所得以及用于违法活动的渔船、渔具和其他工具，并处 1 万元以上 5 万元以下罚款；采取电鱼、毒鱼、炸鱼等方式捕捞，或者有其他严重情节的，并处 5 万元以上 50 万元以下罚款。

收购、加工、销售上述违法捕捞的渔获物的，由县级以上人民政府农业农村、市场监督管理等部门按照职责分工，没收渔获物及其制品和违法所得，并处货值金额 10 倍以上 20 倍以下罚款；情节严重的，吊销相关生产经营许可证或者责令关闭。

由于《长江保护法》相对于《渔业法》而言是新法，并且专门适用于长江流域。因

此，按照法律效力新法优先于旧法、特别法优先于一般法的原则，对于在长江流域违反《长江保护法》中禁渔规定的法律责任追究，应当适用《长江保护法》。

**3. 《长江水生生物保护管理规定》的规定**

根据《长江水生生物保护管理规定》第三十条的规定，违反《长江水生生物保护管理规定》，在长江流域重点水域进行垂钓或者在禁渔期携带禁用渔具进入禁渔区的，责令改正，可以处警告或 1 000 元以下罚款；构成其他违法行为的，按照《长江保护法》《渔业法》等法律或者行政法规予以处罚。

**4. 关于非法捕捞水产品罪的有关法律规定**

《中华人民共和国刑法》（以下简称《刑法》）第三百四十条规定，违反保护水产资源法规，在禁渔区、禁渔期或者使用禁用的工具、方法捕捞水产品，情节严重的，处三年以下有期徒刑、拘役、管制或者罚金。

2020 年 12 月 17 日，最高人民法院、最高人民检察院、公安部、农业农村部联合印发了《依法惩治长江流域非法捕捞等违法犯罪的意见》，对在长江流域重点水域非法捕捞水产品的入刑标准进行了专门规定，适用于违反长江禁捕规定的犯罪行为的法律责任追究。2022 年 4 月 6 日，《最高人民法院 最高人民检察院关于办理破坏野生动物资源刑事案件适用法律若干问题的解释》（法释〔2022〕12 号）公布，自 2022 年 4 月 9 日起施行。该解释对《刑法》第三百四十条的适用情形也作了规定，但是其规定与《依法惩治长江流域非法捕捞等违法犯罪的意见》有些不同。

《最高法院 最高人民检察院关于办理破坏野生动物资源刑事案件适用法律若干问题的解释》中规定：之前发布的司法解释与本解释不一致的，以本解释为准。但考虑到 2020 年发布的《依法惩治长江流域非法捕捞等违法犯罪的意见》主要针对长江流域重点水域禁捕管理，且为最高人民法院、最高人民检察院、公安部、农业农村部联合印发，因此，在实施禁捕管理的长江流域重点水域适用《依法惩治长江流域非法捕捞等违法犯罪的意见》，在长江流域重点水域之外则适用《最高法院 最高人民检察院关于办理破坏野生动物资源刑事案件适用法律若干问题的解释》。

根据《依法惩治长江流域非法捕捞等违法犯罪的意见》，违反保护水产资源法规，在长江流域重点水域非法捕捞水产品，具有下列情形之一的，依照《刑法》第三百四十条的规定，以非法捕捞水产品罪定罪处罚：

（1）非法捕捞水产品 500 kg 以上或者 1 万元以上的。

（2）非法捕捞具有重要经济价值的水生动物苗种、怀卵亲体或者在水产种质资源保护区内捕捞水产品 50 kg 以上或者 1 000 元以上的。

（3）在禁捕区域使用电鱼、毒鱼、炸鱼等严重破坏渔业资源的禁用方法捕捞的；

（4）在禁捕区域使用农业农村部规定的禁用工具捕捞的；

（5）其他情节严重的情形。

此外，《依法惩治长江流域非法捕捞等违法犯罪的意见》还规定了非法渔获物交易犯罪、危害水生生物资源的单位犯罪两项罪名。

对于非法渔获物交易犯罪，规定如下：明知是在长江流域重点水域非法捕捞犯罪所得的水产品而收购、贩卖，价值1万元以上的，应当依照《刑法》第三百一十二条的规定，以掩饰、隐瞒犯罪所得罪定罪处罚。

对于危害水生生物资源的单位犯罪，规定如下：水产品交易公司、餐饮公司等单位实施本意见规定的行为，构成单位犯罪的，依照本意见规定的定罪量刑标准，对直接负责的主管人员和其他直接责任人员定罪处罚，并对单位判处罚金。

在量刑方面，对于多次实施上述规定的行为构成犯罪，依法应当追诉的，或者2年内两次以上实施上述规定的行为未经处理的，数量数额累计计算。具有下列情形之一的，从重处罚：①暴力抗拒、阻碍国家机关工作人员依法履行职务，尚未构成妨害公务罪的；②2年内曾因实施本意见规定的行为受过处罚的；③对长江生物资源或水域生态造成严重损害的；④具有造成重大社会影响等恶劣情节的。

具有上述情形的，一般不适用不起诉、缓刑、免予刑事处罚。对于非法捕捞水产品，根据渔获物的数量、价值和捕捞方法、工具等情节，认为对水生生物资源危害明显较轻的，可以认定为犯罪情节轻微，依法不起诉或者免予刑事处罚，但是曾因破坏水产资源受过处罚的除外。

# 第二节　水生生物保护区制度

水生生物保护区是保护重要水生生物物种栖息地的重要措施，是建设可持续发展社会的基本单元，不仅对水生生物资源保护具有重要作用，还对水域环境和生物多样性具有重要的保护作用，可提供环境效益、保障生态安全、促进自然资源的持续利用和生态旅游的发展、促使人类与自然和谐相处。

长江流域所涉及的水生生物保护区主要是水产种质资源保护区和水生动植物自然保护区。

## 一、水产种质资源保护区

《渔业法》第二十九条规定：国家保护水产种质资源及其生存环境，并在具有较高经济价值和遗传育种价值的水产种质资源的主要生长繁育区域建立水产种质资源保护区。未经国务院渔业行政主管部门批准，任何单位或者个人不得在水产种质资源保护区内从事捕捞活动。

《渔业法》第四十五条规定：未经批准在水产种质资源保护区内从事捕捞活动的，责令立即停止捕捞，没收渔获物和渔具，可以并处1万元以下的罚款。

2006年，国务院发布了《中国水生生物资源养护行动纲要》，进一步强调建立水产种质资源保护区来保护水产种质资源，并要求制定相应的管理办法，强化和规范保护区管理。

2007年12月12日，根据《渔业法》规定和《中国水生生物资源养护行动纲要》有关要求，农业部公布了批准建立的我国首批国家级水产种质资源保护区名单，共 40 处。之后，截至 2018 年，农业农村部公布了十一批国家级水产种质资源保护区，其中长江流域的国家级水产种质资源保护区 279 个（具体名称及所在地区见附录一）。

## 二、水生生物自然保护区

根据《自然保护区条例》第十条的规定，在珍稀、濒危野生动植物物种的天然集中分布区域或者具有特殊保护价值的湿地、内陆水域应当建立保护区。

自然保护区分国家级自然保护区和地方级自然保护区。

《自然保护区条例》第三十五条规定：违反本条例规定，在自然保护区进行砍伐、放牧、狩猎、捕捞、采药、开垦、烧荒、开矿、采石、挖沙等活动的单位和个人，除可以依照有关法律、行政法规规定给予处罚的以外，由县级以上人民政府有关自然保护区行政主管部门或者其授权的自然保护区管理机构没收违法所得，责令停止违法行为，限期恢复原状或者采取其他补救措施；对自然保护区造成破坏的，可以处以 300 元以上 1 万元以下的罚款。

截至 2018 年，长江流域已经建有 53 个国家级和地方级自然保护区。其中以保护珍稀、濒危水生野生动植物的保护区为主。

## 三、长江水生生物自然保护地

《长江保护法》第三十九条对长江流域自然保护地进行了专门规定，要求国家统筹长江流域自然保护地体系建设。国务院和长江流域省级人民政府在长江流域重要典型生态系统的完整分布区、生态环境敏感区以及珍贵野生动植物天然集中分布区和重要栖息地、重要自然遗迹分布区等区域，依法设立国家公园、自然保护区、自然公园等自然保护地。

## 四、长江流域水生生物保护区违法捕捞的法律责任

### 1. 违法在长江流域水生生物保护区捕捞的行政法律责任

根据《长江保护法》第八十六条的规定，违法在长江流域水生生物保护区（包括水产种质资源保护区和水生生物自然保护区）内从事生产性捕捞的，由县级以上人民政府农业农村主管部门没收渔获物、违法所得以及用于违法活动的渔船、渔具和其他工具，并处 1 万元以上 5 万元以下罚款；采取电鱼、毒鱼、炸鱼等方式捕捞，或者有其他严重情节的，并处 5 万元以上 50 万元以下罚款。

收购、加工、销售上述违法捕捞的渔获物的，由县级以上人民政府农业农村、市场监督管理等部门按照职责分工，没收渔获物及其制品和违法所得，并处货值金额 10 倍以上 20 倍以下罚款；情节严重的，吊销相关生产经营许可证或者责令关闭。

### 2. 违法在长江流域水生生物保护区捕捞构成犯罪的法律责任

长江流域水生生物保护区属于重点水域禁捕范围，因此，对于在长江流域水生生物保护区非法捕捞构成犯罪的刑事责任追究，适用前述 2020 年最高人民法院、最高人民检察

院、公安部、农业农村部联合印发的《依法惩治长江流域非法捕捞等违法犯罪的意见》的规定。

# 第三节　渔具和捕捞方法管理制度

渔具和捕捞方法直接作用于水域中的鱼类等生物及其环境，对水生生物和环境产生直接影响。有些渔具和捕捞方法对水生生物或者水域环境产生的危害较大，需要予以禁止。但随着科学技术的发展，渔业生产者很容易对渔具和捕捞方法进行更改，因此禁用的管理方式也难以奏效。近年来准用渔具和捕捞方法管理开始得到重视，并在长江干流试行。

## 一、关于禁止使用破坏性渔具和捕捞方法的法律规定

《渔业法》第三十条对禁止使用破坏性渔具和捕捞方法进行了规定，包括以下几个方面：

（1）禁止使用炸鱼、毒鱼、电鱼等破坏渔业资源的方法进行捕捞。

（2）禁止制造、销售、使用禁用的渔具。

（3）禁止在禁渔区、禁渔期进行捕捞。

（4）禁止使用小于最小网目尺寸的网具进行捕捞。

（5）捕捞的渔获物中幼鱼不得超过规定的比例。

（6）在禁渔区或者禁渔期内禁止销售非法捕捞的渔获物。

（7）重点保护的渔业资源品种及其可捕捞标准，禁止使用或者限制使用的渔具和捕捞方法，最小网目尺寸以及其他保护渔业资源的措施，由国务院渔业行政主管部门或者省（自治区、直辖市）人民政府渔业行政主管部门规定。

此外，《长江保护法》也规定禁止使用破坏性渔具和捕捞方法。其中第五十三条规定，国务院农业农村主管部门会同国务院有关部门和长江流域省级人民政府加强长江流域禁捕执法工作，严厉查处电鱼、毒鱼、炸鱼等破坏渔业资源和生态环境的捕捞行为。

## 二、违法使用禁用渔具和捕捞方法的法律责任

### 1.《渔业法》规定的法律责任

《渔业法》第三十八条涉及禁用渔具和捕捞方法的法律责任规定如下：

（1）使用炸鱼、毒鱼、电鱼等破坏渔业资源方法进行捕捞的，或者使用禁用的渔具、捕捞方法和小于最小网目尺寸的网具进行捕捞或者渔获物中幼鱼超过规定比例的，没收渔获物和违法所得，处 5 万元以下的罚款；情节严重的，没收渔具，吊销捕捞许可证；情节特别严重的，可以没收渔船；构成犯罪的，依法追究刑事责任。

（2）在禁渔区或者禁渔期内销售非法捕捞的渔获物的，县级以上地方人民政府渔业行政主管部门应当及时进行调查处理。

（3）制造、销售禁用的渔具的，没收非法制造、销售的渔具和违法所得，并处 1 万元

以下的罚款。

**2. 关于非法捕捞水产品罪的有关法律规定**

在长江流域使用禁用的工具、方法捕捞水产品构成犯罪的法律责任追究，适用《刑法》第三百四十条的规定，以"非法捕捞水产品罪"论处。在长江流域重点水域使用禁用工具、方法从事非法捕捞的，具体立案标准适用 2020 年最高人民法院、最高人民检察院、公安部、农业农村部联合印发的《依法惩治长江流域非法捕捞等违法犯罪的意见》。在长江流域重点水域之外的，立案标准适用 2022 年《最高人民法院 最高人民检察院关于办理破坏野生动物资源刑事案件适用法律若干问题的解释》中的规定。

### 三、长江流域重点水域禁用渔具的相关规定

早在 2017 年 1 月 18 日，农业部曾经发布了《农业部关于长江干流禁止使用单船拖网等十四种渔具的通告（试行）》，自 2017 年 7 月 1 日起施行。

为依法严惩非法捕捞等危害水生生物资源和生态环境的各类违法犯罪行为，切实保障长江禁渔工作顺利实施，2021 年 10 月 11 日，《农业农村部关于发布长江流域重点水域禁用渔具名录的通告》（农业农村部通告〔2021〕4 号）出台，自 2021 年 12 月 1 日起施行。原《农业部关于长江干流禁止使用单船拖网等 14 种渔具的通告（试行）》（农业部通告〔2017〕2 号）同时废止。

该通告明确列出适用于《农业农村部关于长江流域重点水域禁捕范围和时间的通告》《农业农村部关于设立长江口禁捕管理区的通告》规定的禁捕水域范围及沿江各省（直辖市）依据上述通告确定的本辖区禁捕水域范围的刺网、围网、拖网、地拉网、张网、敷网、陷阱、钓具、耙刺、笼壶等 10 类渔具中的 36 种禁用渔具（具体内容见附录六）。

该通告要求，长江流域重点水域各省（直辖市）渔业行政主管部门可在本通告禁用渔具名录的基础上，根据本地区水生生物资源保护和渔政执法监管工作实际，补充制定适合本地实际管理需要的禁用渔具名录并报农业农村部备案。

因教学、科研等确需使用名录中禁用渔具进行捕捞的，需按照有关要求组织专家论证，严格控制范围、规模、渔获物品种及数量，申请专项（特许）渔业捕捞许可证并明确上述内容。

### 四、长江干流准用渔具和过渡渔具最小网目尺寸限制的相关规定

2017 年 1 月 18 日，农业部发布了《农业部关于长江干流实施捕捞准用渔具和过渡渔具最小网目尺寸制度的通告（试行）》（详见附录七），在长江干流实施捕捞准用渔具和过渡渔具最小网目尺寸制度，主要内容如下：

（1）自 2017 年 7 月 1 日起，青海省曲麻莱县以下至长江河口（东经 122°）的长江干流江段全面实施捕捞准用渔具和过渡渔具最小网目尺寸标准制度。

（2）严禁在拖网等具有网囊的渔具内加装衬网，一经发现，按违反最小网目尺寸规定予以处罚。

（3）准用渔具类别是国家允许在长江干流水域使用的捕捞渔具。过渡渔具类别是国家现阶段允许使用的捕捞渔具，在经过一定时期的实践检验后，根据渔业资源和生态环境保护的需要，今后再分别转为准用渔具或禁用渔具。

（4）各省（自治区、直辖市）政府渔业行政主管部门，可在该通告规定的最小网目尺寸标准基础上，根据本地区渔业资源保护和捕捞生产实际，制定更严格的本省（自治区、直辖市）捕捞渔具最小网目尺寸标准，对于重点保护的渔业资源品种及其可捕捞标准，以及其他保护渔业资源的措施，可由各省（自治区、直辖市）研究规定，并报农业部长江流域渔政监督管理办公室备案。

（5）关于最小网目测量方法，根据《渔网网目尺寸测量方法》（GB/T 6964—2010）的规定，采用扁平楔形网目内径测量仪进行测量。测量网目长度时，网目应沿有结网的纵向或无结网的长轴方向充分拉直，每次逐目测量相邻 5 目的网目内径，取其最小值为该网片的网目内径。三重刺网测量最里层网的最小网目尺寸，双重刺网测量两层网中网目较小的网的最小网目尺寸。各省（自治区、直辖市）渔业行政主管部门可采用科学简便的测量办法。

（6）长江干流水域准用渔具与过渡渔具的所有者、使用者须在 2017 年 6 月 30 日前将小于最小网目尺寸的捕捞渔具及时调整与更换。自 2017 年 7 月 1 日起，全面禁止使用小于最小网目尺寸的渔具进行捕捞。

（7）长江干流各级地方政府渔业行政主管部门及其所属渔业行政执法机构要对辖区水域内渔船携带和使用渔具的网目情况进行专项执法检查。对使用小于最小网目尺寸的渔具进行渔业捕捞的，依据《渔业法》第三十八条予以处罚，并对使用小于最小网目尺寸渔具的渔船，视情全部或者部分扣除当年的渔业油价补助资金。对携带小于最小网目尺寸渔具的捕捞渔船，按使用小于最小网目尺寸渔具予以处罚。

# 第四节　水生野生动物保护管理的主要法律制度

《野生动物保护法》规定，各级渔业行政主管部门主管水生野生动物保护工作。因此，水生野生动物保护是各级渔业行政主管部门的职责，也是渔业行政执法的重要组成部分。本章所说的水生野生动物是指《野生动物保护法》中规定的珍贵、濒危水生野生动物。

《渔业法》对水生野生动物保护仅有原则性规定，水生野生动物保护的基本法律依据是《野生动物保护法》以及《中华人民共和国水生野生动物保护实施条例》（以下简称《水生野生动物保护实施条例》）等有关的法规、规章和相关的国际条约（主要是《濒危野生动植物种国际贸易公约》）。在此，主要介绍《野生动物保护法》中有关水生野生动物保护监督执法的内容。对于《水生野生动物保护实施条例》，因其修订未能与上位法《野生动物保护法》同步，仅作简单介绍。此外，还将介绍《刑法》及相关司法解释关于野生动物犯罪的条款。

## 一、《中华人民共和国野生动物保护法》的相关规定

《野生动物保护法》于 1988 年 11 月 8 日第七届全国人民代表大会常务委员会第四次会议通过，1989 年 3 月 1 日起施行，之后于 2004 年、2009 年、2016 年、2018 年、2022 年进行了 5 次修订。《野生动物保护法》建立了包括水生野生动物在内的我国野生动物保护的基本法律体系，其中涉及长江渔业行政执法的内容包括以下几个方面：

**1. 《野生动物保护法》保护的水生野生动物范围**

根据《野生动物保护法》第二条的规定，该法规保护的野生动物是指珍贵、濒危的陆生、水生野生动物和有重要生态、科学、社会价值的陆生野生动物。珍贵、濒危的水生野生动物以外的其他水生野生动物的保护，适用《渔业法》等有关法律的规定。野生动物及其制品是指野生动物的整体（含卵、蛋）、部分及其衍生物。

根据《野生动物保护法》第十条的规定，国家对野生动物实行分类分级保护，对珍贵、濒危的野生动物实行重点保护。国家重点保护的野生动物分为一级保护野生动物和二级保护野生动物。《国家重点保护野生动物名录》由国务院野生动物保护主管部门组织科学评估后制定，并每 5 年根据评估情况确定对名录进行调整。《国家重点保护野生动物名录》报国务院批准公布。地方重点保护野生动物名录由省（自治区、直辖市）人民政府组织科学评估后制定、调整并公布。

根据《野生动物保护法》第三十五条的规定，中华人民共和国缔结或者参加的国际公约禁止或者限制贸易的野生动物或者其制品名录，由国家濒危物种进出口管理机构制定、调整并公布。列入上述名录的野生动物，经国务院野生动物保护主管部门核准，可以按照国家重点保护的野生动物管理。据此规定，农业农村部于 2018 年 10 月 9 日发布第 69 号公告，公布了《〈濒危野生动植物种国际贸易公约〉附录水生动物物种核准为国家重点保护野生动物名录》，其中规定自公告发布之日起，《濒危野生动植物种国际贸易公约》附录水生物种按照被核准的国家重点保护动物级别进行国内管理，进出口环节需同时遵守国际公约有关规定。已列入国家重点保护名录的物种不进行核准，按对应国家重点保护动物级别进行国内管理。

在渔业行政执法中，应当以上述目录作为判断国家重点保护的珍贵、濒危水生野生动物的依据，并注意名录的调整。当前长江流域国家重点保护野生动物的名录可以从《国家林业和草原局　农业农村部公告（2021 年第 3 号）》中摘录得出（详见附录二）。

**2. 水生野生动物栖息地保护**

《野生动物保护法》第五条规定：国家保护野生动物及其栖息地。《野生动物保护法》第六条规定：任何组织和个人都有保护野生动物及其栖息地的义务。禁止违法猎捕野生动物、破坏野生动物栖息地。

根据《野生动物保护法》第十二条的规定，国务院渔业主管部门会同国务院有关部门，确定并发布水生野生动物重要栖息地名录。省级以上人民政府依法划定相关自然保护区域，保护野生动物及其重要栖息地。对不具备划定相关自然保护区域条件的，县级以上

人民政府可以采取划定禁猎（渔）区、规定禁猎（渔）期等其他形式予以保护。

**3. 水生野生动物生存繁衍的保护**

根据《野生动物保护法》第二十条的规定，在相关自然保护区域和禁猎（渔）区、禁猎（渔）期内，除法律、法规另有规定外，禁止猎捕以及其他妨碍野生动物生息繁衍的活动。野生动物迁徙洄游期间，在上述区域外的迁徙洄游通道内，禁止猎捕并严格限制其他妨碍野生动物生息繁衍的活动。迁徙洄游通道的范围以及妨碍野生动物生息繁衍活动的内容，由县级以上人民政府或者其野生动物保护主管部门规定并公布。

**4. 猎捕国家重点保护水生野生动物的管理**

《野生动物保护法》第二十一条规定：禁止猎捕、杀害国家重点保护野生动物。因科学研究、种群调控、疫源疫病监测或者其他特殊情况，需要猎捕国家一级保护野生动物的，应当向国务院野生动物保护主管部门申请特许猎捕证；需要猎捕国家二级保护野生动物的，应当向省（自治区、直辖市）人民政府野生动物保护主管部门申请特许猎捕证。

《野生动物保护法》第二十三条规定，猎捕者应当按照特许猎捕证规定的种类、数量、地点、工具、方法和期限进行猎捕。

《野生动物保护法》第二十四条规定，禁止使用毒药、爆炸物、电击或者电子诱捕装置以及猎套、猎夹、地枪、排铳等工具进行猎捕，禁止使用夜间照明行猎、歼灭性围猎、捣毁巢穴、火攻、烟熏、网捕等方法进行猎捕，但因科学研究确需网捕、电子诱捕的除外。其他禁止使用的猎捕工具和方法，由县级以上地方人民政府规定并公布。

**5. 水生野生动物人工繁育管理**

《野生动物保护法》第二十五条规定，国家支持有关科学研究机构因物种保护目的人工繁育国家重点保护野生动物。除此之外，人工繁育国家重点保护野生动物的，实行许可制度。人工繁育国家重点保护野生动物的，应当经省级人民政府野生动物保护主管部门批准，取得人工繁育许可证，但国务院对批准机关另有规定的除外。

人工繁育国家重点保护野生动物应当使用人工繁育子代（即人工控制条件下繁殖出生的子代个体且其亲本也在人工控制条件下出生）种源，建立物种系谱、繁育档案和个体数据。因物种保护目的确需采用野外种源的，需取得特许猎捕证。

**6. 出售、购买、利用国家重点保护野生动物及其制品的管理**

根据《野生动物保护法》第二十七条至第三十三条的规定，出售、购买、利用国家重点保护野生动物及其制品的管理包括以下几个方面：

（1）禁止出售、购买、利用国家重点保护野生动物及其制品。

（2）因科学研究、人工繁育、公众展示展演、文物保护或者其他特殊情况，需要出售、购买、利用国家重点保护野生动物及其制品的，应当经省（自治区、直辖市）人民政府野生动物保护主管部门批准，并按照规定取得和使用专用标识，保证可追溯，但国务院对批准机关另有规定的除外。

（3）对人工繁育技术成熟稳定的国家重点保护野生动物，经科学论证，纳入国务院野生动物保护主管部门制定的《人工繁育国家重点保护野生动物名录》。对列入名录的野生动物及其制品，可以凭人工繁育许可证，按照省（自治区、直辖市）人民政府野生动物保护主管部门核验的年度生产数量直接取得专用标识，凭专用标识出售和利用，保证可追溯。对《国家重点保护野生动物名录》进行调整时，根据有关野外种群保护情况，可以对有关人工繁育技术成熟稳定野生动物的人工种群，不再列入《国家重点保护野生动物名录》，但应当依法取得人工繁育许可证和专用标识。

（4）禁止生产、经营使用国家重点保护野生动物及其制品制作的食品。

（5）禁止为食用非法购买国家重点保护的野生动物及其制品。

（6）禁止为出售、购买、利用野生动物或者禁止使用的猎捕工具发布广告。禁止为违法出售、购买、利用野生动物制品发布广告。

（7）禁止网络交易平台、商品交易市场等交易场所，为违法出售、购买、利用野生动物及其制品或者禁止使用的猎捕工具提供交易服务。

（8）运输、携带、寄递国家重点保护野生动物及其制品，或者按规定调出国家重点保护名录的野生动物及其制品出县境的，应当持有或者附有特许猎捕证、人工繁育证，或者出售、购买、利用批准文件的副本或者专用标识，以及检疫证明。

**7. 水生野生动物及其制品进出口管理**

《野生动物保护法》第三十五条规定，进出口列入中华人民共和国缔结或者参加的国际公约禁止或者限制贸易的野生动物或者其制品名录的野生动物或者其制品的，出口国家重点保护野生动物或者其制品的，应当经国务院野生动物保护主管部门或者国务院批准，并取得国家濒危物种进出口管理机构核发的允许进出口证明书。依法实施进出境检疫。海关依法按规定办理通关手续。涉及科学技术保密的野生动物物种的出口，按照国务院有关规定办理。

《野生动物保护法》第三十七条规定，从境外引进野生动物物种的，应当经国务院野生动物保护主管部门批准。从境外引进列入我国缔结或者参加的国际公约禁止或者限制贸易的野生动物或者其制品名录的野生动物，还应当依法取得允许进出口证明书。从境外引进野生动物物种的，应当采取安全可靠的防范措施，防止其进入野外环境，避免对生态系统造成危害。确需将其放归野外的，按照国家有关规定执行。

**8. 水生野生动物放生管理**

《野生动物保护法》第三十八条规定，任何组织和个人将野生动物放生至野外环境，应当选择适合放生地野外生存的当地物种，不得干扰当地居民的正常生活、生产，避免对生态系统造成危害。随意放生野生动物，造成他人人身、财产损害或者危害生态系统的，依法承担法律责任。

**9. 有关水生野生动物的证件、标识等文件的管理**

《野生动物保护法》第三十九条规定，禁止伪造、变造、买卖、转让、租借特许猎捕证、狩猎证、人工繁育许可证及专用标识，出售、购买、利用国家重点保护野生动物及其制品的批准文件，或者允许进出口证明书、进出口等批准文件。

**10. 外国人在我国开展有关水生野生动物活动的管理**

《野生动物保护法》第四十条规定，外国人在我国对国家重点保护野生动物进行野外考察或者在野外拍摄电影、录像，应当经省（自治区、直辖市）人民政府野生动物保护主管部门或者其授权的单位批准，并遵守有关法律、法规的规定。

**11. 水生野生动物保护法律责任追究**

根据《野生动物保护法》第四十四条至第五十七条的规定，涉及渔业行政执法的法律责任包括以下几个方面：

（1）以收容救护为名买卖野生动物及其制品的，由县级以上人民政府野生动物保护主管部门没收野生动物及其制品、违法所得，并处野生动物及其制品价值 2 倍以上 10 倍以下的罚款，将有关违法信息记入社会诚信档案，向社会公布；构成犯罪的，依法追究刑事责任。

（2）在相关自然保护区域、禁猎（渔）区、禁猎（渔）期猎捕国家重点保护野生动物，未取得特许猎捕证、未按照特许猎捕证规定猎捕、杀害国家重点保护野生动物，或者使用禁用的工具、方法猎捕国家重点保护野生动物的，由县级以上人民政府野生动物保护主管部门、海洋执法部门或者有关保护区域管理机构按照职责分工没收猎获物、猎捕工具和违法所得，吊销特许猎捕证，并处猎获物价值 2 倍以上 10 倍以下的罚款；没有猎获物的，并处 1 万元以上 5 万元以下的罚款；构成犯罪的，依法追究刑事责任。

（3）未取得人工繁育许可证繁育国家重点保护野生动物或者人工繁育技术成熟稳定不再列入国家重点保护名录的野生动物的，由县级以上人民政府野生动物保护主管部门没收野生动物及其制品，并处野生动物及其制品价值 1 倍以上 5 倍以下的罚款。

（4）未经批准、未取得或者未按照规定使用专用标识，或者未持有、未附有人工繁育许可证、批准文件的副本或者专用标识出售、购买、利用、运输、携带、寄递国家重点保护野生动物及其制品或者人工繁育技术成熟稳定不再列入国家重点保护名录的野生动物及其制品的，由县级以上人民政府野生动物保护主管部门或者市场监督管理部门按照职责分工没收野生动物及其制品和违法所得，并处野生动物及其制品价值 2 倍以上 10 倍以下的罚款；情节严重的，吊销人工繁育许可证、撤销批准文件、收回专用标识；构成犯罪的，依法追究刑事责任。

（5）未持有合法来源证明出售、利用、运输非国家重点保护野生动物的，由县级以上地方人民政府野生动物保护主管部门或者市场监督管理部门按照职责分工没收野生动物，并处野生动物价值 1 倍以上 5 倍以下的罚款。

（6）生产、经营使用国家重点保护野生动物及其制品或者没有合法来源证明的非国家重点保护野生动物及其制品制作食品，或者为食用非法购买国家重点保护的野生动物及其制品的，由县级以上人民政府野生动物保护主管部门或者市场监督管理部门按照职责分工责令停止违法行为，没收野生动物及其制品和违法所得，并处野生动物及其制品价值 2 倍以上 10 倍以下的罚款；构成犯罪的，依法追究刑事责任。

（7）未经批准以及未取得允许进出口证明书从境外引进野生动物物种的，由县级以上人民政府野生动物保护主管部门没收所引进的野生动物，并处 5 万元以上 25 万元以下的罚款；未依法实施进境检疫的，依照《中华人民共和国进出境动植物检疫法》的规定处罚；构成犯罪的，依法追究刑事责任。

（8）违法将从境外引进的野生动物放归野外环境的，由县级以上人民政府野生动物保护主管部门责令限期捕回，处 1 万元以上 5 万元以下的罚款；逾期不捕回的，由有关野生动物保护主管部门代为捕回或者采取降低影响的措施，所需费用由被责令限期捕回者承担。

（9）伪造、变造、买卖、转让、租借有关证件、专用标识或者有关批准文件的，由县级以上人民政府野生动物保护主管部门没收违法证件、专用标识、有关批准文件和违法所得，并处 5 万元以上 25 万元以下的罚款；构成违反治安管理行为的，由公安机关依法给予治安管理处罚；构成犯罪的，依法追究刑事责任。

（10）水生野生动物保护执法过程中，对于没收的实物，由县级以上人民政府野生动物保护主管部门或者其授权的单位按照规定处理。猎获物价值、野生动物及其制品价值的评估标准和方法，由国务院野生动物保护主管部门制定。

需要强调的是，对于水生野生动物保护而言，上述规定中的县级以上人民政府野生动物主管部门是指渔业主管部门。

## 二、《中华人民共和国水生野生动物保护实施条例》的相关规定

《水生野生动物保护实施条例》于 1993 年 9 月 17 日经国务院批准，1993 年 10 月 5 日农业部令第 1 号发布，之后于 2011 年、2013 年进行两次修订。由于其所依据的《野生动物保护法》已经于 2016 年、2018 年、2022 年进行了几次修订，现行《水生野生动物保护实施条例》的很多内容已经与《野生动物保护法》不相符合，在执法活动中应当注意要首先以《野生动物保护法》为依据。《水生野生动物保护实施条例》与《野生动物保护法》相一致且作出具体规定的，方可适用。

以下介绍《水生野生动物保护实施条例》与《野生动物保护法》相一致且与监督执法有关的内容。

### 1. 水生野生动物救护

《水生野生动物保护实施条例》第九条规定，任何单位和个人发现受伤、搁浅和因误入港湾、河汊而被困的水生野生动物时，应当及时报告当地渔业行政主管部门或者其所属的渔政监督管理机构，由其采取紧急救护措施；也可以要求附近具备救护条件的单位采取紧急救护措施，并报告渔业行政主管部门。已经死亡的水生野生动物，由渔业行政主管部门妥善处理。捕捞作业时误捕水生野生动物的，应当立即无条件放生。

《水生野生动物保护实施条例》第十条规定，因保护国家重点保护的和地方重点保护的水生野生动物受到损失的，可以向当地人民政府渔业行政主管部门提出补偿要求。经调查属实并确实需要补偿的，由当地人民政府按照省（自治区、直辖市）人民政府有关规定给予补偿。

**2. 水生野生动物捕捉管理**

《水生野生动物保护实施条例》第十二条规定，禁止捕捉、杀害国家重点保护的水生野生动物。有下列情形之一，确需捕捉国家重点保护的水生野生动物的，必须申请特许捕捉证：①为进行水生野生动物科学考察、资源调查，必须捕捉的；②为驯养繁殖国家重点保护的水生野生动物，必须从自然水域或者场所获取种源的；③为承担省级以上科学研究项目或者国家医药生产任务，必须从自然水域或者场所获取国家重点保护的水生野生动物的；④为宣传、普及水生野生动物知识或者教学、展览的需要，必须从自然水域或者场所获取国家重点保护的水生野生动物的；⑤因其他特殊情况，必须捕捉的。

《水生野生动物保护实施条例》第十五条规定，取得特许捕捉证的单位和个人，必须按照特许捕捉证规定的种类、数量、地点、期限、工具和方法进行捕捉，防止误伤水生野生动物或者破坏其生存环境。捕捉作业完成后，应当及时向捕捉地的县级人民政府渔业行政主管部门或者其所属的渔政监督管理机构申请查验。县级人民政府渔业行政主管部门或者其所属的渔政监督管理机构对在本行政区域内捕捉国家重点保护的水生野生动物的活动，应当进行监督检查，并及时向批准捕捉的部门报告监督检查结果。

**3. 对外国人在我国境内从事有关水生野生动物活动的管理**

《水生野生动物保护实施条例》第十六条规定，外国人在中国境内进行有关水生野生动物科学考察、标本采集、拍摄电影、录像等活动的，必须经国家重点保护的水生野生动物所在地的省（自治区、直辖市）人民政府渔业行政主管部门批准。

《水生野生动物保护实施条例》第三十一条规定，外国人未经批准在中国境内对国家重点保护的水生野生动物进行科学考察、标本采集、拍摄电影、录像的，由渔业行政主管部门没收考察、拍摄的资料以及所获标本，可以并处 5 万元以下的罚款。

**4. 水生野生动物保护监督管理分工**

《水生野生动物保护实施条例》第十九条规定，县级以上各级人民政府渔业行政主管部门和工商行政管理部门，应当对水生野生动物或者其产品的经营利用建立监督检查制度，加强对经营利用水生野生动物或者其产品的监督管理。对进入集贸市场的水生野生动物或者其产品，由工商行政管理部门进行监督管理，渔业行政主管部门给予协助；在集贸市场以外经营水生野生动物或者其产品，由渔业行政主管部门、工商行政管理部门或者其授权的单位进行监督管理。

## 三、《长江水生生物保护管理规定》的相关规定

**1. 调查与监测**

根据《长江水生生物保护管理规定》第八条、第九条的规定，农业农村部每 10 年组织一次长江水生野生动物及其栖息地状况普查，根据需要组织开展专项调查，建立水生野生动物资源档案，并向社会公布长江流域水生野生动物资源状况。对中华鲟、长江鲟、长江江豚等国家一级保护水生野生动物及其栖息地的专项调查监测，由农业农村部组织实施；其他重点保护水生野生动物及其栖息地的专项调查监测，由长江流域省级人民政府农

业农村主管部门组织实施。

**2. 研究与教育**

《长江水生生物保护管理规定》第十四条规定，鼓励有条件的单位开展对长江流域江豚、白鱀豚、白鲟、中华鲟、长江鲟、鲸、鳁、四川白甲鱼、川陕哲罗鲑、胭脂鱼、鳤、圆口铜鱼、多鳞白甲鱼、华鲮、鲈鲤和葛仙米、弧形藻、眼子菜、水菜花等水生野生动植物生境特征和种群动态的研究，建设人工繁育和科普教育基地。

**3. 保护和修复**

根据《长江水生生物保护管理规定》第十五条的规定，对长江流域数量急剧下降或者极度濒危的水生野生动植物和受到严重破坏的栖息地、天然集中分布区、破碎化的典型生态系统，长江流域省级人民政府农业农村主管部门和农业农村部应当制订修复方案和行动计划，修建迁地保护设施，建立水生野生动植物遗传资源基因库，进行抢救性修复。

**4. 重点保护水生野生动植物应急救护体系**

《长江水生生物保护管理规定》第二十条规定，长江流域省级人民政府农业农村主管部门和农业农村部建立中华鲟、长江鲟、长江江豚等重点保护水生野生动植物的应急救护体系。重点保护水生野生动植物的野外物种或人工保种物种生存安全受到威胁的，所在地县级以上人民政府农业农村主管部门应当及时开展应急救护，并根据物种特性和受威胁程度，落实就地保护、迁地保护或种质资源保护等措施。

**5. 重点保护水生野生动物增殖放流**

《长江水生生物保护管理规定》第二十一条规定，长江流域省级农业农村主管部门应当制订中华鲟、长江鲟等国家一级重点保护水生野生动物的增殖放流年度计划并报农业农村部备案。长江流域县级以上地方人民政府农业农村主管部门负责本行政区域内的水生生物增殖放流的组织、协调与监督管理，并采取措施加强增殖资源保护、跟踪监测和效果评估。

## 四、关于水生野生动物犯罪的有关规定

《刑法》第三百四十一条规定，非法猎捕、杀害国家重点保护的珍贵、濒危野生动物的，或者非法收购、运输、出售国家重点保护的珍贵、濒危野生动物及其制品的，处 5 年以下有期徒刑或者拘役，并处罚金；情节严重的，处 5 年以上 10 年以下有期徒刑，并处罚金；情节特别严重的，处 10 年以上有期徒刑，并处罚金或者没收财产。违反狩猎法规，在禁猎区、禁猎期或者使用禁用的工具、方法进行狩猎，破坏野生动物资源，情节严重的，处 3 年以下有期徒刑、拘役、管制或者罚金。根据 2021 年 2 月 26 日公布的《最高人民法院 最高人民检察院关于执行〈中华人民共和国刑法〉确定罪名的补充规定（七）》，上述非法猎捕、杀害珍贵、濒危野生动物罪和非法收购、运输、出售珍贵、濒危野生动物、珍贵、濒危野生动物制品罪的罪名调整为危害珍贵、濒危野生动物罪。

根据 2020 年 12 月 17 日最高人民法院、最高人民检察院、公安部、农业农村部联合

印发的《依法惩治长江流域非法捕捞等违法犯罪的意见》和2022年4月6日发布的《最高人民法院 最高人民检察院关于办理破坏野生动物资源刑事案件适用法律若干问题的解释》，非法收购、运输、出售在长江流域重点水域非法猎捕、杀害的中华鲟、长江鲟、长江江豚或者其他国家重点保护的珍贵、濒危水生野生动物及其制品，价值2万元以上不满20万元的，应当依照《刑法》第三百四十一条的规定，以危害珍贵、濒危野生动物罪处5年以下有期徒刑或者拘役，并处罚金；价值20万元以上不满200万元的，应当认定为"情节严重"，处5年以上10年以下有期徒刑，并处罚金；价值200万元以上的，应当认定为"情节特别严重"，处10年以上有期徒刑，并处罚金或者没收财产。

### 五、濒危水生野生动植物种鉴定单位

《最高人民法院关于审理发生在我国管辖海域相关案件若干问题的规定（二）》第七条规定："对案件涉及的珍贵、濒危水生野生动物的种属难以确定的，由司法鉴定机构出具鉴定意见，或者由国务院渔业行政主管部门指定的机构出具报告。"

根据上述规定，2017年，经农业部审定，批准中国科学院动物研究所等32家科研教学单位（名单见附录三）承担《国家重点保护野生动物名录》《国家重点保护野生植物名录（第一批）》和《〈濒危野生动植物种国际贸易公约〉附录水生动物物种核准为国家重点保护野生动物名录》中所列的水生野生动植物物种及其制品的鉴定工作。

### 六、《水生野生动物及其制品价值评估办法》的相关规定

水生野生动物及其制品价值是判定破坏野生动物资源违法犯罪案件情节和对涉案人员定罪量刑的重要依据。《野生动物保护法》第五十七条规定："本法规定的猎获物价值、野生动物及其制品价值的评估标准和方法，由国务院野生动物保护主管部门制定。"根据上述规定，农业农村部在2002年发布的《关于确定野生动物案件中水生野生动物及其产品价值有关问题的通知》的基础上，对各物种基准价值、核算系数、核算方法等进行了全面调整，于2019年8月27日发布了《水生野生动物及其制品价值评估办法》，该评估办法自2019年10月1日起实施。

**1. 适用范围**

《水生野生动物及其制品价值评估办法》主要规定了如何计算涉案水生野生动物及其制品价值，其附件《水生野生动物基准价值标准目录》中列出了各物种的基准价值，并确定了各种不同情况下的修正系数。该价值评估办法主要是针对各种破坏野生动植物资源的违法违规行为制定的，具体包括涉嫌违反《刑法》第一百五十一条、第三百四十一条，以及《野生动物保护法》《濒危野生动植物进出口管理条例》或其他水生野生动物相关法律、法规，可能被处以行政或刑事处罚的行为。

对于物种来说，《水生野生动物及其制品价值评估办法》适用于《野生动物保护法》规定的珍贵濒危水生野生动物，包括列入《国家重点保护野生动物名录》或《〈濒危野生动植物种国际贸易公约〉附录水生动物物种核准为国家重点保护野生动物名录》的水生动

物整体（含卵）。需要特别说明的是，《水生野生动物及其制品价值评估办法》仅用于对案件情节的判定，不适用于合法经营活动中交易价格的确定。但是，《水生野生动物及其制品价值评估办法》第九条也指出："水生野生动物及其制品有实际交易价格，且实际交易价格高于按照本办法评估价值的，按照实际交易价格执行。"

**2. 计算方法**

《水生野生动物及其制品价值评估办法》规定的水生野生动物及其制品的价值计算方法为物种基准价值与各项系数相乘，具体为

$$总价值 = 物种基准价值标准 \times 保护级别系数 \times 发育阶段系数（或繁殖力系数） \times$$
$$涉案部分系数 \times 物种来源系数 \times 数量$$

其中，物种基准价值标准可查阅《水生野生动物及其制品价值评估办法》的附件《水生野生动物基准价值标准目录》（参见附录四）。如果某一物种在《水生野生动物基准价值标准目录》中未列明基准价值，则参照《水生野生动物基准价值标准目录》所列与其同属、同科或同目的最近似物种基准价值标准核算。

保护级别系数根据物种的保护级别确定。国家一级重点保护水生野生动物物种的保护级别系数为10，国家二级重点保护水生野生动物物种的保护级别系数为5，《濒危野生动植物种国际贸易公约》附录所列水生动物物种按照核准级别计算，未核准的《濒危野生动植物种国际贸易公约》附录所列水生动物物种或地方重点水生物种的保护级别系数为1。

发育阶段系数（或繁殖力系数）根据涉案动物所处的发育阶段确定。成体的发育阶段系数为1，幼体的发育阶段系数不超过1，根据繁殖力、成活率、发育阶段等因素综合考虑确定（具体可由专家出具意见）。爬行动物卵的繁殖力系数为0.1，两栖动物卵的繁殖力系数为0.001，鱼类、无脊椎动物卵的繁殖力系数根据该物种的繁殖力、成活率等因素综合考虑。

此外，对于某些卵价值较高的物种（如中华鲟等），在《水生野生动物基准价值标准目录》中已经单独列出卵的价值。计算这些物种卵的价值时，应当直接按相应基准价值计算，在此情况下，其发育阶段系数（或繁殖力系数）应定为1。

涉案部分系数根据涉案制品利用部分对动物整体的重要程度确定。活体或完整死体系数为1；涉案部分为制品或部分动物肢体的，应当根据涉案部分实际情况综合考虑，系数不超过1；涉案部分为该物种主要利用部分的，涉案部分系数不低于0.7。对于部分物种，在《水生野生动物基准价值标准目录》中以单位重量列出基准价值的，涉案部分系数也要定为1。

物种来源系数根据涉案动物来源方式确定。野生来源系数为1，人工繁育个体系数为0.5，列入人工繁育名录物种的人工繁育个体系数为0.25。

**3. 水生野生动物基准价值标准**

长江流域有自然分布的主要国家重点保护水生野生动物基准价值标准见下表。另外考虑到水生野生动物保护的执法实践中往往涉及水生野生动物或其制品的销售、运输、携带等问题，表2-1列出了《水生野生动物及其制品价值评估办法》的附件《水生野生动

基准价值标准目录》中所列的部分国家重点保护水生野生动物基准价值标准，以供参照。需要说明的是，2021 年《国家重点保护野生动物名录》进行了调整，列入的重点保护水生野生动物物种数量大幅增加，但目前尚未制定增加物种的基准价值。

表 2-1　长江流域分布的部分国家重点保护水生野生动物基准价值标准

| 物种名称 | 学　　名 | 单　　位 | 基准价值（元） |
|---|---|---|---|
| 白鱀豚 | *Lipotes vexillifer* | 头 | 600 000 |
| 窄脊江豚长江种群（长江江豚） | *Neophocaena asiaeorientalis* | 头 | 250 000 |
| 大鲵 | *Andrias davidianus* | 只 | 2 500 |
| 中华鲟 | *Acipenser sinensis* | 尾 | 50 000 |
| 中华鲟（卵） | | 万粒 | 20 000 |
| 达氏鲟 | *Acipenser dabryanus* | 尾 | 50 000 |
| 达氏鲟（卵） | | 万粒 | 20 000 |
| 白鲟（成体） | *Psephurus gladius* | 尾 | 500 000 |
| 白鲟（卵） | | 万粒 | 200 000 |
| 花鳗鲡 | *Anguilla marmorata* | 尾 | 500 |
| 胭脂鱼 | *Myxocyprinus asiaticus* | 尾 | 200 |
| 金线鲃 | *Sinocyclocheilus grahami* | 尾 | 100 |
| 鲤科其他种 | | 尾 | 100 |
| 淞江鲈 | *Trachidermus fasciatus* | 尾 | 100 |
| 川陕哲罗鲑 | *Hucho bleekeri* | 尾 | 2 000 |
| 秦岭细鳞鲑 | *Branchymystax lenok tsinlingensis* | 尾 | 1 000 |

# 第五节　长江流域垂钓管理

　　钓是古老的也是最常见的捕鱼方式之一，也是人们休闲运动的一种方式。在 1959 年出版的《中国海洋渔具调查报告》和 1966 年出版的《长江流域渔具渔法渔船调查报告》中，均将钓具作为与网渔具、猎捕渔具和杂渔具并列的一种渔具部类。在《渔具分类、命名及代号》（GB/T 5147—2003）中，钓具是 12 大类渔具之一。

　　钓具的使用极其广泛，既可用于大规模的生产捕捞活动，例如海洋渔业中的鱿鱼钓、金枪鱼钓等，也被广泛地用于休闲渔业活动。垂钓是一种最普遍的休闲渔业活动。在长江流域重点水域禁捕退捕形势下，如何对垂钓行为进行管理成为一个新的问题。在 2019 年 12 月 27 日发布的《农业农村部关于长江流域重点水域禁捕范围和时间的通告》和 2021 年 3 月 1 日生效的《长江保护法》中，均规定在长江流域水生生物保护区禁止生产性捕捞、在长江重点水域暂定 10 年禁止天然渔业资源的生产性捕捞。这意味着非生产性捕捞不在禁捕之列。然而，垂钓既可以用于生产性捕捞，也可以用于休闲捕捞，两者的本质区别在于捕捞的目的不同：前者以营利为目的，后者以休闲娱乐或者运动为目的。但是，长期以来，我国缺乏对休闲垂钓的管理，既没有纳入捕捞许可，也没有对钓具、钓法、钓捕区域、钓捕渔获物等方面的管理，对休闲垂钓和生产性钓捕的区分也缺乏管理依据。如此一来，在长江禁捕的形势下，一些地方就出现了以休闲垂钓为名行生产性捕捞之实的情况。随着长江流域重点水域禁捕工作持续推进，部分地区的无序垂钓行为成为破坏水生生物资源的重要因素，影响了禁捕后的禁渔管理秩序和水域生态保护恢复效果，急需加强对长江流域垂钓管理制度，建立健全垂钓管理机制。

为了进一步规范长江流域天然水域垂钓行为、严厉打击各类生产性捕捞行为、遏制无序垂钓破坏水生生物资源的现象，2020年12月16日，《农业农村部办公厅关于进一步加强长江流域垂钓管理工作的意见》发布。2022年2月1日起施行的《长江水生生物保护管理规定》也对长江流域垂钓行为进行了规定。这些文件成为目前长江流域垂钓管理的主要依据。

总体而言，由于长江流域各省（自治区、直辖市）的自然条件、经济和社会发展的差异很大，垂钓行为各不相同，很难在国家层面上制定统一的管理制度。《农业农村部办公厅关于进一步加强长江流域垂钓管理工作的意见》只是指导性文件，具体的制度建设还需要地方立法；《长江水生生物保护管理规定》则只是就部分共性问题作出规定。

## 一、农业农村部对加强长江流域垂钓管理工作的规定

2020年发布的《农业农村部办公厅关于进一步加强长江流域垂钓管理工作的意见》提出，长江流域各地政府渔业行政主管部门要积极推动县级以上人民政府按照《渔业法》《渔业法实施细则》等法律、法规的规定以及长江流域重点水域禁捕的有关规定，结合本地实际情况，尽快制定并发布本地区垂钓管理办法。同时，对各地如何制定本地区垂钓管理办法提出以下几个方面的要求（详见本教材第一章第三节）：

（1）对允许垂钓区域和时间探索建立备案制度，有条件的地方可以实行注册垂钓制度，并严格控制垂钓人数及钓具数量。

（2）科学合理划定禁钓区，水生生物保护区禁止垂钓；严格控制长江干流、重要支流以及鄱阳湖、洞庭湖等大型通江湖泊的垂钓范围；在其他重要水域，科学划定禁钓区或垂钓区；根据水生生物产卵、索饵、洄游等特点，制定禁止垂钓期。

（3）规范钓具、钓饵类型，明确垂钓方式，制定准用钓具名录，限制钓具数量，严禁使用严重破坏水生生物资源的钓具、钓法及各类探鱼设备、视频辅助装置。

（4）明确可钓捕的鱼类种类、数量和最小可钓标准，并加强重点保护水生野生动物误钓应急救护。

（5）严格禁止钓获物买卖交易，有交易行为的视同非法捕捞。

## 二、长江水生生物保护管理规定

《长江水生生物保护管理规定》对垂钓管理作出以下几个方面的禁止性规定：

（1）禁止在长江流域以水生生物为主要保护对象的自然保护区、水产种质资源保护区核心区和水生生物重要栖息地垂钓。

（2）禁止一人多杆、多线多钩等违规垂钓行为。

（3）禁止钓获物买卖。

对于违反《长江水生生物保护管理规定》上述规定，在长江流域重点水域进行垂钓的，责令改正，可以处警告或1 000元以下罚款。

# 第六节　有关渔业资源保护的其他法律规定

除了捕捞作为直接消耗渔业资源的生产行为对渔业资源产生影响外，还有其他诸多人类生产、生活活动会对渔业资源产生影响，包括涉水工程和作业、环境污染、航运、采砂等。尤其是这些人类活动对水生生物栖息地的影响，直接威胁渔业资源等水生生物的生存繁衍。因此，要切实有效地保护渔业资源，还需要依法对这些活动进行监管执法。

## 一、防止涉水工程、作业对渔业资源影响的相关法律规定

**1.《渔业法》关于水下作业对渔业资源影响的规定**

《渔业法》第三十五条规定，进行水下爆破、勘探、施工作业，对渔业资源有严重影响的，作业单位应当事先同有关县级以上人民政府渔业行政主管部门协商，采取措施，防止或者减少对渔业资源的损害；造成渔业资源损失的，由有关县级以上人民政府责令赔偿。

《渔业法》并没有对违反第三十五条的行为规定法律责任。

**2.《中华人民共和国环境保护法》关于环境影响评价的规定**

《中华人民共和国环境保护法》（以下简称《环境保护法》）第十九条规定，编制有关开发利用规划，建设对环境有影响的项目，应当依法进行环境影响评价。未依法进行环境影响评价的开发利用规划，不得组织实施；未依法进行环境影响评价的建设项目，不得开工建设。

**3.《长江水生生物保护管理规定》的相关规定**

（1）《长江水生生物保护管理规定》第十八条规定，长江流域涉水开发规划或建设项目应当充分考虑水生生物及其栖息地的保护需求，涉及或可能对其造成影响的，建设单位在编制环境影响评价文件和开展公众参与调查时，应当书面征求农业农村主管部门的意见，并按有关要求进行专题论证。涉及珍贵、濒危水生野生动植物及其重要栖息地、水产种质资源保护区的，由长江流域省级人民政府农业农村主管部门组织专题论证；涉及国家一级重点保护水生野生动植物及其重要栖息地或国家级水产种质资源保护区的，由农业农村部组织专题论证。

（2）《长江水生生物保护管理规定》第十九条规定，建设项目对水生生物及其栖息地造成不利影响的，建设单位应当编制专题报告，根据批准的环境影响评价文件及批复要求，落实避让、减缓、补偿、重建等措施，与主体工程同时设计、同时施工、同时投产使

用，并在稳定运行一定时期后对其有效性进行周期性监测和回顾性评价，提出补救方案或者改进措施。建设项目所在地县级以上地方人民政府农业农村主管部门应当对生态补偿措施的实施进展和落实效果进行跟踪监督。

**4. 《环境保护部　农业部关于进一步加强水生生物资源保护严格环境影响评价管理的通知》**

2013 年 8 月 5 日，《环境保护部　农业部关于进一步加强水生生物资源保护严格环境影响评价管理的通知》发布，其主要内容包括：编制综合性规划时应考虑对水生生物的影响，各级环境保护部门在召集涉水开发建设规划环境影响报告书审查时应严格执行对审查人员构成、审查内容、审查独立性等的要求，以及涉及水生生物自然保护区或水产种质资源保护区的建设项目应考虑水生生物保护要求。其中，涉及水生生物自然保护区或者水产种质资源保护区的建设项目环境评价要求对于渔业行政执法相对比较重要，其主要内容如下：

（1）水利工程、航道、闸坝、港口建设及矿产资源勘探和开采等建设项目涉及水生生物自然保护区或种质资源保护区的，或者在保护区外从事有关工程建设活动可能损害保护区功能的，应当按照国家有关规定进行专题评价或论证，并将有关报告作为建设项目环境影响报告书的重要内容。

（2）国家级水生生物自然保护区影响专题评价应当按照农业部《建设项目对水生生物国家级自然保护区影响专题评价管理规范》（农渔发〔2009〕4 号）执行。地方级水生生物自然保护区影响专题评价可参照上述管理规范执行。

（3）水产种质资源保护区影响专题论证的重点是种质资源保护区主要物种资源和功能分区等情况，建设项目对保护区功能影响及建设项目优化布局方案，拟采取的避让、减缓、补救和生态补偿措施等。

（4）涉及水生生物自然保护区的建设项目环境影响报告书在报送环境保护部门审批前，应征求渔业部门意见。涉及水产种质资源保护区的建设项目，应按照《渔业法》和《水产种质资源保护区管理暂行办法》（农业部令 2011 年第 1 号）等相关规定执行。

**5. 建设项目对水生生物国家级自然保护区影响专题评价管理规范**

2009 年 2 月 23 日，农业部发布了《建设项目对水生生物国家级自然保护区影响专题评价管理规范》，建立了建设项目对水生生物国家级自然保护区（即经国务院批准设立的水生野生动植物、水生生物湿地、水域生态系统类型的自然保护区）产生影响的专题评价管理规范，主要内容如下：

（1）农业部负责建设项目对水生生物国家级自然保护区影响专题评价的管理工作，组织评审专题评价报告。

（2）在水生生物国家级自然保护区内或其周边的拟建项目，凡可能对保护区造成不利影响的，须由建设单位委托具备条件的单位，编制建设项目对保护区影响的专题报告。

（3）建设项目对保护区生态环境造成损害需要进行生态补偿的，项目业主单位须与保护区管理机构或所在地省级渔业行政主管部门签订生态补偿协议。

（4）规定了承担专题评价报告编制单位应当具备的条件，包括机构设置、仪器设备、专业人员等。

（5）规定了专题评价报告的内容，包括建设项目概况、保护区概况、评价区域（施工、运行影响区）生态环境现状调查、施工期和运行期主要影响因素分析、建设项目对保护区影响评价、主要保护措施及有效性分析、评价结论等。

（6）规定了农业部应出具的专题评价报告意见及其作用。

**6. 《水产种质资源保护区管理暂行办法》的相关规定**

2011年1月5日，农业部公布了《水产种质资源保护区管理暂行办法》。该暂行办法第十六条、第十七条对建设项目对水产种质资源保护区的影响专题论证报告进行了规定。具体内容如下：

（1）《水产种质资源保护区管理暂行办法》第十六条规定，在水产种质资源保护区内从事修建水利工程、疏浚航道、建闸筑坝、勘探和开采矿产资源、港口建设等工程建设的，或者在水产种质资源保护区外从事可能损害保护区功能的工程建设活动的，应当按照国家有关规定编制建设项目对水产种质资源保护区的影响专题论证报告，并将其纳入环境影响评价报告书。

（2）《水产种质资源保护区管理暂行办法》第十七条规定，省级以上人民政府渔业行政主管部门应当依法参与涉及水产种质资源保护区的建设项目环境影响评价，组织专家审查建设项目对水产种质资源保护区的影响专题论证报告，并根据审查结论向建设单位和环境影响评价主管部门出具意见。建设单位应当将渔业行政主管部门的意见纳入环境影响评价报告书，并根据渔业行政主管部门意见采取有关保护措施。

## 二、有关禁止航行区域和限制航行区域的法律规定

### （一）《长江保护法》的相关规定

**1. 禁止航行区域和限制航行区域**

《长江保护法》第二十七条规定了划定禁止航行区域和限制航行区域制度，对保护水生生物栖息地具有重要作用。具体规定如下：

国务院交通运输主管部门会同国务院自然资源、水行政、生态环境、农业农村、林业和草原主管部门在长江流域水生生物重要栖息地科学划定禁止航行区域和限制航行区域。

禁止船舶在划定的禁止航行区域内航行。因国家发展战略和国计民生需要，在水生生物重要栖息地禁止航行区域内航行的，应当由国务院交通运输主管部门商国务院农业农村主管部门同意，并应当采取必要措施，减少对重要水生生物的干扰。

严格限制在长江流域生态保护红线、自然保护地、水生生物重要栖息地水域实施航道整治工程；确需整治的，应当经科学论证，并依法办理相关手续。

**2. 法律责任追究**

在法律责任追究方面，《长江保护法》第八十四条规定，违反本法规定，有下列行为之一的，由有关主管部门按照职责分工，责令停止违法行为，给予警告，并处1万元以上

10 万元以下罚款；情节严重的，并处 10 万元以上 50 万元以下罚款：

（1）船舶在禁止航行区域内航行的。

（2）经同意在水生生物重要栖息地禁止航行区域内航行，未采取必要措施减少对重要水生生物干扰的。

（3）水利水电、航运枢纽等工程未将生态用水调度纳入日常运行调度规程的。

（4）具备岸电使用条件的船舶未按照国家有关规定使用岸电的。

**（二）《长江水生生物保护管理规定》的规定**

《长江水生生物保护管理规定》规定，在长江流域水生生物重要栖息地依法科学划定限制航行区和禁止航行区域。

因国家发展战略和国计民生需要，在水生生物重要栖息地禁止航行区域内设置航道或进行临时航行的，应当依法征得农业农村部同意，并采取降速、降噪、限排、限鸣等必要措施，减少对重要水生生物的干扰。

严格限制在长江流域水生生物重要栖息地水域实施航道整治工程；确需整治的，应当经科学论证，并依法办理相关手续。

### 三、《中华人民共和国长江保护法》有关管制采砂的规定

《长江保护法》第二十八条对采砂行为建立了许可制度，并要求划定禁止采砂区和禁止采砂期，从而对采砂可能产生的损害进行管制，以利于水生生物资源及其栖息地的保护。具体规定如下：

国家建立长江流域河道采砂规划和许可制度。长江流域河道采砂应当依法取得国务院水行政主管部门有关流域管理机构或者县级以上地方人民政府水行政主管部门的许可。

国务院水行政主管部门有关流域管理机构和长江流域县级以上地方人民政府依法划定禁止采砂区和禁止采砂期，严格控制采砂区域、采砂总量和采砂区域内的采砂船舶数量。禁止在长江流域禁止采砂区和禁止采砂期从事采砂活动。

国务院水行政主管部门会同国务院有关部门组织长江流域有关地方人民政府及其有关部门开展长江流域河道非法采砂联合执法工作。

### 四、关于水生生物栖息地生态环境修复和保护的规定

#### （一）《中华人民共和国长江保护法》的有关规定

《长江保护法》第五十九条规定了一系列水生生物栖息地及野生动植物物种保护要求，具体如下：

（1）国务院林业和草原、农业农村主管部门应当对长江流域数量急剧下降或者极度濒危的野生动植物和受到严重破坏的栖息地、天然集中分布区、破碎化的典型生态系统制订修复方案和行动计划，修建迁地保护设施，建立野生动植物遗传资源基因库，进行抢救性修复。

（2）在长江流域水生生物产卵场、索饵场、越冬场和洄游通道等重要栖息地应当实施

生态环境修复和其他保护措施。对鱼类等水生生物洄游产生阻隔的涉水工程应当结合实际采取建设过鱼设施、河湖连通、生态调度、灌江纳苗、基因保存、增殖放流、人工繁育等多种措施，充分满足水生生物的生态需求。

### （二）《长江水生生物保护管理规定》的规定

**1. 水生生物重要栖息地名录及保护措施**

根据《长江水生生物保护管理规定》第十五条的规定，长江流域省级人民政府农业农村主管部门和农业农村部根据长江流域水生生物及其产卵场、索饵场、越冬场和洄游通道等栖息地状况的调查、监测和评估结果，发布水生生物重要栖息地名录及其范围，明确保护措施，实行严格的保护和管理。

**2. 栖息地修复**

根据《长江水生生物保护管理规定》第十五条的规定，对长江流域受到严重破坏的栖息地、天然集中分布区、破碎化的典型生态系统，长江流域省级人民政府农业农村主管部门和农业农村部应当制订修复方案和行动计划，进行抢救性修复。

**3. 生态环境修复和其他保护措施**

《长江水生生物保护管理规定》第十六条规定，在长江流域水生生物重要栖息地应当实施生态环境修复和其他保护措施。

对鱼类等水生生物洄游或种质交流产生阻隔的涉水工程，建设或运行单位应当结合实际采取建设过鱼设施、河湖连通、生态调度、灌江纳苗、基因保存、增殖放流、人工繁育等多种措施，充分满足水生生物洄游、繁殖、种质交流等生态需求。

## 五、《中华人民共和国渔业法》有关渔业资源保护的其他规定

《渔业法》作为渔业资源保护的基本法，除了前面几节所述的禁渔区和禁渔期制度、水产种质资源保护区、渔具和捕捞方法管制等规定外，还在以下几个方面对渔业资源保护进行了规定：

（1）《渔业法》第三十一条规定，禁止捕捞有重要经济价值的水生动物苗种。因养殖或者其他特殊需要，捕捞有重要经济价值的苗种或者禁捕的怀卵亲体的，必须经国务院渔业行政主管部门或者省（自治区、直辖市）人民政府渔业行政主管部门批准，在指定的区域和时间内，按照限额捕捞。在水生动物苗种重点产区引水用水时，应当采取措施，保护苗种。

（2）《渔业法》第三十二条规定，在鱼、虾、蟹洄游通道建闸、筑坝，对渔业资源有严重影响的，建设单位应当建造过鱼设施或者采取其他补救措施。

（3）《渔业法》第三十三条规定，用于渔业并兼有调蓄、灌溉等功能的水体，有关主管部门应当确定渔业生产所需的最低水位线。

（4）《渔业法》第三十四条规定，禁止围湖造田……重要的苗种基地和养殖场所不得围垦。

# 第七节 渔业水域环境保护的主要法律制度

《环境保护法》建立了我国环境保护的基本制度，但没有对于渔业水域环境保护作出具体规定。包括长江流域在内的内陆渔业水域环境保护的基本法律依据是 1984 年发布的《中华人民共和国水污染防治法》（以下简称《水污染防治法》）和 2000 年发布的《中华人民共和国水污染防治法实施细则》（该细则已经于 2018 年废止）。此外，《渔业法》也作出了原则性规定，其他还有《渔业水质标准》（GB 11607—1989）、《海水水质标准》（GB 3097—1997）和《渔业水域污染事故调查处理程序规定》《渔业污染事故调查鉴定资格管理办法》《污染死鱼调查方法（淡水）》《淡水鱼类急性中毒死亡诊断方法》等。在此主要介绍《水污染防治法》以及《渔业水质标准》。

## 一、《中华人民共和国水污染防治法》的相关规定

《水污染防治法》于 1984 年 5 月 11 日第六届全国人民代表大会常务委员会第五次会议通过，之后于 1996 年、2008 年修订后重新发布实施，于 2017 年再次修正。其中，涉及长江渔业行政执法的法律依据主要包括以下几个方面的内容：

### （一）关于水污染防治分工

政府主管部门关于水污染防治的分工，涉及渔业行政主管部门的，包括以下几个方面：

#### 1. 总体监督管理分工

《水污染防治法》第九条规定，县级以上人民政府环境保护主管部门对水污染防治实施统一监督管理。交通行政主管部门的海事管理机构对船舶污染水域的防治实施监督管理。县级以上人民政府水行政、国土资源、卫生、建设、农业、渔业等部门以及重要江河、湖泊的流域水资源保护机构，在各自的职责范围内，对有关水污染防治实施监督管理。

#### 2. 关于船舶防污染

《水污染防治法》第六十二条规定，海事管理机构、渔业行政主管部门应当加强对船舶及有关作业活动的监督管理。第七十八条规定，渔业船舶造成水污染事故的，应当向事故发生地的渔业行政主管部门报告，接受调查处理。其他船舶造成水污染事故的，应当向事故发生地的海事管理机构报告，接受调查处理；给渔业造成损害的，海事管理机构应当通知渔业行政主管部门参与调查处理。第九十四条规定，渔业船舶造成水污染事故的，由渔业行政主管部门进行处罚。

#### 3. 关于渔业污染事故处理

《水污染防治法》第七十八条规定，造成渔业污染事故的，应当向事故发生地的渔业行政主管部门报告，接受调查处理。第九十四条规定，造成渔业污染事故的，由渔业行政主管部门进行处罚。

**4. 环境影响评价**

《水污染防治法》第十九条规定，新建、改建、扩建直接或者间接向水体排放污染物的建设项目和其他水上设施，应当依法进行环境影响评价。涉及通航、渔业水域的，环境保护行政主管部门在审批环境影响评价文件时，应当征求交通、渔业行政主管部门的意见。

**5. 关于污染损害赔偿**

《水污染防治法》第九十七条规定，因水污染引起的损害赔偿责任和赔偿金额的纠纷，可以根据当事人的请求，由环境保护行政主管部门或者海事管理机构、渔业行政主管部门按照职责分工调解处理；调解不成的，当事人可以向人民法院提起诉讼。当事人也可以直接向人民法院提起诉讼。

**（二）关于渔业水体污染防治**

（1）渔业水体的界定。《水污染防治法》第一百零二条规定，渔业水体是指划定的鱼虾类的产卵场、索饵场、越冬场、洄游通道和鱼虾贝藻类的养殖场的水体。

（2）《水污染防治法》第三十七条规定，禁止向水体排放、倾倒工业废渣、城镇垃圾和其他废弃物。

（3）《水污染防治法》第七十四条规定，县级以上人民政府可以对风景名胜区水体、重要渔业水体和其他具有特殊经济文化价值的水体划定保护区，并采取措施，保证保护区的水质符合规定用途的水环境质量标准。

（4）《水污染防治法》第七十五条规定，在风景名胜区水体、重要渔业水体和其他具有特殊经济文化价值的水体的保护区内，不得新建排污口。在保护区附近新建排污口，应当保证保护区水体不受污染。

**（三）渔业水域污染的法律责任追究**

（1）《水污染防治法》第八十九条规定，船舶未配置相应的防污染设备和器材，或者未持有合法有效的防止水域环境污染的证书与文书的，由海事管理机构、渔业主管部门按照职责分工责令限期改正，处 2 000 元以上 2 万元以下的罚款；逾期不改正的，责令船舶临时停航。船舶进行涉及污染物排放的作业，未遵守操作规程或者未在相应的记录簿上如实记载的，由海事管理机构、渔业主管部门按照职责分工责令改正，处 2 000 元以上 2 万元以下的罚款。

（2）《水污染防治法》第九十条规定，有违反本法规定的下列行为之一的，由海事管理机构、渔业主管部门按照职责分工责令停止违法行为，处 1 万元以上 10 万元以下的罚款；造成水污染的，责令限期采取治理措施，消除污染，处 2 万元以上 20 万元以下的罚款；逾期不采取治理措施的，海事管理机构、渔业主管部门按照职责分工可以指定有治理能力的单位代为治理，所需费用由船舶承担。该条所述的"下列行为"包括：①向水体倾倒船舶垃圾或者排放船舶的残油、废油的；②未经作业地海事管理机构批准，船舶进行散装液体污染危害性货物的过驳作业的；③船舶及有关作业单位从事有污染风险的作业活动，未按照规定采取污染防治措施的；④以冲滩方式进行船舶拆解的；⑤进入中华人民共和国内河的国际航线船舶，排放不符合规定的船舶压载水的。

（3）根据《水污染防治法》第九十四条的规定，对造成一般或者较大水污染事故的，按照事故造成的直接损失的 20％计算罚款；对造成重大或者特大水污染事故的，按照事故造成的直接损失的 30％计算罚款。

## 二、《渔业水质标准》的相关规定

为防止和控制渔业水域水质污染，保证鱼、贝、藻类正常生长、繁殖和水产品的质量，国家环境保护局于 1989 年 8 月 12 日批准了《渔业水质标准》（GB 11607—1989），自 1990 年 3 月 1 日起实施。该标准是根据国家保护环境和自然资源、防治污染和其他公害的有关法律规定，结合渔业水域保护的实践经验和科研成果，并参照有关标准制定，是国家对渔业水域环境政策目标的具体体现，也是国家制定污染物排放标准的依据，同时还是渔业行政执法部门对渔业水域环境进行科学管理的重要手段。

**1. 制定《渔业水质标准》的主要原则**

制定《渔业水质标准》的主要原则包括以下三个方面：

（1）渔业水域的水质应不影响鱼、虾、贝、藻类的正常生长、发育和繁殖，对鱼类不造成急性中毒或慢性中毒，不危害主要饵料生物。

（2）有害物质在鱼、虾、贝、藻类体内的积累量不超过国家规定的食品卫生标准，不使鱼、虾、贝、藻类带有异色、异味，不影响水产品品质，不影响水体的自净过程。

（3）对能在鱼、虾、贝、藻类体内明显积累，对人体健康产生长远不良影响的有害物质如汞、镉、砷、有机氯等从严要求。

**2. 渔业水质要求**

《渔业水质标准》中规定的渔业水质标准共有 33 个项目，各项目的具体标准见表 2-2。其中，各项标准数值系指单项测定最高允许值。如果标准值单项超标，即表明不能保证鱼、虾、贝正常生长繁殖，并产生危害，危害程度应参考背景值、渔业环境的调查数据及有关渔业水质基准资料进行综合评价。

表 2-2　渔业水质标准

| 编　号 | 项　目 | 标准值 |
|---|---|---|
| 1 | 色、臭、味 | 不得使鱼虾贝藻类带有异色、异臭、异味 |
| 2 | 漂浮物质 | 水面不得出现明显油膜或浮沫 |
| 3 | 悬浮物质 | 人为增加的量不得超过 10 mg/L，而且悬浮物质沉积于底部后，不得对鱼虾贝类产生有害影响 |
| 4 | pH | 淡水 6.5～8.5，海水 7.0～8.5 |
| 5 | 溶解氧 | 连续 24 h 中，16 h 以上必须大于 5 mg/L。其余任何时候不得低于 3 mg/L。对于鲑科鱼类栖息水域冰封期其余任何时候不得低于 4 mg/L |
| 6 | 生化需氧量（5 D，20 ℃） | 不得超过 5 mg/L，冰封期不超过 3 mg/L |

（续）

| 编　号 | 项　目 | 标准值 |
|---|---|---|
| 7 | 总大肠菌群 | 不得超过 5 000 个/L（贝类养殖水质不超过 500 个/L） |
| 8 | 汞 | 不得超过 0.000 5 mg/L |
| 9 | 镉 | 不得超过 0.005 mg/L |
| 10 | 铅 | 不得超过 0.05 mg/L |
| 11 | 铬 | 不得超过 0.1 mg/L |
| 12 | 铜 | 不得超过 0.01 mg/L |
| 13 | 锌 | 不得超过 0.1 mg/L |
| 14 | 镍 | 不得超过 0.05 mg/L |
| 15 | 砷 | 不得超过 0.05 mg/L |
| 16 | 氰化物 | 不得超过 0.005 mg/L |
| 17 | 硫化物 | 不得超过 0.2 mg/L |
| 18 | 氟化物 | 不得超过 1.0 mg/L |
| 19 | 非离子氨 | 不得超过 0.02 mg/L |
| 20 | 凯氏氮 | 不得超过 0.05 mg/L |
| 21 | 挥发性酚 | 不得超过 0.005 mg/L |
| 22 | 黄磷 | 不得超过 0.001 mg/L |
| 23 | 石油类 | 不得超过 0.05 mg/L |
| 24 | 丙烯腈 | 不得超过 0.5 mg/L |
| 25 | 丙烯醛 | 不得超过 0.02 mg/L |
| 26 | 六六六（丙体） | 不得超过 0.002 mg/L |
| 27 | 滴滴涕 | 不得超过 0.001 mg/L |
| 28 | 马拉硫磷 | 不得超过 0.005 mg/L |
| 29 | 五氯酚钠 | 不得超过 0.01 mg/L |
| 30 | 乐果 | 不得超过 0.1 mg/L |
| 31 | 甲胺磷 | 不得超过 1.0 mg/L |
| 32 | 甲基对硫磷 | 不得超过 0.000 5 mg/L |
| 33 | 呋喃丹 | 不得超过 0.01 mg/L |

**3. 渔业水质保护**

《渔业水质标准》规定，任何企、事业单位和个体经营者排放的工业废水、生活污水和有害废弃物，必须采取有效措施，保证最近渔业水域的水质符合本标准。未经处理的工业废水、生活污水和有害废弃物严禁直接排入鱼、虾类的产卵场、索饵场、越冬场和鱼、虾、贝、藻类的养殖场及珍贵水生动物保护区。严禁向渔业水域排放含病原体的污水；如需排放此类污水，必须经过处理和严格消毒。

**4.《渔业水质标准》的实施**

《渔业水质标准》由各级政府渔业行政主管部门负责监督与实施，并将监督实施情况定期报告给同级人民政府生态环境部门。在执行国家有关污染物排放标准中，如果不能满足地方渔业水质要求时，省级政府可以制定严于国家有关污染排放标准的地方污染物排放标准，以保证渔业水质的要求，并报国务院生态环境部门和渔业行政主管部门备案。

渔业水质标准以外的项目，如果对渔业构成明显危害时，省级政府渔业行政主管部门应组织有关单位制定地方补充渔业水质标准，报省级人民政府批准，并报国务院生态环境部门和渔业行政主管部门备案。排污口所在水域形成的混合区不得影响鱼类洄游通道。

# 第八节　渔业资源与生态环境损害公益诉讼相关法律制度

随着生态文明建设的深入，渔业资源及其生境的生态价值日益受到重视。在长江大保护的整体形势下，渔业资源及其生境将作为重要的法益受到保护。对于违法捕捞等违法行为以及政府部门违法行为、行政不作为造成的国家利益、公共利益损害，相关单位可以通过提起公益诉讼或启动生态环境损害赔偿程序要求其赔偿公益损害，纠正违法行为。

一方面，对于违法捕捞等行为，渔业行政执法机构往往是案件的第一时间发现者，在现场勘查、证据调查、抽样采样等方面扮演着重要角色。渔业行政执法机构对当地渔业资源及其他水生生物较为了解，具有丰富的专业知识，因此渔业行政执法机构的参与往往是有效分辨水生生物物种、了解渔业资源损害程度的关键。渔业行政执法机构往往也是生态损害修复行为协助实施人。

同时，根据《长江保护法》的规定，违反国家规定造成长江流域生态环境损害的，国家规定的机关或者法律规定的组织有权请求侵权人承担修复责任、赔偿损失和有关费用。而根据中共中央办公厅、国务院办公厅《生态环境损害赔偿制度改革方案》，国务院授权省级、市（地）级政府作为本行政区域内生态环境损害赔偿权利人，省级、市（地）级政府可以指定相关部门或机构负责生态环境损害赔偿的具体工作。在此制度之下，省级、市（地）级政府渔业行政主管部门经授权可以代表国家直接提起生态环境损害赔偿诉讼。

另一方面，对于涉水工程、保护区建设及日常执法工作中渔业行政执法机构存在违法行政、怠于履行职责等行为，造成渔业资源与生态环境损害的，渔业行政执法机构也有成为公共利益损害被追责对象的风险。

## 一、相关政策性文件

### 1. 党的第十九届四中全会《决定》

2019年10月31日，中国共产党第十九届中央委员会第四次全体会议通过了《中共中央关于坚持和完善中国特色社会主义制度　推进国家治理体系和治理能力现代化若干重大问题的决定》（简称党的十九届四中全会《决定》），其中第四、第十项决定涉及公益诉讼问题，具体摘录如下：

在"四、坚持和完善中国特色社会主义法治体系，提高党依法治国、依法执政能力"部分提出："……拓展公益诉讼案件范围。加大对严重违法行为处罚力度，实行惩罚性赔偿制度，严格刑事责任追究。"

在"十、坚持和完善生态文明制度体系，促进人与自然和谐共生"部分提出："健全生态环境监测和评价制度，完善生态环境公益诉讼制度，落实生态补偿和生态环境损害赔偿制度，实行生态环境损害责任终身追究制。"

**2. 中共中央办公厅、国务院办公厅印发了《生态环境损害赔偿制度改革方案》**

2017 年 12 月，中共中央办公厅、国务院办公厅印发了《生态环境损害赔偿制度改革方案》，其中在"五、保障措施"部分提出："落实改革责任。各省（自治区、直辖市）、市（地、州、盟）党委和政府要加强对生态环境损害赔偿制度改革的统一领导，及时制订本地区实施方案。省（自治区、直辖市）政府成立生态环境损害赔偿制度改革工作领导小组。省级、市（地）级政府指定的部门或机构，要明确有关人员专门负责生态环境损害赔偿工作。"

**3. 公安部、农业农村部联合制定的《打击长江流域非法捕捞专项整治行动方案》**

2020 年 7 月，公安部、农业农村部联合制定《打击长江流域非法捕捞专项整治行动方案》，其中在"五、主要任务"部分提出："建立健全渔业资源和水生生物鉴定及损害评估机制，依法追究违法犯罪行为人的渔业资源及生态环境损害赔偿责任，探索实施行业禁入惩戒制度。"

## 二、涉渔民事公益诉讼的相关法律规定

### （一）起诉主体

《中华人民共和国民法典》（以下简称《民法典》）第一千二百三十四条规定，违反国家规定造成生态环境损害，生态环境能够修复的，国家规定的机关或者法律规定的组织有权请求侵权人在合理期限内承担修复责任。侵权人在期限内未修复的，国家规定的机关或者法律规定的组织可以自行或者委托他人进行修复，所需费用由侵权人负担。

《中华人民共和国民事诉讼法》（以下简称《民事诉讼法》）第五十八条第一款规定，对污染环境、侵害众多消费者合法权益等损害社会公共利益的行为，法律规定的机关和有关组织可以向人民法院提起诉讼。

《长江保护法》第九十三条第二款规定，违反国家规定造成长江流域生态环境损害的，国家规定的机关或者法律规定的组织有权请求侵权人承担修复责任、赔偿损失和有关费用。

**1. 社会组织**

《环境保护法》第五十八条规定，对污染环境、破坏生态，损害社会公共利益的行为，符合下列条件的社会组织可以向人民法院提起诉讼：①依法在设区的市级以上人民政府民政部门登记；②专门从事环境保护公益活动连续 5 年以上且无违法记录。符合前款规定的

社会组织向人民法院提起诉讼，人民法院应当依法受理。提起诉讼的社会组织不得通过诉讼牟取经济利益。

**2. 检察机关**

《民事诉讼法》第五十八条第二款规定，人民检察院在履行职责中发现破坏生态环境和资源保护、食品药品安全领域侵害众多消费者合法权益等损害社会公共利益的行为，在没有前款规定的机关和组织或者前款规定的机关和组织不提起诉讼的情况下，可以向人民法院提起诉讼。

**（二）行政主管部门相关职权**

**1. 协助调查取证**

《最高人民法院关于审理环境民事公益诉讼案件适用法律若干问题的解释》第十一条规定，检察机关、负有环境保护监督管理职责的部门及其他机关、社会组织、企业事业单位依据《民事诉讼法》第十五条的规定，可以通过提供法律咨询、提交书面意见、协助调查取证等方式支持社会组织依法提起环境民事公益诉讼。

《非法捕捞案件涉案物品认（鉴）定和水生生物资源损害评估及修复办法（试行）》第八条规定，渔业行政处罚机关应当按照渔业违法案件取证规范要求做好案件相关证据的收集和固定，并协助鉴定评估机构做好鉴定、评估等工作。

**2. 被告知的权利**

《最高人民法院关于审理环境民事公益诉讼案件适用法律若干问题的解释》第十二条规定，人民法院受理环境民事公益诉讼后，应当在 10 d 内告知对被告行为负有环境保护监督管理职责的部门。

**3. 针对涉案捕捞工具、渔获物物种等出具认定意见**

《最高人民法院关于审理环境民事公益诉讼案件适用法律若干问题的解释》第二十三条规定，生态环境修复费用难以确定或者确定具体数额所需鉴定费用明显过高的，人民法院可以结合污染环境、破坏生态的范围和程度、生态环境的稀缺性、生态环境恢复的难易程度、防治污染设备的运行成本、被告因侵害行为所获得的利益以及过错程度等因素，并可以参考负有环境保护监督管理职责的部门的意见、专家意见等，予以合理确定。

《非法捕捞案件涉案物品认（鉴）定和水生生物资源损害评估及修复办法（试行）》第四条规定，涉案物品认（鉴）定工作实行认定为主，鉴定为辅的原则。对于涉案的非法捕捞工具、捕捞方法、渔获物品种以及对水生生物资源的危害程度等问题，原则上由渔业行政处罚机关 2 d（工作日）内作出认定；难以确定的，可以委托专家或鉴定评估机构进行鉴定或评估。

具体认（鉴）定内容如下：

（1）认（鉴）定涉案捕捞工具，应当依据《渔具分类、命名及代号》（GB/T 5147—2003）确定其名称，并结合农业农村部或相关省级渔业行政主管部门公布的、禁止或限制使用的捕捞工具名录及相关规定，判定其是否属于禁止或限制使用的捕捞工具。

（2）认（鉴）定涉案电鱼工具应当综合考虑其结构或组成、工作原理等因素。

（3）认（鉴）定涉案渔获物物种应当确定其科学名称、保护级别、发育程度、物种来源等相关事项。

**4. 委托专家或鉴定评估机构进行鉴定**

《非法捕捞案件涉案物品认（鉴）定和水生生物资源损害评估及修复办法（试行）》第五条规定，有下列情形之一的，渔业行政处罚机关可以委托专家或鉴定评估机构进行鉴定或评估：

（1）难以确定涉案捕捞工具、捕捞方法是否属于禁止使用或限制使用的捕捞工具、捕捞方法的。

（2）难以确定涉案渔获物是否属于保护物种的。

（3）难以确定水生生物资源损害程度的。

（4）难以确定水生生物资源修复措施的。

渔业行政处罚机关委托开展鉴定评估的，应当选择具有环境司法鉴定资质的机构、省级以上渔业主管部门推荐的具备水生生物或水域生态环境研究能力和实验条件的高校、科研院所和其他机构。

渔业行政处罚机关应当与鉴定评估机构签订鉴定评估委托协议，明确鉴定评估事项、时限和要求等内容。鉴定评估费用，可参照有关司法鉴定收费规定执行。

鉴定评估机构认为鉴定材料不完整、不充分，不能满足鉴定需要的，渔业行政处罚机关应当及时补充。

鉴定评估专业技术人员提取鉴定材料的，渔业行政处罚机关应当派两名具备执法资格的执法人员到场见证并在提取记录上签字。

经渔业行政处罚机关主要负责人批准，可以向委托鉴定评估的人员提供与鉴定评估相关的案情资料；必要时，可允许相关鉴定评估人员旁听对当事人的询问。

**5. 组织实施修复行为**

2021年出台的《最高人民法院关于审理生态环境损害赔偿案件的若干规定（试行）》第二十一条规定，需要修复生态环境的，依法由省级、市（地）级人民政府及其指定的相关部门、机构组织实施。

《非法捕捞案件涉案物品认（鉴）定和水生生物资源损害评估及修复办法（试行）》第二十条规定，水生生物资源修复措施主要包括增殖放流和栖息地修复等。水生生物资源修复措施应充分考虑科学性和可操作性，资金安排一般不低于所造成的水生生物资源损害总量。

增殖放流应当根据捕捞水域的水生生物资源状况、水环境条件、涉案渔获物组成、苗种供应可行性等因素综合确定种类和数量，并遵守《水生生物增殖放流管理规定》。

水生生物栖息地修复措施包括设置人工鱼巢和人工鱼礁等。

## 三、行政公益诉讼相关规定

行政公益诉讼也称检察公益诉讼，《中华人民共和国行政诉讼法》（以下简称《行政诉讼法》）第二十五条第四款规定，人民检察院在履行职责中发现生态环境和资源保护、食品药品安全、国有财产保护、国有土地使用权出让等领域负有监督管理职责的行政机关违法行使职权或者不作为，致使国家利益或者社会公共利益受到侵害的，应当向行政机关提出检察建议，督促其依法履行职责。行政机关不依法履行职责的，人民检察院依法向人民法院提起诉讼。

**1. 诉前检察建议**

《最高人民法院 最高人民检察院关于检察公益诉讼案件适用法律若干问题的解释》第二十一条规定，人民检察院在履行职责中发现生态环境和资源保护、食品药品安全、国有财产保护、国有土地使用权出让等领域负有监督管理职责的行政机关违法行使职权或者不作为，致使国家利益或者社会公共利益受到侵害的，应当向行政机关提出检察建议，督促其依法履行职责。

行政机关应当在收到检察建议书之日起两个月内依法履行职责，并书面回复人民检察院。出现国家利益或者社会公共利益损害继续扩大等紧急情形的，行政机关应当在 15 d 内书面回复。

行政机关不依法履行职责的，人民检察院依法向人民法院提起诉讼。

最高人民检察院与生态环境部等 10 部门于 2019 年 1 月 2 日联合印发了《关于在检察公益诉讼中加强协作配合依法打好污染防治攻坚战的意见》，其中第 15 条规定："依法履行行政监管职责。行政执法机关接到检察建议书后应在规定时间内书面反馈，确属履职不到位或存在不作为的，应当积极采取有效措施进行整改；因客观原因难以在规定期限内整改完毕的，应当制作具体可行的整改方案，及时向检察机关说明情况；不存在因违法行政致国家利益和社会公共利益受损情形的，应当及时回复并说明情况。"第 16 条规定："检察机关应依法提起公益诉讼。经过诉前程序，行政执法机关仍未依法全面履行职责，国家利益或者社会公共利益受侵害状态尚未得到实质性遏制的，人民检察院依法提起行政公益诉讼。"

**2. 行政机关的证明要求**

《行政诉讼法》第三十四条规定，被告（行政主管部门或执法机构）对作出的行政行为负有举证责任，应当提供作出该行政行为的证据和所依据的规范性文件。

## 四、生态环境损害赔偿案件的相关规定

**1. 发起主体**

中共中央办公厅、国务院办公厅出台的《生态环境损害赔偿制度改革方案》规定，有以下情形之一的，应按本方案要求依法追究生态环境损害赔偿责任：①发生较大及以上突发环境事件的；②在国家和省级主体功能区规划中划定的重点生态功能区、禁止开发区发生环境污染、生态破坏事件的；③发生其他严重影响生态环境后果的。

省级、市（地）级政府及其指定的部门或机构，或者受国务院委托行使全民所有自然资源资产所有权的部门，均有权提起生态损害赔偿诉讼，要求造成生态环境损害的单位或

个人，赔偿清除污染费用、生态环境修复费用、生态环境修复期间服务功能的损失、生态环境功能永久性损害造成的损失以及生态环境损害赔偿调查、鉴定评估等合理费用。

**2. 磋商制度**

《生态环境损害赔偿制度改革方案》规定，经调查发现生态环境损害需要修复或赔偿的，赔偿权利人（依职权开展工作的政府部门）根据生态环境损害鉴定评估报告，就损害事实和程度、修复启动时间和期限、赔偿的责任承担方式和期限等具体问题与赔偿义务人进行磋商，统筹考虑修复方案技术可行性、成本效益最优化、赔偿义务人赔偿能力、第三方治理可行性等情况，达成赔偿协议。

《最高人民法院关于审理生态环境损害赔偿案件的若干规定（试行）》第二十条规定，经磋商达成生态环境损害赔偿协议的，当事人可以向人民法院申请司法确认。人民法院受理申请后，应当公告协议内容，公告期间不少于 30 d。公告期满后，人民法院经审查认为协议的内容不违反法律、法规强制性规定且不损害国家利益、社会公共利益的，裁定确认协议有效。裁定书应当写明案件的基本事实和协议内容，并向社会公开。

**3. 举证责任和证明要求**

《最高人民法院关于审理生态环境损害赔偿案件的若干规定（试行）》第五条规定，原告主张被告承担生态环境损害赔偿责任的，应当就以下事实承担举证责任：

（1）被告实施了污染环境、破坏生态的行为或者具有其他应当依法承担责任的情形。

（2）生态环境受到损害，以及所需修复费用、损害赔偿等具体数额。

（3）被告污染环境、破坏生态的行为与生态环境损害之间具有关联性。

应当注意，此处证据要求为证明"关联性"，即不需要证明严格的因果关系，只要进行相关联（高度盖然性）的证明即可。

**4. 与民事公益诉讼的关系**

目前对于生态环境损害赔偿案件与民事公益诉讼两者的关系，普遍认为：生态环境损害赔偿案件的起诉主体为被赋予相应职权的行政主管部门，而民事公益诉讼的起诉主体主要为适格检察机关及社会组织。在启动程序上，生态环境损害赔偿可以针对以下 3 类情形提起：①较大及以上突发环境事件的；②在国家和省级主体功能区规划中划定的重点生态功能区、禁止开发区发生环境污染、生态破坏事件的；③发生其他严重影响生态环境后果的。可以看出，在启动程序上，生态环境损害赔偿案件与民事公益诉讼之间并无实质差异。

在证据要求、证明标准和审理程序上，生态环境损害赔偿案件与民事公益诉讼并无实质差异，但生态环境损害赔偿案件要求政府部门先行磋商方能提起诉讼。

## 五、渔业资源及生态环境损害民事公益诉讼的赔偿计算

### （一）索赔范围规定

**1. 一般规定**

《民法典》第一千二百三十五条规定，违反国家规定造成生态环境损害的，国家规定

的机关或者法律规定的组织有权请求侵权人赔偿下列损失和费用：

（1）生态环境受到损害至修复完成期间服务功能丧失导致的损失。

（2）生态环境功能永久性损害造成的损失。

（3）生态环境损害调查、鉴定评估等费用。

（4）清除污染、修复生态环境费用。

（5）防止损害的发生和扩大所支出的合理费用。

**2. 替代性修复方式**

替代性修复方式（例如增殖放流）是渔业类案件常用的损害赔偿方式。根据《最高人民法院关于审理生态环境损害赔偿案件的若干规定（试行）》第十二条第一款，原告请求恢复原状的，人民法院可以依法判决被告将生态环境修复到损害发生之前的状态和功能。无法完全修复的，可以准许采用替代性修复方式。

**（二）评估标准、依据**

目前并未形成统一规范的评估标准和依据。在公益诉讼案件中，目前通常通过专家意见、监测报告、检验报告、专业机构评估意见等形式确认损害程度。根据《最高人民法院关于审理生态环境损害赔偿案件的若干规定（试行）》第十条的规定，委托国务院环境资源保护监督管理相关主管部门推荐的机构出具的检验报告、检测报告、评估报告、监测数据等，经当事人质证并符合证据标准的，可以作为认定案件事实的根据。

目前司法鉴定机构及其他相关鉴定评估单位在进行生态损害评估时，主要参照《生态环境损害鉴定评估技术指南　总纲和关键环境　第1部分：总纲》（GB/T 39791.1—2020）和《生态环境损害鉴定评估技术指南　损害调查》等进行损害程度调查，参照《渔业污染事故经济损失计算方法》（GB/T 21678—2018）进行天然渔业资源、渔业养殖生物和渔业生产经济损失的评估。在鉴定评估中其他一些参照标准还包括：《渔业水质标准》（GB 11607—1989）、《渔业生态环境监测规范　第1部分：总则》（SC/T 9102.1—2007）、《化学品　鱼类早期生活阶段毒性试验》（GB/T 21854—2008）、《化学品　鱼类胚胎和卵黄囊仔鱼阶段的短期毒性试验》（GB/T 21807—2008）、《化学品　鱼类延长毒性14天试验》（GB/T 21808—2008）、《水质　物质对淡水鱼（斑马鱼）急性毒性测定方法》（GB/T 13267—1991）等。

**（三）关于非法捕捞类案件水生生物资源损害评估的特殊规定**

针对非法捕捞类案件，《非法捕捞案件涉案物品认（鉴）定和水生生物资源损害评估及修复办法（试行）》规定了专门的损害评估规则，将水生生物资源损害评估分为直接损害评估和间接损害评估。

**1. 直接损害评估**

直接损害评估主要是评估非法捕捞渔获物的价值。

属于国家重点保护水生野生动物、《濒危野生动植物种国际贸易公约》附录水生动物物种、未列入《濒危野生动植物种国际贸易公约》附录水生动物物种的地方重点保护水生野生动物，其价值评估按照《水生野生动物及其制品价值评估办法》执行。

其他渔获物的价值，根据销售金额进行认定；无销售金额、销售金额难以查证或者根据销售金额认定明显偏低的，根据市场价格进行认定；仍无法认定的，由渔业行政处罚机关认定或者由有关价格认证机构作出认证并出具报告。

对于电鱼、毒鱼、炸鱼等严重非法捕捞行为，直接损害还应综合当地渔业资源状况，评估已致死但未被捕获的水生生物的价值，其价值可按照实际查获渔获物价值的3～5倍计算。

**2. 间接损害评估**

使用电、毒、炸等严重破坏资源环境的方式，或者禁用渔具从事非法捕捞的，应同时开展间接损害评估。

间接损害评估应结合非法捕捞作业类型、时段、时长、区域、当地渔业资源状况等因素确定，主要评估水生生物生长发育受阻、繁殖终止和栖息地破坏等方面损害量。水生生物生长发育受阻和繁殖终止的损害量，原则上按照不低于水生生物资源直接损害的3倍计算。水生生物栖息地破坏的损害量，原则上按照不低于水生生物资源直接损害的2倍计算。

对于电鱼、毒鱼、炸鱼、拖曳泵吸耙刺、拖曳水冲齿耙耙刺、拖曳齿耙耙刺以及在禁止使用拖网作业的水域、期间内使用拖网作业等非法捕捞行为，间接损害按照不低于水生生物资源直接损害的10倍计算。

对于携带电鱼、毒鱼、炸鱼等相关禁用工具（物质）进入渔业水域、现场未查获渔获物，水生生物资源损害难以确定的，可根据现场执法音视频记录、案发现场周边视频监控、交易通联记录、证人证言、当事人的供述与辩解、涉案捕捞工具或捕捞方法、范围、季节和持续时间，捕捞水域环境条件和水生生物分布情况等因素，综合评估水生生物资源损害总量。

# 第九节　水生生物增殖放流管理的主要法律制度

水生生物增殖放流是指采用放流、底播、移植等人工方式向江河、湖泊、水库、海洋等公共水域投放水生生物苗种或亲体的活动。通过水生生物增殖放流，可以补充和恢复水生生物资源的群体，甚至可以改善生物的种群结构，促进维护生物的多样性。对于国家重点保护的珍贵、濒危物种，增殖放流可以直接增加其生物量，发挥重要的物种保护作用。此外，在一些水域增殖放流滤食性的物种，还可以净化和改善水质，特别是在湖泊、水库中增殖放流滤食性物种，可以治理水中蓝藻、绿藻等的过度繁殖。在一些水域增殖放流经济水生物种，丰富了渔业资源量，可以产生渔业收益，从而促进渔民增收。但是，水生生物增殖放流涉及天然水域的生态环境和生物多样性保护，必须加强管理，否则可能导致对生态平衡的破坏，尤其是要防止外来种、杂交种对土著物种的不利影响。

## 一、水生生物增殖放流相关法律法规规章和规范性文件

### 1. 《渔业法》的相关规定

渔业资源的增殖和保护是《渔业法》的立法目的之一。《渔业法》第二十八条规定：

县级以上人民政府渔业行政主管部门应当对其管理的渔业水域统一规划，采取措施，增殖渔业资源。同时，第二十八条还规定了渔业资源增殖保护费制度：县级以上人民政府渔业行政主管部门可以向受益的单位和个人征收渔业资源增殖保护费，专门用于增殖和保护渔业资源。

**2.《长江保护法》的相关规定**

《长江保护法》第四十二条第三款规定：禁止在长江流域开放水域养殖、投放外来物种或者其他非本地物种种质资源。这一规定为水生生物增殖放流的行为规范提供了重要法律依据。

**3.《中国水生生物资源养护行动纲要》的相关要求**

国务院于 2006 年发布的《中国水生生物资源养护行动纲要》虽然不是法律文件，但对我国水生生物养护具有重要指导意义。该纲要要求：重点针对已经衰退的重要渔业资源品种和生态荒漠化严重水域，采取各种增殖方式，加大增殖力度，不断扩大增殖品种、数量和范围。同时，还要求规范渔业资源增殖管理，包括：制定增殖技术标准、规程和统计指标体系，建立增殖计划申报审批、增殖苗种检验检疫和放流过程监理制度，强化日常监管和增殖效果评价工作，对于大规模的增殖放流活动要进行生态安全风险评估，对人工鱼礁建设实行许可管理，特别是对大型人工鱼礁建设要进行可行性论述。

**4.《水生生物增殖放流管理规定》**

为了规范水生生物增殖放流活动、科学养护水生生物资源、维护生物多样性和水域生态安全，农业部于 2009 年发布了《水生生物增殖放流管理规定》。该规定专门针对水生生物增殖放流，明确了管理体制，建立了水生生物增殖放流规划及其备案、增殖放流人工繁殖的水生生物物种管理、增殖放流的组织实施及其监督检查、增殖放流效果评价等一系列相关制度。

**5.《农业部办公厅关于进一步加强水生生物经济物种增殖放流苗种管理的通知》**

为强化水生生物增殖放流源头管理，提高增殖放流苗种质量，保障水域生态安全和中央财政资金使用效益，《农业部办公厅关于进一步加强水生生物经济物种增殖放流苗种管理的通知》于 2014 年 10 月 8 日发布，其中对增殖放流水生生物经济物种的种质监管和苗种生产的基本条件提出了具体要求，进一步强调要加强增殖放流苗种的监管。

**6.《农业部办公厅关于进一步规范水生生物增殖放流工作的通知》**

针对我国水生生物增殖放流工作在苗种监管方面存在供苗单位资质条件参差不齐、放流苗种种质不纯、存在质量安全隐患等问题，为保障放流苗种质量安全，推进增殖放流工作科学有序开展，《农业部办公厅关于进一步规范水生生物增殖放流工作的通知》于 2017 年 7 月 10 日印发，其中提出健全增殖放流供苗单位的监管机制、加强增殖放流苗种种质监管、强化增殖放流苗种质量监管和数量监管等多项要求。

**7.《长江水生生物保护管理规定》的相关规定**

《长江水生生物保护管理规定》对在长江流域开展水生生物增殖放流的方案制订与备

案、增殖放流的组织实施和跟踪监测、效果评估以及种质管理作出了规定。

## 二、水生生物增殖放流的主要管理制度

下面根据《长江保护法》《水生生物增殖放流管理规定》《农业部办公厅关于进一步规范水生生物增殖放流工作的通知》的相关内容介绍水生生物增殖放流的主要管理制度。

### （一）管理体制

根据《水生生物增殖放流管理规定》，农业农村部主管全国水生生物增殖放流工作；县级以上地方人民政府渔业行政主管部门负责本行政区域内水生生物增殖放流的组织、协调与监督管理。

根据《长江水生生物保护管理规定》，长江流域县级以上地方人民政府农业农村主管部门负责本行政区域内的水生生物增殖放流的组织、协调与监督管理，并采取措施加强增殖资源保护、跟踪监测和效果评估。

### （二）规划、方案与备案

根据《水生生物增殖放流管理规定》，县级以上地方人民政府渔业行政主管部门应当制定本行政区域内的水生生物增殖放流规划，并报上一级渔业行政主管部门备案。

根据《长江水生生物保护管理规定》，长江流域县级以上地方人民政府农业农村主管部门应当根据农业农村部制定的水生生物增殖放流规划或意见，制订本行政区域的增殖放流方案，并报上一级农业农村主管部门备案。长江流域省级农业农村主管部门应当制定中华鲟、长江鲟等国家一级重点保护水生野生动物的增殖放流年度计划并报农业农村部备案。

### （三）增殖放流的水生生物管理

#### 1. 增殖放流水生生物来源管理

用于增殖放流的人工繁殖的水生生物物种，应当来自有资质的生产单位。其中，属于经济物种的，应当来自持有水产苗种生产许可证的苗种生产单位；属于珍稀、濒危物种的，应当来自持有水生野生动物驯养繁殖许可证的苗种生产单位。政府渔业行政主管部门应当按照"公开、公平、公正"的原则，依法通过招标或者议标的方式采购用于放流的水生生物或者确定苗种生产单位。

根据《农业部办公厅关于进一步规范水生生物增殖放流工作的通知》，珍稀濒危物种苗种供应单位需在农业部公布的珍稀濒危水生动物增殖放流苗种供应单位中选择，经济物种苗种供应单位基本条件应符合《农业部办公厅关于进一步加强水生生物经济物种增殖放流苗种管理的通知》（农办渔〔2014〕55号）的有关要求。这些要求包括：①菌种生产单位应当具有独立承担民事责任的能力，持有水产苗种生产许可证；②原则上应有用于繁育增殖放流苗种的亲本，亲本数量要满足放流苗种生产需要，亲本应来自该物种原产地天然水域、水产种质资源保护区或省级及以上原种场保育的原种，且来源、培育、更新记录清楚完整，确有特殊情况无法自繁自育的，必须提供苗种来源单位的亲本来源及苗种繁育情况证明；③苗种生产设施齐全，育苗设施规模和苗种生产能力应满足放流苗种生产需要；

④具备由一定数量的专业技术人员和熟练技术工人组成的技术队伍，建有生产和质量控制各项管理制度，以及完整的引种、保种、生产、用药、销售、检验检疫等记录，具备水质和苗种质量检验检测基本能力，遵守苗种生产技术操作规程；⑤已开展两年以上相应放流物种的苗种繁育生产，且近两年内所生产的苗种无质量问题，生产经营状况良好，具有良好的商业信誉。

县级以上人民政府渔业行政主管部门应当建立增殖放流供苗单位信息档案，建立增殖放流供苗单位黑名单制度。列入黑名单的供苗单位不得承担增殖放流项目苗种供应任务，各级政府渔业行政主管部门也不得将其纳入增殖放流供苗单位招标范围。

**2. 增殖放流水生生物种质管理**

用于增殖放流的亲体、苗种等水生生物应当是本地种。苗种应当是本地种的原种或者子一代，确需放流其他苗种的，应当通过省级以上渔业行政主管部门组织的专家论证。禁止使用外来种、杂交种、转基因种以及其他不符合生态要求的水生生物物种进行增殖放流。

为避免跨流域水系放流可能形成的潜在生态风险，增殖放流物种应遵循"哪里来哪里放"原则，即放流物种的亲本应来源于放流水域原产地天然水域、水产种质资源保护区或省级以上原种场保育的原种。

《长江水生生物保护管理规定》第二十二条规定，禁止在长江流域开放水域养殖、投放外来物种或者其他非本地物种。发生外来物种或者其他非本地物种逃逸的，有关单位和个人应当采取捕回或其他紧急补救措施降低负面影响，并及时向所在地人民政府农业农村主管部门报告。

《长江保护法》第八十五条规定了在长江流域开放水域养殖、投放外来物种或者其他非本地物种种质资源的法律责任：由县级以上人民政府农业农村主管部门责令限期捕回，处 10 万元以下罚款；造成严重后果的，处 10 万元以上 100 万元以下罚款；逾期不捕回的，由有关人民政府农业农村主管部门代为捕回或者采取降低负面影响的措施，所需费用由违法者承担。

**3. 增殖放流水生生物检验检疫**

用于增殖放流的水生生物应当依法经检验检疫合格，确保健康无病害、无禁用药物残留。

增殖放流苗种生产单位 1 年之内有两次及以上禁用药物检测呈阳性，或连续两年疫病检测不合格的，以及拒绝抽检或不接受监管的，应被列入黑名单。

**4. 增殖放流水生生物苗种种质检查**

省级渔业主管部门应加强对增殖放流供苗单位苗种质量安全抽查，不定期组织有关机构对苗种种质、药残及疫病情况进行检测，将增殖放流供苗单位纳入国家或省级水产苗种药残抽检和水生动物疫病专项检测计划，推动建立增殖放流供苗单位常态化监管机制。

各级政府渔业行政主管部门统一组织的放流水产苗种必须进行疫病和药残检验，经检验合格后方可进行放流。增殖放流苗种药残检验按《农业部办公厅关于开展增殖放流经济水产苗种质量安全检验的通知》（农办渔〔2009〕52 号）执行，苗种疫病检测参照《农业部关于印发〈鱼类产地检疫规程（试行）〉等 3 个规程的通知》（农渔发〔2011〕6 号）执行。

### （四）增殖放流活动组织管理

**1. 渔业行政主管部门组织开展的增殖放流活动**

渔业行政主管部门组织开展的增殖放流活动，应当公开进行，邀请渔民、有关科研单位和社会团体等方面的代表参加，并接受社会监督。增殖放流的水生生物的种类、数量、规格等，应当向社会公示。

**2. 单位和个人自行开展的规模性增殖放流活动**

单位和个人自行开展规模性水生生物增殖放流活动的，应当提前 15 d 向当地县级以上地方人民政府渔业行政主管部门报告增殖放流的种类、数量、规格、时间和地点等事项，接受监督检查。应当报告并接受监督检查的增殖放流活动的规模标准，由县级以上地方人民政府渔业行政主管部门根据本地区水生生物增殖放流规划确定。

经审查符合本规定的增殖放流活动，县级以上地方人民政府渔业行政主管部门应当给予必要的支持和协助。

增殖放流应当遵守省级以上人民政府渔业行政主管部门制定的水生生物增殖放流技术规范，采取适当的放流方式，防止或者减轻对放流水生生物的损害。禁止采用抛洒或"高空"倾倒的放流方式。

**3. 统计与备案**

县级以上地方人民政府渔业行政主管部门应当将辖区内本年度水生生物增殖放流的种类、数量、规格、时间、地点、标志放流的数量及方法、资金来源及数量、放流活动等情况统计汇总，于 11 月底前报上一级渔业行政主管部门备案。

县级以上渔业主管部门应组织对增殖放流苗种实际数量开展抽查和现场核查，严厉打击虚报增殖放流苗种数量的行为，对于虚报数量或规格的苗种供应单位，应勒令其限期整改，拒不整改或整改不合格的列入增殖放流苗种供应单位黑名单。省级渔业主管部门应对下级单位报送的年度增殖放流基础数据进行审核，存在问题的数据应及时驳回并督促其认真核实，确保数据真实可靠。对伪造增殖放流相关统计数据的单位和相关人员，由上级单位予以通报批评，并调减资金安排规模，情节严重的应追究相关责任人的责任。

### （五）增殖放流效果保障与评价

渔业行政主管部门应当在增殖放流水域采取划定禁渔区、确定禁渔期等保护措施，加强增殖资源保护，确保增殖放流效果。

渔业行政主管部门应当组织开展有关增殖放流的科研攻关和技术指导，并采取标志放流、跟踪监测和社会调查等措施对增殖放流效果进行评价。

# 第十节　捕捞业管理的主要法律制度

我国捕捞业管理的主要法律制度包括两个方面：渔业捕捞许可制度、捕捞限额制度。后者尚未全面实施。

## 一、渔业捕捞许可制度的有关法律规定

捕捞许可制度是捕捞业管理的基本制度，是指政府渔业行政主管部门根据公民、法人或其他组织的申请，赋予符合法定条件的申请者从事捕捞的权利的行政许可制度。被许可人获得捕捞许可后，应按捕捞许可证核准的事项和许可本身的条件开展渔业捕捞活动。政府渔业行政主管部门应监督被许可人是否按许可内容和条件开展渔业活动。

我国捕捞许可制度的法律依据主要是《渔业法》的有关规定以及《渔业捕捞许可管理规定》。

### （一）《渔业法》的有关规定

《渔业法》于 1986 年 1 月 20 日第六届全国人民代表大会常务委员会第十四次会议通过，1986 年 7 月 1 日起实施，之后经过 2000 年、2004 年、2009 年、2013 年四次修正。《渔业法》第二十三条规定，国家对捕捞业实行捕捞许可证制度。捕捞许可证不得买卖、出租和以其他形式转让，不得涂改、伪造、变造。

《渔业法》第二十五条规定，从事捕捞作业的单位和个人，必须按照捕捞许可证关于作业类型、场所、时限、渔具数量和捕捞限额的规定进行作业，并遵守国家有关保护渔业资源的规定，大中型渔船应当填写渔捞日志。

据此，在渔业行政执法过程中，对于从事捕捞作业的单位和个人，应当检查其是否持有渔业捕捞许可证，并检查持证人是否按照捕捞许可证核定的内容开展捕捞生产作业。

### （二）《渔业捕捞许可管理规定》的有关规定

为实施渔业捕捞许可制度，国家水产总局于 1979 年发布了《渔业许可证若干问题的暂行规定》。农业部于 1989 年发布了《渔业捕捞许可证管理办法》，之后又于 2002 年公布了《渔业捕捞许可管理规定》，该管理规定分别于 2004 年、2007 年、2013 年进行了修订。2018 年，农业农村部全面修改了《渔业捕捞许可管理规定》，于 2019 年 1 月 1 日期施行，2020 年、2022 年又对个别条款进行了修订。

《渔业捕捞许可管理规定》对如何实施渔业捕捞许可进行了全面规定，涉及渔业船网工具指标管理和渔业捕捞许可证的申请、审批发放、证书使用，以及渔业捕捞许可的监督管理。对于长江流域渔业行政执法而言，有关的规定包括以下几个方面：

**1. 识别不同类型的渔业捕捞许可证**

要掌握渔业捕捞许可证的不同类型，在执法检查时要分别对照。长江流域涉及以下 5 种渔业捕捞许可证：

（1）内陆渔业捕捞许可证，适用于许可在内陆水域的捕捞作业。

（2）专项（特许）渔业捕捞许可证，适用于许可在特定水域、特定时间或对特定品种的捕捞作业，或者使用特定渔具或捕捞方法的捕捞作业，须与内陆渔业捕捞许可证同时使用。

（3）临时渔业捕捞许可证，适用于许可临时从事捕捞作业和非专业渔船临时从事捕捞作业。

（4）休闲渔业捕捞许可证，适用于许可从事休闲渔业的捕捞活动，但目前尚未实施。

（5）捕捞辅助船许可证，适用于许可为渔业捕捞生产提供服务的渔业捕捞辅助船，从事捕捞辅助活动，但在长江流域的捕捞活动使用捕捞辅助船的情形较为罕见。

**2. 了解渔业捕捞许可证核定的作业场所**

捕捞许可证核定的作业场所为具体的水域名称和范围，并不得跨省（自治区、直辖市）管辖水域界限作业。

**3. 渔业捕捞许可证应当在有效期内使用**

内陆捕捞许可证的有效期为 5 年，其他的渔业捕捞许可证不超过 3 年。其中，专项（特许）捕捞许可证的有效期往往为 1 年或者限定的具体时间范围。

**4. 识别无效的渔业捕捞许可证**

渔业捕捞许可证有下列情形之一的，为无效渔业捕捞许可证：

（1）逾期未年审或年审不合格的。

（2）证书载明的渔船主机功率与实际功率不符的。

（3）以欺骗或者涂改、伪造、变造、买卖、出租、出借等非法方式取得的。

（4）被撤销、注销的。

从事渔业捕捞活动时使用无效的渔业捕捞许可证或者无正当理由不能提供渔业捕捞许可证的，视为无证捕捞。

**（三）违反渔业捕捞许可制度的法律责任**

《渔业法》规定的违反渔业捕捞许可制度的法律责任，包括以下三个方面：

（1）《渔业法》第四十一条规定：未依法取得捕捞许可证擅自进行捕捞的，没收渔获物和违法所得，并处 10 万元以下的罚款；情节严重的，并可以没收渔具和渔船。

（2）《渔业法》第四十二条规定：违反捕捞许可证关于作业类型、场所、时限和渔具数量的规定进行捕捞的，没收渔获物和违法所得，可以并处 5 万元以下的罚款；情节严重的，并可以没收渔具，吊销捕捞许可证。

（3）第四十三条规定：涂改、买卖、出租或者以其他形式转让捕捞许可证的，没收违法所得，吊销捕捞许可证，可以并处 1 万元以下的罚款；伪造、变造、买卖捕捞许可证，构成犯罪，依法追究刑事责任。

## 二、捕捞限额制度的法律规定

《渔业法》第二十二条规定，国家根据捕捞量低于渔业资源增长量的原则，确定渔业资源的总可捕捞量，实行捕捞限额制度。国务院渔业行政主管部门和省（自治区、直辖市）人民政府渔业行政主管部门应当加强对捕捞限额制度实施情况的监督检查，对超过上级下达的捕捞限额指标的，应当在其次年捕捞限额指标中予以核减。

目前我国对捕捞限额制度只限于《渔业法》的规定，开展了捕捞限额管理试点，尚未有配套管理的法律文件。在长江流域，仅在个别湖泊实行了捕捞限额制度，例如洪泽湖对河蚬、银鱼等的限额捕捞管理，而且该项制度的监督执法尚未形成稳定的法律制度，在此不做进一步的阐述。

# 第十一节　水产养殖管理的主要法律制度

水产养殖是我国渔业的重要组成部分。《渔业法》第三条规定，国家对渔业生产实行以养殖为主，养殖、捕捞、加工并举，因地制宜，各有侧重的方针。当前，我国水产品产量结构中，水产养殖成为水产品的主要来源，根据《2020 年中国渔业统计年鉴》，2019 年，全国水产养殖产量 5 079.07 万 t，占当年全国水产品总产量（6 480.36 万 t）的 78.38%，其中淡水养殖产量 3 013.74 万 t，占全国水产养殖产量的 59.34%，是我国水产养殖的主要组成部分。长江流域作为我国淡水渔业的主要产区，水产养殖具有重要地位，尤其是在长江禁捕背景下，水产养殖对水产品供给发挥了至关重要的作用。2019 年，长江流域的上海、江苏、安徽、江西、湖北、湖南、贵州、重庆、四川、云南等 10 省（直辖市）淡水养殖产量 1 769.07 万 t，占全国淡水养殖产量的 58.7%。

为加强水产养殖业的管理，我国已经建立了一系列水产养殖业管理的制度和措施，主要包括：养殖水域滩涂规划制度、养殖证制度、水产苗种管理制度、养殖用水管理、养殖生产过程管理、渔用饲料管理和渔业药物管理。

## 一、养殖水域滩涂规划制度

养殖水域滩涂规划是渔业管理的基本制度，是水产养殖业发展的布局依据，是推进产业转型升级的重要抓手。《渔业法》第十一条规定，国家对水域利用进行统一规划，确定可以用于养殖业的水域和滩涂。2016 年 12 月，农业部印发了《养殖水域滩涂规划编制工作规范》和《养殖水域滩涂规划编制大纲》，要求各级政府渔业行政主管部门科学规划，合理布局水产养殖生产，划定禁止养殖区、限制养殖区和养殖区，2018 年底前全面完成养殖水域滩涂规划编制工作，保护水域滩涂生态环境，设定发展底线，稳定基本养殖面积，保障渔民合法权益。以下介绍《养殖水域滩涂规划编制工作规范》的主要内容。

### （一）规划编制的基本原则

规划编制工作遵循以下原则：

**1. 科学规划、因地制宜**

各地渔业行政主管部门应根据本地水域滩涂承载力评价结果和水产养殖产业发展需求，形成本区域养殖水域滩涂开发利用和保护的总体思路，根据规划编制工作规范和大纲的具体要求，合理布局水产养殖生产，制定本区域养殖水域滩涂使用管理的具体措施，科学编制规划。

**2. 生态优先、底线约束**

坚持走生产发展、生活富裕、生态良好的文明发展道路，科学开展水域滩涂利用评价，保护水域滩涂生态环境，明确区域经济发展方向，合理安排产业发展空间。要将饮用水水源地、自然保护区等重要生态保护或公共安全"红线"和"黄线"区域作为禁止或限制养殖区，设定发展底线。

**3. 合理布局、转调结合**

稳定海水池塘和工厂化养殖，调减过密近海网箱养殖，发展外海深水网箱养殖；稳定淡水池塘养殖，调减湖泊水库网箱围栏养殖，发展生态养殖，支持设施养殖向工厂化循环水方向发展，发展稻田综合种养和低洼盐碱地养殖，实现养殖水域滩涂的整体规划、合理储备、有序利用、协调发展。

**4. 总体协调、横向衔接**

将规划放在区域整体空间布局的框架下考虑，规划编制要与本行政区域的土地利用总体规划和海洋功能区划相协调，同时注意与本地区城市、交通、港口、旅游、环保等其他相关专项规划相衔接，避免交叉和矛盾，促进区域经济协调发展。

**（二）规划范围**

规划中的养殖水域滩涂是指中华人民共和国管辖水域滩涂内，已经进行水产养殖开发利用和目前尚未开发但适于水产养殖开发利用的所有（包括全民所有、集体所有）水域和滩涂。已经进行水产养殖开发的水域滩涂面积超过1万亩①或养殖年产量超过3 000 t的县（市、区），独立编制本行政区域规划，已经进行水产养殖开发的水域滩涂面积不足1万亩或养殖年产量低于3 000 t的县（市、区），可独立编制规划或由上一级渔业行政主管部门牵头统一编制规划。

**（三）规划的依据**

规划依据包括：《渔业法》《环境保护法》《水污染防治法》《中华人民共和国海洋环境保护法》等法律、法规，以及《中共中央　国务院关于加快推进生态文明建设的意见》（中发〔2015〕12号）、《国务院关于促进海洋渔业持续健康发展的若干意见》（国发〔2013〕11号）、《国务院关于印发水污染防治行动计划的通知》（国发〔2015〕17号）、《农业部关于加快推进渔业转方式调结构的指导意见》（农渔发〔2016〕1号）等文件。

**（四）规划期限**

规划期至2030年。

**（五）基本功能区划**

养殖水域滩涂功能区分为禁止养殖区、限制养殖区和养殖区（表2-3）。

---

① 亩为非法定计量单位，1亩≈666.67 m²。——编者注

表2-3　养殖水域滩涂功能区划

| 一级 | | 二级 | | 三级 | |
|---|---|---|---|---|---|
| 代码 | 名称 | 代码 | 名称 | 代码 | 名称 |
| 1 | 禁止养殖区 | 1-1 | 饮用水水源地一级保护区、自然保护区核心区和缓冲区、国家级水产种质资源保护区核心区和未批准利用的无居民海岛等重点生态功能区 | | |
| | | 1-2 | 港口、航道、行洪区、河道堤防安全保护区等公共设施安全区域 | | |
| | | 1-3 | 有毒有害物质超过规定标准的水体 | | |
| | | 1-4 | 法律、法规规定的其他禁止养殖区 | | |
| 2 | 限制养殖区 | 2-1 | 饮用水水源二级保护区、自然保护区实验区和外围保护地带、国家级水产种质资源保护区实验区、风景名胜区、依法确定为开展旅游活动的可利用无居民海岛及其周边海域等生态功能区 | | |
| | | 2-2 | 重点湖泊水库及近岸海域公共自然水域 | 2-2-1 | 重点湖泊水库网箱养殖区 |
| | | | | 2-2-2 | 重点近岸海域网箱养殖区 |
| 3 | 养殖区 | 3-1 | 海水养殖区 | 3-1-1 | 海上养殖区 |
| | | | | 3-1-2 | 滩涂及陆地养殖区 |
| | | 3-2 | 淡水养殖区 | 3-2-1 | 池塘养殖区 |
| | | | | 3-2-2 | 湖泊养殖区 |
| | | | | 3-2-3 | 水库养殖区 |
| | | | | 3-2-4 | 其他养殖区 |

**1. 禁止养殖区**

（1）禁止在饮用水水源地一级保护区、自然保护区核心区和缓冲区、国家级水产种质资源保护区核心区和未批准利用的无居民海岛等重点生态功能区开展水产养殖。

（2）禁止在港口、航道、行洪区、河道堤防安全保护区等公共设施安全区域开展水产养殖。

（3）禁止在有毒有害物质超过规定标准的水体开展水产养殖。

（4）禁止在法律、法规规定的其他禁止从事水产养殖的区域从事水产养殖。

**2. 限制养殖区**

（1）限制在饮用水水源二级保护区、自然保护区实验区和外围保护地带、国家级水产种质资源保护区实验区、风景名胜区、依法确定为开展旅游活动的可利用无居民海岛及其周边海域等生态功能区开展水产养殖。在以上区域内进行水产养殖的，应采取污染防治措施，污染物排放不得超过国家和地方规定的污染物排放标准。

（2）限制在重点湖泊、水库及近岸海域等公共自然水域开展网箱围栏养殖。重点湖泊、水库饲养滤食性鱼类的网箱围栏总面积不超过水域面积的1%，饲养吃食性鱼类的网箱围栏总面积不超过水域面积的0.25%；重点近岸海域浮动式网箱面积不超过海区宜养面积10%。各地应根据养殖水域滩涂生态保护实际需要确定重点湖泊水库及近岸海域，确定不高于农业农村部标准的本地区可养比例。

（3）限制在法律、法规规定的其他限制养殖区从事水产养殖。

**3. 养殖区**

（1）海水养殖区，包括海上养殖区、滩涂及陆地养殖区。海上养殖的方式包括近岸网箱养殖、深水网箱养殖、吊笼（筏式）养殖和底播养殖等，滩涂及陆地养殖的方式包括池塘养殖、工厂化等设施养殖和潮间带养殖等。

（2）淡水养殖区，包括池塘养殖区、湖泊养殖区、水库养殖区和其他养殖区。池塘养殖的方式包括普通池塘养殖和工厂化设施养殖等，湖泊、水库养殖的方式包括网箱养殖、围栏养殖和大水面生态养殖等，其他养殖方式包括稻田综合种养和低洼盐碱地养殖等。

**（六）规划成果**

规划的主要成果包括规划文本、图件和编制说明等，其中规划文本和图件为报批材料，编制说明为报批材料的附件。规划文本应按照规划编制大纲的要求编写，规划图件包括养殖水域滩涂总体现状图、养殖功能区规划图等。图件应标明各水域滩涂的四至范围、区域功能等；图件比例尺和幅面一般为 1：50 000，或根据行政辖区实际情况适当调整图件比例尺，幅面一般为 A3；坐标系与投影等参照本辖区土地利用总体规划或海洋功能区划。

**（七）编制机关及批准机关**

各级养殖水域滩涂规划由所在地的县级以上地方人民政府渔业行政主管部门负责编制，报本级人民政府批准后发布实施。省级渔业行政主管部门应加强对规划编制工作的指导和监督检查，制定本省规划编制工作办法，并负责在县市规划的基础上编制本省养殖水域滩涂规划。国务院渔业行政主管部门定期对各地规划编制完成情况进行督导，并负责在各省规划的基础上完成全国养殖水域滩涂规划。

为避免毗邻行政区域间的养殖水域滩涂在进行规划时出现重叠现象和今后管理矛盾的发生，毗邻行政区域的同级渔业行政主管部门在规划上报本级人民政府批准前，应报上一级人民政府渔业行政主管部门审核。规划由本级人民政府批准后，报上一级人民政府渔业行政主管部门备案。

跨界和争议水域的规划，由毗邻县级以上地方人民政府渔业行政主管部门协商编制，分别报本级人民政府批准，并报上一级人民政府渔业行政主管部门备案。协商不成的，由上一级人民政府渔业行政主管部门协调处理。

**（八）规划实施管理**

**1. 使用用途管制**

规划是养殖水域滩涂使用管理的基本依据，养殖水域滩涂使用管理要严格依据规划开展，严格限制擅自改变养殖水域滩涂使用用途的行为。在规划范围外，不得新建及改扩建养殖项目。其他生态保护或工程建设项目等占用规划内养殖水域滩涂的，必须征求渔业行政主管部门意见，按照有关要求对规划进行修订后实施，造成养殖生产者经济损失的应依法给予补偿。

**2. 禁止和限制养殖区管理**

禁止养殖区内的水产养殖，由本级人民政府及相关部门负责限期搬迁或关停。限制养殖区内的水产养殖，污染物排放超过国家和地方规定的污染物排放标准的，限期整改，整改后仍不达标的，由本级人民政府及相关部门负责限期搬迁或关停。禁止和限制养殖区内重点生态功能区和公共设施安全区域划定前已有的水产养殖，搬迁或关停造成养殖生产者经济损失的应依法给予补偿，并妥善安置养殖渔民的生产、生活。

**3. 养殖区管理**

养殖区内符合规划的养殖项目，应当科学确定养殖密度，合理投饵、使用药物，防止造成水域的环境污染，养殖生产应符合《水产养殖质量安全管理规定》的有关要求。完善全民所有养殖水域、滩涂使用审批，健全使用权的招、拍、挂等交易制度，推进集体所有养殖水域、滩涂承包经营权的确权工作，规范水域滩涂养殖发证登记工作。加强渔政执法，查处无证养殖，对非法侵占养殖水域滩涂行为进行处理，规范养殖水域滩涂开发利用秩序，强化社会监督。

## 二、养殖证制度

### （一）养殖证制度的概念

养殖证制度是指在国家统一规划确定可以用于养殖业的水域和滩涂的基础上，单位和个人使用国家规划确定用于养殖业的全民所有的水域、滩涂的，使用者应当向县级以上地方政府渔业行政主管部门提出申请，由本级政府核发养殖证，许可其使用该水域、滩涂从事养殖生产的制度。

养殖证是养殖生产者使用全民所有的水域、滩涂从事养殖生产的合法凭证，持证人从事养殖生产的合法权益受法律保护，可以按规定享受国家有关水产养殖业发展的优惠扶持政策。养殖证也是判断水域、滩涂的水产养殖使用功能的基础依据，在养殖水域、滩涂征用补偿和损害赔偿中发挥着重要作用。此外，养殖证还是水产养殖生产者申请水产苗种生产审批、水产品原产地证书、无公害农产品基地资格等事项的法律凭证。

### （二）养殖证制度的法律和相关文件

养殖证制度的法律依据主要是《渔业法》。此外，《中华人民共和国物权法》的有关条款也涉及养殖证制度，农业部《完善水域滩涂养殖证制度试行方案》是实施养殖证制度重要指导文件，《养殖证发放管理办法》和《水域滩涂养殖发证登记办法》是养殖证发证登记的具体依据。

**1. 《渔业法》的规定**

《渔业法》第二十一条规定，国家对水域利用进行统一规划，确定可以用于养殖业的水域和滩涂。单位和个人使用国家规划确定用于养殖业的全民所有的水域、滩涂的，使用者应当向县级以上地方人民政府渔业行政主管部门提出申请，由本级人民政府核发养殖证，许可其使用该水域、滩涂从事养殖生产。核发养殖证的具体办法由国务院规定。

**2. 《民法典》的有关规定**

《民法典》第三百二十九条规定，依法取得的探矿权、采矿权、取水权和使用水域、滩涂从事养殖、捕捞的权利受法律保护。

**3. 《完善水域滩涂养殖证制度试行方案》**

2002 年 3 月，农业部发布了《完善水域滩涂养殖证制度试行方案》，作为加强养殖证制度实施和完善的指导文件。该方案提出了完善水域、滩涂养殖证制度的基本目标，进一步明确了养殖证的功能和作用，并对水域、滩涂养殖功能规划提出具体要求。此外，该方案在养殖证的发证范围、发证办法的具体程序方面进行了具体可操作性的规定。

**4. 《养殖证发放管理办法》**

2004 年，农业部渔业局发布了《养殖证发放管理办法》。该办法对养殖证的申请、审核、批准发放的程序和要求，以及养殖证的内容、有效期、年审等问题进行了规定。

**5. 《水域滩涂养殖发证登记办法》**

2010 年 5 月，农业部发布了《水域滩涂养殖发证登记办法》，规定了国家所有水域、滩涂以及集体所有或者国家所有由集体使用水域滩涂的养殖发证程序，并对养殖证的变更、收回、注销和延展进行了规范。2010 年 8 月，又下发了《农业部办公厅关于启用新版〈水域滩涂养殖证〉有关事项的通知》，对自 2011 年 1 月 1 日起适用新版水域滩涂养殖证的范围、印制以及旧版养殖证处理问题进行了规定。

**（三）养殖证制度的适用范围**

根据《渔业法》关于养殖证制度的相关规定，使用国家规划确定用于养殖业的全民所有的水域、滩涂的，使用者应当向县级以上地方人民政府渔业行政主管部门提出申请，由本级人民政府核发养殖证。据此，养殖证适用于国家规划确定用于养殖业的全民所有的水域、滩涂。这里包含两方面的含义：①国家规划用于养殖业的水域、滩涂；②全民所有的水域、滩涂。《渔业法》规定，对于集体所有的或者全民所有由农业集体经济组织使用的水域、滩涂，可以由个人或者集体承包，从事养殖生产。从上述《渔业法》的有关规定来看，养殖证制度只适用于使用国家规划用于养殖业的全民所有的水域、滩涂从事养殖生产。

但是，《完善水域滩涂养殖证制度试行方案》规定，利用水域、滩涂从事养殖生产活动的单位和个人，都必须依法取得养殖证。具体分为两种情况：①对于全民所有的水域、滩涂，依照《渔业法》和《土地管理法》的规定，确定水域滩涂养殖使用权；②对于集体所有或者全民所有由农业集体经济组织使用的水域、滩涂，依照《渔业法》《土地管理法》和有关土地承包经营的规定，确定水域滩涂养殖承包经营权。由此来看，《完善水域滩涂养殖证试行方案》所指的养殖证的发证范围，既包括使用全民所有的水域、滩涂的养殖生产，也包括使用集体所有或者全民所有由农业集体经济组织使用的水域、滩涂的养殖生产。《水域滩涂养殖发证办法》也分别规定了国家所有水域、滩涂以及集体所有或者国家所有由集体使用水域、滩涂的养殖发证程序。

从法律性质上来看，承包使用集体所有或者全民所有由农业集体经济组织使用的水域、滩涂从事养殖生产的所发放的养殖证不同于使用全民所有的水域、滩涂从事养殖生产的养殖证。使用全民所有水域、滩涂从事养殖生产的养殖证是行政许可意义上的养殖许可证。而承包集体所有或全民所有由集体经济组织使用的水域、滩涂从事养殖生产的养殖证是基于养殖承包的行政确认证明。

### （四）养殖证的基本内容和使用管理

**1. 养殖证的基本内容**

（1）持证单位或个人的基本情况。

（2）养殖水域、滩涂的所有权性质、类型、地理概位及平面界定图。

（3）养殖水域、滩涂的面积及范围，水域、滩涂的范围应用方位坐标表示。

（4）核准的养殖类型、方式。

（5）核准的水域、滩涂养殖权期限及养殖证编号。

（6）延展或变更登记情况。

**2. 养殖证的使用要求**

（1）养殖证应在适用期限内使用。养殖证的适用期限期满后，水域滩涂养殖权人依法继续使用该水域、滩涂从事养殖生产的，持证人应在有效期满前 60 d 向原发证机关申请延展手续。但因养殖水域、滩涂规划调整不得从事养殖的，期限届满后不再办理延展手续。

（2）养殖证持证人应遵守有关法律规定，并严格按照养殖证所规定的养殖区域、类型、方式等内容进行生产活动。

### （五）违反养殖证制度的法律责任追究

《渔业法》第四十条规定了违反养殖证制度的法律责任，包括以下三个方面：

（1）使用全民所有的水域、滩涂从事养殖生产，无正当理由使水域、滩涂荒芜满 1 年的，由发放养殖证的机关责令限期开发利用；逾期未开发利用的，吊销养殖证，可以并处 1 万元以下的罚款。

（2）未依法取得养殖证擅自在全民所有的水域从事养殖生产的，责令改正，补办养殖证或者限期拆除养殖设施。

（3）未依法取得养殖证或者超越养殖证许可范围在全民所有的水域从事养殖生产，妨碍航运、行洪的，责令限期拆除养殖设施，可以并处 1 万元以下的罚款。

## 三、水产苗种管理制度

### （一）水产苗种基本知识

**1. 水产苗种的基本概念**

苗种一般是指用于商品养殖（栽培）生产的优良苗和种。水产苗种是指用于水产繁育、增养殖（栽培）生产和科研试验的水产动植物的亲本、稚体、幼体、受精卵、孢子及其遗传育种材料。

水产苗种生产和管理中常常出现水产原种、良种的概念。水产原种是指取自模式种采集水域或取自其他天然水域的野生水生动植物种，以及用于选育的原始亲体。水产良种是指生长快、品质好、抗逆性强、性状稳定和适应一定地区自然条件，并适用于增养殖（栽培）生产的水产动植物种。

**2. 育种**

育种是指用人工的方法选育动植物新品种。水产养殖育种技术发展到今天，育种方法主要有：选择育种、杂交育种、单倍体育种、多倍体育种、体细胞育种和基因工程育种。其中，选择育种和杂交育种属于传统常规育种方式，单倍体育种、多倍体育种、体细胞育种和基因工程育种属于生物技术育种。

**3. 引种**

引种是指将国外或外区优良水产品种引入本区，通过试验，择其优良者加以繁殖推广。引种对丰富我国水产种质资源、增加养殖种类、调整产品结构、丰富水产品市场起了积极作用。需要说明的是，世界上大多数国家和地区对引种及相关的移植都有严格的规定，除非有足够的证据证明对当地的生态和土著种没有影响，否则不得引种和移植。

**4. 推广**

推广是指扩大选育、培育的水产新品种或引进品种的养殖范围。在我国，水产养殖品种的推广属于政府行为，须经过全国水产原种和良种审定委员会审定并通过后，方可进行推广。

**（二）水产苗种管理的主要法律依据**

为加强水产苗种管理，我国已制定和颁布了若干有关水产苗种管理的法律、法规。《渔业法》第十六、第十七条就水产优良品种的选育、培育和推广，水产苗种的生产，水产苗种的进出口及进出口检疫进行了基本规定。1992年，农业部制定发布了《水产种苗管理办法》，并于1997年和2000年进行了修订。2000年修订后更名为《水产苗种管理办法》，于2001年12月10日发布，同时原《水产种苗管理办法》废止。2004年12月21日，农业部第37次常务会议再次通过对《水产苗种管理办法》的修订，修订后的《水产苗种管理办法》于2005年1月5日公布，自2005年4月1日起施行。《水产苗种管理办法》就水产种质资源保护和品种选育、水产苗种的生产经营管理和进出口管理，以及水产苗种的检验和检疫进行了具体规定，是目前我国实施水产苗种管理的重要法律依据。

此外，农业部渔业局于1995年发布的《国家级水产原、良种场资格验收办法（试行）》、农业部于1998年发布的《水产原、良种审定办法》、农业部于2001年发布的《水产原良种场生产管理规范》等，都对水产原、良种的生产管理、审定进行了具体规定。

**（三）水产品种选育与推广管理**

对于水产养殖品种的选育和推广，我国的基本方针是国家鼓励水产优良品种的选育、培育和推广，并要求县级以上政府渔业行政主管部门应当有计划地组织科研、教学和生产单位选育、培育水产优良新品种。但是，为了保护水生生物多样性和水域生态系统，保护水产种质资源，维护水产优良品种选育、培育和推广的正常秩序，国家必须要对水产苗种的选育和推广进行必要的管理。主要包括以下内容：

**1. 杂交选育管理**

为保护水产种质资源，维护水生生物多样性，杂交生产商品水产苗种的亲本，必须是纯系群体，禁止用可育的杂交种作为繁育亲本。在养殖可育的杂交个体和通过生物工程等技术改变遗传性状的个体及后代的场所，必须建立严格的隔离和防逃措施，禁止将其投放于河流、湖泊、水库、海域等自然水域。

**2. 水产原种、良种的审定和推广管理**

1991 年，农业部成立了全国水产原种和良种审定委员会，对水产新品种进行审定。水产新品种必须经全国水产原种和良种审定委员会审定，审定合格的经国务院渔业行政主管部门公告后方可推广。

**3. 水产原、良种场管理**

为保证水产原、良种供应，《水产苗种管理办法》规定，省级以上政府渔业行政主管部门应根据水产增养殖生产发展的需要和自然条件及种质资源特点，合理布局和建设水产原、良种场。水产原、良种场分为国家级和省级，负责保存或选育种用水产遗传材料和亲本，向水产苗种繁育单位提供亲本。

**（四）水产苗种生产经营管理**

**1. 水产苗种生产许可**

除了水产养殖生产者自育、自用水产苗种的以外，单位和个人从事水产苗种生产，应当经县级以上地方政府渔业行政主管部门批准，并取得水产苗种生产许可证方可生产。其中，水产原、良种场的水产苗种生产许可证由省级政府渔业行政主管部门负责核发，其他单位和个人水产苗种生产许可证的发放权限由省级政府渔业行政主管部门进行规定。

水产苗种的生产单位和个人应按照审批的范围、种类等进行生产。如果需要变更被许可的生产范围和种类，应当向原审批机关办理变更手续，不得擅自变更。

水产苗种生产许可证的许可有效期限为 3 年。期满需延期的，生产者应向原审批机关申请办理续展手续。

**2. 水产苗种生产质量监督管理**

随着我国水产养殖业的迅速发展，水产苗种的质量问题受到国家和水产养殖生产者及养殖水产品消费者的普遍重视。为保证苗种质量，首先，水产苗种的生产应遵守国务院渔业主管部门制定的生产技术操作规程。国家级、省级水产原、良种生产应遵守国务院渔业主管部门制定的《水产原良种场生产管理规范》。其次，县级以上政府渔业行政主管部门应当组织有关质量检验机构对辖区内水产苗种场的亲本、稚体、幼体质量进行检验。检验不合格的，给予警告，限期整改；到期仍不合格的，由发证机关收回并注销水产苗种生产许可证。

**3. 水产苗种生产保护**

为保护水产苗种，需要保护水产苗种产区及其繁殖、栖息地。为此，《水产苗种管理办法》规定，在水产苗种重点产区引用水时，应采取措施保护苗种；国家禁止在水产苗种繁殖、栖息地从事采矿、挖沙、爆破、排放污水等破坏水域生态环境的活动；对水域环境造成污染的，依照《水污染防治法》和《海洋环境保护法》的有关规定进行处理。

### （五）水产苗种检疫

为防止水产苗种病害及病害传播，《水产苗种管理办法》规定，县级以上地方政府渔业行政主管部门应当加强对水产苗种的产地检疫。2010 年 1 月，农业部发布了《动物检疫管理办法》，对水产苗种产地检疫进行了规定，是水产苗种检疫的重要依据。新的《动物检疫管理办法》于 2022 年 8 月修订，自 2022 年 12 月 1 日起施行。

**1. 检疫的管理与实施**

农业农村部主管全国动物检疫工作。县级以上地方人民政府农业农村主管部门主管本行政区域内的动物检疫工作，负责动物检疫监督管理工作。

水产苗种产地检疫由从事水生动物检疫的县级以上动物卫生监督机构负责实施。

水产苗种以外的其他水生动物及其产品不实施检疫。

**2. 出售、运输水产苗种检疫要求**

（1）出售或者运输水生动物的亲本、稚体、幼体、受精卵、发眼卵及其他遗传育种材料等水产苗种的，货主应当提前 3 d 向所在地动物卫生监督机构申报检疫，取得动物检疫证明后，方可离开产地。

（2）跨省（自治区、直辖市）引进水产苗种到达输入地后，应当在隔离场或者饲养场内的隔离舍进行为期 30 d 的隔离观察。经隔离观察合格的，方可混群饲养；不合格的，按照有关规定进行处理。隔离观察合格后需要继续运输的，货主应当申报检疫，并取得动物检疫证明。

（3）输入到无规定动物疫病区的易感水产苗种，应当在输入地省级动物卫生监督机构指定的隔离场所进行为期 30 d 的隔离。隔离检疫合格的，由隔离场所在地县级动物卫生监督机构的官方兽医出具动物检疫证明。

（4）经检疫不合格的水产苗种，由官方兽医出具检疫处理通知单，货主或者养殖场所应当在农业农村主管部门的监督下按照国家有关规定处理。动物卫生监督机构应当及时向同级农业农村主管部门报告检疫不合格情况。

（5）经检疫合格的水产苗种，应当按照检疫证明载明的目的地运输，并在规定时间内到达，运输途中发生疫情的应当按有关规定报告并处置。跨省（自治区、直辖市）通过道路运输动物的，应当经省级人民政府设立的指定通道入省境或者过省境。养殖场（户）不得接收未附有有效动物检疫证明的水产苗种。

（6）运输水产苗种到达目的地后，货主或者承运人应当在 3 d 内向启运地县级动物卫生监督机构报告；目的地养殖场（户）应当在接收后 3 d 内向所在地县级动物卫生监督机构报告。

**3. 检疫合格标准**

（1）水产苗种经检疫符合下列条件的，由动物卫生监督机构的官方兽医出具动物检疫证明：① 来自未发生相关水生动物疫情的苗种生产场；② 申报材料符合检疫规程规定；

③ 临床检查健康；④ 需要进行实验室疫病检验的，检验结果合格。

（2）已经取得产地检疫证明的水产苗种，从专门经营水产苗种的集贸市场继续出售或者运输的，经检疫符合下列条件的，出具动物检疫证明：① 有原始检疫证明和完整的进出场记录；② 临床检查健康；③ 原始检疫证明超过调运有效期，按规定进行实验室疫病检测结果合格。

（3）补检的水产苗种具备下列条件的，补检合格，出具动物检疫证明：① 检疫申报需要提供的材料齐全、符合要求；② 临床检查健康；③ 不符合第一项规定条件，货主于7 d内提供检疫规程规定的实验室疫病检测报告，检测结果合格。

**4. 应当检疫而未经检疫的水产苗种处理**

依法应当检疫而未经检疫的水产苗种，由县级以上地方人民政府农业农村主管部门依照《中华人民共和国动物防疫法》处理处罚，不具备补检条件的，予以收缴销毁；具备补检条件的，由动物卫生监督机构补检。依法应当检疫而未经检疫的卵、胚胎等遗传育种材料，不予补检，予以收缴销毁。

有下列情形之一的，按照依法应当检疫而未经检疫处理处罚：①水产苗种种类与动物检疫证明不符的；②水产苗种数量超出动物检疫证明载明部分的；③使用转让的动物检疫证明的。

**5. 违反检疫规定的法律责任**

违反《动物检疫管理规定》规定运输水产苗种，有下列行为之一的，由县级以上地方人民政府农业农村主管部门处1 000元以上3 000以下罚款；情节严重的，处3 000元以上3万元以下罚款：

（1）运输水产苗种到达目的地后，未向启运地动物卫生监督机构报告的。

（2）未按照动物检疫证明载明的目的地运输的。

（3）未按照动物检疫证明规定时间运达且无正当理由的。

（4）实际运输的数量少于动物检疫证明载明数量且无正当理由的。

**（六）水产苗种进出口管理**

水产苗种的进出口管理包括水产苗种进出口审批、进口水产苗种的安全影响评估以及进口水产苗种入境后的监管等内容。

**1. 水产苗种进出口审批**

根据《渔业法》和《水产苗种管理办法》的规定，进、出口水产苗种必须经国务院渔业行政主管部门或省（自治区、直辖市）政府渔业行政主管部门批准。未获批准不得进行水产苗种的进出口。

《水产苗种管理办法》规定，国务院渔业行政主管部门会同国务院有关部门制定水产苗种进口名录和出口名录，并定期公布。水产苗种进口名录和出口名录分为Ⅰ、Ⅱ、Ⅲ类。列入进口名录Ⅰ类的水产苗种不得进口，列入出口名录Ⅰ类的水产苗种不得出口；列入名录Ⅱ类的水产苗种以及未列入名录的水产苗种的进口、出口由国务院渔业行政主管部门审批；列入名录Ⅲ类的水产苗种的进口、出口由省级政府渔业行政主管部门审批。

进出口水产苗种的单位和个人应当向省级政府渔业行政主管部门提出申请。省级政府渔业行政主管部门应当自申请受理之日起 15 d 内对进出口水产苗种的申报材料进行审查核实，按审批权限直接审批或初步审查后将审查意见和全部材料报国务院渔业行政主管部门审批。对于由省级政府渔业行政主管部门直接审批的水产苗种进出口情况，在每年年底前报国务院渔业行政主管部门备案。

**2. 进出口水产苗种的安全影响评估**

为保证水产种质资源安全和保护水生生物多样性，防止生物入侵，《水产苗种管理办法》规定，国务院渔业行政主管部门收到省级政府渔业行政主管部门报送的进口水产苗种申请材料后，在 5 d 内委托全国水产原种和良种审定委员会组织专家对申请进口的水产苗种进行安全影响评估，并在收到安全影响评估报告后 15 d 内，根据评估结果作出是否同意进口的决定；对申请出口水产苗种的，应当在 10 d 内作出是否同意出口的决定。

**3. 进出口检疫**

为防止病害传入境内和传出境外，进口、出口水产苗种应当实施检疫，具体检疫工作按照《中华人民共和国进出境动植物检疫法》等法律、法规的规定执行。

**4. 进口水产苗种入境后的监管**

进口水产苗种进入我国境内后，还必须进行入境后的监督管理。《水产苗种管理办法》规定，我国对水产苗种进口实行属地监管。进口单位和个人在进口水产苗种经出入境检验检疫机构检疫合格后，要立即向所在地省级政府渔业行政主管部门报告，由所在地省级政府渔业行政主管部门或其委托的县级以上地方政府渔业行政主管部门具体负责入境后的监督检查。

进口未列入水产苗种进口名录的水产苗种的，进口单位和个人应当在该水产苗种经出入境检验检疫机构检疫合格后，设置专门场所进行试养，特殊情况下应在国务院渔业行政主管部门指定的场所进行。试养期间一般为进口水产苗种的一个繁殖周期。试养期间，国务院渔业行政主管部门不再批准该水产苗种的进口，进口单位不得向试养场所外扩散该试养苗种。试养期满后的水产苗种应当经过全国水产原种和良种审定委员会审定、国务院渔业行政主管部门公告后方可推广。

此外，进口水产苗种要投放于河流、湖泊、水库、海域等自然水域进行养殖生产的，必须严格遵守有关外来物种管理规定。

**（七）违反水产苗种管理的法律责任追究**

《渔业法》第四十四条规定，非法生产、进口、出口水产苗种的，没收苗种和违法所得，并处 5 万元以下的罚款。经营未经审定的水产苗种的，责令立即停止经营，没收违法所得，可以并处 5 万元以下的罚款。

**（八）长江流域对养殖物种的限制**

根据《长江水生生物保护管理规定》第二十二条的规定，禁止在长江流域开放水域养殖外来物种或者其他非本地物种。

在非开放水域养殖外来物种或其他非本地物种的，应当采取有效隔离措施，防止逃逸进入开放水域。发生外来物种或者其他非本地物种逃逸的，有关单位和个人应当采取捕回或其他紧急补救措施降低负面影响，并及时向所在地人民政府农业农村主管部门报告。

## 四、水产养殖生产过程管理

### （一）养殖用水管理

2003 年，农业部发布了《水产养殖质量安全管理规定》，根据该规定，我国当前对水产养殖用水管理主要有以下几个方面的内容：

（1）水产养殖用水应符合国家的有关标准，禁止将不符合水质标准的水源用于水产养殖。为加强养殖用水水质管理，农业部制定了《无公害食品　海水养殖用水水质》（NY 5052—2001）和《无公害食品　淡水养殖用水水质》（NY 5051—2001）等国家标准。这些水质标准都是水产养殖用水应符合的国家标准。

（2）水产养殖单位和个人应当定期监测养殖用水水质。如果发现养殖用水水源受到污染时，应当立即停止使用；确需使用的，应当经过净化处理达到养殖用水水质标准。如果养殖水体水质不符合养殖用水水质标准时，应当立即采取措施进行处理。经处理后仍达不到要求的，应当停止养殖活动，并向当地渔业行政主管部门报告。在水质不符合养殖用水水质标准的水体内养殖的不符合标准的水产品，应当进行净化处理，净化处理后仍不符合标准的产品禁止销售。

（3）养殖场或池塘的进排水系统应当分开。水产养殖废水排放应当达到国家规定的排放标准，以防止造成污染。

### （二）养殖生产条件要求

为确保养殖水产品质量，水产养殖生产单位和个人应符合一定的条件，包括以下几个方面：

（1）水产养殖单位和个人应当配置与养殖水体和生产能力相适应的水处理设施和相应的水质、水生生物检测等基础性仪器设备。

（2）水产养殖专业技术人员逐步按国家有关就业准入要求，经过职业技能培训并获得职业资格证书后，方能上岗。

（3）水产养殖生产应当符合国家有关养殖技术规范操作要求。

（4）水产养殖使用的苗种应当符合国家或地方质量标准。

### （三）水产养殖生产记录制度和销售管理

#### 1. 生产记录

《水产养殖质量安全管理规定》要求水产养殖单位和个人应填写水产养殖生产记录，记载养殖种类、苗种来源及生长情况、饲料来源及投喂情况、水质变化等内容。水产养殖生产记录应当妥善保存，直至所记录的该批水产品全部销售后 2 年以上。

**【文书格式示例 2－1】**

水产养殖生产记录

池塘号：_____；面积：_____亩；养殖种类：_____

| | | | |
|---|---|---|---|
| 饲料来源 | | 检测单位 | |
| 饲料品牌 | | | |
| 苗种来源 | | 是否检疫 | |
| 投放时间 | | 检疫单位 | |

| 时间 | 体长 | 体重 | 投饵量 | 水温 | 溶氧 | pH | 氨氮 |
|---|---|---|---|---|---|---|---|
| | | | | | | | |
| | | | | | | | |

养殖场名称：_____　　养殖证编号：（　　）养证〔　〕第　号

养殖场场长：_____　　养殖技术负责人：_____

**2. 销售标签**

《水产养殖质量安全管理规定》规定，销售的养殖水产品应当符合国家或地方的有关标准。不符合标准的产品应当进行净化处理，净化处理后仍不符合标准的产品禁止销售。

水产养殖单位销售自养水产品应当附具产品标签。在产品标签中应注明生产单位的名称、地址，产品的种类、规格，产品出池日期等信息。

**【文书格式示例 2－2】**

产 品 标 签

| | |
|---|---|
| 养殖单位 | |
| 地　　址 | |
| 养殖证编号 | （　　）养证〔　〕第　号 |
| 产品种类 | |
| 产品规格 | |
| 出池日期 | |

**(四) 渔用饲料管理**

饲料供给是发展水产养殖最主要的基础生产资料之一，保证渔用饲料的质量与安全是保障养殖水产品质量和促进水产养殖业持续健康发展的关键环节之一，加强对渔用饲料的管理是水产养殖管理的重要内容。

**1. 渔用饲料管理的主要法律依据**

《渔业法》只是对渔用饲料管理进行了基本原则性规定。《渔业法》第二十条规定，从事养殖生产应当保护水域生态环境，科学确定养殖密度，合理投饵、施肥、使用药物，不得造成水域的环境污染。

具体的关于渔用饲料管理的法规主要有：《饲料和饲料添加剂管理条例》《水产养殖质量安全管理规定》《允许使用的饲料添加剂品种目录》《饲料添加剂和添加剂预混合饲料产品批准文号管理办法》《饲料药物添加剂使用规范》《禁止在饲料和动物饮用水中使用的药物品种目录》《无公害食品　渔用配合饲料安全限量》（NY 5072—2002）等。

**2. 渔用饲料使用的基本原则**

根据《水产养殖质量安全管理规定》，国家鼓励使用配合饲料，限制直接投喂冰鲜（冻）饵料，防止残饵污染水质。禁止使用无产品质量标准、无质量检验合格证、无生产许可证和产品批准文号的饲料和饲料添加剂，禁止使用变质和过期饲料。

**3. 渔用饲料管理的基本体制**

《饲料和饲料添加剂管理条例》规定，国务院农业行政主管部门负责全国饲料、饲料添加剂的管理工作，县级以上地方人民政府负责饲料、饲料添加剂管理的部门负责本行政区域内的饲料、饲料添加剂的管理工作。这里的饲料、饲料添加剂的管理工作包括饲料和饲料添加剂的审定、进出口、生产、经营、使用和质量监督等方面。

县级以上政府渔业行政主管部门及其所属的渔政监督管理机构是水产养殖生产的主管机关，可以对水产养殖生产者在使用渔用饲料方面进行监督，确保水产养殖生产者不使用无产品质量标准、无质量检验合格证、无生产许可证和产品批准文号的饲料和饲料添加剂，不使用变质和过期饲料。同时，还应确保水产养殖生产使用的饲料符合农业部标准《无公害食品　渔用配合饲料安全限量》。

**（五）渔用药物管理**

**1. 有关渔用药物的基本概念**

渔用药物（以下简称渔药）是指用以预防、诊断、控制和治疗水产动植物病、虫、害，促进养殖品种健康生长，增强养殖品种机体抗病能力以及改善养殖水体质量的一切物质。在我国，渔药在管理上属于兽药的范畴。兽药可以分为兽用处方药和兽用非处方药两类。其中，兽用处方药是指凭兽医处方方可购买和使用的兽药；兽用非处方药是指由国务院兽医行政主管部门公布的，不需要凭兽医处方就可以自行购买并按照说明书使用的兽药。

在监督管理上，我国将渔药纳入兽药的范围进行管理。在兽药管理中，有假兽药和劣兽药的概念，二者都是禁止使用的药物。

假兽药包括：①以非兽药冒充兽药或者以他种兽药冒充此种兽药的；②兽药所含成分的种类、名称与兽药国家标准不符合的。此外，以下情形均按假兽药处理：国务院兽医行政管理部门规定禁止使用的；应当经审查批准而未经审查批准即生产、进口的，或应当经抽查检验、审查核对而未经抽查检验、审查核对即销售、进口的；变质的；被污染的；所标明的适应证或者功能主治超出规定范围的。

劣兽药包括：①成分含量不符合兽药国家标准或者不标明有效成分的；②不标明或者更改有效期或者超过有效期的；③不标明或者更改产品批号的；④其他不符合兽药国家标准，但不属于假兽药的。

**2. 有关渔药管理的主要法律依据**

渔药属于兽药的范畴，有关渔药的法律规范主要体现在兽药管理的法律、法规中。我国兽药管理的法律、法规主要有《中华人民共和国药品管理法》《中华人民共和国兽药管理条例》（以下简称《兽药管理条例》）以及农业部发布的《兽药管理条例实施细则》（该细则已于 2004 年废止）。此外还有若干有关兽药管理的部门规章，如《兽药生产许可证、兽药经营许可证、兽药制剂许可证管理办法》《兽药药政药检管理办法》《进口兽药管理办法》以及《兽用麻醉药品的供应、使用管理办法》《动物性食品中兽药最高残留限量》等。兽药的技术鉴别依据是《中华人民共和国药典》《中华人民共和国兽药典》《食品动物禁用的药物和其他化合物清单》《水产养殖用药明白纸（2020 年 1 号、2 号）》以及行业主管部门颁发的质量标准。

除了兽药管理的法律、法规外，《渔业法》第二十条规定：从事养殖生产应当保护水域生态环境，科学确定养殖密度，合理投饵、施肥、使用药物，不得造成水域的环境污染。为加强渔药管理，农业部制定了一些专门针对渔药使用管理的规则、准则和标准，包括：《渔药推荐目录及使用方法》《无公害食品　渔用药物使用准则》（NY 5071—2002）、《无公害食品　水产品中渔药残留限量》（NY 5070—2002）等。此外，《水产养殖质量安全管理规定》也对水产养殖用药进行了相关规定。

**3. 渔药管理的基本体制**

我国渔药的管理按照《兽药管理条例》和《兽药管理条例实施细则》的规定执行，各级人民政府畜牧兽医部门是渔药的主管部门。

根据《兽药管理条例》第七十四条的规定，水产养殖中的兽药使用、兽药残留检测和监督管理以及水产养殖过程中违法用药的行政处罚，由县级以上人民政府渔业主管部门及其所属的渔政监督管理机构负责。

**4. 渔药使用的基本原则**

根据《无公害食品　渔用药物使用准则》，使用渔药应遵循以下基本原则：

（1）以不危害人类健康和不破坏水域生态环境为基本原则。

（2）水生动植物增养殖过程中对病虫害的防治，坚持"以防为主，防治结合"。

（3）严格遵循国家和有关部门的有关规定，严禁使用未经取得生产许可证、批准文号与没有生产执行标准的渔药。

（4）鼓励使用"三效"（高效、速效、长效）、"三小"（毒性小、副作用小、用量小）的渔药，提倡使用水产专用渔药、生物源渔药和渔用生物制品。

（5）病害发生时应对症用药，防止滥用渔药与盲目增大用药量或增加用药次数、延长用药时间。

（6）食用水产品上市前，应有相应的休药期。休药期的长短，应确保上市水产品的药物残留限量符合《无公害食品　水产品中渔药残留限量》（NY 5070—2002）的要求。

（7）水产饲料中药物的添加应符合《无公害食品　渔用配合饲料安全限量》（NY 5072—2002）的要求，不得选用国家规定禁止使用的药物或添加剂，也不得在饲料中长期添加抗菌药物。

**5. 渔药使用的相关规范、准则**

（1）水产养殖过程中渔药的使用应严格遵守水产养殖禁用药物目录、渔药推荐目录及使用方法、水产养殖安全卫生操作规范以及《无公害食品　水产品中渔药残留限量》《无公害食品　渔用药物使用准则》等标准。

（2）水产养殖使用渔药，应当按照水产养殖用药使用说明书的要求，或在水生生物病害防治员的指导下科学用药。

（3）禁止使用假、劣渔药及国家规定禁止使用的药品、其他化合物和生物制剂。

（4）原料药不得直接用于水产养殖。

（5）水产养殖单位和个人应当填写水产养殖用药记录，记载病害发生情况，主要症状，用药名称、时间、用量等内容。水产养殖用药记录应当保存至该批水产品全部销售后2年以上。

**【文书格式示例 2－3】**

**水产养殖用药记录**

| 序号 | | | | |
|---|---|---|---|---|
| 时间 | | | | |
| 池号 | | | | |
| 用药名称 | | | | |
| 用量/浓度 | | | | |
| 平均体重/总重量 | | | | |
| 病害发生情况 | | | | |
| 主要症状 | | | | |
| 处方 | | | | |
| 处方人 | | | | |
| 施药人员 | | | | |
| 备注 | | | | |

# 第十二节 渔业船员管理的法律制度

渔业船员管理是渔业管理的重要内容，涉及渔业安全生产在人的因素方面的基本保障，以及渔业船员合法权益保障。2014 年，农业部在早期的《内河渔业船舶船员考试发证规则》《中华人民共和国渔业船舶普通船员专业基础训练考核发证办法》《中华人民共和国海洋渔业船员发证规定》等基础上，根据《中华人民共和国船员条例》，制定了《中华人民共和国渔业船员管理办法》（以下简称《渔业船员管理办法》），对渔业船员任职要求和考试发证规则、渔业船员配员和职责、渔业船员培训和服务机构、渔业船员职业管理与保障以及监督管理、法律责任进行了全面规定。2017 年和 2022 年，该办法经过了两次修订。本节选择其中适用于内陆渔业船员并与渔业行政执法相关的内容进行阐述。

## 一、渔业船员任职基本要求

### 1. 渔业船员持证上岗制度及证书申请要求

渔业船员实行持证上岗制度。渔业船员应当按照《渔业船员管理办法》的规定接受培训，经考试或考核合格、取得相应的渔业船员证书后，方可在渔业船舶上工作。

申请渔业普通船员证书应当年满 18 周岁（在船实习、见习人员年满 16 周岁）且初次申请不超过 60 周岁，符合渔业船员健康标准，并经过基本安全培训。基本安全培训的内容包括水上求生、船舶消防、急救、应急措施、防止水域污染、渔业安全生产操作规程等。

申请渔业职务船员应当持有渔业普通船员证书或下一级相应职务船员证书，符合任职岗位健康条件要求，具备相应的任职资历条件且任职表现和安全记录良好，完成相应的职务船员培训。初次申请渔业职务船员的，应当不超过 60 周岁。渔业职务船员培训包括拟任岗位所需的专业技术知识、专业技能和法律、法规等。

### 2. 渔业船员证书管理

渔业船员证书的有效期不超过 5 年。证书有效期满，持证人需要继续从事相应工作的，应当向有相应管理权限的渔政渔港监督管理机构申请换发证书。渔政渔港监督管理机构可以根据实际需要和职务知识技能更新情况组织考核，对考核合格的，换发相应渔业船员证书。

渔业船员证书期满 5 年后，持证人需要从事渔业船员工作的，应当重新申请原等级原职级证书。

禁止伪造、变造、转让渔业船员证书。

### 3. 渔业船员配员要求

内陆渔业船舶船员最低配员标准按照各省级人民政府渔业行政主管部门根据本地情况制定、经国务院渔业行政主管部门备案的规定执行。

中国籍渔业船舶的船员应当由中国籍公民担任。外国籍公民在中国籍渔业船舶上工作，应当持有所属国政府签发的相关身份证件，在我国依法取得就业许可，并按本办法的规定取得渔业船员证书。持有中华人民共和国缔结或者加入的国际条约的缔约国签发的外国职务船员证书的，应当按照国家有关规定取得承认签证。承认签证的有效期不得超过被承认职务船员证书的有效期，当被承认职务船员证书失效时，相应的承认签证自动失效。

渔业船舶所有人或经营人应当为在渔业船舶上工作的渔业船员建立基本信息档案，并报船籍港所在地渔政渔港监督管理机构或渔政渔港监督管理机构委托的服务机构备案。渔业船员变更的，渔业船舶所有人或经营人应当在出港前 10 个工作日内报船籍港所在地渔政渔港监督管理机构或渔政渔港监督管理机构委托的服务机构备案，并及时变更渔业船员基本信息档案。

## 二、渔业船员岗位职责

### 1. 渔业船员基本岗位职责

渔业船员在船工作期间，均应当履行以下职责：

（1）携带有效的渔业船员证书。

（2）遵守法律、法规和安全生产管理规定，遵守渔业生产作业及防治船舶污染操作规程。

（3）执行渔业船舶上的管理制度、值班规定。

（4）服从船长及上级职务船员在其职权范围内发布的命令。

（5）参加渔业船舶应急训练、演习，落实各项应急预防措施。

（6）及时报告发现的险情、事故或者影响航行、作业安全的情况。

（7）在不严重危及自身安全的情况下，尽力救助遇险人员。

（8）不得利用渔业船舶私载、超载人员和货物，不得携带违禁物品。

（9）职务船员不得在生产航次中擅自辞职、离职或者中止职务。

### 2. 渔业船员值班职责

渔业船员在船舶航行、作业、锚泊时应当按照规定值班。值班船员应当履行以下职责：

（1）熟悉并掌握船舶的航行与作业环境、航行与导航设施设备的配备和使用、船舶的操控性能、本船及邻近船舶使用的渔具特性，随时核查船舶的航向、船位、船速及作业状态。

（2）按照有关的船舶避碰规则以及航行、作业环境要求保持值班瞭望，并及时采取预防船舶碰撞和污染的相应措施。

（3）如实填写有关船舶法定文书。

（4）在确保航行与作业安全的前提下交接班。

### 3. 船长职责

船长是渔业安全生产的直接责任人，在组织开展渔业生产、保障水上人身与财产安全、防治渔业船舶污染水域和处置突发事件方面，具有独立决定权，并履行以下职责：

（1）确保渔业船舶和船员携带符合法定要求的证书、文书以及有关航行资料。

（2）确保渔业船舶和船员在开航时处于适航、适任状态，保证渔业船舶符合最低配员标准，保证渔业船舶的正常值班。

（3）服从渔政渔港监督管理机构依据职责对渔港水域交通安全和渔业生产秩序的管理，执行有关水上交通安全和防治船舶污染等规定。

（4）确保渔业船舶依法进行渔业生产，正确合法使用渔具渔法，在船人员遵守相关资源养护法律、法规，按规定填写渔捞日志，并按规定开启和使用安全通信、导航设备。

（5）在渔业船员证书内如实记载渔业船员的履职情况。

（6）按规定办理渔业船舶进出港报告手续。

（7）船舶进港、出港、靠泊、离泊，通过交通密集区、危险航区等区域，或者遇有恶劣天气和海况，或者发生水上交通事故、船舶污染事故、船舶保安事件以及其他紧急情况时，应当在驾驶台值班，必要时应当直接指挥船舶。

（8）发生水上安全交通事故、污染事故、涉外事件、公海登临和港口国检查时，应当立即向渔政渔港监督管理机构报告，并在规定的时间内提交书面报告。

（9）全力保障在船人员安全，发生水上安全事故危及船上人员或财产安全时，应当组织船员尽力施救。

（10）弃船时，船长应当最后离船，并尽力抢救渔捞日志、轮机日志、油类记录簿等文件和物品。

（11）在不严重危及自身船舶和人员安全的情况下，尽力履行水上救助义务。

### 三、监督管理要求

渔政渔港监督管理机构应当依法对渔业船员持证情况、任职资格和资历、履职情况、安全记录，船员培训机构培训质量，船员服务机构诚实守信情况等进行监督检查，必要时可对船员进行现场考核。

渔政渔港监督管理机构应当对渔业船员培训机构的条件、培训情况、培训质量等进行监督检查，检查内容包括教学计划的执行情况、承担本期培训教学任务的师资情况和教学情况、培训设施设备和教材的使用及补充情况、培训规模与师资配备要求的符合情况、学员的出勤情况、培训档案等。

### 四、监督管理和法律责任追究

（1）根据《渔业船员管理办法》第四十条的规定，违反本办法管理规定，以欺骗、贿赂等不正当手段取得渔业船员证书的，由渔政渔港监督管理机构撤销有关证书，并处2 000元以上2万元以下罚款，3年内不再受理申请人渔业船员证书申请。

（2）根据《渔业船员管理办法》第四十一条的规定，伪造、变造、买卖渔业船员证书的，由渔政渔港监督管理机构收缴有关证书，处2万元以上10万元以下罚款，有违法所得的，还应没收违法所得；隐匿、篡改或者销毁有关渔业船舶、渔业船员法定证书、文书的，由渔政渔港监督管理机构处 1 000 元以上 1 万元以下罚款；情节严重的，并处暂扣渔业船员证书 6 个月以上 2 年以下直至吊销渔业船员证书的处罚。构成犯罪的，依法追究刑事责任。

（3）根据《渔业船员管理办法》第四十二条的规定，渔业船员未携带有效的渔业船员证书的，责令改正，可以处 2 000 元以下罚款。渔业船员违反以下规定之一的，予以警告，情节严重的，处 200 元以上 2 000 元以下罚款：①执行渔业船舶上的管理制度、值班规定；②服从船长及上级职务船员在其职权范围内发布的命令；③参加渔业船舶应急训练、演习，落实各项应急预防措施。

职务船员在生产航次中擅自辞职、离职或者中止职务的，处 1 000 元以上 2 万元以下罚款。

（4）根据《渔业渔船管理办法》第四十三条的规定，渔业船员违反该办法关于渔业船员职责的相关规定以及值班船员职责规定（见前文，在此不做赘述）的，由渔政渔港监督管理机构处 1 000 元以上 2 万元以下罚款；情节严重的，并可暂扣渔业船员证书 6 个月以上 2 年以下；情节特别严重的，并可吊销渔业船员证书。关于渔业船员职责的相关规定包括以下内容：①遵守法律、法规和安全生产管理规定，遵守渔业生产作业及防治船舶污染操作规程；②及时报告发现的险情、事故或者影响航行、作业安全的情况；③在不严重危及自身安全的情况下，尽力救助遇险人员；④不得利用渔业船舶私载、超载人员和货物，不得携带违禁物品。

（5）根据《渔业船员管理办法》第四十四条的规定，渔业船舶的船长违反关于船长职责的相关规定之一的，由渔政渔港监督管理机构处 2 000 元以上 2 万元以下罚款；情节严重的，并处暂扣渔业船员证书 6 个月以上 2 年以下直至吊销渔业船员证书的处罚。关于船长职责的相关规定包括以下内容：①确保渔业船舶和船员携带符合法定要求的证书、文书以及有关航行资料；②确保渔业船舶和船员在开航时处于适航、适任状态，保证渔业船舶符合最低配员标准，保证渔业船舶的正常值班；③在渔业船员证书内如实记载渔业船员的履职情况；④船舶进港、出港、靠泊、离泊，通过交通密集区、危险航区等区域，或者遇有恶劣天气和海况，或者发生水上交通事故、船舶污染事故、船舶保安事件以及其他紧急情况时，应当在驾驶台值班，必要时应当直接指挥船舶；⑤弃船时，船长应当最后离船，并尽力抢救渔捞日志、轮机日志、油类记录簿等文件和物品。

渔业船舶的船长违反以下规定之一的，由渔政渔港监督管理机构处 2 000 元以上 2 万元以下罚款：①确保渔业船舶依法进行渔业生产，正确合法使用渔具渔法，在船人员遵守相关资源养护法律、法规，按规定填写渔捞日志，并按规定开启和使用安全通信、导航设备；②发生水上安全交通事故、污染事故、涉外事件、公海登临和港口国检查时，应当立即向渔政渔港监督管理机构报告，并在规定的时间内提交书面报告；③全力保障在船人员安全，发生水上安全事故危及船上人员或财产安全时，应当组织船员尽力施救；④在不严重危及自身船舶和人员安全的情况下，尽力履行水上救助义务。

（6）根据《渔业船员管理办法》第四十五条的规定，渔业船员因违规造成责任事故，涉嫌犯罪的，及时将案件移送司法机关，依法追究刑事责任。

（7）根据《渔业船员管理办法》第四十六条的规定，渔业船员证书被吊销的，自被吊销之日起 2 年内，不得申请渔业船员证书。

（8）根据《渔业船员管理办法》第四十七条的规定，渔业船舶所有人或经营人有下列行为之一的，由渔政渔港监督管理机构责令改正，处 3 万元以上 15 万元以下罚款：①未按规定配齐渔业职务船员，或招用未取得本办法规定证件的人员在渔业船舶上工作的；②渔业船员在渔业船舶上生活和工作的场所不符合相关要求的；③渔业船员在船工作期间患病或者受伤，未及时给予救助的。

（9）根据《渔业船员管理办法》第四十八条的规定，由渔政渔港监督管理机构责令改正，并按以下规定处罚：①不具备规定条件开展渔业船员培训的，处 5 万元以上 25 万元以下罚款，有违法所得的，还应当没收违法所得；②未按规定的渔业船员考试大纲和水上交通安全、防治船舶污染等内容要求进行培训的，可以处 2 万元以上 10 万元以下罚款。

未按规定出具培训证明或者出具虚假培训证明的，由渔政渔港监督管理机构给予警告，责令改正；拒不改正或者再次出现同类违法行为的，可处 3 万元以下罚款。

（10）渔业船员违反有关法律、法规、规章的，除依法给予行政处罚外，各省级人民政府渔业行政主管部门可根据本地实际情况实行累计记分制度。

（11）根据《渔业港航监督行政处罚规定》第二十五条的规定，冒用、租借他人或涂改职务船员证书、普通船员证书的，应责令其限期改正，并收缴所用证书，对当事人或直接责任人并处 50 元以上 200 元以下罚款。

（12）根据《渔业港航监督行政处罚规定》第二十六条的规定，对因违规被扣留或吊销船员证书而谎报遗失，申请补发的，可对当事人或直接责任人处 200 元以上 1 000 元以下罚款。

（13）根据《渔业港航监督行政处罚规定》第二十七条的规定，向渔政渔港监督管理机关提供虚假证明材料、伪造资历或以其他舞弊方式获取船员证书的，应收缴非法获取的船员证书，对提供虚假材料的单位或责任人处 500 元以上 3 000 元以下罚款。

（14）根据《渔业港航监督行政处罚规定》第二十五条的规定，船员证书持证人与证书所载内容不符的，应收缴所持证书，对当事人或直接责任人处 50 元以上 200 元以下罚款。

（15）根据《渔业港航监督行政处罚规定》第二十五条的规定，到期未办理证件审验的职务船员，应责令其限期办理。逾期不办理的，对当事人并处 50 元以上 100 元以下罚款。

# 第十三节　有关渔业行政处罚的其他法律规定

除了前面几节内容外，有关渔业行政执法的法律依据还有其他一些方面，本节选择与渔业行政处罚相关的《渔业行政处罚规定》《中华人民共和国渔业港航监督行政处罚规定》《国务院对清理、取缔"三无"船舶通告的批复》《国务院办公厅关于全面推行行政执法公示制度执法全过程记录制度重大执法决定法制审核制度的指导意见》以及《规范农业行政处罚自由裁量权办法》进行简要介绍。

## 一、《渔业行政处罚规定》的相关规定

《渔业行政处罚程序规定》于 1998 年 1 月 5 日由农业部发布实施。2022 年，农业农村部对该规定中与新《中华人民共和国行政处罚法》（以下简称《行政处罚法》）和现行《渔业法》不符的条款进行了修订，新修订的《渔业行政处罚规定》自 2022 年 1 月 7 日起施行。以下对其中涉及长江流域非法捕捞活动的规定进行介绍。

**1. 关于不予行政处罚的情形**

《渔业行政处罚规定》第三条规定，渔业违法行为轻微并及时改正，没有造成危害后果的，不予处罚。初次实施渔业违法行为且危害后果轻微并及时改正的，可以不予处罚。当事人有证据足以证明没有主观过错的，不予行政处罚。对当事人的违法行为依法不予行政处罚的，应当对当事人进行教育。有下列行为之一的，应当从轻或者减轻处罚：

（1）主动消除或减轻渔业违法行为后果。

（2）受他人胁迫或者诱骗实施渔业违法行为的。

（3）主动供述渔业执法部门尚未掌握的违法行为的。

（4）配合渔业执法部门查处渔业违法行为有立功表现的。

（5）依法应当从轻、减轻的其他渔业违法行为。

**2. 关于从重处罚**

《渔业行政处罚规定》第四条规定，有下列行为之一的，从重处罚：

（1）1 年内渔业违法 3 次以上的。

（2）对渔业资源破坏程度较重的。

（3）渔业违法影响较大的。

（4）同一个违法行为违反两项以上规定的。

（5）逃避、抗拒检查的。

**3. 处以罚款的计罚单位**

《渔业行政处罚规定》第五条规定，需要处以罚款的计罚单位如下：

（1）拖网、流刺网、钓钩等用船作业的，以单艘船计罚。

（2）围网作业的，以一个作业单位计罚。

（3）定置作业，用船作业的，以单艘船计罚；不用船作业的，以一个作业单位计罚。

（4）炸鱼、毒鱼、非法电力捕鱼和使用鱼鹰捕鱼，用船作业的，以单艘船计罚；不用船作业的，以人计罚。

（5）从事赶海、潜水等不用船作业的，以人计罚。

**4. 非法捕捞行为的处罚**

根据《渔业行政处罚规定》第六条的规定，在长江流域水生生物保护区内从事生产性捕捞，或者在长江干流和重要支流、大型通江湖泊、长江河口规定区域等重点水域禁捕期间从事天然渔业资源的生产性捕捞的，依照《长江保护法》第八十六条规定进行处罚。

## 二、《渔业港航监督行政处罚规定》的相关规定

《渔业港航监督行政处罚规定》于 2000 年 6 月 13 日由农业部公布实施。该规定适用于中国籍渔业船舶及其船员、所有者和经营者，以及在中华人民共和国渔港和渔港水域内航行、停泊和作业的其他船舶、设施及其船员、所有者和经营者违反渔业港航法律、法规的行政处罚，包括违反渔港管理、渔业船舶管理、渔业船员管理等的处罚。鉴于对于长江流域等内陆渔港管理缺乏相应的法律、法规，渔业船员管理的行政处罚已经在《渔业船员管理办法》中予以规定，在此只介绍有关渔业船舶及其他有关行政处罚的规定。

### (一) 关于渔业船舶证书违法行为处罚

(1)《渔业港航监督行政处罚规定》第十五条规定，已办理渔业船舶登记手续，但未按规定持有船舶国籍证书、船舶登记证书、船舶检验证书、船舶航行签证簿的，予以警告，责令其改正，并可处 200 元以上 1 000 元以下罚款。

(2)《渔业港航监督行政处罚规定》第十六条规定，无有效的渔业船舶船名、船号、船舶登记证书（或船舶国籍证书）、检验证书的船舶，禁止其离港，并对船舶所有者或者经营者处船价 2 倍以下的罚款。有下列行为之一的，从重处罚：①无有效的渔业船舶登记证书（或渔业船舶国籍证书）和检验证书，擅自刷写船名、船号、船籍港的；②伪造渔业船舶登记证书（或国籍证书）、船舶所有权证书或船舶检验证书的；③伪造事实骗取渔业船舶登记证书或渔业船舶国籍证书的；④冒用他船的船名、船号或船舶证书的。

(3)《渔业港航监督行政处罚规定》第十七条规定，渔业船舶改建后，未按规定办理变更登记，应禁止其离港，责令其限期改正，并可对船舶所有者处 5 000 元以上 2 万元以下罚款。变更主机功率未按规定办理变更登记的，从重处罚。

(4)《渔业港航监督行政处罚规定》第十八条规定，将船舶证书转让他船使用，一经发现，应立即收缴，对转让船舶证书的船舶所有者或经营者处 1 000 元以下罚款；对借用证书的船舶所有者或经营者处船价 2 倍以下罚款。

(5)《渔业港航监督行政处罚规定》第十九条规定，使用过期渔业船舶登记证书或渔业船舶国籍证书的，登记机关应通知船舶所有者限期改正，过期不改的，责令其停航，并对船舶所有者或经营者处 1 000 元以上 1 万元以下罚款。

### (二) 有关航行秩序与安全的违法行为处罚

(1)《渔业港航监督行政处罚规定》第二十条规定，有下列行为之一的，责令其限期改正，对船舶所有者或经营者处 200 元以上 1 000 元以下罚款：①未按规定标写船名、船号、船籍港，没有悬挂船名牌的；②在非紧急情况下，未经渔政渔港监督管理机关批准，滥用烟火信号、信号枪、无线电设备、号笛及其他遇险求救信号的；③没有配备、不正确填写或污损、丢弃航海日志、轮机日志的。

(2)《渔业港航监督行政处罚规定》第二十一条规定，未按规定配备救生、消防设备，

责令其在离港前改正。逾期不改的，处 200 元以上 1 000 元以下罚款。

（3）《渔业港航监督行政处罚规定》第二十三条规定，有下列行为之一的，对船长或直接责任人处 200 元以上 1 000 元以下罚款：①未经渔政渔港监督管理机关批准，违章装载货物且影响船舶适航性能的；②未经渔政渔港监督管理机关批准违章载客的；③超过核定航区航行和超过抗风等级出航的。

违章装载危险货物的，应当从重处罚。

（4）《渔业港航监督行政处罚规定》第二十四条规定，对拒不执行渔政渔港监督管理机关作出的离港、禁止离港、停航、改航、停止作业等决定的船舶，可对船长或直接责任人并处 1 000 元以上 1 万元以下罚款、扣留或吊销船长职务证书。

（5）《渔业港航监督行政处罚规定》第三十条规定，对损坏航标或其他助航、导航标志和设施，或造成上述标志、设施失效、移位、流失的船舶或人员，应责令其照价赔偿，并对责任船舶或责任人员处 500 元以上 1 000 元以下罚款。故意造成上述结果或虽不是故意但事情发生后隐瞒不向渔政渔港监督管理机关报告的，应当从重处罚。

**（三）有关渔业船舶交通事故的违法行为处罚**

（1）《渔业港航监督行政处罚规定》第三十一条规定，违反港航法律、法规造成水上交通事故的，对船长或直接责任人按以下规定处罚：①造成特大事故的，处以 3 000 元以上 5 000 元以下罚款，吊销职务船员证书；②造成重大事故的，予以警告，处以 1 000 元以上 3 000 元以下罚款，扣留其职务船员证书 3～6 个月；③造成一般事故的，予以警告，处以 100 元以上 1 000 元以下罚款，扣留职务船员证书 1～3 个月。

事故发生后，不向渔政渔港监督管理机关报告、拒绝接受渔政渔港监督管理机关调查或在接受调查时故意隐瞒事实、提供虚假证词或证明的，从重处罚。

（2）《渔业港航监督行政处罚规定》第三十三条规定，发生水上交通事故的船舶，有下列行为之一的，对船长处 50 元以上 500 元以下罚款：①未按规定时间向渔政渔港监督管理机关提交《海事报告书》的；②《海事报告书》内容不真实，影响海损事故的调查处理工作的。

### 三、规范农业行政处罚自由裁量权办法

《行政处罚法》对于行政处罚的自由裁量进行了一般性规定。《规范农业行政处罚自由裁量权办法》于 2019 年 5 月 31 日由农业农村部公布，自 2019 年 6 月 1 日起施行。该办法主要是为了规范包括渔业行政执法在内的农业行政执法行为，保障执法部门合法、合理、适当地行使行政处罚自由裁量权，保护公民、法人和其他组织的合法权益。2022 年，农业农村部对该办法中与新《行政处罚法》不适应的规定进行了修订。长江流域渔业行政执法中的自由裁量权的行使应当遵守该办法，但对于特定事项有自由裁量规定的，从其规定。下面对该办法进行介绍。

**1. 行使自由裁量权的基本要求**

（1）行使行政处罚自由裁量权，应当符合法律、法规、规章的规定，遵循法定程序，

保障行政相对人的合法权益。

（2）行使行政处罚自由裁量权应当符合法律目的，排除不相关因素的干扰，所采取的措施和手段应当必要、适当。

（3）行使行政处罚自由裁量权，应当以事实为依据，行政处罚的种类和幅度应当与违法行为的事实、性质、情节、社会危害程度相当，与违法行为发生地的经济社会发展水平相适应。违法事实、性质、情节及社会危害后果等相同或相近的违法行为，同一行政区域行政处罚的种类和幅度应当基本一致。

（4）行使行政处罚自由裁量权，应当充分听取当事人的陈述、申辩，并记录在案。按照普通程序作出的农业行政处罚决定，应当经农业农村主管部门法制工作机构审核；对情节复杂或者重大违法行为给予较重的行政处罚的，还应当经农业农村主管部门负责人集体讨论决定，并在案卷讨论记录和行政处罚决定书中说明理由。

（5）行使行政处罚自由裁量权，应当坚持处罚与教育相结合、执法与普法相结合，将普法宣传融入行政执法全过程，教育和引导公民、法人或者其他组织知法学法、自觉守法。

**2. 罚款的数额幅度**

法律、法规、规章设定的罚款数额有一定幅度的，在相应的幅度范围内分为从重处罚、一般处罚、从轻处罚。除法律、法规、规章另有规定外，罚款处罚的数额按照以下标准确定：

（1）罚款为一定幅度的数额，并同时规定了最低罚款数额和最高罚款数额的，从轻处罚应低于最高罚款数额与最低罚款数额的中间值，从重处罚应高于中间值。

（2）只规定了最高罚款数额未规定最低罚款数额的，从轻处罚一般按最高罚款数额的30％以下确定，一般处罚按最高罚款数额的30％以上60％以下确定，从重处罚应高于最高罚款数额的60％。

（3）罚款为一定金额的倍数，并同时规定了最低罚款倍数和最高罚款倍数的，从轻处罚应低于最低罚款倍数和最高罚款倍数的中间倍数，从重处罚应高于中间倍数。

（4）只规定最高罚款倍数未规定最低罚款倍数的，从轻处罚一般按最高罚款倍数的30％以下确定，一般处罚按最高罚款倍数的30％以上60％以下确定，从重处罚应高于最高罚款倍数的60％。

**3. 具备多种从重、从轻情节的处罚**

（1）同时具有两个以上从重情节、且不具有从轻情节的，应当在违法行为对应的处罚幅度内按最高档次实施处罚。

（2）同时具有两个以上从轻情节、且不具有从重情节的，应当在违法行为对应的处罚幅度内按最低档次实施处罚。

（3）同时具有从重和从轻情节的，应当根据违法行为的性质和主要情节确定对应的处罚幅度，综合考虑后实施处罚。

**4. 不予处罚的情形**

有下列情形之一的，依法不予处罚：

（1）未满 14 周岁的未成年人实施违法行为的。

（2）精神病人、智力残疾人在不能辨认或者不能控制自己行为时实施违法行为的。

（3）违法事实不清，证据不足的。

（4）违法行为轻微并及时纠正，未造成危害后果的。

（5）违法行为在两年内没有发现的，涉及公民生命健康安全、金融安全且有危害后果 5 年内没有发现的。法律另有规定的除外。

（6）其他依法不予处罚的。

此外，根据《行政处罚法》的规定，初次违法且危害后果轻微并及时改正的，可以不予行政处罚。

对当事人的违法行为依法不予行政处罚的，应当对当事人进行教育。

**5. 从轻或者减轻处罚的情形**

有下列情形之一的，农业农村主管部门依法从轻或减轻处罚。给予减轻处罚的，依法在法定行政处罚的最低限度以下作出：

（1）已满 14 周岁不满 18 周岁的未成年人实施违法行为的。

（2）主动消除或减轻违法行为危害后果的。

（3）受他人胁迫或者诱骗实施违法行为的。

（4）配合行政机关查处违法行为有立功表现的。

（5）主动供述行政机关尚未掌握的违法行为的。

（6）其他依法应当从轻或减轻处罚的。

**6. 从重处罚的情形**

有下列情形之一的，农业农村主管部门依法从重处罚：

（1）违法情节恶劣，造成严重危害后果的。

（2）责令改正拒不改正，或者 1 年内实施两次以上同种违法行为的。

（3）妨碍、阻挠或者抗拒执法人员依法调查、处理其违法行为的。

（4）故意转移、隐匿、毁坏或伪造证据，或者对举报投诉人、证人打击报复的。

（5）在共同违法行为中起主要作用的。

（6）胁迫、诱骗或教唆未成年人实施违法行为的。

（7）其他依法应当从重处罚的。

**7. 行使自由裁量权的禁止行为**

行使行政处罚自由裁量权，不得有下列情形：

（1）违法行为的事实、性质、情节以及社会危害程度与受到的行政处罚相比，畸轻或者畸重的。

（2）在同一时期同类案件中，不同当事人的违法行为相同或者相近，所受行政处罚差别较大的。

（3）依法应当不予行政处罚或者应当从轻、减轻行政处罚的，给予处罚或未从轻、减轻行政处罚的。

（4）其他滥用行政处罚自由裁量权情形的。

**8. 保障与监督**

（1）农业农村主管部门应当加强农业执法典型案例的收集、整理、研究和发布工作，建立农业行政执法案例库，充分发挥典型案例在指导和规范行政处罚自由裁量权工作中的引导、规范功能。

（2）各级农业农村主管部门应当建立健全规范农业行政处罚自由裁量权的监督制度，通过以下方式加强对本行政区域内农业农村主管部门行使自由裁量权情况的监督：①进行行政处罚决定法制审核；②开展行政执法评议考核；③开展行政处罚案卷评查；④受理行政执法投诉举报；⑤法律、法规和规章规定的其他方式。

（3）执法人员滥用行政处罚自由裁量权的，依法追究其行政责任。涉嫌违纪、犯罪的，移交纪检监察机关、司法机关依法依规处理。

（4）县级以上地方人民政府农业农村主管部门制定的行政处罚自由裁量权基准，应当及时向社会公开。

# 第三章　长江流域渔业行政执法体制与执法内容

中国渔业行政拥有 60 年光荣历史，也是国务院明确批准着制服执法的 14 支执法队伍之一。依据 2018 年发布的《深化党和国家机构改革方案》及《关于深化农业综合行政执法改革的指导意见》中的规定，各级农业农村部门开始全面整合农业执法队伍，加快构建权责明晰、上下贯通、指挥顺畅、运行高效、保障有力的农业综合行政执法体系，按照职权法定、属地管理、重心下移的原则厘清不同层级的执法权限，明确职责分工和执法重点。截至 2020 年，长江渔业行政机构改革已基本完成，形成了独特的执法体制和执法内容。

## 第一节　长江流域渔业行政执法体制

### 一、我国渔业行政执法机构设置的依据和基本原则

当前我国渔政管理机构设置的依据是《渔业法》的有关规定。

《渔业法》第六条规定，国务院渔业行政主管部门主管全国的渔业工作，县级以上地方人民政府渔业行政主管部门主管本行政区内的渔业工作，县级以上人民政府渔业行政主管部门可以在重要渔业水域、渔港设渔政监督管理机构。因此，我国渔政管理的主管部门是县级以上各级人民政府渔业行政主管部门，各级渔业行政执法机构设在渔业行政主管部门内部，属渔业行政主管部门的内部机构，是渔业行政执法的具体工作部门。

根据《渔业法》第七条的规定，国家对渔业的监督管理，实行统一领导、分级管理。因此，我国渔业行政执法机构的设置原则是"统一领导，分级管理"。根据这一原则，我国渔业行政执法机构的设置总体上分为中央和地方两个基本层次：中央渔业行政执法机构为国务院渔业行政主管部门及其所属渔政管理机构；地方渔业行政执法机构为各级地方人民政府渔业行政主管部门及其所属渔政管理机构，一般又分为省级、市（地）级和县级渔业行政执法机构。这种设置形成了当前我国渔业行政执法机构的基本框架。

### 二、国家渔业行政主管部门

根据 2018 年《深化党和国家机构改革方案》的精神，为加强党对"三农"工作的集中统一领导，坚持农业农村优先发展，统筹实施乡村振兴战略，推动农业全面升级、农村全面进步、农民全面发展，加快实现农业农村现代化，将中央农村工作领导小组办公室的职责，农业部的职责，以及国家发展和改革委员会的农业投资项目、财政部

的农业综合开发项目、国土资源部的农田整治项目、水利部的农田水利建设项目等管理职责整合，组建农业农村部，作为国务院组成部门。中央农村工作领导小组办公室设在农业农村部。

农业农村部的主要职责是：统筹研究和组织实施"三农"工作战略、规划和政策，监督管理种植业、畜牧业、渔业、农垦、农业机械化、农产品质量安全，负责农业投资管理等。农业农村部下设办公厅和 22 个司局，包括负责渔业和渔政管理工作的渔业渔政管理局。

渔业渔政管理局的主要职责是：起草渔业发展政策、规划。保护和合理开发利用渔业资源，指导水产健康养殖和水产品加工流通，组织水生动植物病害防控。承担重大涉外渔事纠纷处理工作。按分工维护国家海洋和淡水管辖水域渔业权益。组织渔业水域生态环境及水生野生动植物保护。监督执行国际渔业条约，监督管理远洋渔业和渔政渔港。指导渔业安全生产。

### 三、国务院渔业主管部门所属长江渔业行政执法机构

国务院渔业主管部门所属长江渔政管理机构是农业农村部长江流域渔政监督管理办公室。根据《中央编办关于农业部有关职责和机构编制调整的通知》（中央编办发〔2013〕132 号）和《农业部关于成立农业部长江流域渔政监督管理办公室的决定》（农人发〔2014〕5 号）等文件精神，2014 年 9 月 24 日，长江流域渔政监督管理办公室在上海正式成立。

长江流域渔政监督管理办公室下设综合处、政策规划处、执法监督处、资源环境保护处、长江流域渔业资源管理委员会、珠江流域渔业资源管理委员会等内设机构。

长江流域渔政监督管理办公室的主要职责如下：

（1）负责拟订黄河流域以南相关流域、重要水域和边境水域（以下简称所辖水域）渔政管理、水生生物资源养护等政策、法规、规划、计划、标准并组织实施，负责制定所辖水域专有的渔业政策、法律、法规、规划、计划及标准，参与拟订全国性内陆水域渔业发展和渔政管理政策、法律、法规、规划、计划及标准。

（2）编制所辖水域渔政管理和水生生物资源养护等基本建设规划，提出项目安排建议并组织实施；编制所辖水域渔政管理和水生生物资源养护等财政专项规划，提出财政专项预算和专项转移支付安排建议并组织实施。

（3）行使所辖水域渔政渔港监督管理权，负责组织协调所辖水域渔业行政统一综合执法行动，负责渔船、渔机、渔具监督管理，组织指挥重大渔业执法行动，指导渔政信息化建设；组织实施所辖水域渔业捕捞许可管理。

（4）指导所辖水域渔政队伍建设，负责渔业行政执法监督，参与有关渔业行政案件复议工作。

（5）负责所辖水域渔业资源、水产种质资源、水生野生动植物和水生生物湿地的保护管理和开发利用；拟定相关休渔禁渔制度并组织实施，组织指导水生生物资源增殖放流；

指导协调相关水生生物保护区及水生生物湿地的划定、建设和管理；承担所辖水域相关水生野生动植物捕捉和驯养繁殖许可管理工作，参与《濒危野生动植物种国际贸易公约》等国际公约的履约工作。

（6）负责所辖水域渔业水域生态环境保护工作，组织或参与调查处理重大渔业污染事故，承担重要涉渔工程环境影响评价和生态补偿工作。

（7）指导所辖水域渔业安全生产，组织协调渔业保险工作，依法组织或参与调查处理重大渔业安全生产事故和重大渔事纠纷，参与协调处理涉外渔业事件。

（8）组织开展所辖水域渔业资源及环境保护管理方面的国际合作与交流，承担所辖边境水域渔业资源及环境养护方面的对外协定、协议的谈判并组织或监督执行。

（9）承担农业农村部长江流域渔业资源管理委员会和农业农村部珠江流域渔业管理委员会日常工作。

（10）承办农业农村部领导交办的其他工作。

## 四、长江流域地方渔业行政执法机构

长江流经的水域条件、渔业资源状况和渔业生产情况有很大的差异，因此各地方渔业行政执法机构在机构设置和名称上还没有统一的规范。2020年以前，一般情况为：省级水利厅或农业厅下设水产局，水产局内部设渔政处或渔政局，市（地）、县级渔业局或水产局设渔政处（或科、股、站、所等）；在一些重点水域，包括重点的渔业乡、镇，省级渔业行政执法机构或市、县级渔业行政执法机构设派出机构；一些大型江河、湖泊等水域设有执行渔业行政执法任务的渔业管理委员会或渔政管理站，在渔业行政执法机构的指导和委托下依法开展有关工作，行使部分渔政管理监督检查权。2020年完成了农业综合行政执法改革后，地方各级的渔业行政执法机构大部分都纳入了农业综合执法局（省级）、支队（市级）或者大队（县级），原来市、县一级具有独立法人资格的渔政管理机构基本上都成了渔业行政主管部门的一个内部科室，在行政权力事项上主要以行政检查为主，而行政处罚、行政强制权则由市、县农业综合行政执法机构履行。

长江流域地方各级政府渔业行政执法机构的主要职能包括：

（1）监督检查渔业法律、法规的贯彻执行，维护长江重点水域禁捕等渔业管理制度，依法打击渔业捕捞、水产养殖、渔业资源养护与管理的违法活动，维护渔业生产秩序，保障渔业生产者和水产品消费者的合法权益。

（2）开展水生动植物防疫工作，负责水产养殖中的兽药使用、兽药残留检测和监督管理。

（3）依法开展国家重点保护水生野生动植物保护管理工作，会同有关部门依法查处破坏水生野生动物资源的案件。

（4）依法对渔业水域生态环境进行监测和保护管理，查处渔业水域污染事故；查处破坏渔业水域生态环境的违法行为。

（5）执行上级渔业行政执法机构或同级渔业行政主管部门和人民政府交付的任务，并向其提出渔业行政执法工作建议。

（6）维护本地区渔业安全生产秩序，调查、协调和处理渔事纠纷。

### 五、渔业行政执法人员

《渔业法》第六条第二款规定："县级以上人民政府渔业行政主管部门及其所属的渔政监督管理机构可以设渔政检查人员。渔政检查人员执行渔业行政主管部门及其所属的渔政监督管理机构交付的任务。"这里所称的渔政检查人员即指渔业行政执法人员。渔业行政执法人员履行公务是保证渔业法律、法规实施的直接管理行为。渔业行政执法人员应持证执法。

### 六、渔业行政执法机构间的相互关系

根据《渔业法》《渔业法实施细则》和其他有关渔业法规的规定以及渔业行政执法的工作实践，我国渔业行政执法机构在管理上遵循"统一领导、分级管理"的原则。在此原则下，渔业行政执法机构相互间的关系主要表现为以下几个方面：

（1）渔业行政执法机构在行政上受本级政府渔业行政主管部门的领导。《渔业法》第六条规定，国务院渔业行政主管部门主管全国的渔业工作，县级以上地方人民政府主管本行政区域内的渔业工作。从目前渔业行政执法的组织领导关系来看，一般为县级以上政府渔业主管部门（多数为农业农村部门）的行政负责人正职或者副职主管或兼管本行政区域内的渔业行政执法工作。

（2）渔业行政执法机构在业务上受上级渔业行政执法机构的领导。上级渔业行政执法机构对下级渔业行政执法机构有业务领导关系。渔业行政执法机构在执法管理中遇到重大问题或较大的案件，应及时向上级渔业行政执法机构请示报告；跨行政区水域的渔业行政执法管理问题，尤其是渔业纠纷问题，由上级渔业行政执法机构进行协调或裁决处理。

# 第二节　长江流域渔业行政执法主要内容

### 一、渔业行政执法的基本内容

根据我国有关法律、法规的规定和我国渔业行政执法实践，长江流域渔业行政执法的基本任务主要包括以下几个方面的内容：

**1. 监督检查渔业法规的贯彻执行**

渔业法规是实施渔业管理的法律依据和保证。渔业行政执法的首要任务就是监督检查渔业法规的贯彻执行，这也是渔业行政执法的核心任务。渔业行政执法的主要工作都是围绕贯彻执行渔业法规这一核心任务开展的。

**2. 监督检查渔业资源的保护、增殖和合理利用**

渔业资源是渔业生产尤其是捕捞生产赖以生存和发展的物质基础，保护、增殖和合理利用渔业资源是渔业行政执法的中心任务之一，也是渔业立法的主要目的之一。在渔业资

源普遍受到过度利用，一些渔业资源出现衰退和枯竭的现实情况下，对渔业资源的保护、增殖和合理利用对渔业的可持续发展尤为重要，已成为渔业行政执法的首要任务之一。

**3. 保护渔业水域生态环境，依法对渔业水域进行监测和对渔业污染事故进行调查处理**

渔业资源是渔业生产的物质基础，而渔业资源的生存和发展又依赖良好的渔业水域生态环境。因此，保护渔业水域生态环境和保护、增殖渔业资源密不可分。当前我国渔业水域大部分遭到不同程度的污染，使得渔业水域环境的保护工作日益重要。《渔业法》《水污染防治法》明确规定了渔业行政主管部门在保护渔业水域生态环境、渔业水域监测和对渔业污染事故调查处理方面的权利和职责，使之成为渔业行政执法的一项基本任务。

**4. 对珍贵、濒危水生野生动物的保护、增殖情况进行监督检查**

对珍贵、濒危水生野生动物的保护、增殖是保护水生生物生态环境，维护水生生态系统的完整性和生物多样性的重要任务之一，对保护渔业生态环境也具有重要意义。《渔业法》和《野生动物保护法》赋予了各级政府渔业行政主管部门和渔业行政执法机构保护水生野生动物的职责，使之成为渔业行政执法的一项基本任务。

**5. 维护渔业生产秩序，协调处理渔业生产纠纷**

维护渔业生产秩序，使渔业生产有安定的社会环境，是渔业生产得以正常开展的基本要求，也是国家对渔业实行行政管理的中心任务之一。维护渔业生产正常秩序，打击违法渔业生产活动，协调处理渔业生产纠纷是渔业行政执法的基本职责和任务。

**6. 渔业安全生产的监管**

渔业安全生产的监管是渔业管理部门的一项重要职责，主要包括对与渔船安全生产相关的渔业船舶、渔业船员、渔港、渔业通信保障和渔业互助保险等的监管。渔业管理部门应依法对渔业安全生产工作实施监督管理；开展渔业安全生产执法检查、查处违法违章行为，依法调查处理渔业安全生产事故；定期分析渔业安全生产形势，协助地方政府协调解决渔业安全生产工作中的重大问题。

## 二、长江重点水域禁捕形势下渔业行政执法的主要内容

长江重点水域实行常年禁捕后，渔业行政执法形势和任务发生了重大变化，渔业行政执法的主要任务需要将以下几个方面作为重点：

**1. 确保长江禁捕制度有效实施**

贯彻落实《国务院办公厅关于加强长江水生生物保护工作的意见》（国办发〔2018〕95号）、《农业农村部关于长江流域重点水域禁捕范围和时间的通告》（农业农村部通告〔2019〕4号）和《农业农村部关于设立长江口禁捕管理区的通告》（农业农村部通告〔2020〕3号）等文件要求，加大对违反水生生物保护区、长江干流、主要通江支流、大型通江湖泊、长江口禁捕管理区等区域禁渔规定的非法捕捞行为的打击力度，坚决清理取缔"绝户网"等非法网具和涉渔"三无"船舶，实现相关水域"四清四无"等目标，推动形成常态化禁渔期执法监管机制。

**2. 加强部门合作，开展联合执法**

长江流域非法捕捞治理需要渔政、公安、市场监督管理、交通、水利、林业和草原等多部门间的紧密合作，也需要跨省（直辖市）、跨地区的联合执法。运用相关协调机制推动深化合作，加强跨部门、跨区域的联合执法、协同执法，从非法捕捞多环节、全链条予以治理，提高非法捕捞治理效率，增强治理效果。

**3. 强化渔政执法能力建设**

面对长江重点水域禁捕带来的新形势、新要求，地方政府渔业行政执法机构需要从人员、设施设备、机制等方面加强渔政执法能力建设，推动各级政府加大渔政执法能力建设资金投入和政策保障。地方政府需落实"横向到边，纵向到底，最后一公里到乡镇"的网格化管理体系，同时建立健全渔政协助巡护员制度，创新渔政执法机制，补充渔政执法力量，规范渔政协助巡护人员职务行为，开展渔政巡护人员培训与考核。

**4. 实施垂钓监督管理**

推动地方人大或政府制定适合于本地方的垂钓管理地方性法规或规章，依法对垂钓行为予以规范和监管，重点防止和打击以垂钓的方式在长江重点水域从事天然渔业资源的生产性捕捞，监管对水生生物资源和水域生态环境造成损害的垂钓方式、钓具、钓饵的使用，规范垂钓区域、时间和钓捕渔获物管理。

**5. 加强长江重点水域禁捕宣传**

在加强监管执法的同时，加强对长江流域重点水域禁渔政策和法律、法规的宣传力度，充分利用各类新闻媒体平台，开发多种宣传形式和宣传渠道，全方位、广角度、多形式宣讲长江重点水域禁捕的重大意义，解读禁捕相关政策、措施和法律、法规，及时回应群众关切，提高广大人民群众对长江重点水域禁捕的公众知晓度和参与度，使长江重点水域禁捕政策得到社会各方的普遍认同和拥护，营造良好的社会舆论氛围。

# 第三节 长江流域渔业行政执法管辖

## 一、渔业行政执法管辖基本制度

《渔业法》第七条规定，国家对渔业的监督管理，实行统一领导、分级管理。海洋渔业，除国务院划定由国务院渔业行政主管部门及其所属的渔政监督管理机构监督管理的海域和特定渔业资源渔场外，由毗邻海域的省（自治区、直辖市）人民政府渔业行政主管部门监督管理。江河、湖泊等水域的渔业，按照行政区划由有关县级以上人民政府渔业行政主管部门监督管理；跨行政区域的，由有关县级以上地方人民政府协商制定管理办法，或者由上一级人民政府渔业行政主管部门及其所属的渔政监督管理机构监督管理。

据此，在长江流域的渔业行政执法的管辖以属地管辖为基本原则，以协商管辖和指定管辖为补充。

## 二、渔业行政处罚的管辖

《农业行政处罚程序规定》对我国农业行政处罚机关实施行政处罚及其相关的执法活

动进行了规定，也适用于渔业行政处罚。根据该规定，渔业行政处罚的管辖可分为一般性管辖和特殊性管辖，此外还适用"谁查获谁处理"的管辖原则。

**（一）一般性管辖**

根据《农业行政处罚程序规定》第十二条的规定，渔业行政处罚由违法行为发生地的渔业行政处罚机关管辖。这是渔业行政处罚的一般性管辖原则，即违法行为属地管辖。

在违法行为属地管辖的基础上，《农业行政处罚程序规定》进一步对具体的管辖进行了规定：省（自治区、直辖市）渔业行政处罚机关应当按照职权法定、属地管理、重心下移的原则，结合违法行为涉及区域、案情复杂程度、社会影响范围等因素，厘清本行政区域内不同层级渔业行政处罚机关的行政执法权限，明确职责分工。

**（二）渔业行政处罚谁查获谁处理**

根据《农业行政处罚程序规定》第十三条的规定，渔业行政违法行为有下列情况之一的，适用"谁查获、谁处理"的原则：

（1）违法行为发生在共管区、叠区。

（2）违法行为发生在管辖权不明确或者有争议的区域。

（3）违法行为发生地与查获地不一致。

**（三）特殊性管辖**

**1. 管辖竞合**

根据《农业行政处罚程序规定》第十五条的规定，对当事人的同一违法行为，两个以上渔业行政处罚机关都有管辖权的，应当由先立案的渔业行政处罚机关管辖。

**2. 管辖权争议的报请指定管辖**

根据《农业行政处罚程序规定》第十六条的规定，两个以上渔业行政处罚机关因管辖权发生争议的，应当自发生争议之日起7 d（工作日）内协商解决；协商解决不了的，报请共同的上一级渔业行政处罚机关指定管辖；也可以直接由共同的上一级渔业行政机关指定管辖。

**3. 移送管辖**

（1）根据《农业行政处罚程序规定》第十七条的规定，渔业行政处罚机关发现立案查处的案件不属于本部门管辖的，应当将案件移送有管辖权的渔业行政处罚机关。受移送的渔业行政处罚机关对管辖权有异议的，应当报请共同的上一级渔业行政处罚机关指定管辖，不得再自行移送。

（2）根据《农业行政处罚程序规定》第二十一条的规定，渔业行政处罚机关发现所查处的案件不属于农业农村主管部门管辖的，应当按照有关要求和时限移送有管辖权的部门处理。违法行为涉嫌犯罪的案件，渔业行政处罚机关应当依法移送司法机关，不得以行政处罚代替刑事处罚。

（3）《农业行政处罚程序规定》第二十一条还规定，渔业行政处罚机关应当将移送案件的相关材料妥善保管、存档备查。

**4. 上级直接管辖和指定管辖**

（1）根据《农业行政处罚程序规定》第十八条第一款的规定，上级渔业行政处罚机关认为有必要时，可以直接管辖下级渔业行政处罚机关管辖的案件，也可以将本机关管辖的案件交由下级渔业行政处罚机关管辖；必要时可以将下级渔业行政处罚机关管辖的案件指定其他下级渔业行政处罚机关管辖。

（2）根据《农业行政处罚程序规定》第十八条第二款的规定，下级渔业行政处罚机关认为依法应由其管辖的渔业行政处罚案件重大、复杂或者本地不适宜管辖的，可以报请上一级渔业行政处罚机关直接管辖或者指定管辖。上一级渔业行政处罚机关应当自收到报送材料之日起 7 d（工作日）内作出书面决定。

**5. 协助办案**

根据《农业行政处罚程序规定》第十九条的规定，渔业行政处罚机关在办理跨行政区域案件或者因实施行政处罚需要其他地区渔业行政处罚机关或者其他有关机关协查的，可以发送协助调查函。协助事项属于被请求机关职权范围内的，收到协助调查函的有关机关应当予以协助并及时书面告知协查结果。

**6. 吊销许可证件的管辖**

根据《农业行政处罚程序规定》第二十条的规定，渔业行政处罚机关查处案件，对依法应当由原许可、批准的部门作出吊销许可证件等行政处罚决定的，应当自作出处理决定之日起 15 d 内将查处结果告知原许可、批准的部门，并提出处理建议。

**7. 电子商务平台和平台内经营者违法行为的管辖**

电子商务平台和平台内经营者违法行为是随着经济社会发展产生的新生事物，难以适用传统的管辖权设置原则。对此，《农业行政处罚程序规定》第十四条规定，可以实施如下管辖：

（1）电子商务平台经营者和通过自建网站、其他网络服务销售商品或者提供服务的电子商务经营者的渔业违法行为，由其住所地县级以上渔业行政处罚机关管辖。

（2）平台内经营者的渔业违法行为，由其实际经营地县级以上渔业行政处罚机关管辖。电子商务平台经营者住所地或者违法物品的生产、加工、存储、配送地的县级以上渔业行政处罚机关先行发现违法线索或者收到投诉、举报的，也可以管辖。

# 第四节　长江流域渔业行政执法行刑衔接机制

## 一、渔业执法行刑衔接的主要依据

《渔业法》规定，违反禁渔区、禁渔期等禁止性规定的违法行为构成犯罪的，应当追究刑事责任；《野生动物保护法》也规定，非法猎捕、杀害国家重点保护的珍贵、濒危野生动物或者非法收购、运输、出售国家重点保护的珍贵、濒危野生动物及其制品的违法行为构成犯罪的，应当追究刑事责任。

《刑法》第三百四十条规定了非法捕捞水产品罪；《刑法》第三百四十一条原先规定了

非法猎捕、杀害珍贵、濒危野生动物和非法收购、运输、出售珍贵、濒危野生动物及其制品犯罪，后来根据《最高人民法院 最高人民检察院关于执行〈中华人民共和国刑法〉确定罪名的补充规定（七）》，将非法猎捕、杀害珍贵、濒危野生动物罪和非法收购、运输、出售珍贵、濒危野生动物及其制品罪调整为危害珍贵、濒危野生动物罪。

2001 年国务院第 301 号令颁布了《行政执法机关移送涉嫌犯罪案件的规定》，对行政执法机关向公安机关及时移送涉嫌犯罪案件的要求作了规定。

2008 年发布了《最高人民检察院 公安部关于公安机关管辖的刑事案件立案追诉标准的规定（一）》。其中，第六十三条对违反保护水产资源法规，在禁渔区、禁渔期或者使用禁用的工具、方法捕捞水产品应予以立案追诉的情形进行了规定；第六十四条、第六十五条对非法猎捕、杀害国家重点保护的珍贵、濒危野生动物和非法收购、运输、出售国家重点保护的珍贵、濒危野生动物及其制品应予以立案追诉的情形进行了规定。

2011 年 2 月 9 日，中共中央办公厅、国务院办公厅转发了国务院法制办等部门《关于加强行政执法与刑事司法衔接工作的意见》，在该意见中明确提出了"严格履行法定职能""完善衔接工作机制""加强对衔接工作的监督""切实加强组织领导"等 4 个方面的 19 条意见。

2011 年 3 月 11 日，农业部发布了《农业部关于加强农业行政执法与刑事司法衔接工作的实施意见》，其中提出"健全案件咨询和会商制度"等 13 条意见。

2020 年 12 月 17 日，最高人民法院、最高人民检察院、公安部和农业农村部联合印发了《依法惩治长江流域非法捕捞等违法犯罪的意见》。该意见为保障长江流域禁捕工作顺利实施，就依法惩治长江流域非法捕捞等危害水生生物资源的各类违法犯罪提出了包括行刑衔接、刑事犯罪立案标准在内的意见，对于长江流域打击非法捕捞等违法犯罪行为的行刑衔接工作具有更直接、更具体的适用性和指导性。

2021 年修订后的《行政处罚法》对涉嫌犯罪的违法行为的行刑衔接进行了完善规定。

2022 年 4 月，《最高人民法院 最高人民检察院关于办理破坏野生动物资源刑事案件适用法律若干问题的解释》发布。该解释与最高人民法院、最高人民检察院、公安部和农业农村部联合印发的《依法惩治长江流域非法捕捞等违法犯罪的意见》中规定的入刑标准有些不同之处，可在长江流域重点水域之外的区域适用。

## 二、长江流域渔业执法行刑衔接机制

经过将近 10 年的实践和发展，长江流域渔政执法行刑衔接机制初步形成，主要内容包括以下几个方面：

### （一）案件移送机制

**1. 移送决定**

渔业行政处罚机关在查办渔业违法案件过程中，发现涉嫌渔业犯罪案件，应当核实情况并作出移送涉嫌渔业犯罪案件的书面报告。本机关负责人应当自接到报告之日起 3 d 内作出批准移送或者不批准移送的决定。向公安机关移送的涉嫌渔业犯罪案件，应当符合下列条件：

（1）实施行政执法的主体与程序合法。

（2）有合法证据证明有涉嫌渔业犯罪的事实发生。

**2. 移送材料**

渔业行政处罚机关移送涉嫌渔业犯罪案件，应当自作出移送决定后 24 h 内向同级公安机关移交案件材料，并将案件移送书抄送同级人民检察院。

渔业行政处罚机关向公安机关移送涉嫌渔业犯罪案件时，应当附下列材料：

（1）案件移送书。其中载明移送机关名称、涉嫌违法条款或犯罪罪名及主要依据、案件主办人及联系方式等。案件移送书应当附移送材料清单，并加盖移送机关或部门公章。

（2）案件调查报告。其中载明案件来源、查获情况、犯罪嫌疑人基本情况、涉嫌犯罪的事实、证据和调查结论、处理建议和法律依据等。

（3）现场检查（勘察）笔录、证人证言、当事人陈述、询问笔录等。

（4）涉案物品清单。其中载明已查封、扣押等采取行政强制措施的涉案物品名称、数量、特征、存放地等事项，并附采取行政强制措施、现场笔录等表明涉案物品来源的相关材料。

（5）现场照片、录音、录像等资料或者相关电子数据及清单。其中载明需证明的事实对象、拍摄人、拍摄时间、拍摄地点等。

（6）监测、检验报告、突发环境事件调查报告、认定意见、鉴定结论等。

（7）执法证件复印件。

（8）其他有关涉嫌犯罪的材料。对渔业违法行为已经作出行政处罚决定的，还应当附行政处罚决定书及相关材料。

**3. 移送受理**

对渔业行政处罚机关移送的涉嫌渔业犯罪案件，公安机关应当依法受理，并立即出具接报案回执或者在涉嫌渔业犯罪案件移送书的回执上签字。

公安机关审查发现移送的涉嫌渔业犯罪案件材料不全的，应当在接受案件材料 24 h 内书面告知移送的处罚机关在 3 d 内予以补正，但不得以材料不全为由，不受理移送的案件。

公安机关审查发现移送的涉嫌渔业犯罪案件证据不充分的，可以提出补充调查意见，由移送案件的渔业行政处罚机关予以补充调查。渔业行政处罚机关应当按照要求补充调查，并及时将调查结果反馈公安机关。因客观条件所限无法补正的，渔业行政处罚机关应当向公安机关作出书面说明。

**4. 立案决定**

公安机关对渔业行政处罚机关移送的涉嫌渔业犯罪案件，应当自受理案件之日起 3 d 内作出是否立案的决定；涉嫌渔业犯罪线索需要查证的，应当自受理案件之日起 7 d 内作出决定；重大疑难复杂案件，经县级以上公安机关负责人批准，可以自受案之日起 30 d 内作出决定。受理案件后，对属于公安机关管辖但不属于本公安机关管辖的案件，应当在

24 h内移送有管辖权的公安机关，并书面通知移送案件的渔业行政处罚机关，同时抄送同级人民检察院。对不属于公安机关管辖的，应当在24 h内退回移送案件的渔业行政处罚机关。

公安机关作出立案、不予立案、撤销案件决定的，应当自作出决定之日起3 d内书面通知渔业行政处罚机关，并抄送同级人民检察院。

公安机关对渔业行政处罚机关移送的涉嫌渔业犯罪案件，经审查没有犯罪事实，或者立案侦查后认为犯罪事实显著轻微、不需要追究刑事责任，依法应予以行政处罚的，作出不予立案或撤销案件决定。公安机关应当自作出决定之日起3 d内通知渔业行政处罚机关，并抄送同级人民检察院。公安机关作出不予立案或撤销案件决定的，应当书面说明理由，及时将案卷材料退回渔业行政处罚机关。对于依法不需要追究刑事责任或者免予刑事处罚，但应给予行政处罚的，公安机关应当及时将案件移送有关行政机关。

**5. 立案后的涉案材料移交**

渔业行政处罚机关应当自接到公安机关立案通知书之日起3 d内，将涉案物品以及与案件有关的其他材料原件移交公安机关，办理交接手续。对易腐烂、变质、灭失等不易保管的涉案水产品，原则上不进行实物移交，仅移交证据登记保存文件，在进行认定或鉴定评估以后，由渔业行政处罚机关依职权对水产品进行处理，并将处理结果附卷移送公安机关。对涉案水产品进行处理的收益根据人民法院判决结果处理。

涉及查封、扣押物品的，公安机关应当按照《中华人民共和国刑事诉讼法》的规定对涉案物品重新采取保全措施，但对船舶、拖网等大型物品的保管继续由渔业行政处罚机关负责。

**6. 补充侦查**

人民检察院对公安机关提请批准逮捕的犯罪嫌疑人作出不批准逮捕决定，并通知公安机关补充侦查的，或者人民检察院对公安机关移送审查起诉的案件审查后，认为犯罪事实不清、证据不足，将案件退回补充侦查的，应当制作补充侦查提纲，写明补充侦查的方向和要求。对退回补充侦查的案件，公安机关应当按照补充侦查提纲的要求，在一个月内补充侦查完毕。公安机关补充侦查和人民检察院自行补充侦查需要渔业行政处罚机关协助的，渔业行政处罚机关应当予以协助。

**（二）法律监督机制**

**1. 不得以行政处罚代替刑罚**

各级渔业行政处罚机关对涉嫌渔业犯罪的，不得以行政处罚代替刑事处罚。上级渔业行政处罚机关可以对下级渔业行政处罚机关经办的案件进行督查，发现对涉嫌渔业犯罪行为未移送的或者以行政处罚代替刑事处罚的，应当予以纠正。上级公安机关可以对下级公安机关受理涉嫌渔业犯罪案件的情况进行监督，发现对涉嫌渔业犯罪行为应当立案未立案的，应当予以纠正。

**2. 及时移送**

渔业行政处罚机关对于查获的涉嫌犯罪的渔业违法案件，应当依法及时向公安机关移送。

### 3. 立案监督

渔业行政执法机构认为公安机关不予立案决定不当的，可以自接到不予立案通知书之日起3d（工作日）内向作出决定的公安机关申请复议，公安机关应当自收到复议申请之日起3d（工作日）内作出立案或者不予立案的复议决定，并书面通知渔业行政处罚机关。渔业行政处罚机关对公安机关逾期未作出是否立案决定，以及对不予立案决定、复议决定、立案后撤销案件决定等有异议的，应当建议人民检察院进行立案监督。人民检察院应当受理并进行审查。

渔业行政处罚机关建议人民检察院进行立案监督的案件，应当提供立案监督建议书、相关案件材料，并附公安机关不予立案、立案后撤销案件决定及说明理由材料、复议维持不予立案决定材料或者公安机关逾期未作出是否立案决定的材料。

人民检察院发现渔业行政处罚机关不移送涉嫌渔业犯罪案件的，可以派员查询、调阅有关案件材料，认为涉嫌渔业犯罪且应当移送的，应当提出建议移送的检察意见。渔业行政处罚机关应当自收到检察意见后3d内将案件移送公安机关，并将执行情况通知人民检察院。人民检察院发现公安机关可能存在应当立案而不立案或者逾期未作出是否立案决定的，应当启动立案监督程序。

### 4. 移送案件的行政处罚

渔业行政处罚机关向公安机关移送涉嫌渔业犯罪案件，已作出行政处罚决定的，不停止执行。未作出行政处罚决定的，应当在公安机关决定不予立案或者撤销案件、人民检察院作出不起诉决定、人民法院作出无罪判决或者免予刑事处罚后，再决定是否给予行政处罚。违法行为构成犯罪，人民法院判处罚金时，渔业行政处罚机关已经给予当事人罚款的，应当折抵相应罚金；渔业行政处罚机关尚未给予当事人罚款的，不再给予罚款。涉嫌犯罪案件的移送办理期间，不计入行政处罚期限。

渔业行政处罚机关对公安机关退回的渔业违法案件，应当依法进行调查处理，作出是否给予行政处罚的决定。处理结果应当抄送同级公安机关和人民检察院。

人民检察院对符合逮捕、起诉条件的涉嫌渔业犯罪的嫌疑人，应当及时批准逮捕、提起公诉。人民检察院决定不起诉的案件，应当自作出决定之日起3d内，书面告知移送案件的渔业行政处罚机关，认为应当给予行政处罚的，可以提出予以行政处罚的检察意见。渔业行政处罚机关对人民检察院退回的渔业违法案件，应当依法进行调查处理，作出是否给予行政处罚的决定。处理结果应当抄送同级公安机关和人民检察院。

### 5. 责任追究

对水生生物资源保护负有监管职责的行政机关违法行使职权或者不作为，致使国家利益或者社会公共利益受到侵害的，检察机关可以依法提起行政公益诉讼。

### （三）证据收集与使用机制

### 1. 证据效力

渔业行政处罚机关在行政执法和查办案件过程中依法收集制作的物证、书证、视听资料、电子数据、检验报告、认定意见、鉴定意见、勘验检查笔录等证据材料，在刑事诉讼中可以作为证据使用。

**2. 证据收集要求**

(1)渔业行政处罚机关的执法人员应当对涉案当事人的基本情况、违法事实等情况进行全面调查。对有关场所进行勘验检查时,应当依法作好勘验检查笔录,可同步进行录音、录像。对涉案物品依法采取先行登记保存、查封、扣押等措施时,应当填写物品清单。勘验检查笔录、物品清单应由执法人员、当事人或者见证人签字的,当事人不在场或者拒绝签字的,应当注明。

(2)渔业行政处罚机关应当依法及时、全面收集与案件相关的各类证据,并依法进行录音、录像,为案件的依法处理奠定事实根基。对于涉案船只、捕捞工具、渔获物等,应当在采取拍照、录音、录像、称重、提取样品等方式固定证据后,依法妥善保管;公安机关保管有困难的,可以委托渔业行政处罚机关保管;对于需要放生的渔获物,可以在固定证据后先行放生;对于已死亡且不宜长期保存的渔获物,可以由渔业行政处罚机关依法变卖、拍卖或采取捐赠捐献用于科研、公益事业或者销毁等方式处理。渔业行政处罚机关依法变卖、拍卖的收益,在司法判决后依判决执行。

(3)对于涉案的禁捕区域、禁捕时间、禁用方法、禁用工具、渔获物品种以及对水生生物资源的危害程度等专门性问题,由渔业行政主管部门于2d(工作日)内出具认定意见;难以确定的,由司法鉴定机构出具鉴定意见,或者由国务院渔业行政主管部门指定的机构出具报告(依据最高人民法院、最高人民检察院、公安部、农业农村部于2020年12月17日联合印发的《依法惩治长江流域非法捕捞等违法犯罪的意见》)。

(4)对涉案的有重要经济价值的水生动物苗种、怀卵亲体或者捕捞的水产品品种,由渔业行政主管部门或者公安机关委托渔业科研院所或者水产技术推广部门进行认定,并出具认定意见书;涉案当事人对有重要经济价值的水生动物苗种、怀卵亲体或者捕捞的水产品品种无异议的,也可由渔业行政主管部门进行认定,并出具认定意见书。涉及珍稀、濒危水生野生动物及其制品的,由国务院渔业行政主管部门指定的单位进行物种鉴定和价值估算。

**(四)协作办案机制**

**1. 协作办案基本机制**

渔业行政处罚机关、公安机关和人民检察院应当建立健全渔业资源保护行政执法与刑事司法衔接的长效工作机制。确定牵头部门及联络人,定期召开联席会议,通报衔接工作情况,研究存在的问题,提出加强部门衔接的对策,协调解决渔业资源保护行政执法问题,开展部门联合培训。联席会议应明确议定事项。

渔业行政处罚机关、公安机关、人民检察院应当建立双向案件咨询制度。渔业行政处罚机关对重大疑难复杂案件,可以就刑事案件立案追诉标准、证据的收集固定等问题咨询公安机关、人民检察院;公安机关、人民检察院可以就案件办理中的专业性问题咨询渔业行政主管部门。受咨询的机关应当认真研究,及时答复;书面咨询的,应当在7d内书面答复。

公安机关、人民检察院办理涉嫌渔业犯罪案件，需要渔业行政主管部门提供认定、检测或鉴定的，渔业行政主管部门应当按照上述部门办理刑事案件的法定时限要求积极协助，及时提供认定、检测或鉴定意见。所需经费，应当列入本部门的行政经费预算，由同级财政予以保障。

**2. 联合调查机制**

渔业行政处罚机关在执法检查时，发现违法行为明显涉嫌犯罪的，应当及时向公安机关通报。公安机关认为有必要的可以依法开展初查，对符合立案条件的，应当及时依法立案侦查。在公安机关立案侦查前，渔业行政处罚机关应当继续对违法行为进行调查。

渔业行政处罚机关、公安机关应当依托"12345"政务服务便民热线和"110"公安报警电话，建立完善接处警的快速响应和联合调查机制，强化打击渔业违法犯罪的联勤联动。在重大、疑难案件的办案过程中，渔业行政处罚机关、公安机关应当依法及时启动相应的调查程序，分工协作，防止证据灭失。

在国家规定的禁渔期内，参与长江禁渔的县市区渔业行政处罚机关、公安机关每月应组织一次以上联合巡逻执法行动；在水生生物保护区的全年禁渔区，县市区渔业行政处罚机关、公安机关应定期组织开展打击非法捕捞联合执法行动，每年不少于4次。

各级渔业行政处罚机关和公安机关在调查涉嫌渔业违法犯罪案件中，原则上按照监管权限和监管职责，实行同级联动、同级配合。跨行政区域的联动或配合，应当由共同的上一级渔业行政处罚机关和公安机关统一协调。上级渔业行政处罚机关、公安机关可以根据案情需要，实施指定管辖，下级渔业行政处罚机关和公安机关应当依法查办。

**3. 重大和疑难案件处理机制**

对重大案情或者疑难复杂案件，公安机关可以听取人民检察院的意见。人民检察院应当及时提出意见和建议。移送的涉嫌渔业犯罪案件在庭审中，需要出庭说明情况的，相关执法或者技术人员应当出庭说明情况，接受庭审质证。

渔业行政处罚机关、公安机关和人民检察院可以对重大渔业犯罪案件进行联合挂牌督办。对督办案件，办案机关应将立案情况、采取和变更强制措施、审查逮捕、移送起诉及判决等情况及时上报督办单位。渔业行政执法部门和公安机关、人民检察院在查办渔业违法犯罪案件过程中发现包庇纵容、徇私舞弊、贪污受贿、失职渎职等涉嫌职务犯罪行为的，应当及时将线索移送有关单位。

**（五）信息共享机制**

各级渔业行政处罚机关、公安机关、人民检察院应当积极建设、规范使用行政执法与刑事司法衔接信息共享平台，逐步实现涉嫌渔业犯罪案件的网上移送、网上受理和网上监督。已经接入信息共享平台的渔业行政处罚机关、公安机关、人民检察院，应当自作出相关决定之日起7d内分别录入下列信息：

（1）适用普通程序的渔业违法事实、案件行政处罚、案件移送、提请复议和建议人民检察院进行立案监督的信息。

（2）移送涉嫌犯罪案件的立案、不予立案、立案后撤销案件、复议、人民检察院监督立案后的处理情况，以及提请批准逮捕、移送审查起诉的信息。

（3）监督移送、监督立案以及批准逮捕、提起公诉、裁判结果的信息。

尚未建成信息共享平台的渔业行政处罚机关、公安机关、人民检察院，应当自作出相关决定后及时向其他部门通报前款规定的信息。各级渔业行政处罚机关、公安机关、人民检察院应当对信息共享平台录入的案件信息及时汇总、分析、综合研判，定期总结通报平台运行情况。

# 第四章　长江流域渔业违法案件查处实操

长江流域涉及的渔业违法案件大致可以分为对非法捕捞案件的查处、对涉水生野生动物保护类案件的查处和涉渔工程类案件查处。每一大类都有该领域的实务特点，同时也有程序共性，本章介绍共性程序。

## 第一节　长江流域渔业行政处罚程序流程与基本要求

依据《行政处罚法》《中华人民共和国行政强制法》（以下简称《行政强制法》）和《农业行政处罚程序规定》等相关法律、法规的规定，渔业行政处罚程序分为简易程序和普通程序。在适用普通程序进行行政处罚时，符合法定的听证条件的，应适用听证程序。

### 一、简易程序

简易程序也称当场处罚决定程序，适用于案情简单、事实清楚、处罚较轻，可以当场决定处罚的违法案件。

#### （一）简易程序的适用对象和条件

渔业行政处罚决定的简易程序适用于当场处罚决定，必须同时具备以下条件：

（1）违法事实确凿。这要求案情简单，违法事实清楚、明了，证据充分、确凿，不需要再进行调查取证来查明事实。

（2）有明确的法律依据。这要求在处罚依据上有法律、法规或规章的明确规定，不存在需要对法律依据进行推敲、判断的情况。

（3）对公民个人处以 200 元以下、对法人或者其他组织处以 3 000 元以下罚款或者警告。这是适用简易程序的处罚内容条件，超出上述处罚内容的，都不能适用简易程序予以决定。

#### （二）简易程序的具体程序要求

**1. 程序要求**

适用简易程序当场作出渔业行政处罚决定时应当遵守下列程序：

（1）除法律另有规定外，执法人员不少于两人，应当穿着统一的渔业行政执法服装，佩戴执法标志，并向当事人表明身份，出示执法证件。

（2）当场查清违法事实，收集和保存必要的证据。

（3）告知当事人违法事实、决定处罚理由和具体的法律依据。

（4）告知当事人有陈述权、申辩权，允许并当场听取当事人陈述和申辩。对当事人提出的事实、理由和证据应当进行复核。当事人提出的事实、理由或者证据成立的，应当采纳。

（5）填写预定格式、编有号码的行政处罚决定书，当场交付当事人，并应当告知当事人，如果不服行政处罚决定，可以依法申请行政复议或者提起行政诉讼。当事人拒绝签收的，应当在行政处罚决定书上注明。

（6）行政处罚决定书应当载明当事人的违法行为，行政处罚的种类和依据，行政处罚的时间、地点及罚款数额，申请行政复议、提起行政诉讼的途径和期限以及行政机关名称，并由执法人员签名或者盖章。

（7）在渔业水域上实施行政处罚的，渔业行政执法人员应当自抵岸之日起 2 d 内将当场处罚决定书报所属渔业行政处罚机关备案。

**2. 注意事项**

渔业行政处罚在遵循上述程序时，需要注意以下事项：

（1）对违法行为依法应当给予行政处罚的，必须查明事实。违法事实不清、证据不足的，不得给予行政处罚。

（2）当场交付当场处罚决定书，应向当事人宣读处罚决定书的内容，并请其确认签收。

（3）当事人有权进行陈述和申辩。不得因当事人陈述、申辩而给予更重的处罚。

（4）应当及时告知当事人违法事实，并采取信息化手段或者其他措施，为当事人查询、陈述和申辩提供便利。不得限制或者变相限制当事人享有的陈述权、申辩权。

（5）告知当事人不服行政处罚决定可以依法申请行政复议或者提起行政诉讼时，应告知当事人申请复议或提起诉讼的具体途径。

（6）《行政处罚法》《农业行政处罚程序规定》以及其他渔业法律、法规均没有规定通过简易程序作出行政处罚决定时是否需要现场笔录。但对于违法事实较为复杂的，应制作现场笔录，记录违法事实和证据、当事人的申辩和陈述等。

## 二、普通程序

### （一）普通程序的适用和特点

**1. 普通程序的适用**

普通程序又称一般程序，是决定渔业行政处罚的基本程序，适用范围较广。除了法律明确规定可以当场处罚且适用简易程序的情况外，其他决定渔业行政处罚的情况都适用普通程序。

**2. 普通程序的特点**

与简易程序相比较，普通程序具有以下特点：

（1）案件调查与处罚决定相分离。在简易程序中，当场认定违法事实，并当场作出处罚决定，事实上是将案件调查和处罚决定合为一体。而在普通程序中，由于案件事实较为复杂，不能当场认定违法事实，需要进行专门的调查取证，并对违法事实进行审查确认，完成调查后才决定是否处罚以及给予什么处罚。因此，普通程序的案件调查与处罚决定相对分离，分别独立进行。

（2）调查权限与决定权限相分离。在简易程序中，案件调查权限和处罚决定权限都被赋予现场的执法人员。而在普通程序中，调查取证的执法人员仅有调查权限，作出行政处罚决定的权限则属于行政处罚机关负责人。

**（二）立案**

立案是行政处罚普通程序的启动步骤，是指渔业行政处罚机关对于公民、法人或者其他组织的控告检举材料和自己发现的违法行为，经执法人员初步调查，认为依法应当给予行政处罚但不适用当场处罚的，并且经审查确属渔业行政执法处罚机关职权范围及管辖权范围内的，决定列为渔业行政处罚案件并确定予以调查。行政处罚案件，除依法采用简易程序处罚的案件以及在法定情形下采取紧急措施的案件以外，都必须经过立案程序，先立案再进行调查处理。

**1. 案件来源**

渔业行政处罚案件的来源主要有：

（1）在渔业行政执法检查过程中发现的。

（2）群众举报或受害人对违法行为人控告的。

（3）上级机关交办的。

（4）其他行政机关或组织移送的。

（5）违法者主动交代的。

（6）媒体曝光的。

对于举报、控告的案件，行政机关或者法律、法规授权的组织要认真核实，确有违法事实的，予以立案。

**2. 立案条件**

渔业行政处罚案件立案应当符合以下几个方面的条件：

（1）有涉嫌违反渔业法律、法规和规章的行为。

（2）依法应当或者可以给予行政处罚。

（3）属于本机关管辖。

（4）违法行为发生之日起至被发现之日止未超过2年，或者违法行为有连续、继续状态，从违法行为终了之日起至被发现之日止未超过2年；涉及公民生命健康安全、金融安全且有危害后果的，上述期限延长至5年。法律、法规另有规定的除外。

**3. 立案报批**

立案应当填写行政处罚立案审批表，报本行政处罚机关负责人批准立案。对于在水上或者边远、交通不便地区查获或受理的按普通程序实施处罚的案件，渔业行政执法人员可以采用即时通信方式报请渔业行政处罚机关负责人批准立案。报批记录必须存档备案。

对已经立案的案件，根据新的情况发现不符合规定的立案条件的，渔业行政处罚机关应当撤销立案。

**（三）调查取证**

调查取证是渔业行政处罚机关为了查明违法行为的有关事实和查获违法行为人，为行政处罚决定提供事实依据，对违法案件事实进行调查、核实、收集证据的过程。渔业行政处罚案件调查收集的证据包括：书证、物证、视听资料、电子数据、证人证言、当事人的陈述、鉴定意见、勘验笔录、现场笔录。

渔业行政处罚机关应当对案件情况进行全面、客观、公正的调查，收集证据。必要时，依照法律、法规的规定，可以进行检查。

**1. 调查取证可采取的方式和行使的权力**

（1）查阅、复制书证和其他有关材料。

（2）询问当事人或者其他与案件有关的单位和个人。

（3）要求当事人或者有关人员在一定的期限内提供有关材料，对重要的书证，有权进行复制。

（4）采取现场检查、勘验、抽样、检验、检测、鉴定、评估、认定、录音、拍照、录像、调取现场及周边监控设备电子数据等方式进行调查取证。

（5）责令被检查单位或者个人停止违法行为，履行法定义务。

（6）指派或者聘请具有专门知识的人员或者专业机构，辅助执法人员对与案件有关的电子数据进行调查取证。

（7）为调查案件需要，要求当事人或者有关人员协助调查。

（8）可以利用互联网信息系统或者设备收集、固定违法行为证据。

（9）可以采取抽样取证的方法。

（10）在证据可能灭失或者以后难以取得的情况下，经渔业行政处罚机关负责人批准，可以对与涉嫌违法行为有关的证据采取先行登记保存措施。

（11）对涉案的场所、设施或者财物依法实施查封、扣押等行政强制措施。

（12）案件当事人和有关的单位和个人有义务如实回答案件调查人员的询问，并协助调查或者检查，不得阻挠。

**2. 调查取证的程序规范**

调查取证还应遵守以下程序规范：

（1）调查、收集证据的渔业行政执法人员不得少于2人。

（2）渔业行政执法人员进行调查取证应穿着统一的渔业行政执法服装，佩戴执法标志，并向当事人或有关人员出示表示执法人员身份的证件。

（3）调查取证的渔业行政执法人员与所调查案件有利害关系或其他关系可能影响公正处理的，应当申请回避。当事人认为执法人员与案件有直接利害关系或者有其他关系可能影响公正执法的，有权申请回避。

（4）渔业行政执法人员询问证人或当事人，应当个别进行，并制作询问笔录。笔录经被询问人阅核后，由被询问人逐页签名、盖章或者按指纹等方式确认。执法人员应当在笔录上签名。被询问人拒绝签名、盖章或者按指纹的，由询问人在笔录上注明情况。询问笔录有差错、遗漏的，应当允许被询问人更正或者补充。更正或者补充的部分应当由被询问人签名、盖章或者按指纹等方式确认。

（5）对与案件有关的物品或者场所进行现场检查或者勘验检查时，应当通知当事人到场，制作现场检查（勘验）笔录，必要时可以采取拍照、录像或者其他方式记录现场情况。当事人拒不到场或拒绝签名盖章的，应当在笔录中注明，并可以请在场的其他人员见证。

（6）对需要检测、检验、鉴定、评估、认定的专门性问题，应当委托具有法定资质的机构进行。没有具有法定资质的机构的，可以委托其他具备条件的机构进行。检验、检测、鉴定、评估、认定意见应当由检验、检测、鉴定人员签名或者盖章，并加盖所在机构公章。检验、检测、鉴定、评估、认定意见应当送达当事人。

（7）对抽样取证的，应当制作抽样取证凭证，对样品加贴封条，并由办案人员和当事人在抽样取证凭证上签名或者盖章。当事人拒绝签名或者盖章的，应当采取拍照、录像或者其他方式记录抽样取证情况。

（8）抽样送检的，应当将检测结果及时告知当事人，并告知当事人有依法申请复检的权利。非从生产单位直接抽样的，渔业行政处罚机关可以向产品标注生产单位发送产品确认通知书。

（9）对证据进行登记保存或者采取查封、扣押等强制措施，应当有当事人在场。当事人拒绝签名盖章的，应当在笔录中注明。当事人不在场或拒绝到场的，执法人员可以邀请其他人员到场见证。对抽样取证、登记保存、查封扣押的物品应当制作并当场交付抽样取证凭证、证据登记保存清单、查封（扣押）决定书。

（10）对证据采取先行登记保存措施。应当经渔业行政处罚机关负责人批准；情况紧急需要当场采取先行登记保存措施的，可以采用即时通信方式报请渔业行政处罚机关负责人同意，并在 24 h 内补办批准手续。

（11）对先行登记保存的证据，应当在 7 d 内按要求作出处理决定，并告知当事人。

（12）对涉案场所、设施或者财物采取查封、扣押等行政强制措施，应当在实施前向渔业行政处罚机关负责人报告并经批准，由具备资格的行政执法人员实施。情况紧急下需要当场采取行政强制措施的，应当在 24 h 内向渔业行政处罚机关负责人报告，并补办批准手续。渔业行政处罚机关负责人认为不应当采取行政强制措施的，应当立即解除。

**3. 证据要求**

（1）证据必须经查证属实，方可作为认定案件事实的根据。以非法手段取得的证据，不得作为认定案件事实的根据。

（2）收集、调取的书证、物证应当是原件、原物。收集、调取原件、原物确有困难的，可以提供与原件核对无误的复制件、影印件或者抄录件，也可以提供足以反映原物外形或者内容的照片、录像等其他证据。

（3）复制件、影印件、抄录件和照片由证据提供人或者执法人员核对无误后注明与原件、原物一致，并注明出证日期、证据出处，同时签名或者盖章。

（4）收集、调取的视听资料应当是有关资料的原始载体。调取原始载体确有困难的，可以提供复制件，并注明制作方法、制作时间、制作人和证明对象等。声音资料应当附有该声音内容的文字记录。

（5）依照法律、行政法规规定利用电子技术监控设备收集、固定违法事实的，应当经过法制和技术审核，确保电子技术监控设备符合标准、设置合理、标志明显，设置地点应当向社会公布。电子技术监控设备记录违法事实应当真实、清晰、完整、准确。渔业行政处罚机关应当审核记录内容是否符合要求。未经审核或者经审核不符合要求的，不得作为行政处罚的证据。

（6）收集、调取的电子数据应当是有关数据的原始载体。收集电子数据原始载体确有困难的，可以采用拷贝复制、委托分析、书式固定、拍照录像等方式取证，并注明制作方法、制作时间、制作人等。

（7）用来收集、固定违法行为证据的互联网信息系统或者设备应当符合相关规定，保证所收集、固定电子数据的真实性、完整性。

**4. 回避要求**

调查取证的渔业行政执法人员与所调查案件有利害关系或其他关系可能影响公正处理的案件，调查人员的回避由渔业行政处罚机关负责人决定。渔业行政处罚机关负责人的回避由集体讨论决定。回避未被决定前，不得停止对案件的调查处理。

当事人认为执法人员与案件有直接利害关系或者其他关系可能影响公正执法的，有权申请回避。当事人提出回避申请的，渔业行政处罚机关应当依法审查，由机关负责人决定。决定作出之前，不停止调查。

执法人员与当事人有直接利害关系或者其他关系指的是：①执法人员是本案的当事人或者当事人近亲属；②执法人员本人或者其近亲属与本案有直接利害关系；③执法人员与本案当事人有其他关系，可能影响案件公正处理。

**（四）证据先行保存与处理**

**1. 证据先行保存的基本要求**

（1）在证据可能灭失或者以后难以取得的情况下，经渔业行政处罚机关负责人批准，行政执法人员可以对与涉嫌违法行为有关的证据采取先行登记保存措施。

（2）先行登记保存有关证据，应当当场清点，开具清单，填写先行登记保存执法文书，由当事人和渔业行政执法人员签名、盖章或者按指纹，并向当事人交付先行登记保存证据通知书和物品清单。

（3）先行登记保存物品时，就地由当事人保存的，当事人或者有关人员不得使用、销售、转移、损毁或者隐匿。就地保存可能妨害公共秩序、公共安全，或者存在其他不适宜就地保存情况的，可以异地保存。对异地保存的物品，渔业行政处罚机关应当妥善保管。

**2. 先行保存证据的处置**

渔业行政处罚机关对先行登记保存的证据，应当在 7 d 内作出下列处理决定并送达当事人：

（1）根据情况及时采取记录、复制、拍照、录像等证据保全措施。

（2）需要进行技术检测、检验、鉴定、评估、认定的，送交有关部门检测、检验、鉴定、评估、认定。

（3）对依法应予没收的物品，依照法定程序处理。

（4）对依法应当由有关部门处理的，移交有关部门。

（5）为防止损害公共利益，需要销毁或者无害化处理的，依法进行处理。

（6）不需要继续登记保存的，解除先行登记保存。

**（五）调查阶段的强制措施**

渔业行政处罚机关可以依据有关法律、法规的规定，对涉案的场所、设施或者财物依法实施查封、扣押等行政强制措施。

**1. 调查阶段强制措施的要求**

（1）渔业行政处罚机关依法对涉案场所、设施或者财物采取查封、扣押等行政强制措施，应当在实施前向机关负责人报告并经批准，由具备资格的执法人员实施。

（2）情况紧急下需要当场采取行政强制措施的，应当在 24 h 内向渔业行政处罚机关负责人报告，并补办批准手续。渔业行政处罚机关负责人认为不应当采取行政强制措施的，应当立即解除。

（3）渔业行政处罚机关实施查封、扣押等行政强制措施，应当履行《行政强制法》规定的程序和要求，制作并当场交付查封、扣押决定书和清单。

**2. 强制措施的解除**

经查明与违法行为无关、不再需要采取查封、扣押措施或者查封、扣押期限已经届满的，应当解除查封、扣押措施，将查封、扣押的财物如数返还当事人，并由执法人员和当事人在解除查封或者扣押决定书和清单上签名、盖章或者按指纹。

**（六）调查中止**

有下列情形之一的，经渔业行政处罚机关负责人批准，中止案件调查，并制作案件中止调查决定书：

（1）行政处罚决定必须以相关案件的裁判结果或者其他行政决定为依据，而相关案件尚未审结或者其他行政决定尚未作出。

（2）涉及法律适用等问题，需要送请有权机关作出解释或者确认。

（3）因不可抗力致使案件暂时无法调查。

（4）因当事人下落不明致使案件暂时无法调查。

（5）其他应当中止调查的情形。

中止调查的原因消除后，应当立即恢复案件调查。

**（七）制作、报批案件处理意见书**

渔业行政执法人员在调查取证结束后，应当提出处理意见并制作案件处理意见书，报请渔业行政处罚机关负责人审查。

（1）违法事实成立，应给予行政处罚的，建议予以行政处罚。

（2）违法事实不成立的，建议予以撤销案件。

（3）违法行为轻微并及时纠正，没有造成危害后果的，建议不予行政处罚。

（4）违法行为超过追诉时效的，建议不再给予行政处罚。

（5）案件应当移交其他行政机关管辖或者因涉嫌犯罪应当移送司法机关的，建议移送相关机关。

（6）依法作出处理的其他情形。

在水上、边远和交通不便地区按普通程序实施处罚时，渔业行政执法人员可以采用通信方式报请负责人审查、批准调查结果及处理意见。报批记录必须存档备案。但是，符合条件应当由负责人集体讨论决定的案件除外。

### （八）渔业行政处罚决定法制审核

**1. 法制审核的适用情形**

有下列情形之一，在渔业行政处罚机关作出行政处罚的决定之前，应当由从事行政处罚决定法制审核的人员进行法制审核；未经法制审核或者审核未通过的，不得作出决定。

（1）涉及重大公共利益的。

（2）直接关系当事人或者第三人重大权益，经过听证程序的。

（3）案件情况疑难复杂、涉及多个法律关系的。

（4）法律、法规规定应当进行法制审核的其他情形。

需要注意的是，适用普通程序的其他渔业行政处罚案件，在作出处罚决定前，应当参照以下法制审核的规定进行案件审核，具体由渔业行政处罚机关的办案机构或其他机构负责实施。

**2. 法制审核的基本要求**

（1）渔业行政处罚法制审核工作由渔业行政处罚机关法制机构负责。未设置法制机构的，由渔业行政处罚机关确定的承担法制审核工作的其他机构或者专门人员负责。

（2）案件查办人员不得同时作为该案件的法制审核人员。渔业行政处罚机关中初次从事法制审核的人员，应当通过国家统一法律职业资格考试取得法律职业资格。

（3）法制审核机构或者法制审核人员应当自接到审核材料之日起 5 d（工作日）内完成审核。特殊情况下，经农业行政处罚机关负责人批准，可以延长 10 d（工作日）。法律、法规、规章另有规定的除外。

**3. 法制审核的主要内容**

渔业行政处罚决定法制审核的主要内容包括：

（1）本机关是否具有管辖权。

（2）程序是否合法。

（3）案件事实是否清楚，证据是否确实、充分。

（4）定性是否准确。

（5）适用法律依据是否正确。

（6）当事人基本情况是否清楚。

（7）处理意见是否适当。

（8）其他应当审核的内容。

**4. 法制审查后的建议**

法制审核结束后，应当区别不同情况提出如下建议：

（1）对事实清楚、证据充分、定性准确、适用依据正确、程序合法、处理适当的案件，同意作出行政处罚决定。

（2）对定性不准、适用依据错误、程序不合法或者处理不当的案件，建议纠正。

（3）对违法事实不清、证据不充分的案件，建议补充调查或者撤销案件。

（4）违法行为轻微并及时纠正没有造成危害后果的，或者违法行为超过追诉时效的，建议不予行政处罚。

（5）认为有必要提出的其他意见和建议。

**（九）制作、送达行政处罚事先告知书**

**1. 制作行政处罚事先告知书**

渔业行政处罚机关负责人应对案件调查结果和对调查人员制作的案件处理意见书进行审查。经审查认为应该给予行政处罚的，在作出行政处罚决定之前，渔业行政处罚机关应当制作行政处罚事先告知书。

**2. 送达行政处罚事先告知书**

送达《行政处罚事先告知书》，应说明拟给予的行政处罚内容及其事实、理由和依据，并告知当事人可以在收到告知书之日起3 d内，进行陈述、申辩。符合听证条件的，告知当事人可以在收到告知书之日起5 d内要求听证。

对于当事人的陈述、申辩，应认真听取，必要时制作笔录，并采取信息化手段或者其他措施，为当事人查询事实、陈述和申辩提供便利。不得限制或者变相限制当事人享有的陈述权、申辩权。符合听证条件且当事人要求听证的，应依法组织听证。当事人无正当理由逾期未提出陈述、申辩或者要求听证的，视为放弃上述权利。

在水上、边远和交通不便地区按普通程序实施处罚时，渔业行政执法人员可当场向当事人告知拟给予的行政处罚内容及其事实、理由和依据，并告知当事人进行陈述、申辩的权利，符合听证条件的，告知当事人可以要求听证。当事人可当场向渔业行政执法人员进行陈述和申辩。当事人当场书面放弃陈述和申辩的，视为放弃权利。但是，符合条件，应当由渔业行政处罚机关负责人集体讨论决定的案件除外。

**（十）听证**

**1. 听证程序的概念**

行政处罚决定的听证程序是适用普通程序的行政处罚案件中的一个特殊调查程序，是指在重大行政处罚决定作出之前，应当事人的要求，在行政处罚办案一方和当事人一方的共同参与下，由行政处罚机关组织召开听证会，听取调查人员对当事人违法行为的指证和当事人的申辩、质证，以进一步查明事实、核实证据、听取意见的程序。听证的目的是保证行政处罚结果的合法、公正、合理，防止当事人的合法权益受到损害。

**2. 听证程序的适用条件**

听证程序并不是普遍适用于所有行政处罚决定。根据《行政处罚法》的规定，听证程序适用于拟作出以下行政处罚决定的情形：

（1）较大数额罚款。

（2）没收较大数额违法所得、没收较大价值非法财物。

（3）降低资质等级、吊销许可证件。

（4）责令停产停业、责令关闭、限制从业。

（5）其他较重的行政处罚。

（6）法律、法规、规章规定的其他情形。

对于渔业行政处罚，前述所指的数额较大的罚款，地方渔业行政处罚机关按省级人大常委会或人民政府规定的标准执行；农业农村部规定的较大数额、较大价值，对个人是指超过 1 万元，对法人或者其他组织是指超过 10 万元。

听证由拟作出行政处罚的渔业行政处罚机关组织。具体实施工作由其法制机构或者相应机构负责。

**3. 听证程序的有关规定**

（1）除涉及国家秘密、商业秘密或个人隐私外，听证应当公开举行。

（2）听证机关组织听证，不得向当事人收取费用。

（3）当事人可以亲自参加听证，也可以委托 1~2 人代理人参加听证。委托代理人参加听证的，应当提交授权委托书。

（4）听证主持人、听证员、书记员应当由听证机关负责人指定的法制工作机构工作人员或其他相应工作人员等非本案调查人员担任。当事人有权申请主持人回避。

（5）当事人在听证中，有权对案件涉及的事实认定、适用法律及有关情况进行陈述和申辩，有权对案件调查人员提出的证据质证并提出新的证据，同时承担以下义务：①如实回答主持人的提问；②遵守听证会场纪律，服从听证主持人指挥。

（6）听证过程中，听证机关应制作听证笔录，并由参加听证的当事人和案件调查人员确认。

**4. 听证程序的步骤**

听证程序一般按照以下步骤进行：

（1）告知权利和要求听证。适用普通程序的渔业行政处罚案件，在送达行政处罚事先告知书时，如果符合上述听证条件，渔业行政处罚机关应告知当事人有要求听证的权利。

当事人要求听证的，应当在收到行政处罚事先告知书之日起 5 d 内向渔业行政处罚机关提出，渔业行政处罚机关应当组织听证。

（2）通知听证。当事人要求听证的，听证机关应当在举行听证会的 7 d 前送达行政处罚听证会通知书，告知当事人举行听证的时间、地点、听证主持人名单，可以申请回避、可以委托代理人等事项。

当事人应当按期参加听证。当事人有正当理由要求延期的，经渔业行政处罚机关批准可以延期一次。当事人及其代理人无正当理由拒不出席听证或者未经许可中途退出听证的，视为放弃听证权利，应当终止听证。当事人未按期参加听证并且未事先说明理由的，视为放弃听证权利，渔业行政处罚机关终止听证。

（3）举行听证会。听证参加人由听证主持人、听证员、书记员、案件调查人员、当事人及其委托代理人组成。按以下程序进行：①听证书记员宣布听证会场纪律、当事人的权利和义务；②听证主持人宣布案由，核实听证参加人名单，宣布听证开始；③案件调查人员提出当事人的违法事实、出示证据，说明拟作出的渔业行政处罚的内容及法律依据；④当事人或其委托代理人对案件的事实、证据、适用的法律等进行陈述、申辩和质证，可以向听证会提交新的证据；⑤听证主持人就案件的有关问题向当事人、案件调查人员、证人询问；⑥案件调查人员、当事人或其委托代理人相互辩论；⑦当事人或其委托代理人作最后陈述；⑧听证主持人宣布听证结束。听证笔录交给当事人和案件调查人员审核，确认无误后签字或者盖章。

**5. 听证后的行政处罚决定**

听证本身并不能作出处罚决定，渔业行政处罚机关在听证结束时也不需要表示处罚意见。

听证结束后，听证主持人应当依据听证情况，制作行政处罚听证会报告书，连同听证笔录报渔业行政处罚机关负责人审查。

渔业行政处罚机关根据调查取证的情况，以及听证的情况和笔录，对有关的证据和事实作进一步的审查核实，最后作出处罚决定。

**（十一）案件处理决定**

**1. 一般要求及决定内容**

渔业行政处罚机关负责人应当对调查结果、当事人陈述申辩或者听证情况、案件处理意见和法制审核意见等进行全面审查。在此基础上，区别不同情况分别作出如下处理决定：

（1）确有应受行政处罚的违法行为的，根据其情节轻重及具体情况，作出行政处罚决定。

（2）违法事实不能成立的，不予行政处罚。

（3）违法行为轻微并及时改正，没有造成危害后果的，不予行政处罚。

（4）当事人有证据足以证明没有主观过错的，不予行政处罚，但法律、行政法规另有规定的除外。

（5）初次违法且危害后果轻微并及时改正的，可以不予行政处罚。

（6）违法行为超过追责时效的，不予行政处罚。

（7）不属于渔业行政处罚机关管辖的，移送其他行政机关处理。

（8）违法行为涉嫌犯罪的，将案件移送司法机关。

**2. 集体讨论决定的适用情形**

对于以下情形的渔业行政处罚案件，应当由渔业行政处罚机关负责人集体讨论决定：

（1）符合听证条件，且申请人申请听证的案件。

（2）案情复杂或者有重大社会影响的案件。

（3）有重大违法行为需要给予较重行政处罚的案件。

（4）渔业行政处罚机关负责人认为应当提交集体讨论的其他案件。

**3. 行政处罚决定的时限要求**

渔业行政处罚案件自立案之日起，应当在 90 d 内作出处理决定。因案情复杂、调查取证困难等需要延长的，经本渔业行政处罚机关负责人批准，可以延长 30 d。案情特别复杂或者有其他特殊情况，延期后仍不能作出处理决定的，应当报经上一级渔业行政处罚机关决定是否继续延期。决定继续延期的，应当同时确定延长的合理期限。

案件办理过程中，中止、听证、公告、检验、检测、鉴定等时间不计入前款所指的案件办理期限。

**（十二）制作行政处罚决定书**

送达行政处罚事先告知书后，渔业行政处罚机关应当及时对当事人的陈述、申辩或者听证情况进行审查，认为违法事实清楚、证据确凿，决定给予行政处罚的，应当制作行政处罚决定书。

行政处罚决定书必须盖有作出行政处罚决定的行政机关的印章，载明下列事项：

（1）当事人的姓名或者名称、地址等基本情况。

（2）违反法律、法规或者规章的事实和证据。

（3）行政处罚的种类、依据和理由。

（4）行政处罚的履行方式和期限。

（5）不服行政处罚决定，申请行政复议或者提起行政诉讼的途径和期限。

（6）作出行政处罚决定的渔业行政机关名称和作出决定的日期，并加盖作出行政处罚决定渔业行政处罚机关的印章。

# 三、行政处罚决定书的送达

渔业行政处罚机关送达行政处罚决定书，应当在宣告后当场交付当事人；当事人不在场的，应当在 7 d 内将行政处罚决定书送达当事人。处罚机关送达行政执法文书，应当使用送达回证，由受送达人在送达回证上记明收到日期，签名或者盖章。

按照《农业行政处罚程序规定》第七十二条的规定，送达方式包括直接送达、留置送达、委托送达、邮寄送达、公告送达等。

**1. 直接送达**

直接送达又称交付送达，是指直接把处罚决定书交付给受送达人签收。直接送达是最基本的送达方式。凡是能够直接送达的，就应当直接送达，以防止拖延，保证行政处罚的顺利进行。受送达人是公民的，该公民不在时可交由与其同住的成年家属签收；受送达人是法人或者其他组织的，应当由法人的法定代表人、其他组织的主要负责人或者该法人、其他组织负责收件的有关人员签收；受送达人有代理人的，可以送交其代理人签收；受送达人已向渔业行政处罚机关指定代收人的，送交代收人签收。

受送达人、受送达人的同住成年家属、法人或者其他组织负责收件的有关人员、代理人、代收人在送达回证上签收的日期为送达日期。

**2. 留置送达**

留置送达是指受送达人或者他的同住成年家属无正当理由拒绝接收行政执法文书的，送达人依法将处罚决定书放置在受送达人的住所或单位。送达人应当邀请有关基层组织或所在单位的代表到场，说明情况，在送达回证上记明拒收事由和日期，由送达人、见证人签名或者盖章。有关基层组织或所在单位的代表及其他见证人不愿在送达回证上签字或盖章的，由送达人在送达回证上记明情况，把送达文书留在受送达人住所，也可以把行政执法文书留在受送达人的住所，并采用拍照、录像等方式记录送达过程，即视为送达。

**3. 委托送达**

委托送达是指在直接送达有困难时，作出处罚决定的渔业行政处罚机关可以依法委托其他渔业行政机关代为送达。委托送达与直接送达具有同等法律效力。受委托人送达时应当出具委托函，并附送达回证。受送达人在送达回证上签收的日期为送达日期。

**4. 邮寄送达**

邮寄送达是指通过邮局并用挂号信或邮政快递寄给受送达人，通常适用于受送达人路途较远，直接送达有困难的情况。邮寄送达应当附有送达回证，以挂号信回执上注明的收件日期或邮政快递的签收日期为送达日期。

**5. 公告送达**

公告送达是指以张贴公告、登报等办法将行政处罚决定书公告，自发出公告之日起经过 60 d 即视为送达。这种方式必须是当受送达人下落不明或用前几种方式无法送达时，才能适用。

## 四、渔业行政处罚的执行

行政处罚的执行是行政处罚的重要组成部分。行政处罚的执行包括两个方面：①行政处罚决定作出后，当事人在法定期限内依法定方式自动履行；②行政处罚决定作出后，当事人无正当理由逾期不履行处罚决定，行政机关依法强制执行。

无论是哪个方面，行政处罚的执行都必须遵循法定的基本原则，并按照有关的制度进行。关于行政处罚的执行制度，按照《行政处罚法》《行政强制法》《农业行政处罚程序规定》等的规定，主要限于罚款的收缴制度和收缴的款项、强制执行以及罚没物品的处理等方面。

### （一）行政处罚执行的基本原则

**1. 合法**

行政处罚的执行必须以生效的行政处罚决定为依据，不得超越行政处罚决定的内容。无论是当事人自觉履行还是强制执行，都必须按照法定的程序进行。行政处罚执行中涉及的款项、物品等必须按照法定的方式和要求进行处理。

**2. 不停止执行**

为保证行政处罚的执行力，行政处罚决定一旦生效，就要在规定的期限内执行，并且除法定的特殊情况外，不因当事人不服而申请行政复议或提起行政诉讼而停止执行。

《行政处罚法》第六十六条规定，行政处罚决定依法作出后，当事人应当在行政处罚决定书载明的期限内，予以履行；第七十三条规定，当事人对行政处罚决定不服，申请行政复议或者提起行政诉讼的，行政处罚不停止执行，法律另有规定的除外。

**3. 罚缴分离**

对于给予当事人罚款处罚的，处罚决定机关与收缴机关应相互分离，不得由同一个机关作出罚款的处罚决定，并收缴罚款。

《行政处罚法》第六十七条规定，作出罚款决定的行政机关应当与收缴罚款的机构分离。除依照《行政处罚法》的规定当场收缴的罚款外，作出行政处罚决定的行政机关及其执法人员不得自行收缴罚款。

**4. 以当事人自行履行行政处罚决定为主**

行政处罚决定的执行，应以当事人在规定期限内自行履行行政处罚决定为主要和基本执行方式。只有在当事人无正当理由逾期不履行的，才予以强制执行。

**（二）罚缴分离制度**

罚缴分离是执行罚款处罚的基本原则。《行政处罚法》在规定作出处罚决定的行政机关应当与收缴罚款的机构相分离的基础上，规定被处罚人应在收到处罚决定书之日起 15 d 内，到指定的银行或者通过电子支付系统缴纳罚款。

1997 年 11 月 19 日，国务院发布了《罚款决定与罚款收缴分离实施办法》，对罚缴分离制度的实施进行了具体规定，适用于到指定金融机构缴纳罚款的情况。《行政处罚法》于 2021 年修订后，增加了通过电子支付系统缴纳罚款的情形，而《罚款决定与罚款收缴分离实施办法》对此情形未有涉及。根据《罚款决定与罚款收缴分离实施办法》，罚缴分离制度的实施主要包括以下几个方面：

（1）经中国人民银行批准有代理收付款项业务的商业银行、信用合作社（以下简称代收机构），可以开办代收罚款的业务。代收机构应当具备足够的代收网点，以方便当事人缴纳罚款。

（2）行政处罚机关应当依法同代收机构签订代收罚款协议。行政处罚机关应当将代收罚款协议报上一级行政机关和同级财政部门备案。代收机构应当将代收罚款协议报中国人民银行或者其当地分支机构备案。

（3）行政处罚机关作出罚款决定的行政处罚决定书应当载明代收机构的名称、地址和当事人应当缴纳罚款的数额、期限等，并明确对当事人逾期缴纳罚款是否加处罚款。当事人应当按照行政处罚决定书确定的罚款数额、期限，到指定的代收机构缴纳罚款。

（4）代收机构代收罚款，应当向当事人出具罚款收据。罚款收据的格式和印制，由财政部规定。

（5）当事人逾期缴纳罚款，行政处罚决定书明确需要加处罚款的，代收机构应当按照行政处罚决定书加收罚款。当事人对加收罚款有异议的，应当先缴纳罚款和加收的罚款，再依法向作出行政处罚决定的行政机关申请复议。

（6）代收机构应当按照代收罚款协议规定的方式、期限，将当事人的姓名或者名称、缴纳罚款的数额、时间等情况书面告知作出行政处罚决定的行政机关。

（7）代收机构应当按照《行政处罚法》和国家有关规定，将代收的罚款直接上缴国库。国库依法定期同财政部门和行政机关对账，以保证收受的罚款和上缴国库的罚款数额一致。

### （三）当场收缴罚款

上述罚缴分离是执行罚款处罚的基本原则，此外还有一些法定的例外情况，可以当场收缴罚款。

**1. 当场收缴的适用条件**

根据《行政处罚法》《农业行政处罚程序规定》，按照简易程序当场作出的行政处罚决定，有下列情形之一的，行政处罚机关或其执法人员可以当场收缴罚款：

（1）按简易程序当场依法给予100元（该数额在2021年《行政处罚法》修订后由原先的20元提高到100元）以下罚款的。

（2）不当场收缴事后难以执行的。

（3）在边远、水上、交通不便地区作出罚款决定后，当事人向指定的银行或者通过电子支付系统缴纳罚款确有困难，经当事人提出，可以当场收缴罚款。

据此，在执行渔业行政处罚的罚款决定时，符合上述条件的，可以当场收缴罚款。特别是，渔业行政处罚多数在水上进行，可以在经当事人提出的前提下，当场收缴罚款。

**2. 当场收缴罚款的要求**

渔业行政处罚机关及渔业行政执法人员当场收缴罚款的，必须向当事人出具国务院财政部门或者省级人民政府财政部门统一制发的专用票据，否则，当事人有权拒绝缴纳罚款。

渔业行政执法人员当场收缴的罚款，应自收缴之日起2d内，交到渔业行政处罚机关；在水上当场收缴的罚款，应当自抵岸之日起2d内交至渔业行政处罚机关。渔业行政处罚机关应在2d内将罚款交付给指定的银行。

### （四）强制执行

**1. 强制执行的适用条件**

按照《行政处罚法》《行政强制法》《农业行政处罚程序规定》的相关规定，渔业行政处罚机关作出处罚决定后，当事人在处罚决定书的规定的期限内不履行义务的，作出处罚决定的渔业行政处罚机关依法可以采取强制执行手段。

但是，如果当事人确有经济困难，需要延期或者分期缴纳罚款的，经当事人申请和作出渔业行政处罚决定的机关批准后，可以暂缓或者分期缴纳。

**2. 强制执行措施**

行政处罚的强制执行措施包括以下几种：

（1）到期不缴纳罚款的，每日按罚款数额的3%加处罚款，加处罚款的数额不得超出罚款的数额。

（2）根据法律规定，依法将查封、扣押的场所、设施或财物拍卖或依法处理抵缴罚款。

（3）排除妨碍、恢复原状。

（4）申请人民法院强制执行。

**3. 强制执行前的催告**

渔业行政处罚机关作出强制执行决定前，应当事先催告当事人履行义务。催告应当以书面形式作出，并载明下列事项：

（1）履行义务的期限。

（2）履行义务的方式。

（3）涉及金钱给付的，应当有明确的金额和给付方式。

（4）当事人依法享有的陈述权和申辩权。

催告书、应当直接送达当事人。当事人拒绝接收或者无法直接送达当事人的，应当依照《民事诉讼法》的有关规定送达。

当事人收到催告书后有权进行陈述和申辩。渔业行政处罚机关应当充分听取当事人的意见，对当事人提出的事实、理由和证据，应当进行记录、复核。当事人提出的事实、理由或者证据成立的，应当采纳。

**4. 强制执行决定**

经催告，当事人逾期仍不履行行政决定，且无正当理由的，渔业行政处罚机关可以作出强制执行决定。强制执行决定应当以书面形式作出，并载明下列事项：

（1）当事人的姓名或者名称、地址。

（2）强制执行的理由和依据。

（3）强制执行的方式和时间。

（4）申请行政复议或者提起行政诉讼的途径和期限。

（5）渔业行政处罚机关的名称、印章和日期。

在催告期间，对有证据证明有转移或者隐匿财物迹象的，行政机关可以作出立即强制执行决定。行政强制执行决定书应当直接送达当事人。当事人拒绝接收或者无法直接送达当事人的，应当依照《民事诉讼法》的有关规定送达。

渔业行政处罚机关批准延期、分期缴纳罚款的，申请人民法院强制执行的期限，自暂缓或者分期缴纳罚款期限结束之日起计算。

**5. 强制执行的中止**

在强制执行过程中，出现下列情形之一的，应中止执行：

（1）当事人履行行政处罚决定确有困难或者暂无履行能力的。

（2）第三人对执行标的主张权利，确有理由的。

（3）执行可能造成难以弥补的损失，且中止执行不损害公共利益的。

（4）渔业行政处罚机关认为需要中止执行的其他情形。

中止执行的情形消失后，应当恢复执行。对没有明显社会危害，当事人确无能力履行，中止执行满 3 年未恢复执行的，不再执行。

**6. 强制执行的终结**

强制执行中出现下列情形之一的，终结执行：

（1）公民死亡，无遗产可供执行，又无义务承受人的。

（2）法人或者其他组织终止，无财产可供执行，又无义务承受人的。

（3）执行标的灭失的。

（4）据以执行的行政处罚决定被撤销的。

（5）渔业行政处罚机关认为需要终结执行的其他情形。

**7. 执行协议**

在实施行政强制执行时，渔业行政处罚机关可以在不损害公共利益和他人合法权益的情况下，与当事人达成执行协议。执行协议可以约定分阶段履行；当事人采取补救措施的，可以减免加处的罚款。当事人不履行执行协议的，行政机关应当恢复强制执行。

**（五）对罚没物品、款项的处理**

执行渔业行政处罚的所罚款项以及所没收的违法所得、非法财物，应按法定方式处理。

（1）对于没收的违禁品、劣质腐败的食品或药品等，依法予以销毁。其他物品必须按照国家规定公开拍卖或按照国家有关规定处理，禁止任何形式的截留、私分或低价处理。

（2）渔业行政处罚机关收缴的罚款、没收违法所得或没收非法财物拍卖所得的款项，必须上缴国库，任何机关或个人不得以任何形式的截留、私分或变相私分；财政部门不得以任何形式向处罚机关返还罚款、没收违法所得或没收非法财物拍卖所得的款项。

（3）罚款、没收的违法所得或者没收非法财物拍卖的款项，不得同作出行政处罚决定的行政机关及其工作人员的考核、考评直接或者变相挂钩。除依法应当退还、退赔的外，财政部门不得以任何形式向作出行政处罚决定的行政机关返还罚款、没收的违法所得或者没收非法财物拍卖的款项。

（4）代收罚款的金融机构应将收缴的罚款直接上交国库，并不得以任何形式向作出处罚的行政机关返还罚款的部分或全部。

## 五、结案与归档

渔业行政处罚机关应当按照下列要求及时将案件材料立卷归档：

（1）一案一卷。

（2）文书齐全，手续完备。

（3）案卷应按顺序装订。

案件立卷归档后，任何单位和个人不得修改、增加或者抽取案卷材料，不得修改案卷内容。案卷保管及查阅，按档案管理有关规定执行。

渔业行政处罚机关应当建立行政处罚案件统计制度，并于每年 1 月 31 日前向上级渔业行政处罚机关报送本行政区域上一年度行政处罚情况。

图 4-1 为渔业行政处罚案件查处基本流程示意，其中简单、直观地显示了渔业行政处罚的基本程序。

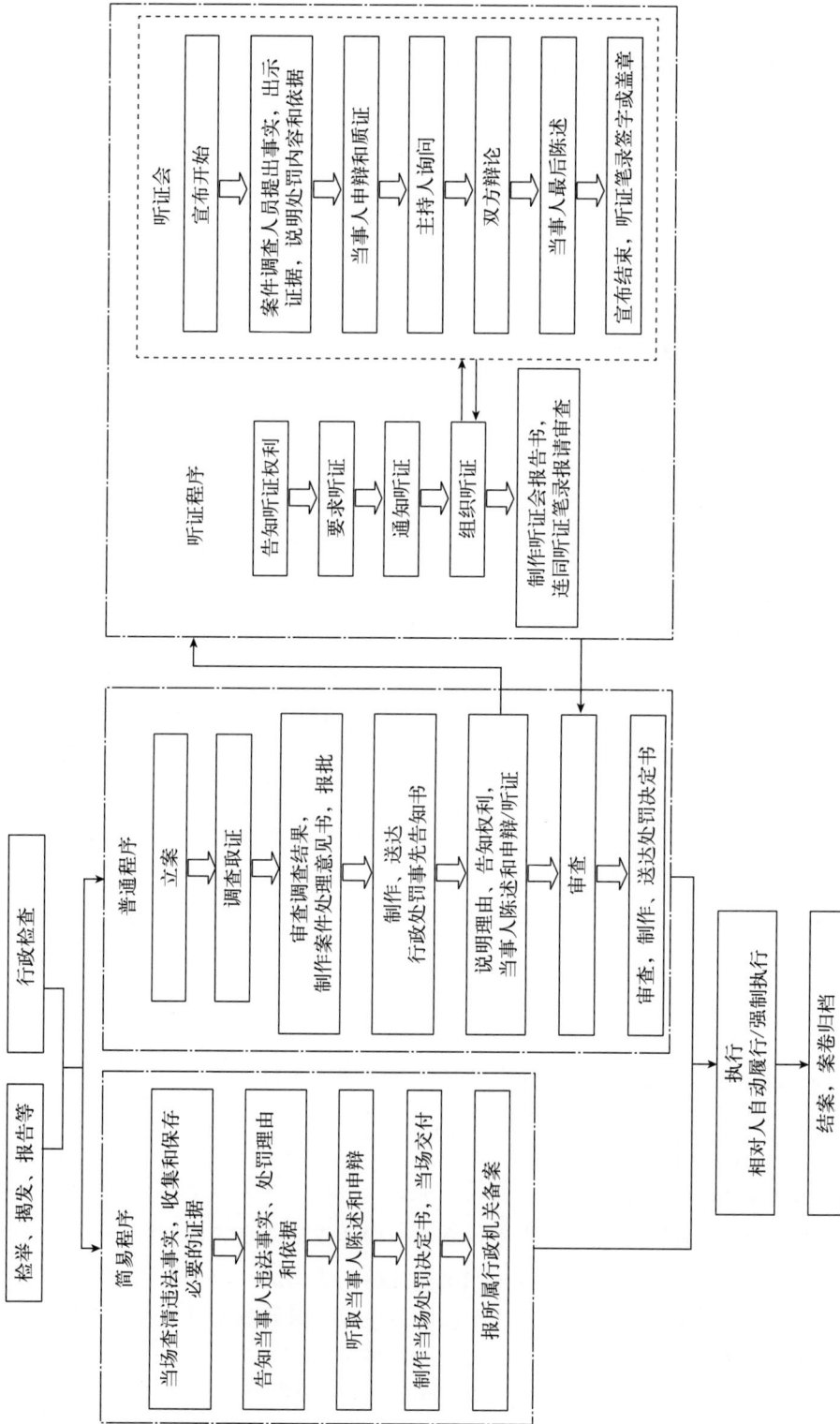

图4-1 渔业行政处罚案件查处基本流程示意

# 第二节　长江流域渔业行政执法检查的主要内容

长江流域的渔业违法案件以非法捕捞类案件和水生生物保护类案件居多。其中，非法捕捞类案件的执法检查可以细分为对禁渔期、禁渔区的执法检查，对使用禁用渔具、渔法进行捕捞行为的执法检查；水生生物保护类案件的执法检查可细分为对水生生物保护区的执法检查、对违反水生野生动物保护管理规定行为的执法检查、对渔业水域生态环境保护的检查和对增殖放流行为的执法检查。此外，渔业安全检查、水产养殖检查也是渔业行政执法检查的重要内容。

## 一、对禁渔期、禁渔区的执法检查

### 1. 长江禁渔规定

根据《渔业法》和农业农村部、财政部、人力资源和社会保障部联合发布的《长江流域重点水域禁捕和建立补偿制度实施方案》等规定，长江流域的禁渔期和禁渔区可以分为四种类型：

（1）从 2020 年开始，长江流域水生生物保护区全面禁止生产性捕捞。

（2）从 2021 年开始，长江干流和重要支流除保护区以外的水域，禁渔期暂定为 10 年，禁渔期结束后，在科学评估水生生物资源和水域生态环境状况以及经济社会发展需要的基础上，另行制定水生生物资源保护管理政策。

（3）大型通江湖泊（主要指鄱阳湖、洞庭湖等）除保护区以外的水域由有关省级人民政府确定禁渔管理办法，因地制宜"一湖一策"差别管理，确定的禁渔区在 2020 年底以前实行禁捕。

（4）长江流域其他水域的禁渔期和禁渔区制度，由有关地方政府制定并组织实施。禁捕期间，特定资源的利用和科研调查、苗种繁育等需要捕捞的，实行专项管理，具体办法由省级或国家渔业行政主管部门制定并组织实施。

### 2. 对长江禁渔规定遵守情况的检查

一般是常年开展的常规性检查，检查内容主要是在水上（小型河流可在河岸）巡查执法，检查在禁渔区或禁渔期内是否有违法从事禁止的捕捞生产活动。

在禁渔区或者水产种质资源保护区的执法检查有以下 3 个方面的要点：①确定渔船是否在禁渔区范围内从事生产作业；②船舶上是否载有在禁渔区捕捞的渔获物；③通过登临检查确定具体船位、渔业捕捞许可证及其核定的作业类型、实际使用的渔具类型和作业方式。

在禁渔期的执法检查内容主要是了解在禁渔期期间内是否存在从事禁止的渔业捕捞生产活动以及转载、收购、销售渔获物等相关活动。在实施禁渔期检查时，一般需要水上检查是否有从事禁止的捕捞生产活动以及是否有非法捕捞的渔获物转运或收购活动、港口码头检查上岸渔获物是否非法捕捞、水产品市场、餐饮场所检查是否有禁止捕捞的渔获物在市场销售、渔村走访调查（走访听取群众反映的情况），甚至是餐饮场所检查等多种检查途径相结合的方式，并且需要得到公安、市场监管等有关部门的配合。

## 二、对使用禁用渔具、渔法进行捕捞行为的执法检查

检查禁止使用的渔具、渔法的遵守情况，主要是依据《渔业法》及国务院渔业主管部门和地方政府渔业主管部门关于禁止使用的渔具渔法的规定，检查捕捞生产活动中是否存在使用法律、法规禁止使用的电鱼、毒鱼、炸鱼等破坏渔业资源的方法和禁用渔具进行捕捞，以及是否制造、销售禁用的渔具。

检查禁止使用的渔具、渔法的遵守情况主要在捕捞生产活动的场所进行，也可在港口、码头检查停靠渔船上的渔具，在市场（包括电商平台）检查是否有禁用捕捞工具售卖。

在水上检查时，重点检查船舶携带、使用电鱼、毒鱼、炸鱼的工具或者其他禁用的捕捞工具的情况。

在渔业水域沿岸或者渔港、码头检查时，重点检查违法使用、携带、制造、销售用于电鱼、毒鱼、炸鱼的工具或者其他禁用的捕捞工具的情况。

在实施检查时，主要是检查、确认渔具的类型和作业方式是否属于法律、法规禁止使用的渔具、渔法，并应注意综合检查渔具的各个组成部分和相关物品，例如电瓶、电压逆变器、渔获物等。

当事人携带电鱼、毒鱼、炸鱼工具进入渔业水域，但现场未查获渔获物的，渔业行政执法机关可以根据现场执法音视频记录、案发现场周边视频监控、交易通联记录、证人证言等证据材料，结合违法行为人的陈述等，综合作出认定。

## 三、其他涉及捕捞活动有关的执法检查

除了上述对禁渔期、禁渔区以及使用禁用的渔具和捕捞方法进行执法检查外，涉及渔业捕捞活动的执法检查还涉及以下几个方面的内容：

（1）检查是否持有渔业船舶检验证书、渔业船舶国籍证书和捕捞许可证等证书，证书是否齐全、有效，或者按规定安装电子身份标识。

（2）检查渔业船舶是否按规定标示船名、船号、船籍港和悬挂船名牌。

（3）检查渔业船舶证书所载主机功率、作业类型、方式、场所、时限以及船载设备所示数据等与实际情况是否相符。

（4）是否存在伪造、变造、毁损、涂改、冒用或者借用船名牌等船舶标识（含电子身份标识）的情况。

（5）检查经过批准的捕捞活动（例如在长江禁捕期间因科研调查、苗种繁育等从事的捕捞活动）是否违反作业类型、方式、场所、时限等规定。

（6）检查是否携带禁用的捕捞工具，或者捕捞工具的规格、数量、网目尺寸是否符合规定。

（7）检查渔获物的种类、规格、重量是否存在违法情况，或者幼鱼是否明显超过规定比例。

（8）检查渔获物中是否有国家重点保护的水生野生动物。

（9）检查捕捞日志填写情况，以及日志所载内容与实际情况不符。

（10）检查渔业船舶是否按规定配备消防、救生、通信、导航等设施设备，或者运行情况是否正常。

（11）检查船员是否满足最低配员标准，船上人员是否持有合法有效的渔业船员证书。

（12）检查船上人员临水作业是否按规定穿着救生衣。

（13）检查渔业船舶防污染设备设施状况以及是否存在违法排放污水、垃圾等情况。

（14）检查是否有外国船舶、外国人擅自在我国管辖水域从事渔业资源调查或捕捞生产等活动。

（15）检查工厂、实体店铺、电子商务平台是否有制造、销售禁用渔具的行为。

（16）检查其他涉嫌违反渔业法律、法规、规章的情况。

## 四、对违反水生野生动物保护管理规定行为的检查

对违反珍贵、濒危水生野生动物保护的案件查处可以根据检查内容的不同按以下几种类型进行：

**1. 对非法捕捉水生野生动物的检查**

检查从事水生野生动物捕捉活动者，是否持有与所捕捉的水生野生动物的保护级别相对应的特许猎捕证，是否按照特许猎捕证规定的种类、数量、地点、期限、工具和方法进行捕捉，以及特许猎捕证是否以合法手段取得，是否有伪造、变造、买卖、转让、租借特许猎捕证等情况。

**2. 对水生野生动物人工繁育检查**

（1）检查从事水生野生动物驯养繁殖活动者，是否持有与所繁育的水生野生动物的保护级别相对应的人工繁育许可证，是否按照人工繁育许可证的规定进行繁育活动，以及人工繁育许可证是否以合法手段取得。

（2）检查有无擅自变更繁育种类或超出人工繁育许可证规定范围的情况、有无擅自将人工繁育的水生野生动物或其产品进行捐赠、转让、交换。

（3）检查是否存在伪造、变造、买卖、转让、租借人工繁育许可证的情形。

**3. 对水生野生动物或其产品的经营利用检查**

主要检查从事水生野生动物或其产品出售、购买、利用活动者，是否持有与所经营利用的水生野生动物的保护级别相对应的经营利用许可证，是否按照经营利用许可证规定的种类和数量等内容开展这些活动，以及证书的取得是否合法，是否存在伪造、变造、买卖、转让、租借等情况。

在此方面，按照《水生野生动物保护实施条例》的规定，对进入集贸市场的水生野生动物或者其产品，由市场监督管理部门进行监督检查，渔业行政主管部门给予协助；在集

贸市场以外经营水生野生动物或者其产品，由渔业行政主管部门、市场监督管理部门或者其授权的单位进行监督检查。

**4. 对水生野生动物或其产品运输、携带、邮寄检查**

根据《野生动物保护法》第三十三条的规定，运输、携带、寄递国家重点保护野生动物及其制品的，应当持有国家有关法律规定的许可证、批准文件的副本或者专用标识，以及检疫证明；运输非国家重点保护野生动物出县境的，应当持有狩猎、进出口等合法来源证明，以及检疫证明。各级政府渔业主管部门要主动会同交通等部门，依法强化对上述运输活动的查验：对运输、携带、寄递依法捕捉捕捞的水生野生动物的，查验其特许猎捕证；对运输、携带、寄递获批出售、购买、利用的国家重点保护水生野生动物，且属于专用标识管理范围的，查验其专用标识；尚未开展专用标识管理的，查验县级以上渔业主管部门批准的行政许可决定文书；对经批准进出口的水生野生动物及其制品需要运往出口口岸或进口目的地的，查验其允许进出口证明书；对人工繁育场所搬迁的，查验其人工繁育许可证（或驯养繁殖许可证）；对救护和执法查没的国家重点保护水生野生动物的运输等特殊情况的，查验县级以上渔业主管部门出具的救护、查扣证明或公安、海关、工商、质检等部门出具的查扣证明。对查验过程中发现运输凭证与上述要求不相符的，应当依法进行调查处理。

**5. 对水生野生动物或其产品进、出口检查**

主要检查单位或个人从事水生野生动物或其产品进、出口行为是否持有按法律规定由国务院渔业行政主管部门发放的批准文件，是否取得国家濒危物种进出口管理办公室核发的允许进出口证明书，是否按照批准的种类、数量进出口水生野生动物或其产品，以及进出口水生野生动物的检验、检疫情况。

应当注意，水生野生动物或其产品的进出口检查，除了要依据《国家重点保护野生动物名录》认定水生野生动物及其保护等级外，还要确认进出口的水生野生动物或其产品是否列入《濒危野生动植物种国际贸易公约》附录。

《濒危野生动植物种国际贸易公约》附录包括附录Ⅰ、附录Ⅱ、附录Ⅲ。对于进口列入该公约附录Ⅰ、附录Ⅱ的水生野生动物标本的，除了前述检查内容外，还应检查是否持有合法有效的出口国发放的出口许可证或再出口证明书，以及是否按允许进口证明书规定的口岸、期限实施进口活动。对于从事该公约附录Ⅰ、附录Ⅱ所列物种标本的再出口的，应检查再出口证明书。

对于进口该公约附录Ⅲ所列物种标本的，如果是从将该物种列入该公约附录Ⅲ的国家进口，应检查出口国发放的出口许可证和原产地证明书。如果该出口国属于再出口的情况，则应检查再出口国管理机构签发的有关该标本曾在该国加工或正在进行再出口的证明书。

## 五、对涉渔水上水下工程违法行为的检查

涉渔工程是指因人类的经济活动需要（如民生工程建设、基础设施项目、经济开发项目）涉及渔业水域的、可能对水生生物资源及水生态环境产生影响的工程项目。

涉渔工程的主要类型包括：水利水电开发工程、挖砂采石工程、取水口建设工程、排污口建设工程、航道建设工程、城市堤防建设工程、码头建设工程、桥梁建设工程、江底隧道建设工程和其他工程。

涉渔工程违法行为查处是指具有渔业行政执法权限的主体对涉渔工程在建设阶段以及运营阶段涉嫌违法的行为进行监督、检查和处罚的过程。

**1. 检查的主要内容**

（1）环境影响报告书（表）、主管部门的审批文件等材料是否齐全，其中涉及保护区建设项目必须要有专题报告书。

（2）审批文件等材料是否失实。

（3）审批程序是否合法。特别是对重点保护的水生野生动物的生存环境产生不利影响的建设项目，在审批前是否征求了同级渔业行政主管部门的意见。

（4）是否与渔业行政主管部门沟通并采取了水生生物资源保护和补偿措施。

（5）是否执行了"三同时"（即环保措施是否与项目同时设计、同时施工、同时验收投入运行）制度。

**2. 检查的基本流程**

（1）调查业主方、环评单位、环保审批部门、渔业行政主管部门及其渔业行政执法机构是否有违法行为。调查的重点是工程是否影响了水生生物资源情况以及施工方是否与当地渔业行政主管部门签订生态补偿协议。

（2）发现涉嫌违法行为后调查取证形成证据链条。

（3）违法事实清楚、证据确凿的案件，对业主方，依据《渔业法》第三十五条和《水污染防治法》第二十九条第三款、第九十四条第二款进行处罚。对涉嫌违法的行政机构或其工作人员，依照《中华人民共和国环境影响评价法》第三十一条第一款、第三十四条予以行政处分；构成犯罪的，依法移交司法处理。

（4）发现违法行为，依法由其他部门处理的，渔业行政主管部门应当及时将案件线索、证据移送有关部门进一步调查处理。

## 六、渔业安全检查

渔业安全检查是渔业行政执法检查的重要内容，除了在水上登临检查渔业船舶时需要检查涉及安全的船舶证书、安全设施设备、人员配置等情况外，在渔港、码头的检查通常包括以下几个方面的内容：

（1）是否按规定进行船舶进出港报告。

（2）是否有未经批准运载、装卸易燃、易爆、有毒等危险物品的情况。

（3）是否有未经批准进行明火作业或者燃放烟花爆竹的情况。

（4）船舶停泊期间是否按规定留足值班人员。

## 七、水产养殖检查

水产养殖检查主要在养殖场所实施，也可在水产品市场进行检查，但需要相应的水产品可追溯机制的支撑。在水产养殖场所进行检查主要包括以下几个方面的内容：

（1）检查养殖证、水产苗种生产许可证等证件。

（2）检查养殖品种、范围和场所与养殖证、水产苗种生产许可证是否符合。

（3）检查是否有使用禁用药品、人用药品、停用药品及禁止使用的其他化合物的情况。

（4）检查是否依法建立和保存生产、用药、销售记录以及记录内容是否规范、全面、真实。

（5）检查死亡养殖水产品是否按规定进行无害化处理的情况。

（6）检查是否有未依法从事人工繁育珍贵、濒危水生野生动物的行为。

（7）检查在水产种质资源保护区内的捕捞是否经渔业行政主管部门批准。

# 第三节　渔业行政执法检查规范、措施和方法

2020年12月29日，农业农村部发布《渔政执法工作规范（暂行）》。本节依据该规范，结合《行政处罚法》《政强制法》《农业行政处罚程序规定》等，介绍渔业行政执法检查的主要措施、方法和相关规范。

## 一、渔业行政执法检查的一般规范

基于渔业的特点，渔业行政执法检查分为水上检查和陆上检查两种。无论是水上还是陆上，渔业行政执法检查都应遵守以下一般性规范：

（1）渔业行政执法人员检查时应当携带执法记录仪、移动通信设备、网目尺寸测量尺、采样以及具有拍照、录像、录音功能的设备；应当根据执法工作需要穿戴救生衣、安全头盔、防滑鞋、防刺背心、防割手套等防护设备。

（2）实施巡查前，应当确定带队负责人，明确巡查内容。巡查应当建立日志，如实记录巡查情况，并妥善保存。

（3）检查生产经营场所、设施、物品，应当由渔业行政执法人员与当事人在检查记录上逐页签名、盖章或者按指纹确认。无法通知当事人，当事人不在场或者拒绝签名、盖章、按指纹确认的，应当在检查记录中注明，并采取录音、录像等方式记录。

（4）渔业行政执法机关检查时发现违法行为涉嫌犯罪或者当事人暴力抗法、逃逸、毁灭、隐匿证据的，可以通过部门间协作机制或者报警平台，联络公安机关派员控制现场。

## 二、水上检查的基本规范要求

### 1. 水上检查的程序规范

开展水上渔业行政执法检查时应遵守以下规范：

（1）渔业行政执法船（以下简称执法船）开航前应当符合适航条件，船体整洁，标志清晰。

（2）使用执法船执行水上执法任务，应当经渔业行政执法机构负责人批准。因特殊原因，可以按规定借用、租用非执法船执行渔业行政执法任务。

（3）开展水上巡查，应当综合使用目视、雷达及其他手段对周围作业船舶进行全面观察。

（4）对船舶执行登临检查任务的渔业行政执法人员不得少于两人。

（5）对船舶实施登临检查全过程应当通过文字或者影像进行记录。

（6）渔业行政执法人员登临船舶前应当通过无线电通信设备、高音喇叭等呼叫目标船舶，指令其停船接受检查，特殊情况需要采取隐蔽方式登临的除外。

（7）登临船舶应当采取安全防范措施，按需要携带和使用执法设备、防护装备、执法文书。

（8）登临船舶过程中，发生人员落水或者其他险情的，应当立即采取应急救援措施，必要时向水上搜救部门及附近其他船舶求援。

（9）目标船舶拒不配合登临的，应当喊话告知抗拒执法的法律责任。目标船舶仍拒不配合的，可以强行登临。不具备强行登临条件的，应当向渔业行政执法机构负责人报告，并可以将涉案船舶信息、特征通报辖区及周边渔业行政执法机构及其他水上执法机关，请求协查。

（10）根据执法工作需要，渔业行政执法人员可以要求当事船舶上的相关人员前往执法船配合调查，调查取证在水上无法实现的，可以指令船舶停靠指定地点配合调查。

（11）登临船舶后，渔业行政执法人员应当对渔业船舶证书、捕捞工具、捕捞方法、渔获物及船上人员等情况开展全面检查。

**2. 水上检查的重点**

水上登临船舶重点检查是否有下列情况：

（1）无合法有效的渔业船舶检验证书、渔业船舶国籍证书和渔业捕捞许可证等证书，或者未按规定安装电子身份标识。

（2）渔业船舶证书所载主机功率、作业类型、方式、场所、时限以及船载设备所示数据等与实际情况不符。

（3）伪造、变造、毁损、涂改、冒用或者借用船名牌等船舶标识（含电子身份标识）。

（4）携带禁用的捕捞工具，或者捕捞工具的规格、数量、网目尺寸不符合规定。

（5）渔获物的种类、规格、重量与捕捞限额不匹配，或者幼鱼明显超过规定比例。

（6）渔获物中有珍贵、濒危水生野生动物。

（7）船舶作业类型、方式、场所与渔业捕捞许可证不符。

（8）未按规定填写作业日志，或者日志所载内容与实际情况不符。

（9）未按规定配备消防、救生、通信、导航等设施设备，或者运行情况不正常。

（10）职务船员未满足最低配员标准，或者船上人员未持有合法有效的渔业船员证书。

## 三、陆上检查的基本规范要求

开展渔业行政执法陆上检查时应遵守以下规范：

（1）当事人携带电鱼、毒鱼、炸鱼等违法工具进入渔业水域，但现场未查获渔获物的，渔业行政执法机构可以根据现场执法音视频记录、案发现场周边视频监控、交易通联记录、证人证言等证据材料，结合违法行为人的陈述等，综合作出认定。

（2）根据检查情况，渔业行政执法机构可以按规定对水产品进行抽样检测，检测时间不计入办案期限。抽样检测过程应当符合《产地水产品质量安全监督抽查工作暂行规定》的相关要求。当事人无正当理由拒绝抽样的，渔业行政执法人员应当告知其法律后果。当事人仍拒绝抽样的，渔业行政执法人员应当现场填写监督抽查拒检确认文书，由渔业行政执法人员和见证人共同签字，并及时向渔业行政执法机构报告情况。对被抽查的水产品以不合格论处。

（3）渔业行政执法机构可以采用农业农村部会同有关部门认定的快速检测方法进行水产品质量安全监督抽查检测，但复检不得采用快速检测方法。检测结果确定有关水产品不符合相关质量安全标准的，可以作为渔业行政处罚的依据，必要时结合专家意见进行综合认定。检测结果显示水产品质量不合格的，渔业行政执法机构应当及时通知当事人，责令其停止销售水产品，并立即立案调查。

（4）在渔业水域沿岸、渔港、码头实施检查，渔业行政执法机关应当依法按职责对涉及渔业生产活动以及渔业船舶安全、防污染等事项进行全面检查。

（5）在养殖场所实施检查，渔业行政执法机构应当对养殖单位和个人持证情况、投入品、生产记录、养殖品种及养殖环境等情况进行全面检查。

### 四、渔业行政执法检查的主要措施、方法及其具体规范

#### （一）现场检查和勘验

现场检查和勘验是渔业行政执法检查的最重要的措施之一，也是最直接的行政检查措施，适用于水上、港口、陆地等多种检查方式。其中，现场检查的对象和内容是非常广泛的，几乎可以适用于所有需要了解、查明的情况；现场勘验则是带有一定的技术性的措施，往往针对需要采用技术手段进行准确测绘、拍摄、检验的事项。

渔业行政执法人员在进行现场检查（勘验）现场，应着重检查与查明的行为事实相关的现场情况，并制作现场检查（勘验）笔录，记录应全面、准确、客观，并遵循以下几点要求：

（1）现场检查（勘验）笔录必须在现场检查（勘验）时当场制作，记录顺序应与所实施的检查（勘验）的顺序一致，力求做到边检查（勘验）边记录。

（2）在现场检查（勘验）过程中，如果对现场进行拍照、录像、调取证物，应同时记录现场拍照、录像、调取证物的内容，对物证还要注明名称、数量、所在位置、状态和标记等。

（3）进行现场检查（勘验）时，如果对现场物品采取先行登记保存或查封、扣押等行政强制措施，应如实记录。

（4）对于同一案情有多个现场，或者同一现场进行多次检查（勘验）的，应分别制作现场检查（勘验）笔录。

（5）进行现场检查（勘验）时，应通知当事人到场，当事人拒不到场的，可邀请在场的其他人员证明情况，并在现场检查（勘验）笔录上签字。

（6）现场检查（勘验）笔录制作完成后，应当由渔业行政执法人员、当事人或现场证

明人等有关人员核实，并逐页签名或盖章确认。当事人拒绝或不能签字的，应当注明原因。有其他人在场的可以由其他在场的证人签名或盖章。现场检查（勘验）笔录如果没有当事人或证人签名、盖章，将不能作为证据使用。

### （二）走访、询问有关人员和听取有关情况

走访询问有关人员和听取有关情况，也是渔业行政执法检查常用的措施，但一般作为辅助或补充检查措施，或者在无法进行现场检查的情况下一种了解情况的措施。应当注意的是，通过走访询问有关人员和听取有关情况所获得的信息往往具有两面性，既具有较强的证明力，又可能与事实不符。因此应综合其他检查情况进行审查和判断。

渔业行政执法人员对有关人员进行走访、询问和听取有关情况时，应表明身份，听取陈述，制作询问笔录，如实记录被询问人提供的与所要了解、查明的事实内容有关的时间、地点、经过、因果关系及后果。询问应当单独进行，不得以利诱、欺诈、威胁、暴力等不正当手段收集信息和证据。

询问笔录制作完成后，应交由被询问人核实，记录有遗漏或者有差错的，可补充修改，并由当事人在改动处签章或按指纹确认。确认无误后，由询问人和被询问人逐页签名或者盖章或捺指印确认，被询问人拒绝签名或者盖章的，由询问人在笔录上注明情况。

### （三）拍摄视听资料

拍摄视听资料包括拍照、摄像，是渔业行政执法检查常用的现代技术手段。通过拍摄获取的视听资料，对所检查或调查的事实情况具有很强的证明力。

渔业行政执法人员在收集视听资料时，应突出欲了解、查明的行为、人员、物品的事实，要能够和现场检查（勘验）笔录和询问笔录等证据内容相互印证。提供视听资料，应当使用原始数据、原始载体、经当事人确认或公证的复制件，并要符合下列要求：

（1）照片资料应注明照片的拍摄人以及拍摄的时间、地点、反映的事由等。照片资料参考格式见资料格式示例4-1。

（2）录像资料应另附文字说明，并注明摄录人、摄录的时间，摄录内容所反映的具体事由经过等。

## 【照片资料格式示例4-1】

| 说明的事项或反映的事由 | 渔政执法人员查获的禁用渔具 | |
| --- | --- | --- |
| 拍摄时间 | ××年××月××日××××时 | |
| 拍摄地点 | ××× | |
| 拍摄人 | ××× | |
| 执法证号 | ××× | |
| 当事人签名 | ××× | |

### （四）抽样检查

抽样检查是指当被检查物品数量较多时，从被检查物品总体中抽取部分进行检查或进一步检测、鉴定，具有降低执法成本、提高行政效率的特点。在行政执法检查过程中发现涉嫌违法行为的情况或者是在对行政处罚案件进行调查时，对同种数量较多的物证，可采取抽样取证的方法获取证据。

抽样检查有两种基本情况：①在被查物品总体中抽取部分直接进行检查；②从同种类物中抽取部分进行检验、鉴定等进一步的查验。

抽样检查应遵循以下几点规则：

（1）抽样的渔业行政执法人员应掌握抽样基本知识，使抽取的样品能反映总体物品的特质。有法律、法规对抽样机构或抽样方式作出明确规定的，应由法定的抽样机构采用法定的抽样方式进行抽样。

（2）渔业行政执法人员进行抽样时，必须要求当事人到场，说明抽样的目的、方法、程序，与当事人共同清点、确认抽样物品的数量、规格、型号等，并将抽样人员、时间、地点、抽样物、抽样方式和过程等进行客观记录。

（3）抽样应制作抽样凭证，经渔业行政执法人员、当事人等有关人员核对无误后签名或盖章确认。抽样的物品应当场进行装箱或入库封存。

### （五）证据先行登记保存

证据先行登记保存是一种临时措施，是指在行政执法检查过程中发现涉嫌违法行为的情况，或者是在对行政处罚案件进行调查时，出现证据可能灭失或者以后难以取得的情况，经渔业行政执法机构负责人批准，渔业行政执法人员可以对需要保存的物证当场登记造册，暂时先予封存固定，就地或异地保存，等待行政机关进一步的调查和作出处理决定。《行政处罚法》第五十六条规定，行政机关在收集证据时，可以采取抽样取证的方法。在证据可能灭失或者以后难以取得的情况下，经行政机关负责人批准，可以先行登记保存，并应当在 7 d 内及时作出处理决定，在此期间，当事人或者有关人员不得销毁或者转移证据。一般情况下，实行先行登记保存的证据是物证。

实施证据先行登记保存时，渔业行政执法人员应当制作证据登记保存清单，经当事人签字确认后送达当事人，渔业行政执法机构应在 7 d 内及时作出处理决定，并制作登记保存物品处理通知书，经当事人签字确认后送达当事人。

证据先行登记保存采取就地保存的，应责令当事人妥为保管，不得动用、销售、转移、损毁、隐匿证据；采取异地保存的，有关人员应妥为保管证据，不得销毁或转移。

### （六）查封、扣押

查封、扣押是《行政强制法》明确规定的行政强制措施，其对象是与违法行为有关的场所、设施或财物。查封、扣押一般用于对涉嫌违法行为的调查取证过程中。例如，《渔业法》第四十八条第二款规定：在海上执法时，对违反禁渔区、禁渔期的规定或者使用禁用的渔具、捕捞方法进行捕捞，以及未取得捕捞许可证进行捕捞的，事实清楚、证据充分，但是当场不能按照法定程序作出和执行行政处罚决定的，可以先暂时扣押捕捞许可证、渔具或者渔船，回港后依法作出和执行行政处罚决定。

**1. 查封、扣押的对象**

根据《行政强制法》第二十三条的规定，查封、扣押限于涉案的场所、设施或者财物，不得查封、扣押与违法行为无关的场所、设施或者财物；不得查封、扣押公民个人及其所扶养家属的生活必需品。当事人的场所、设施或者财物已被其他国家机关依法查封的，不得重复查封。

**2. 查封、扣押的程序**

渔业行政执法检查中实施查封、扣押等行政强制措施时，应遵循《行政强制法》第十八条、第十九条的规定，具体包括以下几个方面：

（1）实施前须向渔业行政主管部门或渔业行政执法机构负责人报告并经批准。

（2）由两名以上渔业行政执法人员实施。

（3）出示执法身份证件。

（4）通知当事人到场。

（5）制作并当场交付查封、扣押决定书和清单，查封、扣押清单一式二份，由当事人和渔业行政主管部门或渔业行政执法机构分别保存。

（6）当场告知当事人实施查封、扣押的理由、依据以及当事人依法享有的权利、救济途径。

（7）听取当事人的陈述和申辩。

（8）制作现场笔录，现场笔录由当事人和渔业行政执法人员签名或者盖章，当事人拒绝的，在笔录中予以注明。

（9）当事人不到场的，邀请见证人到场，由见证人和渔业行政执法人员在现场笔录上签名或者盖章。

（10）情况紧急，需要当场实施查封、扣押的，渔业行政执法人员应当在 24 h 内向渔业行政主管部门或渔业行政执法机构负责人报告，并补办批准手续。渔业行政主管部门或渔业行政执法机构负责人认为不应当采取行政强制措施的，应当立即解除。

**3. 查封、扣押决定书的内容**

查封、扣押决定书应当载明下列事项：

（1）当事人的姓名或者名称、地址。

（2）查封、扣押的理由、依据和期限。

（3）查封、扣押场所、设施或者财物的名称、数量等。

（4）申请行政复议或者提起行政诉讼的途径和期限。

（5）渔业行政主管部门或渔业行政执法机构的名称、印章和日期。

**4. 查封、扣押的期限**

《行政强制法》第二十五条明确规定，除了法律、行政法规另有规定的，查封、扣押的期限不得超过 30 d；情况复杂的，经行政机关负责人批准，可以延长，但延长期限不得超过 30 d。延长查封、扣押的决定应当及时书面告知当事人，并说明理由。

对查封、扣押物品需要进行检测、检验、检疫或技术鉴定的，查封、扣押的期限不包括检测、检验、检疫或技术鉴定的时间，但所需时间应当明确，并书面告知当事人。检测、检验、检疫或者技术鉴定的费用由实施查封、扣押的行政机关承担。

**5. 扣押船舶的注意事项**

在渔业行政执法过程中，需要依法扣押船舶的，应注意以下事项：

（1）执行押送任务的渔业行政执法人员或相关人员要保证两人以上，着救生衣，保持通信畅通，配备必要的防卫器材，确保人身安全。

（2）押送船舶时，被押送船上的部分船员要乘坐执行押送任务的渔政执法船，控制被押送船舶的通信联络，检查被押送船舶是否有武器、刀具等器具，防范可能存在的安全隐患。

（3）拖带被押送船舶时，渔业行政执法船船长要根据气候、水况，确定航行时间、航向、地点，加强值班瞭望，备好应急器具，防止意外事故发生，确保航行安全。

（4）需要公安机关等部门配合的，渔业行政执法船应事先或在抵港后立即通知有关部门，做好接收扣押船舶和人员的准备工作。

（5）扣押船舶的港口或码头，应具备与被扣押船舶相适应的安全保障条件，确保船舶在扣押期间不致损毁。实施扣押的渔业行政执法机构，应加强被扣押船舶在港口或码头的安全保护，不得使用，不得造成船舶损毁。

**6. 对查封、扣押物品的保管**

根据《行政强制法》第二十六条的规定，对查封、扣押的场所、设施或者财物，渔业行政执法机构应当妥善保管，不得使用或者损毁；渔业行政执法机构也可以委托第三人保管，第三人不得损毁或者擅自转移、处置。造成损失的，渔业行政执法机构应当承担赔偿责任。因查封、扣押发生的保管费用，由实施查封、扣押的渔业行政主管部门或渔业行政执法机构承担。

**7. 查封、扣押的解除**

根据《行政强制法》第二十八条的规定，对于以下情形，应当及时作出解除查封、扣押决定：

（1）当事人没有违法行为。

（2）查封、扣押的场所、设施或者财物与违法行为无关。

（3）行政机关对违法行为已经作出处理决定，不再需要查封、扣押。

（4）查封、扣押期限已经届满。

（5）其他不再需要采取查封、扣押措施的情形。

解除查封、扣押应当立即退还财物。对于查封、扣押的鲜活物品，例如鲜活水产品或者其他不易保管的财物，已经拍卖或者变卖的，退还拍卖或者变卖所得款项。变卖价格明显低于市场价格，给当事人造成损失的，应当给予补偿。

**（七）查阅或者复制有关材料**

查阅或复制有关材料是渔业行政执法检查的重要措施之一，广泛适用于各种类型的渔业行政执法检查,其内容主要是书面材料。

渔业行政执法人员查阅或者复制有关书面材料,应当提取原件。提取原件有困难的,可以提取与原件核对无误的复印件、照片、节录本,并要求书面材料提供人在书证上签名确认。提取由有关部门保管的相关材料原件的复制件、影印件或者抄录件的,应当注明出处,经该部门核对无误后加盖其单位公章。提取报表、图纸、会计账册、专业技术资料、科技文献等书证的,应当附有说明材料。

### (八) 技术检测、鉴定

渔业行政执法检查时涉及检测、鉴定等专业性或技术性事项,应委托法定鉴定部门或有资质的专业机构进行检测、鉴定。委托检测或鉴定,应当制作鉴定委托书,载明委托人的基本情况、委托鉴定的具体事项,并要求受委托单位提供检测或鉴定的依据和使用的科学技术手段、受委托单位及其承办人员的资质证明等,同时应有鉴定人员的签名及鉴定部门盖章。

封存的物品送交鉴定时,须通知当事人到场,共同确认封存的物品,核对无误后交鉴定部门鉴定。收到鉴定机构出具的鉴定结论后,渔业行政执法人员应当及时告知当事人鉴定的结论。

### (九) 调阅技术平台、系统数据

随着科学技术的进步和现代技术装备在渔业行政执法中应用的不断提升,渔业行政执法监管也从人员监管向技术监管转变,如船位监控、卫星定位、船舶防碰撞、固定电子监测、渔政指挥系统数据库等可以提供静态、动态执法监管数据。渔业行政执法检查时,可以从这类技术平台、系统中调阅数据以核实执法检查对象的相关情况。

对于隶属于本渔业行政执法机构的技术平台或系统,调阅数据时应当注明凭条或系统的名称、调阅时间、数据调阅人以及调阅数据所反映的内容;对于非本渔业行政执法机构的平台或系统,应当请其所属单位出具说明。

调阅数据时,应当注意数据的对应性及关联性。对调阅后的数据可以采用截图、录屏、拷贝、打印等方式予以固定。

### (十) 向有关单位了解核实情况

渔业行政执法检查时,需要向有关单位了解核实相关情况时,应向相关单位去函去电,明确需要了解、核实的情况内容,需要相关单位提供的帮助和支持。开展跨部门联合执法行动的,由其他执法机关所掌握或采集的证据、材料与调查案件有关的,可以请其移送相关证据或材料。

## 第四节　渔业行政处罚的证据

行政处罚的证据是证明违法行为的真实性及其情节和危害程度客观根据,是作出行政处罚决定的事实依据,在行政处罚案件处理中具有重要地位。"先取证,后决定"是行政处罚的法定程序规则,也是适应行政诉讼的需要。我国《行政诉讼法》规定,被告(行政主体）对作出的具体行政行为负有举证责任。

我国目前尚未建立行政处罚证据的统一、完善的法律制度，但一些基本的证据规则已经初步形成，散见于《行政处罚法》和各领域有关行政处罚的程序规范和实体规范中。例如，《农业行政处罚程序规定》对调查取证的程序进行了较为具体的规定。此外，《最高人民法院关于行政诉讼证据若干问题的规定》对行政诉讼的证据规则进行了具体规定，由于行政处罚证据是行政诉讼中行政处罚合法性审查的重要依据，因此行政处罚证据必须严格参照行政诉讼证据规则。本节主要根据《行政处罚法》《农业行政处罚程序规定》《最高人民法院关于行政诉讼证据若干问题的规定》《渔政执法工作规范（暂行）》的相关规定，结合渔业行政处罚的特点，介绍渔业行政处罚证据收集的规则和注意事项。

## 一、渔业行政处罚证据的种类

渔业行政处罚案件的证据一般包括书证、物证、视听资料、证人证言、当事人陈述、鉴定结论、勘验笔录和现场笔录。此外，在有些渔业行政处罚案件中，监测数据也是重要的证据之一，涉外渔业行政处罚案件还可能涉及域外证据。

**1. 书证**

书证是指能够以文字、符号、图画等形式，记载或表达证据事实内容的书面材料，例如国家机关制作的公文和证书证件（船舶证书）、检验（检测、认定、评估）报告、公证书、律师事务所出具的法律意见书、合同书、地（海）图、技术资料、捕捞日志、航海日志、水产养殖生产记录、购销凭证、会计账簿等。

**2. 物证**

物证是指以其存在的情况、形状、质量、特征等证明违法事实的一切物品和痕迹，例如违法渔具、渔船，违法捕捞的渔获物，违法的养殖设施设备及投入品、养殖水产品，以及其他从事渔业违法行为所使用的物品、工具等。

**3. 视听资料**

视听资料是指能证明违法行为的录像、录音等图像、声音形式的证据，包括执法记录仪、电子监控摄像设备、照相机、摄像机、录音笔、手机及其他录音、录像设备记录的用于证明案件事实的影像资料和录音资料。

**4. 电子数据**

作为证据的电子数据是指基于电子信息技术的产生发展，以数字化等虚拟形式存在于各种电子设备载体，所载内容与载体可分离，且可多次被复制到其他载体的证据。在渔业行政处罚中，电子数据证据主要来源于利用电子技术监控设备收集、固定违法事实的证据，例如船位监控数据、全球卫星定位系统数据、船舶防碰撞系统数据、固定电子监测数据等。

**5. 证人证言**

证人是指可以证明违法案件或知道案件的有关情况，应渔业行政执法人员的询问作证的人。证言指证人就其了解的有关情况向渔业行政执法人员所作的陈述。

**6. 勘验笔录**

勘验笔录是指渔业行政执法人员对违法案件有关的场所、物品、人身等通过勘验、检查、拍照、测绘等所作的客观事实记录，是一种没有勘验人员主观分析和判断意见的客观事实记录。

**7. 当事人的陈述**

当事人陈述是指当事人就行政违法案件向渔业行政执法人员所作的陈述。当事人陈述具有双重性，既具有较强的证明力，又有可能与事实不符，因此需要结合其他证据进行审查和判断。

**8. 认定、鉴定（检验、检测、评估）结论**

认定、鉴定（检验、检测、评估）结论是指专门的机关或组织运用专业知识、专门技术对案件中的专门性问题进行分析、认定、检验、检测、鉴别、判断后作出的结论。

**9. 现场笔录**

现场笔录是指渔业行政执法人员在行政违法案件现场当场记录的现场基本情况。现场笔录是最适合水上渔业行政处罚并且比较容易收集的一种证据。

**10. 监测数据**

监测数据是指通过日常的监测手段获得的与行政违法案件相关的数据资料，往往具有很强的专业技术特点。在渔业行政处罚案件中，监测数据主要包括通过渔船船位监测系统获得的船位数据、渔业水域环境日常监测的环境质量数据等。

**11. 域外证据**

域外证据是指在中华人民共和国领域外形成的证据，在内容和形式上可能是前述各类证据的一种或几种。渔业行政处罚案件中的域外证据，主要是指在涉外渔业管理领域，特别是公海国际合作渔业监督执法中，悬挂我国旗帜的渔船被他国执法人员按照国际合作登临检查的程序实施登临检查所形成的证据。

## 二、有效证据的基本特征

有效证据的基本特征是证据能够被作为事实依据的根本所在。《最高人民法院关于行政诉讼证据若干问题的规定》中有关证据的审核认定的条款，对确定证据材料与案件事实的关联性、审查合法性和真实性进行了规定。这就要求有效的行政处罚证据应具备3个基本特征：关联性、合法性、真实性。这3个特征密切相关，缺一不可。

**1. 关联性**

证据的关联性也叫相关性，是指证据材料与待证事实之间存在某种证明关系。关联性是证据适用的基础条件，因为即使证据材料是合法的、真实的，但其内容与待证事实无内在的和必然的联系，就不能作为证据。需要注意的是，不同的证据材料与待证事实之间的关联性在程度上可能是不同的，证据关联性要求具有某种程度的关联性。

**2. 合法性**

证据的合法性是指证据符合法定形式，证据的取得符合法律、法规的要求。证据的合法性是证据关联性和客观性的重要保证，是证据具有法律效力的重要条件。

### 3. 真实性

证据的真实性也称为客观性，是指证据是伴随案件发生、发展的过程而遗留下来的、不以人们的主观意志为转移而存在的事实。按照《最高人民法院关于行政诉讼证据若干问题的规定》第五十六条的规定，影响证据真实性的因素包括：①证据形成的原因；②发现证据时的客观环境；③证据是否为原件、原物，复制件、复制品与原件、原物是否相符；④提供证据的人或者证人与当事人是否具有利害关系；⑤影响证据真实性的其他因素。

## 三、渔业行政处罚调查取证的基本原则

渔业行政处罚案件的证据收集应主动及时、全面、客观、公正地进行，并遵守法定程序，同时还要尊重科学规律。

### 1. 主动及时

要求在立案后积极主动、迅速及时地开展调查取证工作。一般情况下，渔业违法行为的现场和证据都具有难以维护和容易消失的特点，这就特别需要主动、及时地调查取证，以利于案件的查处。

### 2. 全面

一般情况下，违法行为事实难以凭一两种证据就能证明，只有在全面了解和掌握各种证据材料的前提下，才能依法作出正确的判断。因此，渔业行政执法机构在收集证据时，应多方面、多层次、多角度地调查和收集与案件有关的各种证据，询问和听取与案件有关的各方面的情况，不能凭主观判断随意取舍，应尽量收集与案件相关的各种证据，从不同的方面和不同角度证实违法行为和事实的存在，使各种证据环环相扣、相互印证，形成证据链，才能清楚地还原整个违法过程。

### 3. 客观

要求在调查取证过程中应以客观事实为证据，不能主观臆断，不能以推测、想象来替代客观事实。对于现有的证据材料不能加以夸大或缩小，更不能弄虚作假，制造假证据。

### 4. 公正

要求所调查的内容和收集的证据不仅限于证明当事人违法行为，还必须同样调查收集证明当事人没有违法行为的证据；听取意见时既要听取违法行为受害方的意见，还要听取其他方面的意见。在程序要求上，调查取证的渔业行政执法人员与案件有利害关系或其他关系，可能影响公正处理的，应该回避。

### 5. 合法合规

在行政处罚案件调查取证过程中，取证主体、取证程序、取证方法、证据的形式都必须符合有关法律的规定，否则，将导致证据不合法，不得作为行政处罚的证据依据。不得使用欺骗、胁迫、暴力等不正当手段取证，不得违法泄露商业秘密、个人隐私，不得收集与案件无关的证据材料，不得将证据用于查办案件以外的其他用途。

**6. 遵循科学规律**

渔业活动与科学技术有着极为密切的关系，而且涉及生物学、生态学、化学、物理学以及捕捞技术、养殖技术等诸多方面。这就要求在对渔业违法行为进行调查取证时，特别要遵循科学规律，重视行为与事实证据之间的内在联系的科学性，不能简单地停留在事物的表面上，应细致、深入地考察各种证据材料与违法事实之间的内容联系，并尽量采取科学技术手段收集证据。

## 四、渔业行政处罚的重点证据

### 1. 办理非法捕捞及违反安全生产类案件的重点证据

办理非法捕捞及违反安全生产类案件，应当重点收集渔业船舶国籍证书、渔业船舶检验证书、渔业捕捞许可证、渔业船员证书、船位数据、作业现场影像资料、渔具、渔获物（含称重记录）、网目尺寸测量记录等证据。办理违反安全生产类案件，还应当收集安防装备和通信、导航设备使用记录以及船舶、人员、环境状况等证据。

### 2. 办理非法养殖及水产品质量安全类案件的重点证据

办理非法养殖及水产品质量安全类案件，应当重点收集养殖证、养殖设施设备、养殖水产品、养殖投入品及包装、有毒有害物质检测报告、销售收购凭证、收付款记录等证据。

### 3. 办理水生野生动物保护类案件的重点证据

办理涉嫌非法猎捕、杀害、收购、运输、销售珍贵、濒危水生野生动物案件，重点收集特许猎捕证、人工繁育许可证、经营利用许可证等证书以及珍贵、濒危水生野生动物品种、价值、数量等情况。

### 4. 办理渔业水域污染类案件的重点证据

办理渔业水域污染案件，重点收集受污染水域及水生生物受损状况、环境监测数据、渔业资源损害评估报告、鉴定意见等证据。

## 五、各类行政处罚证据的具体要求

《最高人民法院关于行政诉讼证据若干问题的规定》第十条至第十七条，对向法院提供证据的要求进行了具体规定。渔业行政执法机构在收集行政处罚案件的证据时，应遵循这些诉讼证据规定。在此，根据这些规定，介绍渔业行政执法机构在取证时的有关要求。

### 1. 提取书证的要求

（1）应当收集书证的原件，包括原本、正本和副本均属于书证的原件。原件篇幅过长的，可以对与案件事实具有关联性的内容进行节录。收集原件困难的，可以收集与原件核对无误的复制件、影印件或者抄录件，并在核对无误后标明"与原件一致"，注明出证日期和证据来源，并签名或者盖章。复制件、影印件或者抄录件应当为完整本。

（2）证据提供人应当签名、盖章或者按指纹确认。

（3）提取由有关部门保管的书证原件的复制件、影印件或者抄录件的，应当注明出处，经该部门核对无误后加盖其印章。

（4）提取报表、图纸、地（海）图、会计账册、专业技术资料、科技文献等书证的，应当附有说明材料。

（5）地（海）图应当由具有法定资质的机构出版或者制作。

（6）询问、陈述、谈话类笔录，应当有行政执法人员、被询问人、陈述人、谈话人签名或者盖章。

（7）法律、法规、司法解释和规章对书证的制作形式另有规定的，从其规定。

**2. 提取物证的要求**

应提取原物。物证提供人应当签名、盖章或者按指纹确认。原物为数量较多的种类物的，可抽样提取。

提取原物确有困难的，可以提取与原物核对无误的复制件或者证明该物证原物外形、内容的照片、录像等其他证据，核对无误后标明"与原物一致"，注明出证日期、证据来源、原物存放地点或者处理方式，并签名或者盖章。

物证的照片、录像应符合下列要求：

（1）船舶显示侧面、前部和后部全貌，以及船名等特征信息，并根据需要证明的事实显示甲板、鱼舱、主机等部位和捕捞痕迹等情况。

（2）船载设施设备、捕捞工具或者养殖设施设备显示外形、结构、产品标识等信息，禁用的捕捞工具还应当附有名称、功能、网目尺寸等情况的必要文字说明。

（3）养殖投入品显示产品标识、包装、治疗功能等信息，必要时对产品名称、数量、性状等情况进行文字说明。

（4）渔获物或者养殖水产品显示品种、规格、数量等信息（珍贵、濒危水生野生动物还应当显示显著物种特征），并附有品种或者类别、数量或者重量以及存活状态等情况的必要文字说明。

（5）其他物证显示全貌和重点部位特征，并附有必要文字说明。因水上或者夜间执法等客观因素制约，物证的照片、录像未能完全达到前款要求的，应当简要说明。

**3. 提取视听资料的要求**

（1）应提取有关资料的原始载体。不得修饰、裁剪、拼接。

（2）提取原始载体确有困难的，可以提取复制件。

（3）因不可抗力、重大疫情等原因，不宜当面询问的，可以采用电话或者网络视频、音频通话等方式询问。电话或者网络视频、音频通话应当全程录像、录音。当事人、证人就案件事实所作陈述的完整录音、录像，可以作为证据使用。

（4）注明制作方法、制作时间、制作人和证明对象等。

（5）声音资料应当附有该声音内容的文字记录。

**4. 提取电子数据的要求**

电子数据证据具有以下特点：①以虚拟形式存在；②不固定依存于特定载体；③可被复制、易被修改。根据《行政诉讼法》《最高人民法院关于行政诉讼证据若干问题的规定》的有关规定，提取电子数据证据应当符合下列要求：

（1）应当提取电子数据原始载体。

（2）无法提取电子数据原始载体或者提取确有困难的，可以提取电子数据复制件，包括使用磁盘、光盘等介质对原始资料、数据进行复制保存，以及对船载设备显示的数据、信息进行拍照、录像、截图等，但必须附有不能或者难以提取原始载体的原因、复制过程以及原始载体存放地点或者电子数据网络地址的说明，并注明具体方法、取证时间、取证人、证明对象、原始载体存放地点等信息，注明"经核对与原始载体内容一致"，由复制件制作人和原始电子数据持有人签名或者盖章，或者以公证等其他有效形式证明电子数据与原始载体的一致性和完整性。

（3）收集电子数据应当依法制作笔录，详细记载取证的参与人员、技术方法、步骤和过程，记录收集对象的事项名称、内容、规格、类别以及时间、地点等，或者将收集电子数据的过程拍照或录像。

（4）指派或者聘请具有专业技术的人员或者机构对电子数据进行取证，应当附有方法、过程和结果说明，专业技术人员应当签名或者盖章。

（5）收集的电子数据应当使用光盘或者其他数字存储介质备份。渔业行政执法机构为取证人时，应当妥善保存至少一份封存状态的电子数据备份件，并随案移送，以备法庭质证和认证使用。

（6）提取通过技术手段恢复或者破解的与案件有关的光盘或者其他数字存储介质、电子设备中被删除的数据、隐藏或者加密的电子数据，必须附有恢复或破解对象、过程、方法和结果的专业说明。

**5. 提取证人证言的要求**

（1）证人应是能够认识作证的法律后果并具有承担相应法律责任的能力的自然人。

（2）证言应写明证人的姓名、年龄、性别、职业、住址等基本情况。

（3）证言应有证人的签名，不能签名的，应当以盖章等方式证明。

（4）证言应注明出具日期，附有居民身份证复印件等证明证人身份的文件。

**6. 提取认定、鉴定（检验、检测、评估）结论的要求**

查办渔业非法捕捞类案件，对涉案物品实行以认定为主，鉴定（检验、检测、评估）为辅的原则。对于涉案的非法捕捞工具、捕捞方法、渔获物品种以及对水生生物资源的危害程度等问题，原则上由渔业行政主管部门在 2 d（工作日）内作出认定；难以确定的，可以委托专家或鉴定评估机构进行鉴定或评估。专家或鉴定评估机构应当符合法律、法规或规范性文件规定的条件。

查办水产品质量安全类案件，渔业行政主管部门应当委托具有相应检测条件和能力、通过计量认证并经省级以上人民政府渔业行政主管部门或其授权的机构考核合格的水产品质量安全检测单位承担检测任务。

需要进行认定（鉴定、检验、检测、评估）的事项包括但不限于：

（1）渔获物的种类、价值、保护级别。

（2）捕捞工具、方法的类型及是否属于禁用的工具、方法。

（3）渔业资源或者渔业生态环境损害的程度。

（4）养殖投入品的种类、性质。

（5）养殖水产品中致病性微生物、渔药残留、重金属、污染物质以及其他危害人体健康物质的种类、含量。

认定（鉴定、检验、检测、评估）报告应当载明使用的科学技术手段、标准、方法和结论意见。认定（鉴定、检验、检测、评估）报告应当由出具单位主要负责同志审核签字并加盖单位公章。专家出具的鉴定评估报告应当由专家本人签字。通过分析获得的鉴定结论，应当说明分析过程。

**7. 提取现场笔录的要求**

现场笔录应当载明时间、地点和事件等内容，并由渔业行政执法人员和当事人签名。当事人拒绝签名或者不能签名的，应当注明原因。有其他人在现场的，可由其他人签名。法律、法规和规章对现场笔录的制作形式另有规定的，从其规定。

**8. 提取勘验笔录的要求**

（1）勘验应邀请当地基层组织或者当事人所在单位派人参加，当事人或其成年亲属应当到场。拒不到场的，不影响勘验的进行，但应当在勘验笔录中说明情况。

（2）应当制作勘验笔录，记载勘验的时间、地点、勘验人、在场人、勘验的经过和结果，对所勘验的物品名称、数量、包装形式、规格以及现场具体地点、范围、状况等作全面、客观、准确的记录，避免使用分析、推断、猜测、评论或者模糊用语。勘验笔录应当经当事人核对无误后，在笔录上逐页签名、盖章或者按指纹确认，勘验人员应当逐页签名。当事人拒不到场，无法找到当事人或者当事人拒绝签名、盖章或者按指纹的，由渔业行政执法人员在笔录上注明情况，并可以请在场见证人进行见证；在场见证人应当在笔录上逐页签名、盖章或者按指纹确认。

（3）勘验现场时根据需要绘制勘验图、拍照、录音、录像。绘制的现场图，应当注明绘制的时间和方位、绘制人的姓名和身份等内容。

**9. 提取域外证据的要求**

（1）域外证据应当说明来源，经所在国公证机关证明，并经中华人民共和国驻该国使领馆认证，或者履行中华人民共和国与证据所在国订立的有关条约中规定的证明手续。在中华人民共和国香港特别行政区、澳门特别行政区和台湾地区内形成的证据，应当具有按照有关规定办理的证明手续。

（2）外文书证或者外国语视听资料应当附有由具有翻译资质的机构翻译的或者其他翻译准确的中文译本，由翻译机构盖章或者翻译人员签名。

**10. 证据确认要求**

收集证据时，应当有当事人、证据提供人、被调查人在场，对于证据复制件、影印件、抄录件、照片等，应当由当事人、证据提供人、被调查人签名、盖章、按指纹确认。当事人、证据提供人、被调查人等不在场或者拒绝在证据复制件、影印件、抄录件、照片上签名、盖章、按指纹确认的，渔业行政执法人员应当注明，可以邀请其所在居民委员会、村民委员会、渔业组织、工作单位的工作人员或者其他人员见证，并由渔业行政执法人员、见证人共同签名或者盖章。

## 六、不能作为定案依据的证据

《最高人民法院关于行政诉讼证据若干问题的规定》第五十七、第五十八条、第六十条、第六十二条规定了不能作为定案依据或法院不予采纳的证据。渔业行政处罚机关在收集行政处罚案件的证据时，不应将这些规定中提到的不能作为定案依据或法院在行政诉讼中不予采纳的证据作为行政处罚的证据。在此整理归纳出以下几类不能作为定案依据的证据：

（1）严重违反法定程序收集的证据材料。

（2）以偷拍、偷录、窃听等手段获取侵害他人合法权益的证据材料。

（3）以利诱、欺诈、胁迫、暴力等不正当手段获取的证据材料。

（4）在中华人民共和国领域以外或者在中华人民共和国香港特别行政区、澳门特别行政区和台湾地区形成的未办理法定证明手续的证据材料。

（5）应当提供原件、原物的，无原件、原物，又无其他证据印证，且对方当事人不予认可的证据的复制件或者复制品。

（6）被当事人或者他人进行技术处理而无法辨明真伪的证据材料。

（7）不能正确表达意志的证人提供的证言。

（8）以违反法律禁止性规定或者侵犯他人合法权益的方法取得的证据。

（9）非法剥夺公民、法人或者其他组织依法享有的陈述、申辩或者听证权利所采用的证据。

（10）鉴定人不具备鉴定资格，或鉴定程序严重违法，以及错误、不明确或者内容不完整的鉴定结论。

（11）不具备合法性和真实性的其他证据材料。

## 七、不能单独作为定案依据的证据

《最高人民法院关于行政诉讼证据若干问题的规定》第七十一条规定了不能单独作为定案依据的证据。渔业行政处罚机关在收集行政处罚案件的证据时，应注意这些证据不能作为实施行政处罚的单独依据。不能单独作为定案依据的证据包括以下几类：

（1）未成年人所作的与其年龄和智力状况不相适应的证言。

（2）与一方当事人有亲属关系或者其他密切关系的证人所作的对该当事人有利的证言，或者与一方当事人有不利关系的证人所作的对该当事人不利的证言。

（3）难以识别是否经过修改的视听资料。

（4）无法与原件、原物核对的复制件或者复制品。

（5）经行政处罚机关或者他人改动，当事人不予认可的证据材料。

（6）其他不能单独作为定案依据的证据材料。

# 第五节　渔业行政执法案件处理规范

本节结合渔业行政执法案件办理的实际需求，主要依据《渔政执法工作规范（暂行）》，介绍处理渔业行政执法案件的重点事项的相关规范。

## 一、案件当事人的确定

实施违法行为的自然人、法人或者其他组织为案件当事人。在办理非法捕捞、非法养殖、非法生产水产苗种案件，对依法取得渔业捕捞许可证、养殖证、水产苗种生产许可证等证书证件的，以证书证件载明的持证人为当事人。

使用船舶进行作业，未取得捕捞许可证的，当事人按下列规定处理：

（1）以依法登记的船舶所有人为当事人。

（2）船舶未依法登记的，以实际所有人、实际经营人或者现场负责人为当事人。

（3）按照前两项规定仍无法确定当事人的，将当事船舶视为当事人，按法人或者其他组织进行调查处理。对于涉嫌从事违法渔业活动的船舶，无法查明船舶所有人、实际经营人或者现场负责人的，可以按规定公告送达执法文书或者公告招领。公告时，可以将当事人表述为"××（船名）船所有人"；无船名的，可以将当事人表述为"××（执法单位自编代号）船所有人"。

## 二、扣押涉案船舶

对于船舶涉嫌渔业违法行为有必要依法扣押的，应当遵循以下几个方面的规范：

（1）实施船舶扣押，应当指令和监督船长或者船舶负责人驾驶船舶前往拟扣押地点，并通知目的地渔业行政渔港监督管理机构或者其他机构做好接应准备。

（2）航程中应当防止船上人员隐匿、毁灭证据。

（3）当事船舶失去动力或者船长、现场负责人拒绝配合或者不在现场的，可以由执法船或者安排其他船舶进行拖带，也可以指派执法船上的职务船员驾驶当事船舶驶往拟扣押地点，或者根据办案需要采取其他措施。

（4）当事船舶逃逸或者企图逃逸，执法船或者渔业行政执法人员无法实施控制的，应当及时报告渔业行政执法机关负责人，并通报海警、公安、海事等部门及相关渔业行政执法机关，请求协助追查和支援，必要时可以报请上一级渔业行政执法机关协调相关单位予以协助。

（5）到达扣押地点后，渔业行政执法机关应当监督当事船舶妥善停泊系缆，按照实施查封、扣押的程序规定进行（具体见本章第四节），同时提醒船上人员取走无关物品并离开船舶，受船方指派看管船舶的人员除外。船上人员拒绝取走物品或者拒绝离船的，应当通过文字、影像对船上物品进行记录，并告知其风险。

（6）扣押的船舶由渔业行政执法机关派员统一看管或者委托第三方机构统一看管，并采取必要措施防止船舶逃逸。

（7）详细记载查封、扣押船舶的船长、吨位、作业类型、持证、扣押位置、船舶状态、捕捞工具以及其他特殊情况。

### 三、禁止渔港内的船舶离港或者命令其停航、改航、停止作业

依法禁止渔港内的船舶离港或者命令其停航、改航、停止作业的，应当遵守下列规定：

（1）报渔业行政执法机关负责人批准。

（2）告知船长或者现场负责人禁止船舶离港或者命令其停航、改航、停止作业的理由、依据及其依法享有的权利和救济途径。

（3）听取当事船舶所有人、船长或者现场负责人的陈述、申辩。

（4）按规定制作并当场交付禁止离港通知书或者停航（改航、停止作业）通知书。

（5）制作现场笔录，由当事船舶船长或者现场负责人与渔业行政执法人员在笔录上共同签名、盖章；其拒绝签名或者盖章的，在笔录中予以注明。当事船舶船长或者现场负责人不到场的，邀请见证人到场，由见证人和渔业行政执法人员在笔录上共同签名或者盖章。

（6）船舶禁止离港或者停航、改航、停止作业期间，由船方派员看管，并自行承担风险。

下达禁止离港通知书或者停航（改航、停止作业）通知书后，应当及时查清事实，按不同情况作出下列处理决定：①案件处理完毕或者其他法定情形消失，不再需要禁止离港或者停航、改航、停止作业的，下达解除禁止离港通知书或者解除停航（改航、停止作业）通知书；②依法应当由有关部门处理的，按程序进行移交；③依法应当没收船舶的，按程序作出行政处罚决定。

### 四、涉案渔获物处理

涉案渔获物应当妥善保管。其品种、价值等需要认定、评估、鉴定的，按规定委托具有法定资质或者条件的机构实施。

渔获物不具备保管条件或者保管成本过高的，经渔业行政执法机关负责人批准，在行政处罚决定下达前可以按下列情况处置：

（1）渔获物已经死亡且无经济价值的，通过掩埋等方式进行无害化处理，处理过程应当制作文字记录并留存影像。

（2）渔获物已经死亡但具有经济、科研等价值的，可以按规定拍卖、变卖、捐赠或者用于科研、公益事业。

（3）渔获物仍然存活，适宜放归的，放归适宜生存的水域，放归过程应当记录并留存影像；不宜放归的，可以参照上述（1）、（2）两项规定处理。

（4）渔获物为国家重点保护的珍贵、濒危水生野生动物的，按水生野生动物保护相关

规定处理。

（5）通过拍照、录像、称重等方式固定证据，制作并向当事人送达渔获物先行处置告知书后，按规定进行处置。拍卖、变卖或者捐赠渔获物的，应当取得相关法律文件。

## 五、没收物品的处理

渔业行政执法机关决定给予没收船舶、捕捞工具、养殖投入品等涉案物品处罚的，按下列情况执行：

（1）对于已扣押或者异地登记保存的物品，有条件的应当移交至罚没物品保管仓库或者其他统一保管地点。

（2）对于当事人自行保管的物品，应当书面告知其在规定期限内将物品交至渔业行政执法机关。当事人拒不执行的，按规定向法院申请强制执行。渔业行政执法机关收到物品后，移交至罚没物品保管仓库或者其他统一保管地点。当事人自行保管的物品意外毁损、灭失的，渔业行政执法人员应当制作笔录；当事人故意毁损或者转移应没收物品的，依法追究其法律责任。

（3）没收的渔船有相关船舶证书的，由发证机关注销渔业船舶证书并予以公告。

（4）依法没收的物品属于禁止制造、流通、使用的涉渔"三无"船舶、禁用捕捞工具以及电鱼、毒鱼、炸鱼工具，或者禁用的养殖投入品等物品的，应当依法予以拆解、销毁。不属于禁止制造、流通、使用的物品的，应当按规定公开拍卖或者变卖。

（5）吊销证书证件的，由发证机关注销证书证件并予以公告。

（6）决定处以暂扣证书证件处罚的，暂扣期限届满，应当提前3d通知当事人。当事人在暂扣期间从事渔业生产活动的，视为无证生产，依法予以查处。

## 六、强制执行

### 1. 申请人民法院强制执行

当事人在法定期限内不申请行政复议或者提起行政诉讼，又不履行行政处罚决定，渔业行政执法机关可以自法定起诉期限届满之日起3个月内申请人民法院强制执行。申请人民法院强制执行前，应当催告当事人履行义务，向当事人送达履行行政处罚决定催告书，要求当事人自送达之日起10d内履行。催告亦可在行政处罚决定书确定的履行期限届满后立即实施。申请人民法院强制执行，应当填写申请强制执行审批表，连同案卷材料报渔业行政执法机关负责人审批。

### 2. 抵缴罚款

渔业行政执法机关依法作出罚款决定，当事人在法定期限内不申请行政复议或者提起行政诉讼，经催告仍不履行，渔业行政执法机关办案过程中已经采取查封、扣押措施的，可以将查封、扣押的财物依法拍卖，抵缴罚款。

### 3. 代履行

渔业行政执法机关依法作出责令限期拆除养殖设施、限期治理渔业水域污染、限期清理在渔港水域内违法停泊或者无人管理的船舶等决定，当事人逾期不履行的，可以依法代履行或者委托没有利害关系的第三人代履行。

需要立即清除渔业水域污染物、清理在渔港水域内违法停泊或者无人管理的船舶，但当事人无法或者拒绝实施的，经渔业行政执法机关负责人批准后可以不需要催告，立即实施代履行。

代履行费用按照成本合理确定，由当事人承担。但是，法律另有规定的除外。

实施代履行，应当遵守下列规定：

（1）渔业行政执法人员填写代履行审批表，报渔业行政执法机关负责人审批。

（2）渔业行政执法机关负责人批准后，渔业行政执法人员制作代履行决定书送达当事人，告知代履行的理由和依据、方式和时间、标的、费用预算以及代履行人。

（3）代履行 3 d 前，制作并送达履行行政处罚决定催告书，当事人在催告书载明的最后履行期限前履行的，停止代履行。

（4）代履行时，渔业行政执法机关应当派出渔业行政执法人员到场监督；当事人不在场的，邀请其所在居民委员会、村民委员会、渔业组织、工作单位的工作人员或者其他人员见证。代履行完毕后，渔业行政执法人员、代履行人、当事人或见证人应当共同在执行文书上签字或者盖章确认。

# 第五章　渔业行政执法文书与案卷归档

渔业行政执法文书是渔业行政执法中重要的法律文书，制作渔业行政执法文书是依法行使渔业行政执法职权的法定职责。渔业行政具体执法行为的作出，大多通过渔业行政执法文书来体现，尤其是对渔业违法案件的调查和处理，必须通过依法定职责、按法定程序制作渔业行政执法文书方能生效。渔业行政执法人员的办案质量、业务能力、执法水平都可通过渔业执法文书来反映。

正确地制作和填写渔业行政执法文书，不仅对规范渔业行政执法行为、提高渔业行政执法水平具有重要意义，同时也是防止违法和不当行政行为发生、避免在行政复议中被撤销行政执法行为或在行政诉讼败诉的实际需要。因此，渔业行政执法文书制作和填写是渔业行政执法人员必备的一项基本技能。本章在叙述行政执法文书基本知识的基础上，以渔业行政处罚文书为重点，叙述渔业行政执法文书的制作和归档要求。

## 第一节　渔政执法文书的分类和特点

渔业行政执法文书是具体渔业行政执法活动的重要体现和记载，是渔业行政执法机构在办理渔业违法案件中，依据相关法律、法规的规定，制作和使用的具有法律效力的文书总称。它是对渔政执法工作的全面记录，是渔业行政处罚机关依法行使行政处罚相关的行政执法权的主要表现形式，也是固定和证明渔业行政执法活动情况的真实记载。

### 一、渔业行政执法文书的分类

#### (一) 内部文书和外部文书

依据《农业行政执法文书制作规范》的规定，按照文书影响的内外法律关系的不同，渔政行政执法文书可以分为内部文书与外部文书。内部文书是指渔业行政执法机构内部使用，记录内部工作流程，规范执法工作运转程序的文书。该种文书对外不产生法律效力，对行政相对人的权利、义务没有直接影响。外部文书是指渔业行政执法机构对外使用，对渔业行政执法机构和行政相对人均具有法律效力的文书。

#### (二) 单联式文书和多联式文书

根据文书组成属联的不同，可以将渔业行政执法文书分为单联式文书和多联式文书。

#### 1. 单联式文书

在整体上只有一份组成，使用时不得复写或复制。单联式文书主要有询问笔录、现场检查（勘验）笔录、行政处罚立案/不予立案审批表、案件处理意见书、证据先行登记保存通知书、行政处罚结案报告等。

**2. 多联式文书**

一般对外使用，通常包括有文书正本（送达当事人）、副本（送代收罚款的银行）、存根（作出处罚的行政机关留存），多联式文书可以复写，要求当事人应当逐页对文书进行签名盖章。多联式主要有行政处罚事先告知书、行政处罚决定书、当场行政处罚决定书等。

**（三）填充型文书、填表型文书和叙述型文书**

根据制作和表达方式的不同，可以将渔业行政执法文书分为填充型文书、填表型文书和叙述型文书。

**1. 填充型文书**

该类文书的内容框架已印制完成，制作时只需要在空白处按照要求准确填写相关的内容即可。填充式文书主要有：案件交办通知书、案件移送函等。

**2. 填表型文书**

该类文书与填充型文书类似，印制成表格式，用于填写。填表型文书主要有：立案审批表、产品确认通知书、结案报告等。

**3. 叙述型文书**

该类文书的具体的内容一般不固定，应根据不同的事由组织相应的文字内容，对需要记录的事实加以描述和记载。各种笔录应为叙述型文书。

## 二、渔业行政执法文书的特点

作为一种法律文书，渔业行政执法文书具有以下几个方面的特点：

**1. 制作的合法性**

渔业行政执法文书具有法律约束力，因此制作渔业执法文书必须严格依据法律的规定进行制作：在什么条件下、什么时候制作什么样的文书，都必须依据法律规定，按照不同的文种、要求和时限进行制作。依法制作是行政执法文书的最基本的要求，也是法律文书立意的依据。例如，制作渔业行政处罚决定书，必须按照《行政处罚法》和《农业行政处罚程序规定》，在对调查取证材料、当事人的陈述、申辩或者听证情况等审查完毕的基础上，确认违法事实清楚、证据确凿的条件下，属于法律明确规定予以行政处罚的，才能制作处罚决定书。

**2. 形式的程式性和规范性**

渔业行政执法文书是一种程式性和规范性极强的法律文书，具有结构规范化、用语规范化、事项要素化特点。其外在结构相对固化，每一类文书通常都包括首部、主体、尾部等三个部分。其内部行文用语成文化，很多执法文书都使用统一规范的文字，有的还直接统一印刷在格式化的文书中，制作者只需要在使用时填入适当的部分文字即可，有的虽然没有统一印刷、固化，也必须使用统一规范的文字，对其中稍有差别的内容，用适当的文字加以区别。其表达事项要素化，基本固定不变，有的事项的要素数量不能任意增减，顺序不能随意颠倒。例如，当事人为自然人的身份事项一般要求写明姓名、性别、年龄、民族、住址；对法人或其他组织，则要求写明单位名称、法定代表人或单位负责人、住址等事项。

**3. 内容的法定性**

渔业行政执法文书的内容所反映和体现的是法律、法规的规定，是具体体现实体法律规范所确定的权利、义务关系和程序法律规范所规定的行为人享有权利和履行义务的方式、方法、步骤等内容的文字表述。因此任何一种行政执法文书都有其明确的法定内容，不得随意增删或更改。

**4. 文字表述的精确性和严肃性**

渔业行政执法文书是严肃的法律文书，涉及法律尊严、国家意志、相对人的权益，因此在语言文字的运用上要求十分严格，必须精确、严肃，所表述的内容清楚、明确、是非分明、客观实际，不能模棱两可、似是而非，避免产生歧义，也不能主观夸大或缩小事实，以免歪曲客观事实；所使用的文字严谨、平实，避免使用带有感情色彩，书写规范，字迹清楚。

**5. 使用的实效性**

渔业行政执法文书都是为解决特定的具体法律问题而实施的具体渔业行政执法行为的书面表达形式，一经制作完毕并送达到当事人，非经法定程序不得变更或撤销，也不得以其他文书代替，因而具有执行意义上的确定力、强制力和法定约束力。因此，制作渔业行政执法文书必须注意其在使用上的实效性，严肃对待，认真制作，以保证其发挥法定的实际效用。

# 第二节　渔政执法文书基本规范

目前我国规范渔业行政处罚文书的法律规范是《农业行政处罚文书制作规范》。2006年5月9日，农业部发布了《农业行政执法文书制作规范》；2012年，农业部对该制作规范和农业行政执法基本文书格式进行了修订，并发布和实施；2020年9月8日，农业农村部印发新的《农业行政执法文书制作规范》，自2020年11月1日起实施，2012年发布的相关文件予以废止。渔业行政执法文书的制作应符合《农业行政执法文书制作规范》的要求。

## 一、制作渔业行政执法文书的基本原则要求

渔业行政执法文书的特殊性要求其制作要遵循以下基本原则要求：

**1. 态度严肃认真，实事求是**

渔业行政执法文书是具体运用法律处理行政违法案件或其他行政事务的重要工具，因此制作渔业行政执法文书必须持十分严肃认真的态度。同时，在制作渔业行政执法文书时必须忠于事实真相，以客观事实为依据、以法律为准绳，坚持实事求是的精神。

**2. 格式统一规范，内容完整**

各类渔业行政执法文书都有格式上的规定性，不得随意创制，因此必须选用正确的文书格式。有统一格式的，按统一格式规范的要求制作。对于格式化的各项内容，要一一写明、写清、写全，不可遗漏，更不可随意添加。有关事项的各种要素要完备齐全，准确无误。

**3. 主旨鲜明突出，表述精确**

渔业行政执法文书的实效性要求在制作时要突出其主旨，强调所针对解决的实际问题，做到主旨鲜明、针对性强、意见突出。这就要求在围绕主旨阐述内容时，必须做到精准恰当，要言简意赅、文精意要、表述确切、要言不烦，使人看过以后，可以迅速了解文书所要表达的中心意见和明确要求。

**4. 事实叙述清楚，材料真实**

事实是案件处理的基本依据，因此在渔业行政执法文书中所使用的事实材料一定要清楚，并绝对真实，倘若事实依据被歪曲，就难以得出公正的结论，势必影响案件的公正处理。这就要求制作渔业行政执法文书在叙述事实时，必须做到表述清楚、真实可靠。

（1）写清事实的基本要素。事实是由许多相关要素组成的，包括时间、地点、人物、起因、情节、结果等。例如，违法行为的事实就包括时间、地点、行为人、被害人（如果有）以及行为目的、动机、情节、手段、后果等要素。在叙述事实时，必须根据事实发生、发展、结束的整个过程，用文字将有关要素组织起来，反映出事情的来龙去脉、前因后果，以便从事实中判断是非和责任。

（2）关键情节详细叙述。关键情节是指事实要素中直接关系到事实定性的情节，即涉及有关责任和反映责任程度的情节。这通常作为是否要求行为人承担责任以及承担何种责任、多大责任的依据，因此必须详细阐述清楚，不可有误或遗漏，以利于相关部门正确判断事实和作出处理决定。

（3）因果关系交代清楚。某一行为事实的行为目的、过程以及产生的后果之间有着内在的必然联系，构成了事实各要素之间的因果关系，这是判断问题性质的重要依据，进一步决定着行为责任的承担。因此，渔业行政执法文书制作必须注重事实要素之间内在的因果关系，把因果关系交代清楚，为事实的认定和处理意见的提出提供基础依据。

（4）争议焦点抓准记清。在渔业行政执法过程中，对于事实的确认和相关责任问题的认定常常可能出现分歧或争议。制作渔业行政执法文书时，必须抓住争议问题的关键所在，准确地予以叙述和说明，并清楚地记录清楚各方的意见，为明辨是非提供基础。

（5）物品数量记叙确切。渔业行政执法活动中常常会涉及财物、款项、物品等，例如在对渔业违法行为实施行政处罚时，会涉及违法行为造成的损害所指向的具体物品、损失额度，涉嫌非法使用的工具、材料等财物，以及给予罚款处罚的数额等。在制作渔业行政执法文书时，必须对所涉及物品的名称、类别、品牌（如果有）、型号、规格、数量、计量单位等进行准确无误的记录。

（6）叙述事实平直有序。作为法律文书，渔业行政执法文书要求对事实的叙述采用平直的语言，不能加以修饰。在叙事顺序上，按照文书主旨和事实的特点、性质的需求叙述，关键是要记清事实的来龙去脉。一般来讲，叙述顺序最常见的方法是顺叙，即以时间为线索，按照案件的发生、发展、结果来叙述事实。在立案报告中，常使用倒叙，即先从结果写起，然后再追述过程。对于有争议的事实、判定，可采用分叙法将争议事实和理由等分别叙述。对于一人有多个违法行为的，可综合归纳叙述。插叙或补叙在行政执法文书中一般不使用。

（7）材料选择真实典型。在选择事实材料用以说明案情时，最根本的要求就是保证事实的客观真实，因此必须选用绝对真实的材料。对于大量的真实材料，在选用时，并不是不加选择地全部使用，而是根据文书主旨，对各种事实材料加以甄别和分析，有选择地使用与主旨相关的材料来反映事实，无关材料则应放弃。在此方面，对材料与主旨事实之间的关系，往往需要专业的判断能力。

**5. 事实证据确凿，法律依据正确**

以事实为依据，以法律为准绳是行政执法的基本准则。在渔业行政执法文书制作时，必须用确切、真实、可靠、充分的证据来支撑事实判定，而不能简单地用"证据确凿"四个字加以概括。对于法律依据的引用，必须有针对性地正确引用可适用所处理的案件的法律规定，不能文不对题，而且要具体、明确，避免大而无当，应具体写明法律名称（必须是全称）和具体的条、款、目等细节，条文文义要写完整，不能断章取义。

**6. 文体规范，语言精准**

按照法律文书程式化的要求，渔业行政执法文书的大部分内容都要求达到要素化的标准，因此要使用规范化的行文体裁和格式表达要素化的内容，而不能使用文学写作的描写或抒情等文体表达。例如，当事人的基本情况要求提供必要的身份要素，案情事实要求叙述清楚实施的基本要素，理由阐述要求阐明理由、根据等要素；又如，对于表格式文书，应按照表格所列项目一一写明。

在语言使用方面，应使用精准的语言，做到用语明确、规范、简朴、庄严。

（1）明确是指明白、准确。要求遣词造句要准确，语义要单一、明确，语言表达不能模糊不清、模棱两可。

（2）规范是指使用标准语言。具体包括：①要使用普通话的词语含义及语法规则，不得使用方言、土语、异体字、繁体字及未经国家批准公布的简化字；②要准确使用规范、正确的法律术语；③不滥用外来词语、不生造词语，不使用已废用的古语词。但是，在少数民族聚居地及多民族共同居住地区，根据实际工作需要，可以使用当地通用的一种或几种文字，但也要求符合该语言文字的使用规则。

（3）简朴是指简要、质朴。具体包括：①要简明扼要、言简意赅，在表意明确的前提下，不重复、不啰唆，不写废话、空话；②要质朴平易、通俗易懂，不能使用华丽的辞藻、没必要的修辞，更不能抒情、渲染、夸张。

（4）庄严是指庄重、严肃。要保证法律文书的权威性和庄严性，必须使用严肃的书面语言，不能使用口语，更不能使用秽语、行话，而且要做到言必有据，不能带有情感色彩。

### 二、渔业行政执法文书的基本制作规范

这里所讲的基本规范性要求，是指大多数渔业行政处罚文书都具有的关于格式内容的制作和填写的共同性要求，包括文书的格式、填写、语体、签名、盖章、页码排列、日期、签收的规范性要求，以及案由、案号、当事人的填写规范。

**（一）基本格式要求**

（1）渔业行政执法文书应当按照规定的格式填写或者打印制作。

（2）填写制作文书应当使用蓝黑色、黑色签字笔或者钢笔，做到字迹清楚、文面整洁。

（3）使用普通程序作出的行政处罚决定书应当打印制作。

**（二）填写和语体要求**

制作渔业行政处罚文书时，有关填写和语体要求概括起来包括以下几个方面：

（1）文书中设定的栏目，应当逐项填写，不得遗漏和随意修改。不需要填写的栏目或者空白处，应当用斜线划去；有选择项的，应当将非选择项目用斜线划去。

（2）文书中出现误写、误算或者其他笔误的，未送达的应当重新制作，已送达的应当及时书面补正。

（3）文书中执法机构、法制机构、执法机关的审核或者审批意见应当表述明确，没有歧义。

（4）引用法律、法规、规章和规范性文件，应当书写全称并加书名号。新法生效后，需要引用旧法的，应当注明。引用法律、法规、规章和规范性文件条文有序号的，书写序号应当与法律、法规、规章和规范性文件正式文本中的写法一致。引用法律、法规、规章以外的其他公文，应当先用书名号引标题，后用圆括号引文号。引用外文应当注明中文译文。

（5）文书中结构层次序数按实际需要依次以"一、""（一）""1."和"（1）"写明。"（一）"和"（1）"之后不加顿号。结构层次序数中的阿拉伯数字右下用圆点，不用逗号或者顿号。

（6）文书中表述数字，根据国家相关规定和行政执法文书的特点，视不同情况可以分别使用阿拉伯数字或者汉字数字，但应当保持相对统一。

（7）行政处罚决定书正文需要逐条列出的序号，应当使用汉字数字，如："一""二"。

（8）下列情况应当使用阿拉伯数字：①公历世纪、年代、年、月、日及时、分、秒；②文书中的案号，例如"延农（农药）立〔2020〕1号"；③文书中物理量的量值，即表示长度、质量、电流、热力学温度、物质的量和发光强度等的量值，例如 856.80 km、500 g；④文书中非物理量（日常生活中使用的量）的数量，例如 48.60 元、18 岁、10 个月；⑤文书中的证件号码、地址门牌号码；⑥用"多""余""左右""上下""约"等表示的约数，例如 60 余次、约 60 次；⑦其他数字的用法应当符合出版物上数字用法国家标准。

（9）文书标点符号的用法应当符合相关国家标准，避免产生歧义。

（10）文书中计量单位应当依照《中华人民共和国法定计量单位》的规定执行，符合以下要求：①长度单位使用"米""海里""千米（公里）"等，不得使用"公分""尺""寸""分""吋（英寸）"；②质量单位使用"克""千克""吨"等，不得使用"两""斤"；

③时间单位使用"秒""分""时""日""周""月""年",不得使用"点""刻";④体积(容积)单位使用"升""立方米",不得使用"公升"。

当事人使用的计量单位不符合上述规定的,应当在文书中据实记录,并在其后注明转换的标准计量单位,用括号括起,例如"3斤(1.5 kg)"。

### (三)案由、案号的编制规范

**1. 案件名称**

文书中案件名称应当填写为:"当事人姓名(名称)+违法行为性质+案"。例如:"某某违反禁渔期规定案"。

立案和调查取证阶段的文书,案件名称应当填写为:"当事人姓名(名称)+涉嫌+违法行为性质+案"。例如:"某某涉嫌违反禁渔期规定案"。

**2. 案号**

渔业行政执法基本文书应当按照文书格式的要求编注案号。

案号是指用于区分办理案件的渔业行政执法机关类型和次序的简要标识,由中文汉字、阿拉伯数字及括号组成。

案号的基本要素为行政区划简称、执法机关简称、执法类别简称、行为种类简称、收案年度和收案序号。

案号各基本要素的编排规格为:"行政区划简称+执法机关简称+执法类别简称+行为种类简称(如立、告、罚等)+收案年度+收案序号"。例如,2019年上海市农业综合执法总队制作的渔业当场处罚决定书的案号可编写为:"沪农(渔政)简罚〔2019〕1号"。特殊情况下,"执法类别"可以省略。

每个案件编定的案号应当具有唯一性。

### (四)当事人的填写

渔业行政处罚文书中当事人情况填写要求如下:

(1)根据案件情况填写"个人/个体户"或者"单位",这两栏不能同时填写。

(2)当事人是自然人的,应当按照身份证或者其他有效证件记载事项填写其姓名、性别、出生年月日、民族、工作单位和职务、住所;当事人工作单位和职务不明确的,可以不填写;当事人住所以其户籍所在地为准;离开户籍所在地有经常居住地的,经常居住地为住所;现住址与住所不一致的,还应当记载其现住址;连续两个当事人的住所相同的,应当分别表述,不得使用"住所同上"的表述。

(3)当事人是个体工商户的,按照本款第二项的要求写明经营者的基本信息;有字号的,以营业执照上登记的字号为当事人,并写明该字号经营者的基本信息;有统一社会信用代码或者注册码的,应当填写统一社会信用代码或者注册码。

(4)当事人是起字号的个人合伙的,在其姓名后应当用括号注明"系……(写明字号)合伙人"。

(5)当事人是法人的,写明名称、统一社会信用代码、住所以及法定代表人的姓名和职务。

（6）当事人是其他组织的，写明名称、统一社会信用代码、住所以及负责人的姓名和职务。

（7）个体工商户、个人合伙、法人、其他组织的名称应当写全称，以其注册登记文件记载的内容为准。

（8）法人或者其他组织的住所是指法人或者其他组织的注册地或者登记地。

（9）当事人名称应前后一致。

**（五）签字和盖章要求**

渔业行政处罚文书涉及签字、盖章的，有以下几个方面的要求：

（1）询问笔录、现场检查（勘验）笔录、查封（扣押）现场笔录、听证笔录等文书，应当当场交当事人阅读或者向当事人宣读，并由当事人逐页签字、盖章或者按指纹等方式确认。

（2）无法通知当事人，当事人不到场或者拒绝接受调查，以及当事人拒绝签名、盖章或者以按指纹等方式确认的，办案人员应当在笔录上注明情况，并采取录音、录像等方式记录，必要时可邀请基层组织或者所在单位的代表等有关人员作为见证人。邀请见证人到场的，应当填写见证人身份信息，并由见证人逐页签名。渔业行政执法人员也应当在笔录上逐页签名。

（3）笔录最后一行文字后如果有空白，应当在最后一行文字后加上"以下空白"字样。

（4）笔录需要更正的，对于涂改部分，当事人应当以签名、盖章或者以按指纹等方式确认。

（5）文书中注明加盖执法机关印章的地方应当有渔业行政执法机关名称并加盖印章，加盖印章应当清晰、端正，并"骑年盖月"。这里所说的印章，包括渔业行政执法机关依照有关规定制作的渔业行政执法（或处罚）专用章。

**（六）页码、日期和签收**

（1）文书首页不够记录时，可以附纸记录，但应当注明页码，由渔业行政执法人员和当事人逐页签名，并注明日期。

（2）直接送达、留置送达、转交送达、委托送达当事人的外部文书应当使用送达回证。

# 第三节　各类渔业行政执法文书的具体制作规范与格式示例

在遵循上一节所述渔业行政执法文书原则性要求和共同性内容的基本制作规范基础上，各种不同的具体渔业行政处罚文书还有着各自具体的制作规范要求。

本节针对渔业行政执法中使用的指定管辖通知书、案件交办通知书、协助调查函、协助调查结果告知函、案件移送函、涉嫌犯罪案件移送书、当场行政处罚决定书、行政处罚立案/不予立案审批表、撤销立案审批表、责令改正通知书、询问笔录、现场检查（勘验）笔录、抽样取证凭证、抽样检测结果告知书、产品确认通知书、证据先行登记保存通知书、先行登记保存物品处理通知书、查封（扣押）决定书、查封（扣押）现场笔录、解除查封（扣押）决定书、查封（扣押）/解除查封（扣押）财物清单、案件中止调查决定书、恢复案件调查决定书、案件处理意见书、行政处罚事先告知书（适用非听证案件）、行政处罚事先告知书（适用听证案件）、不予行政处罚决定书、行政处罚决定审批表、行政处罚决定书、行政处罚听证会通知书、听证笔录、行政处罚听证会报告书、送达回证、履行行政处罚决定催告书、强制执行申请书、延期（分期）缴纳罚款通知书、罚没物品处理记录、行政处罚结案报告 38 种执法文书，根据 2020 年的新《农业行政执法文书制作规范》和相关规定和执法实践，介绍除了上一节阐述的共同性基本制作规范以外的具体制作要求。

## 一、指定管辖通知书

指定管辖通知书是指由上级渔业行政机关指定下级渔业行政机关管辖时使用的一种文书。在下列 3 种情况下可以运用指定管辖通知书：①两个或多个下级渔业机关发生管辖权争议的时候，可以报共同上级渔业行政机关指定管辖；②上级渔业行政机关认为需要的情况下，可以将自身管辖的案件交由下级渔业行政机关管辖；③上级渔业行政机关视情况可以决定将由下级渔业行政机关管辖的案件交由另一渔业行政机关管辖。

**【文书格式示例 5－1】**

××××（渔业行政执法机关全称）

**指定管辖通知书**

_____渔_____〔 〕_____号

 （填写查获案件的机关名称） ：

关于 （填写案件名称） 一案，依据《中华人民共和国行政处罚法》第二十五条、《农业行政处罚程序规定》第十八条的规定，现指定该案由 （填写被指定管辖的机关名称） 管辖。请你们接到此通知后及时办理案件相关材料的移交手续。

渔业行政执法机关（印章）

年 月 日

## 二、案件交办通知书

案件交办通知书是上级渔业行政执法机关将本机关管辖的案件交由下级渔业行政执法机关管辖时使用的文书。案件交办通知书中应当附有违法案件线索、证据等相关材料。所附材料、证据可以作为附件逐一列明，也可以另附清单。

**【文书格式示例 5－2】**

×××× （渔业行政执法机关全称）

## 案件交办通知书

_____ 渔 _____ 〔 〕 _____ 号

<u>（填写案件移交到的机关名称）</u>：

　　依据《农业行政处罚程序规定》第十八条第一款的规定，现将 <u>（填写案件名称）</u> 一案交由你机关管辖。请依法调查处理，并将处理结果及时报送本机关。

　　附件：（相关材料）

　　联系人：_____　联系电话：_____

渔业行政执法机关（印章）

年　　月　　日

## 三、协助调查函

　　协助调查函是渔业行政执法机关办理跨行政区域案件时，需要其他地区渔业行政执法机关协助调查与案件有关的特定事项时使用的文书。在协助调查函中应当写明案件名称、需要协助调查的原因、请求协助调查的事项，并附有关材料。

**【文书格式示例 5－3】**

×××× （渔业行政执法机关全称）

## 协助调查函

_____ 渔 _____ 〔 〕 _____ 号

<u>（填写请求其协助调查的机关名称）</u>：

　　我单位在办理 <u>（填写正在进行调查的案件名称）</u> 一案中，因 <u>（填写需协助调查的原因）</u>，依据《农业行政处罚程序规定》第十九条的规定，请你单位协助调查以下

事项：____（一一列举需协助调查的具体内容）____ 请你单位及时将调查结果加盖公章，连同相关证据材料送我单位。

联系人：_____ 联系电话：_____

渔业行政执法机关（印章）

年　月　日

## 四、协助调查结果告知函

协助调查的机关在告知请求协助调查的机关调查结果时，应使用规范的协助调查结果告知函。协助调查结果告知函是协助调查案件的渔业行政执法机关告知请求协助调查的渔业行政执法机关协助调查结果时使用的文书。

**【文书格式示例 5－4】**

××××（渔业行政执法机关全称）

**协助调查结果告知函**

_____渔_____〔 〕_____号

____（填写请求协助调查的机关名称）____ ：

你单位在办理 ____（填写请求协助调查的案件名称）____ 一案中，因 ____（填写需协助调查的原因，即协助调查函中所述的原因）____ ，请我单位协助调查，现已调查终结。依据《农业行政处罚程序规定》第十九条的规定，将协助调查结果告知如下：____（一一列举协助调查的结果）____ 。

附件：（相关材料）

联系人：_____ 联系电话：_____

渔业行政执法机关（印章）

年　月　日

## 五、案件移送函

渔业行政处罚机关依法将案件或者违法线索移送有管辖权的行政机关处理时，应制作案件移送函。案件移送函中应当写明移送的原因，包括法律、法规、规章等关于执法职责、地域管辖、级别管辖、特殊管辖等具体规定，还应当附上与案件相关的全部材料。所附材料可以作为附件逐一列明，也可以另附清单。

**【文书格式示例 5－5】**

××××（渔业行政执法机关全称）

### 案件移送函

_____渔_____〔 〕_____号

_____（填写案件移送对象的机关名称）_____：

_____（填写本机关所查获的案件名称）_____一案/违法线索，经调查核实，依法不属于本机关管辖。依据《农业行政处罚程序规定》第二十一条第一款的规定，现将此案移送你单位处理。

　　附件：（相关材料）

渔业行政执法机关（印章）

年　月　日

## 六、涉嫌犯罪案件移送书

渔业行政处罚机关在查处违法行为过程中发现违法行为涉嫌犯罪，依法将案件移送司法机关时应制作涉嫌犯罪案件移送书。该移送书中应当附有涉嫌犯罪案件情况调查报告、涉案物品清单、有关检验报告或者鉴定意见及其他有关涉嫌犯罪的全部证据材料。并且渔业行政处罚机关在向司法机关移送涉嫌犯罪证据材料时，应当复制并保存相关证据和案卷材料。

**【文书格式示例 5－6】**

**××××（渔业行政执法机关全称）**

**涉嫌犯罪案件移送书**

_____渔_____〔 〕_____号

_____公安局：

    ___（填写正在进行调查的案件名称）___ 一案，经调查，当事人的行为涉嫌构成犯罪。依据《中华人民共和国行政处罚法》第二十七条、《行政执法机关移送涉嫌犯罪案件的规定》第三条的规定，现将该案移送你单位。

附件：（相关材料）

联系人：_____    联系电话：_____

渔业行政执法机关（印章）

年    月    日

抄送：_____人民检察院。

## 七、当场行政处罚决定书

当场行政处罚决定书是指渔业行政处罚机关适用简易程序，当场对违法行为人作出处罚决定时使用的文书。

其中，"违法事实"栏应当写明违法行为的发生时间和地点、违法情节、违法行为的定性等情况；"处罚依据及内容"栏应当写明作出处罚所依据的法律、法规和规章的全称，并具体到条、款、项、目以及处罚的具体内容。

书写罚没款金额应当填写正确，不得涂改。如果罚款缴纳方式为交至代收机构的，应当写明代收机构名称、地址等。

**【文书格式示例 5－7】**

×××× （渔业行政处罚机关全称）

## 当场行政处罚决定书

_____ 简罚〔 　 〕_____ 号

| 当事人 | 个人或个体工商户 | 姓名 | | 性别 | | 民族 | | 出生日期 | |
|---|---|---|---|---|---|---|---|---|---|
| | | 身份证（其他有效证件）号码 | | | 工作单位和职务 | | | | |
| | | 住所 | | | 联系电话 | | | | |
| | | 字号名称 | | | 统一社会信用代码（注册号） | | | | |
| | 单位 | 名称 | | | 统一社会信用代码 | | | | |
| | | 法定代表人（负责人） | | | 联系电话 | | | | |
| | | 住所 | | | | | | | |
| 违法事实 | | （写明违法行为的发生时间和地点、违法情节、违法行为的定性等情况） | | | | | | | |
| 处罚依据及内容 | | （写明作出处罚所依据的法律、法规和规章的全称，并具体到条、款、项、目以及处罚的具体内容） | | | | | | | |
| 告知事项 | | 1. 当事人应当对违法行为立即或者在 _____ 日内予以纠正。<br><br>2. 当事人必须在收到处罚决定书之日起 15 日内持本决定书到 （填写缴纳罚款的银行名称） 缴纳罚款。逾期不缴纳的，每日按罚款数额的 3% 加处罚款。<br><br>3. 对本处罚决定不服的，可以在收到本处罚决定书之日起 60 日内向 （填写复议政府的所在地名称） 人民政府或者 （填写法定复议机关名称） 申请行政复议，或者 6 个月内向 （填写有权管辖该诉讼案件的法院名称） 人民法院提起行政诉讼 | | | | | | | |

| 执法人员基本情况 | 姓名 | | | | 处罚机关（印章）<br>年　月　日 |
|---|---|---|---|---|---|
| | 执法证件号 | | | | |
| 当事人签收 | <u>（当事人签名、盖章或按指纹）</u> | | 是否当场执行 | | |

## 八、行政处罚立案/不予立案审批表

行政处罚立案/不予立案审批表是指渔业行政执法机关在办理普通程序案件中，由执法机构提请渔业行政处罚机关负责人审批，依法对案件作出立案或者不予立案决定时使用的文书。

其中，"简要案情及立案（不予立案）理由"栏应当写明当事人涉嫌违法的事实、证据等简要情况，涉嫌违反的相关法律规定以及立案或者不予立案的建议并说明理由。

**【文书格式示例 5－8】**

### 行政处罚立案/不予立案审批表

_____立〔　〕_____号

| 案件名称 | | | | 受案时间 | | |
|---|---|---|---|---|---|---|
| 当事人 | 个人或个体工商户 | 姓名 | 性别 | 民族 | | 出生日期 |
| | | 身份证（其他有效证件）号码 | | 工作单位和职务 | | |
| | | 住所 | | 联系电话 | | |
| | | 字号名称 | | 统一社会信用代码（注册码） | | |
| | 单位 | 名称 | | 统一社会信用代码 | | |
| | | 法定代表人（负责人） | | 联系电话 | | |
| | | 住所 | | | | |

| 简要案情及立案（不予立案）理由 | （写明当事人涉嫌违法的事实、证据等简要情况，涉嫌违反的相关法律规定以及立案或者不予立案的建议并说明理由）<br><br>经办人：<br>年 月 日 |
|---|---|
| 执法机构<br>负责人意见 | 执法机构负责人：<br>年 月 日 |
| 执法机关负责人意见 | 执法机关负责人：<br>年 月 日 |
| 备 注 | |

## 九、撤销立案审批表

渔业行政处罚机关在立案调查后，根据新的情况发现相关案件不符合立案条件，依法撤销已经立案案件时应制作撤销立案审批表。

其中，"简要案情及撤销立案理由"栏应当写明渔业行政处罚机关调查的基本情况，撤销立案的事实、证据等简要情况和撤销立案的建议并说明理由。

**【文书格式示例 5－9】**

## 撤销立案审批表

_____ 撤（立）_____〔 〕_____号

| 案件名称 | | | | | 受案时间 | | |
|---|---|---|---|---|---|---|---|
| 当事人 | 个人或个体工商户 | 姓名 | | 性别 | | 民族 | 出生日期 |
| | | 身份证（其他有效证件）号码 | | | 工作单位和职务 | | |
| | | 住所 | | | 联系电话 | | |
| | | 字号名称 | | | 统一社会信用代码（注册码） | | |
| | 单位 | 名称 | | | 统一社会信用代码 | | |
| | | 法定代表人（负责人） | | | 联系电话 | | |
| | | 住所 | | | | | |

| 简要案情及撤案理由 | （写明渔业行政执法机关调查的基本情况，撤销立案的事实、证据等简要情况和撤销立案的建议并说明理由）<br><br>经办人：<br>年　月　日 |
|---|---|
| 执法机构负责人意见 | 执法机构负责人：<br>年　月　日 |
| 执法机关负责人意见 | 执法机关负责人：<br>年　月　日 |
| 备　注 | |

## 十、责令改正通知书

渔业行政处罚机关依据法律、法规、规章责令违法行为人纠正违法行为时，应制作责令改正通知书，责令违法行为人立即或在一定期限内纠正违法行为。责令改正通知书应当写明具体的法律、法规、规章依据。

没有法律、法规、规章明确规定的责令改正规定，但渔业行政处罚机关在实施行政处罚时，按照《中华人民共和国行政处罚法》有关规定，责令当事人改正或者限期改正违法行为的，可以在行政处罚决定书或者不予行政处罚决定书中一并表述，不必单独制作本文书。

## 【文书格式示例 5－10】

××××（渔业行政处罚机关全称）

**责令改正通知书**

_____渔_____〔　〕_____号

（填写责令其改正的当事人名称）　：

　　经查，你（单位）　（填写当事人的违法行为）　的行为，违反　（写明该违法行为所违反的法律、法规和规章的全称，并具体到所违反的条、款、项、目的具体内容）　。依据　（写明作出责令改正决定的法律、法规和规章的全称，并具体到条、款、项、目的

<u>具体内容）</u>的规定，现责令你（单位）（□立即/□于_____年_____月
_____日之前）按下列要求改正违法行为：<u>（写明责令改正的具体要求）</u>。

（责令改正依法前置时适用以下内容）

拒不改正的，本机关将依据<u>（写明对拒不改正的作出处理的法律、法规和规章的</u>
<u>全称，并具体到条、款、项、目的具体内容）</u>的规定，<u>（写明对拒不改正的采取的</u>
<u>具体处理措施）</u>。

联系人：_____ 联系电话：_____

渔业行政处罚机关（印章）

年 月 日

## 十一、询问笔录

询问笔录是指为查明案件事实，收集证据，而向相关人员调查了解有关案件情况的文字记载。

询问笔录应当记录被询问人提供的与案件有关的全部情况，包括案件发生的时间、地点、情形、事实经过、因果关系及后果等。

询问时应当有两名以上渔业行政执法人员在场，并做到一个被询问人一份笔录，一问一答。询问人提出的问题，如果被询问人不回答或者拒绝回答的，应当写明被询问人的态度，例如"不回答"或者"沉默"等，并用括号标记。

所询问的对象必须是案件的当事人或者是案件的有关证人，与本案无关的人员是不能进行相关询问的。企业的法定代表人或法定代表人的委托人是调查取证对象，可以使用询问笔录进行相关取证调查。

询问时应先向被询问人出示询问人的执法证件，核实被询问人的基本情况，说明调查的原因、目的，告知作伪证的法律责任。

询问笔录中如果有更改，更改之处应由被询问人签字或按手印。询问记录完毕后，有阅读能力的交其阅读，无阅读能力的应向其宣读。如果被询问人认为笔录有遗漏或者有差错的，可以补充或修改，但要被询问人签字或按手印。

询问笔录经被询问人核对无误后，被询问人通过在笔录上逐页签名、盖章或者按指纹等方式加以确认，渔业行政执法人员应当在笔录上逐页签名。被询问人拒绝签名、盖章或者按指纹的，由渔业行政执法人员在笔录上注明情况。

**【文书格式示例 5 - 11】**

询 问 笔 录

询问时间：_____年_____月_____日_____时_____分至_____时_____分

询问地点：_____

询问机关：_____

询问人：_____执法证件号：_____

_____执法证件号：_____

记录人：_____

被询问人：姓名_____性别_____身份证号_____

联系电话_____工作单位_____

职务_____住所_____

询问人：我们是____（填写执法人员所属执法机构名称）____执法人员（出示执法证件），已向你出示了我们的执法证件。你是否看清楚？

被询问人：____（填写被询问人对是否看清楚执法证件的回答）____

询问人：我们依法就____（填写所调查的案件）____有关问题进行调查，请予配合。依照法律规定，你有权进行陈述和申辩。如果你认为调查人员与本案有直接利害关系的，依法有申请回避的权利，你是否申请调查人员回避？

被询问人：____（填写被询问人对是否申请调查人员回避）____

被询问人签名或盖章：

执法人员签名：

（第1页 共 页）

续页

询问人：你应当如实回答询问，并协助调查，不得阻挠。你是否明白？

被询问人：____（填写被询问人对"如实回答询问，并协助调查，不得阻挠"的态度）____

_____

（一问一答、如实填写询问的问题和被询问人的回答）

_____

被询问人签名或盖章：

执法人员签名：

（第　页　共　页）

续页

被询问人签字或盖章：

执法人员签名：

（第　页　共　页）

尾页

被询问人签名或盖章：

执法人员签名：

（第　页　共　页）

## 十二、现场检查（勘验）笔录

现场检查（勘验）笔录是指执法人员对与涉嫌违法行为有关的物品、场所等进行检查或者勘验的文字图形记载和描述。

现场检查（勘验）笔录要对所检查的物品名称、数量、包装形式、规格或所勘验的现场具体地点、范围、状况等作全面、客观、准确的记录。对于船舶涉嫌非法捕捞的现场检查（勘验）笔录，尽量在水上或押回渔港后船员离船前勘验完毕，防止回港后船员离船出现无人配合勘验的尴尬局面（例如驾驶室、机舱门无法打开等），不利于后续调查取证。不要记录与现场无关的内容。记录完毕，正文空白横线处应填写"以下空白"或画斜线。

需要绘制勘验图的，可另附纸。对现场绘制的勘验图、拍摄的照片和录音、录像等资料应当在笔录中注明。当事人到场的，现场检查（勘验）笔录应当经当事人核对无误后，通过在笔录上逐页签名、盖章或者按手印等方式加以确认，渔业行政执法人员应在笔录上逐页签名。当事人拒不到场、无法找到当事人或当事人拒绝签名、盖章或者按手印的，渔业行政执法人员在笔录上注明情况，并可以请在场的见证人在笔录上逐页签名。

**【文书格式示例 5－12】**

**现场检查（勘验）笔录**

时间：_____年_____月_____日_____时_____分至_____时_____分

检查（勘验）地点：_____

当事人：_____

检查（勘验）机关：_____

检查（勘验）人员：_____　执法证件号：_____

检查（勘验）人员：_____　执法证件号：_____

记录人：_____

现场检查（勘验）情况：[对所检查（勘验）的物品名称、数量、包装形式、规格或所勘验的现场具体地点、范围、状况等作全面、客观、准确的记录。需要绘制勘验图的，可另附纸。现场绘制的勘验图、拍摄的照片和录音、录像等资料应当在笔录中注明]。

当事人签名或盖章：　　　　（见证人签名：　　　　　　　）

执法人员签名：

（第 1 页　共　页）

续页

_____

_____

_____

_____

_____

当事人签名或盖章：　　　　　（见证人签名：　　　　　　　）

执法人员签名：

（第　页　共　页）

尾页

_____

_____

_____

_____

_____

当事人签名或盖章：　　　　　（见证人签名：　　　　　　　）

执法人员签名：

（第　页　共　页）

## 十三、抽样取证凭证

抽样取证凭证是指渔业行政执法人员在执法过程中，抽取涉嫌违法物品样品保存作证据或送交有关部门鉴定而制作的文书。

抽取样品应当按照有关技术规范要求进行。抽样送检的样品应当在现场封样，样品封样情况写明被抽样品加封情况、备用样品封存地点。

抽样取证凭证中各栏目信息应当按照物品（产品）包装、标签、说明书上记载的内容填写；没有或者无法确定其中某项内容的，应当注明。抽取样品数量包括检验样品数量及备用样品数量。抽样基数是被抽样同批次产品的总量。

对抽样取证的方式、标准等有特别规定的，应当按照规定执行。

渔业行政执法人员应当制作抽样取证凭证，对样品加贴封条，并由渔业行政执法人员和当事人在抽样取样凭证上签名或者盖章。当事人拒绝签名或者盖章的，应当采取拍照、录像或者其他方式记录抽样取证情况。

**【文书格式示例 5－13】**

抽样取证凭证

当事人：_____

抽样时间：_____

抽样地点：_____

因你（单位）涉嫌 填写所调查案件的涉嫌违法行为及所违反的法律、法规和规章的全称，并具体到所违反的条、款、项、目的具体内容），本机关依法对你（单位）下列物品抽样取证。

| 物品名称 | | | |
|---|---|---|---|
| 商 标 | | | |
| 生产单位 | | | |
| 产品许可号 | | | |
| 单位许可号 | | | |
| 生产日期（批号） | | | |
| 样品规格 | | | |
| 抽样数量 | | | |
| 样本基数 | | | |

执法人员：_____ 执法证件号：_____

_____ _____

渔业行政执法机关（印章）

年　月　日

当事人签名或盖章：_____ （见证人签名：_____ ）

## 十四、抽样检测结果告知书

渔业行政执法机关依法将抽样检测结果告知当事人时，应以书面方式进行，即制作抽样检测结果告知书。

依据相关法律、法规、规章的规定，当事人享有申请复检、复验权利的，渔业行政执法机关应当依法告知当事人申请复检、复验的权利，并同时告知申请复检、复验的期限和受理单位。

**【文书格式示例 5 - 14】**

××××（渔业行政执法机关全称）

**抽样检测结果告知书**

_____渔_____〔　〕_____号


_____：

本机关依法对你（单位）的下列物品进行抽样检测。

1. _____

2. _____

3. _____

检测结果如下：_____。

（依据相关法律、法规、规章的规定，当事人享有申请复检权利时适用以下内容）

你（单位）如对该检测结果有异议，可自接到本告知书之日起_____日内，依法向___（填写有权作出复检或者复验决定的单位名称）___书面申请复检或者复验。


附件：检测结果报告书_____份（报告书编号：_____）


联系人：_____　　联系电话：_____


渔业行政执法机关（印章）

年　月　日

## 十五、产品确认通知书

产品确认通知书是指渔业行政执法机关从非生产单位取得样品，为确认样品的真实生产单位，向标签标注的生产单位发出的文书。

向有关单位发送产品确认通知书时，应当注明所附产品样品包装标签或照片，写明要求有关单位确认的期限。

产品确认通知书中各栏目信息，应当按照物品（产品）包装、标签、说明书上记载的内容填写，并附照片；没有或者无法确定其中某项内容的，应当注明。

**【文书格式示例 5－15】**

×××× （渔业行政执法机关全称）

## 产品确认通知书

_____ ：

本机关_____年_____月_____日在 （填写有产品被发现的场所）
发现标称为你单位生产的产品，基本情况如下：

| 产品名称 | | |
|---|---|---|
| 商　　标 | | |
| 标称生产单位 | | |
| 产品许可号 | | |
| 单位许可号 | | |
| 生产日期（批号） | | |
| 规　　格 | | |

请你单位于_____年_____月_____日前确认上述产品是否为你单位
生产。若非你单位生产，请书面说明理由并提供相关证明材料。逾期未回复的，视为
上述产品为你单位生产。

联系人：_____ 　　联系电话：_____

渔业行政执法机关（印章）

年　月　日

## 十六、证据先行登记保存通知书

证据先行登记保存通知书是渔业行政执法机关在案件调查过程中，对与涉嫌违法行为
有关、可能灭失或者以后难以取得的证据进行登记保存时使用的文书。

渔业行政执法机关应当根据需要选择就地或者异地保存。被登记保存物品的状况应当
在证据先行登记保存通知书中逐项详细记录，登记保存地点要表述明确、清楚。

当事人应当在证据先行登记保存通知书上逐页签名、盖章或者以其他方式确认。执法人员应当在清单上逐页签名。

**【文书格式示例 5－16】**

××××（渔业行政执法机关全称）

**证据先行登记保存通知书**

＿＿＿＿＿＿渔＿＿＿＿〔 〕＿＿＿＿＿号

当事人：＿＿＿＿＿＿＿＿＿＿＿＿＿＿＿＿＿＿＿＿＿＿＿＿＿＿＿

时　间：＿＿＿＿＿＿＿＿＿＿＿＿＿＿＿＿＿＿＿＿＿＿＿＿＿＿＿

地　点：＿＿＿＿＿＿＿＿＿＿＿＿＿＿＿＿＿＿＿＿＿＿＿＿＿＿＿


因你（单位）涉嫌＿＿（填写涉嫌的违法行为）＿＿，本机关依照《中华人民共和国行政处罚法》第五十六条的规定，对你（单位）在＿＿（明确、清楚地填写物品存放的地点）＿＿的下列物品：

□就地保存，登记保存期间，你（单位）不得使用、销售、转移、损毁、隐匿；

□异地保存于＿＿（明确、清楚地填写异地保存地）＿＿。

| 序　号 | 物品名称 | 规　格 | 生产日期（批号） | 标称生产单位 | 数　量 |
|---|---|---|---|---|---|
|  |  |  |  |  |  |
|  |  |  |  |  |  |
|  |  |  |  |  |  |
|  |  |  |  |  |  |
|  |  |  |  |  |  |

当事人签名或盖章：　　　　（见证人签名或盖章：　　　　　　　　）

执法人员：＿＿＿＿＿＿＿＿＿执法证件号：＿＿＿＿＿＿＿＿＿

＿＿＿＿＿＿＿＿＿执法证件号：＿＿＿＿＿＿＿＿＿

渔业行政执法机关（印章）

年　月　日

## 十七、先行登记保存物品处理通知书

先行登记保存物品处理通知书是指渔业行政执法机构在规定的期限内对被登记保存的物品作出处理决定并告知当事人的文书。

其中，应当写明当事人姓名（或名称）、登记保存作出的时间、登记保存的物品清单及具体处理决定。

**【文书格式示例 5－17】**

**××××（渔业行政执法机关全称）**

**先行登记保存物品处理通知书**

_____渔_____〔 〕_____号

_____：

本机关于_____年_____月_____日作出证据先行登记保存通知书（_____渔_____〔____〕____号），现对先行登记保存你（单位）的物品作出如下处理决定：__(填写登记保存的物品清单及具体处理决定)__

_____

_____

_____

_____

_____

_____

_____

_____

联系人：_____    联系电话：_____

渔业行政执法机关（印章）

年 月 日

## 十八、查封（扣押）决定书

查封（扣押）决定书是指渔业行政执法机构在案件调查过程中依照有关法律、法规对涉案场所、设施或者财物采取强制措施，实施查封（扣押）的文书。

填写查封（扣押）决定书时，应当写明所依据的法律、法规的具体条款。

查封（扣押）决定书应当载明下列事项：

（1）当事人的姓名或者名称、地址。

（2）查封、扣押的理由、依据和期限。

（3）查封、扣押场所、设施或者财物的名称、数量等。

（4）申请行政复议或者提起行政诉讼的途径和期限。

（5）渔业行政执法机关的名称、印章和日期。

**【文书格式示例 5－18】**

**××××（渔业行政执法机关全称）**

**查封（扣押）决定书**

_____封（扣）〔　〕_____号

_____：

经查，因你（单位）涉嫌 __(填写所涉嫌的违法行为)__ ，现依据 ［填写作出查封（扣押）决定所依据的法律、法规和规章的全称，并具体到条、款、项、目的具体内容］ 的规定，本机关决定对你（单位）有关财物［详见查封（扣押）财物清单］予以查封（扣押）_____日。在查封（扣押）期间，你（单位）不得使用、销售、转移、损毁、隐匿。

如对本决定不服，可以在收到本决定书之日起六十日内向 __(填写复议政府的所在地)__ 人民政府或者 __(填写法定复议机关名称)__ 申请行政复议；也可以六个月内向 __(填写对该案件有管辖权的法院名称)__ 人民法院提起行政诉讼。行政复议和行政诉讼期间，本决定不停止执行。

附件：查封（扣押）财物清单

渔业行政执法机关（印章）

年　月　日

## 十九、查封（扣押）现场笔录

查封（扣押）现场笔录是渔业行政执法机关在案件调查过程中，依法对涉案场所、设施或者财物采取行政强制措施，对实施查封（扣押）以及其他现场情况进行记录时使用的文书。

其中，应当对实施查封（扣押）的物品名称、数量、包装形式、规格等作全面、客观、准确的记录，并记录查封（扣押）决定书及财物清单送达、当事人到场、实施查封（扣押）过程、当事人陈述申辩以及其他有关情况。

**【文书格式示例 5－19】**

**查封（扣押）现场笔录**

时间：_____年_____月_____日_____时_____分至_____时_____分

地点：_____

当事人：_____

执法机关：_____

执法人员：_____执法证件号：_____

　　　　　_____执法证件号：_____

记录人：_____

现场情况：　［对实施查封（扣押）的物品名称、数量、包装形式、规格等作全面、客观、准确的记录，并记录查封（扣押）决定书及财物清单送达、当事人到场、实施查封（扣押）过程、当事人陈述申辩以及其他有关情况］

当事人签名或盖章：　　　　（见证人签名：　　　　　　）

执法人员签名：

## 二十、解除查封（扣押）决定书

渔业行政执法机关经调查核实后，若依法对查封（扣押）场所、设施或者财物解除行政强制措施，应制作解除查封（扣押）决定书并告知当事人。查封（扣押）期限经延长的，应当载明延长行政强制措施决定的理由和相应内容。

**【文书格式示例 5 - 20】**

**××××（渔业行政执法机关全称）**

**解除查封（扣押）决定书**

_____解封（扣）〔　〕_____号

当事人：_____

　　本机关于_____年_____月_____日作出查封（扣押）决定书〔　封（扣）〔　〕　号〕，对你（单位）有关财物采取查封（扣押）的强制措施。

　　依据 ［填写作出解除查封（扣押）决定所依据的法律、法规和规章的全称，并具体到条、款、项、目的具体内容］ 的规定，本机关决定自_____年_____月_____日对全部/部分财物［详见解除查封（扣押）财物清单］解除查封（扣押）的强制措施。

　　附件：解除查封（扣押）财物清单

渔业行政执法机关（印章）

年　月　日

## 二十一、查封（扣押）/解除查封（扣押）财物清单

查封（扣押）/解除查封（扣押）财物清单是渔业行政执法机关依法对查封、扣押或者解除查封、扣押的涉案财物进行详细登记造册时使用的文书。

当事人核对无误后，可在清单末尾写明"上述内容经核对无误"。清单应当由当事人逐页签名、盖章或者按指纹确认。执法人员应当在清单上逐页签名。

**【文书格式示例 5－21】**

## 查封（扣押）/解除查封（扣押）财物清单

| 序　　号 | 财物名称 | 规　　格 | 生产日期（批号） | 生产经营单位 | 数　　量 |
|---|---|---|---|---|---|
|  |  |  |  |  |  |
|  |  |  |  |  |  |
|  |  |  |  |  |  |
|  |  |  |  |  |  |

（当事人核对无误后，可在清单末尾写明"上述内容经核对无误"）

当事人签名或盖章：＿＿＿＿＿＿＿＿＿＿＿＿　（见证人签名：　　　　　　　）

执法人员签名：＿＿＿＿＿＿＿＿＿＿＿＿

## 二十二、案件中止调查决定书

渔业行政执法机关依法决定中止调查案件时应当制作案件中止调查决定书。

**【文书格式示例 5－22】**

××××（渔业行政执法机关全称）

**案件中止调查决定书**

渔＿＿＿＿〔　〕＿＿＿＿号

＿＿＿＿＿＿＿＿＿＿：

你（单位）因涉嫌　（填写所涉嫌的违法行为）　＿＿＿＿＿，本机关于＿＿＿＿＿年＿＿＿＿月＿＿＿＿日予以立案调查。因　（简述中止调查事实理由）　根据《农业行政处罚程序规定》第四十八条的规定，现决定自＿＿＿＿＿年＿＿＿＿月＿＿＿＿日起，对你（单位）中止案件调查。

联系人：＿＿＿＿＿＿＿＿　　　联系电话：＿＿＿＿＿＿＿＿

渔业行政执法机关（印章）

年　月　日

## 二十三、恢复案件调查决定书

渔业行政执法机关依法决定恢复调查案件时应制作恢复案件调查决定书。

**【文书格式示例 5－23】**

**××××（渔业行政执法机关全称）**

**恢复案件调查决定书**

_____渔_____〔 　 〕_____号

_____：

　　你（单位）因涉嫌___（填写所涉嫌的违法行为）___，本机关于_____年_____月_____日予以立案调查，并于_____年_____月_____日，对你（单位）中止案件调查。因___（简述恢复调查事实理由）___，根据《农业行政处罚程序规定》第四十八条的规定，现决定自_____年_____月_____日起，对你（单位）恢复案件调查。

　　联系人：_____　　联系电话：_____

渔业行政执法机关（印章）

年　月　日

## 二十四、案件处理意见书

　　案件处理意见书是指案件调查结束后，渔业行政执法人员将案件调查经过、证据材料、调查结论及处理意见报请执法机关负责人审批的文书。

　　其中，"案件名称"栏要按照"当事人姓名（名称）＋涉嫌＋违法行为性质＋案"的方式填写。

　　"案件调查过程"栏可以写明案件线索来源、核查及立案的时间，以及采取的证据先行登记保存、行政强制措施、现场检查、抽样取证等案件调查情况。

　　"涉嫌违法事实及证据材料"栏应填写调查认定的事实的证据，所列举的证据应当符合证据的基本要素，根据证据规则应当能够认定案件事实。必要时可以将证据与所证明的事实对应列明。

　　"调查结论及处理意见"栏应当由渔业行政执法人员根据案件调查情况和有关法律、法规和规章的规定提出处理意见，包括建议给予行政处罚、予以撤销案件、不予行政处罚、移送其他行政管理部门处理、移送司法机关等。据以立案的违法事实不存在的，应当写明建议终结调查并结案等内容。对依法应给予行政处罚的，应当写明给予行政处罚的种类、幅度及法律依据等。从重、从轻或者减轻处罚的，应当写明理由。

"法制机构意见"栏由各省级渔业行政处罚机关决定是否选择适用。

"执法机关负责人意见"栏由渔业行政执法机关负责人根据案件调查结果，依据渔业行政执法人员建议的不同情况进行填写。具体情况包括：①违法事实成立，应给予行政处罚的，建议予以行政处罚；②违法事实不成立的，建议予以撤销案件；③违法行为轻微并及时纠正，没有造成危害后果的，建议不予行政处罚；④违法行为超过追诉时效的，建议不再给予行政处罚；⑤案件应当移交其他行政机关管辖或者因涉嫌犯罪应当移送司法机关的，建议移送相关机关；⑥依法作出处理的其他情形。

案件中止调查的，制作案件中止调查决定书，不需制作案件处理意见书。

**【文书格式示例 5 - 24】**

<h2 align="center">案件处理意见书</h2>

| 案件名称 | | [按照"当事人姓名（名称）＋涉嫌＋违法行为性质＋案"的方式填写] | | | | | | |
|---|---|---|---|---|---|---|---|---|
| 当事人 | 个人或个体工商户 | 姓名 | | 性别 | | 民族 | | 出生日期 | |
| | | 身份证（其他有效证件）号码 | | | | 工作单位和职务 | | |
| | | 住所 | | | | 联系电话 | | |
| | | 字号名称 | | | | 统一社会信用代码（注册号） | | |
| 当事人 | 单位 | 名称 | | | | 统一社会信用代码 | | |
| | | 法定代表人（负责人） | | | | 联系电话 | | |
| | | 住所 | | | | | | |
| 案件调查过程 | | （写明案件线索来源、核查及立案的时间，以及采取的证据先行登记保存、行政强制措施、现场检查、抽样取证等案件调查情况） | | | | | | |
| 涉嫌违法事实及证据材料 | | （填写调查认定的事实的证据，列举的证据应当符合证据的基本要素，根据证据规则应当能够认定案件事实。必要时可以将证据与所证明的事实对应列明） | | | | | | |

（续）

| | |
|---|---|
| 调查结论<br>及<br>处理意见 | （由执法人员根据案件调查情况和有关法律、法规和规章的规定提出处理意见，包括建议给予行政处罚、予以撤销案件、不予行政处罚、移送其他行政管理部门处理、移送司法机关等。据以立案的违法事实不存在的，应当写明建议终结调查并结案等内容。对依法应给予行政处罚的，应当写明给予行政处罚的种类、幅度及法律依据等。从重、从轻或者减轻处罚的，应当写明理由）<br><br>执法人员：<br>年　月　日 |
| 执法机构<br>意见 | （填写同意或不同意。如果不同意，还应写明理由和其他处理意见）<br><br>执法机构负责人：<br>年　月　日 |
| 法制机构<br>意见 | （由各省级渔业行政执法机构决定是否选择适用）<br><br>法制机构负责人：<br>年　月　日 |
| 执法机关<br>负责人<br>意见 | （由渔业行政执法机关负责人根据案件调查结果，依据执法人员建议的不同情况进行填写。具体情况包括：①违法事实成立，应给予行政处罚的，建议予以行政处罚；②违法事实不成立的，建议予以撤销案件；③违法行为轻微并及时纠正，没有造成危害后果的，建议不予行政处罚；④违法行为超过追诉时效的，建议不再给予行政处罚；⑤案件应当移交其他行政机关管辖或者因涉嫌犯罪应当移送司法机关的，建议移送相关机关；⑥依法作出处理的其他情形）<br><br>执法机关负责人：<br>年　月　日 |

## 二十五、行政处罚事先告知书（适用非听证案件）

　　渔业行政处罚机关在作出行政处罚决定前，应制作行政处罚事先告知书，告知当事人拟作出的行政处罚决定的事实、理由、依据、处罚内容以及当事人依法享有的陈述权、申辩权。处罚机关应当根据案件是否符合听证条件，决定制作适用非听证案件还是适用听证案件的行政处罚事先告知书。

　　行政处罚事先告知书（适用非听证案件）中应当写明当事人的违法事实、违反的法律条款、拟作出行政处罚的内容、法律依据，并告知当事人享有的陈述和申辩的权利、要求举行听证的权利及法定期限。同时，还要注明联系人、联系电话和行政处罚机关地址等。

　　对违法事实的描述应当完整、明确、客观，不得使用结论性语言。

**【文书格式示例 5 - 25】**

××××（渔业行政处罚机关全称）

## 行政处罚事先告知书

（适用非听证案件）

_____告〔  〕_____号

_____：

经调查，你（单位） (填写当事人的违法行为事实，对违法事实的描述应当完整、明确、客观，不得使用结论性语言) 你（单位）违反了 (填写当事人涉嫌违法行为违反的法律、法规、规章的全称，并具体到条、款、项、目的具体内容) ，依据 (填写拟对当事人作出行政处罚的法律、法规、规章的全称，并具体到条、款、项、目的具体内容) ，本机关拟作出如下处罚决定： (填写行政处罚的内容，处罚内容应当具体、明确、清楚) 。

根据《中华人民共和国行政处罚法》第四十四条、第四十五条的规定，你（单位）可在收到本告知书之日起三日内向本机关进行陈述申辩。逾期不陈述申辩的，视为你（单位）放弃上述权利。

渔业行政处罚机关（印章）

年　月　日

渔业行政处罚机关地址：_____

联系人：_____　电话：_____

## 二十六、行政处罚事先告知书（适用听证案件）

处罚机关应当根据案件是否符合听证条件，决定制作适用非听证案件还是适用听证案件的行政处罚事先告知书。执法机关在依法作出责令停产停业、吊销许可证照、缴纳较大数额罚款、没收较大数额财物等重大行政处罚决定之前，依法告知当事人拟作出行政处罚决定的事实、理由、依据和处罚内容，以及当事人所享有的陈述权、申辩权、听证权时，应制作行政处罚事先告知书（适用听证案件）。

**【文书格式示例 5－26】**

××××（渔业行政处罚机关全称）

## 行政处罚事先告知书

（适用听证案件）

_____告〔　〕_____号

_____：

　　经调查，你（单位）　 （填写当事人的违法行为事实，对违法事实的描述应当完整、明确、客观，不得使用结论性语言）　你（单位）违反了　 （填写当事人涉嫌违法行为违反的法律、法规、规章的全称，并具体到条、款、项、目的具体内容）　 ，依据　 （填写拟对当事人作出行政处罚的法律、法规、规章的全称，并具体到条、款、项、目的具体内容）　 ，本机关拟作出如下处罚决定：　 （填写拟作出的行政处罚的内容，处罚内容应当具体、明确、清楚）　 。

　　根据《中华人民共和国行政处罚法》第四十四条、第四十五条和第六十三条、第六十四条的规定，你（单位）可在收到本告知书之日起五日内向本机关进行陈述申辩、申请听证。逾期不陈述申辩、申请听证的，视为你（单位）放弃上述权利。

渔业行政处罚机关（印章）

年　月　日

渔业行政处罚机关地址：_____

联系人：_____

电话：_____

## 二十七、不予行政处罚决定书

渔业行政处罚机关对符合法定不予处罚的情形，应当制作不予行政处罚决定书。

【文书格式示例 5－27】

××××（渔业行政处罚机关全称）

## 不予行政处罚决定书

_____渔_____〔  〕_____号

当事人：［个人写明姓名、性别、民族、出生日期、民族、身份证（其他有效证件）号码、工作单位和职务、住所，法人或者其他组织写明名称、法定代表人（负责人）、统一社会信用代码（注册号）、住所等］

［写明案件来源、调查经过及采取查封（扣押）的情况］

_____

_____

_____

（写明违反法律、法规或者规章的事实）

_____

_____

_____

上述事实，主要有以下证据证明：（当事人陈述、申辩情况，当事人陈述、申辩的采纳情况及理由，行政处罚告知、行政处罚听证告知情况，以及听证过程及意见）

（写明案件性质、不予行政处罚的决定和理由）

如果对本决定不服，可以在收到本决定书之日起六十日内向____（填写复议政府的所在地）人民政府或者____（填写法定复议机关名称）申请行政复议；也可以六个月内向____（填写对该案件有管辖权的法院名称）人民法院提起行政诉讼。

渔业行政处罚机关（印章）

年  月  日

## 二十八、行政处罚决定审批表

渔业行政执法机构在案件调查终结之后，应制作行政处罚决定审批表，将案件情况和处理意见提请法制审核、负责人审查。

其中，"案件名称"按照"当事人姓名（名称）＋违法行为性质＋案"的方式表述，由执法机构填写。

"陈述、申辩或者听证情况"栏填写当事人陈述、申辩或者听证情况，由执法机构填写。

"处理意见"栏由执法机构办案人员填写。

"法制审核意见"栏由承担法制审核工作的机构或者人员根据其应该审核的内容以及审核后的不同情况填写。法制审核结束后，区别不同情况提出如下建议：①对事实清楚、证据充分、定性准确、适用依据正确、程序合法、处理适当的案件，拟同意作出行政处罚决定；②对定性不准、适用依据错误、程序不合法或者处理不当的案件，建议纠正；③对违法事实不清、证据不充分的案件，建议补充调查或者撤销案件；④违法行为轻微并及时纠正没有造成危害后果的，或者违法行为超过追诉时效的，建议不予行政处罚；⑤认为有必要提出的其他意见和建议。

"集体讨论情况"栏仅适用集体讨论的案件，根据渔业行政执法机关负责人集体讨论情况填写集体讨论的结论或者决定，并将集体讨论记录附表后。

"执法机关意见"栏由渔业行政执法机关负责人填写。符合集体讨论条件的案件，由渔业行政执法机关主要负责人根据集体讨论决定填写。

## 【文书格式示例 5－28】

### 行政处罚决定审批表

| 案件名称 | ［按照"当事人姓名（名称）＋违法行为性质＋案"的方式表述，由执法机构填写］ | | | | | | |
|---|---|---|---|---|---|---|---|
| 当事人 | 个人或个体工商户 | 姓名 | | 性别 | | 民族 | 出生日期 |
| | | 身份证（其他有效证件）号码 | | | 工作单位和职务 | | |
| | | 住所 | | | 联系电话 | | |
| | | 字号名称 | | | 统一社会信用代码（注册号） | | |
| | 单位 | 名称 | | | 统一社会信用代码 | | |
| | | 法定代表人（负责人） | | | 联系电话 | | |
| | | 住所 | | | | | |

（续）

| | |
|---|---|
| 陈述申辩 或 听证情况 | （填写当事人陈述、申辩或者听证情况，由执法机构填写） |
| 处理意见 | （由执法机构办案人员填写、按照具体情节填写具体、明确、清楚的处理意见）<br><br>执法人员：<br>年 月 日 |
| 执法机构 意见 | （填写同意或不同意。如果不同意，还应写明理由和其他处理意见）<br><br>执法机构负责人：<br>年 月 日 |
| 法制审核 意见 | （由承担法制审核工作的机构或者人员根据其应该审核的内容以及审核后的不同情况填写。法制审核结束后，区别不同情况提出如下建议：①对事实清楚、证据充分、定性准确、适用依据正确、程序合法、处理适当的案件，拟同意作出行政处罚决定；②对定性不准、适用依据错误、程序不合法或者处理不当的案件，建议纠正；③对违法事实不清、证据不充分的案件，建议补充调查或者撤销案件；④违法行为轻微并及时纠正没有造成危害后果的，或者违法行为超过追诉时效的，建议不予行政处罚；⑤认为有必要提出的其他意见和建议）<br><br>法制审核人员：<br>年 月 日 |
| 集体讨论 情况（集 体讨论决 定案件 适用） | （仅适用集体讨论的案件，根据农业行政执法机关负责人集体讨论情况填写集体讨论的结论或者决定，并将集体讨论记录附表后） |
| 执法机关 意见 | （由渔业行政执法机关负责人填写；符合集体讨论条件的案件，由渔业行政执法机关主要负责人根据集体讨论决定填写）<br><br>执法机关负责人：<br>年 月 日 |

### 二十九、行政处罚决定书

行政处罚决定书是指渔业行政处罚机关适用普通程序，对当事人作出行政处罚决定的文书。

其中，"案件来源"部分可写明案件线索来源、核查及立案的时间。"调查经过"部分可写明询问、抽样取证、现场检查或者勘验、检验检测、证据先行登记保存等调查过程。"采取查封（扣押）的情况"部分可写明采取查封（扣押）行政强制措施情况。"违反法律、法规或者规章的事实"部分应当写明从事违法行为的时间、地点、情节、危害结果等。

"相关证据及证明事项"部分应当将认定案件事实所依据的证据列举清楚，所列举证据应当符合证据的基本要素，根据证据规则能够认定案件事实。"当事人陈述、申辩情况，当事人陈述、申辩的采纳情况及理由；行政处罚告知、行政处罚听证告知情况，以及复核、听证过程及意见"部分，应当写明行政处罚告知或者行政处罚听证告知送达情况，以及对当事人陈述、申辩意见的复核程序和听证程序，说明农业行政执法机关的复核意见以及采纳或者不予以采纳的理由。经过听证的案件，还应当写明听证意见。

"案件性质、事实、自由裁量的依据和理由，以及行政处罚的内容和依据"部分，应当写明行政处罚的依据，包括违法行为直接违反的法律、法规、规章的具体条款和行政处罚决定依据的法律、法规、规章的具体条款。应当从违法案件的具体事实、性质、情节、社会危害程度、主观过错等方面，对行政处罚自由裁量的依据和理由加以表述，阐明对当事人从重、从轻、减轻处罚的情形。应当写明行政处罚的内容，包括对当事人给予处罚的种类和数额，有多项的应当分项写明。

### 【文书格式示例 5 - 29】

#### ××××（渔业行政处罚机关全称）
#### 行政处罚决定书

_____渔_____〔 〕_____号

当事人：[个人写明姓名、性别、民族、出生日期、民族、身份证（其他有效证件）号码、工作单位和职务、住所，法人或者其他组织写明名称、法定代表人（负责人）、统一社会信用代码（注册号）、住所等]

当事人 （填写案件名称） 一案，经本机关依法调查，现查明：[填写案件线索来源、核查及立案的时间等案件来源信息；询问、抽样取证、现场检查或者勘验、检验检测、证据先行登记保存等调查经过；采取查封（扣押）的情况；违反法律、法规或者规章的事实与证据；应当全面、客观，阐明违法行为的基本事实，即何时、何地、何人、采取何种方式或手段、产生何种行为后果等]。

上述事实，主要有以下证据证明：____（列举证据应当注意证据的证明力，对证据的作用和证据之间的关系进行说明。如果有，并填写当事人陈述、申辩情况，当事人陈述、申辩的采纳情况及理由；行政处罚告知、行政处罚听证告知及送达情况，以及当事人陈述、申辩意见的复核、听证过程及意见，说明渔业行政执法机关的复核意见以及采纳或者不予以采纳的理由。经过听证的案件，还应当写明听证意见）。

本机关认为：____（填写案件性质、事实、自由裁量的依据和理由，从违法案件的具体事实、性质、情节、社会危害程度、主观过错等方面，对行政处罚自由裁量的依据和理由加以表述，阐明对当事人从重、从轻、减轻处罚的情形）。

依照____（填写对当事人作出行政处罚的法律、法规、规章的全称，并具体到条、款、项、目的具体内容）的规定，本机关责令____（如果有责令改正等，填写责令内容），并作出如下处罚决定：____（填写所作出行政处罚的内容，处罚内容应当具体、明确、清楚地写明对当事人给予处罚的种类和数额，有多项的应当分项写明）。当事人必须在收到本处罚决定书之日起十五日内持本决定书到____（填写指定缴纳罚款的银行）缴纳罚（没）款。逾期不按规定缴纳罚款的，每日按罚款数额的3％加处罚款。

当事人对本处罚决定不服的，可以在收到本处罚决定书之日起六十日内向____（填写复议政府的所在地）人民政府或者____（填写法定复议机关名称）申请行政复议；也可以六个月内向____（填写对该案件有管辖权的法院名称）人民法院提起行政诉讼。行政复议和行政诉讼期间，本处罚决定不停止执行。

当事人逾期不申请行政复议或者提起行政诉讼，也不履行本行政处罚决定的，本机关将依法申请人民法院强制执行。

渔业行政处罚机关（印章）

年　月　日

## 三十、行政处罚听证会通知书

行政处罚符合听证条件，渔业行政处罚机关决定举行听证会的，应制作行政处罚听证会通知书。

在行政处罚听证会通知书中应当告知当事人举行听证会的时间、地点、方式（公开或不公开）、主持人和书记员的姓名，以及当事人可以申请回避和委托代理人等事项。

**【文书格式示例 5 - 30】**

××××（渔业行政处罚机关全称）

**行政处罚听证会通知书**

_____：

　　根据你（单位）提出的听证要求，本机关决定于_____年_____月_____日_____时_____分在　（填写听证会举行地点）　举行听证会。本次听证会由_____担任主持人，_____担任书记员。

　　请你（单位）法定代表人或者委托代理人准时出席。不按时出席听证的，且事先未说明理由，又无特殊原因的，视同放弃听证权利。

　　委托代理听证的，应提交身份证明及当事人签署的授权委托书。授权委托书应当写明委托代理人的姓名、性别、年龄以及委托的具体权限，并经你（单位）签名或者盖章。

　　根据《中华人民共和国行政处罚法》第六十四条的规定，你（单位）有权申请听证主持人回避。如申请回避的，请于　（填写提出申请的期限）　前向本机关提出书面申请。

　　特此通知。

渔业行政处罚机关（印章）

年　月　日

执法机关地址：_____

联系人：_____　电话：_____

## 三十一、听证笔录

听证笔录是渔业行政处罚机关应当事人的申请，就行政处罚案件举行听证，由书记员对听证会全过程进行记录时使用的文书。

其中，"听证记录"应当写明案件调查人员提出的违法事实、证据和处罚意见，当事人陈述、申辩的事实理由以及是否提供新的证据，证人证言、质证过程等内容。

案件调查人员、当事人或者其委托代理人应当在笔录上逐页签名、盖章或者按指纹并在尾页注明日期。证人应当在记录其证言之页签名。

**【文书格式示例 5－31】**

# 听 证 笔 录

听证时间：_____年____月____日____时____分至____时____分

听证地点：_____

申请人：_____法定代表人（负责人）：_____

证件种类：_____证件号码：_____

联系方式：_____通信地址：_____

委托代理人：_____

证件种类：_____证件号码：_____

联系方式：_____通信地址：_____

主持人：_____工作单位及职务：_____

案件承办人：_____执法证号：_____

案件承办人：_____执法证号：_____

记录人：_____其他参加人：_____

听证记录：____（写明案件调查人员提出的违法事实、证据和处罚意见，当事人陈述、申辩的事实理由以及是否提供新的证据，证人证言、质证过程等内容）_____

_____

_____

_____

_____。

当事人或委托代理人签名：_____    年 月 日

案件调查人员签名：_____    年 月 日

（第 1 页  共  页）

## 听　证　笔　录

_____

_____

_____

_____

_____

_____

_____

_____

当事人或委托代理人签名：＿＿＿＿＿＿　　年　月　日

案件调查人员签名：＿＿＿＿＿＿　　年　月　日

（第　页　共　页）

## 三十二、行政处罚听证会报告书

渔业行政处罚机关在行政处罚案件听证会结束后，听证主持人向渔业行政处罚机关负责人报告听证会情况和处理意见建议时，应制作行政处罚听证会报告书。

行政处罚听证会报告书应包括以下内容：听证案由，听证人员、听证参加人，听证的时间、地点，听证的基本情况，处理意见和建议，需要报告的其他事项。

听证主持人向执法机关负责人提交报告书时，应当附上听证笔录。

**【文书格式示例 5－32】**

## 行政处罚听证会报告书

案件名称：_____

执法人员：_____　　执法证号：_____

执法人员：_____　　执法证号：_____

主持听证机关：_____

听证主持人：_____　　工作单位及职务：_____

听证记录人：_____　　工作单位及职务：_____

听证时间：_____年____月____日____时____分至____时____分

听证地点：_____

申请人：_____法定代表人（负责人）：_____

委托代理人：_____

报告事项：（填写听证会基本情况，双方意见、理由和依据，处理意见和建议等）

_____

_____

_____

_____

_____

_____

## 三十三、送达回证

送达回证是指渔业行政处罚机关将执法文书送达当事人的回执证明文书。

其中，"送达时间"应当精确到日，也可根据实际情况精确到"××月××日××时××分"。"送达单位"填写渔业行政处罚机关。"送达人"填写渔业行政处罚机关的渔业行政执法人员或者渔业行政处罚机关委托的有关人员。"受送达人"填写案件当事人。收件人应当在"收件人"栏中签名、盖章或者按指纹，并填写收件时间；收件人不是当事人时，应当在备注栏中注明其身份和与当事人的关系。"送达地点"应当填写街道、楼栋、单元、门牌号等完整信息。

**【文书格式示例 5－33】**

×××× （渔业行政处罚机关全称）

## 送达回证

| | |
|---|---|
| 送达文书名称 | |
| 送达文书文号 | |
| 案件名称 | ［按照"当事人姓名（名称）＋违法行为性质＋案"的方式表述］ |
| 受送达人姓名或名称 | （填写案件当事人） |
| 送达时间 | 年 月 日 时 分 |

（续）

| 送达地点 | （填写街道、楼栋、单元、门牌号等完整信息） |
|---|---|
| 送达方式 | |
| 收件人 | （收件人应当签名、盖章或者按手印，并填写收件时间；收件人不是当事人时，应当在备注栏中注明其身份和与当事人的关系）<br><br>收件人（签字或盖章）：<br><br>年 月 日 |
| 送达单位 | （填写渔业行政执法机构） |
| 送达人 | （填写渔业行政执法机构的执法人员或者执法机关委托的有关人员）<br><br>送达人（签字）：<br><br>年 月 日 |
| 备注 | |

## 三十四、履行行政处罚决定催告书

履行行政处罚决定催告书是指渔业行政处罚机关申请人民法院强制执行前催告当事人履行义务的文书。

履行行政处罚决定催告书应当载明渔业行政处罚机关作出行政处罚决定的文书名称、文号，行政处罚决定书确定的义务，以及没有履行义务的情况。对于没有履行义务的情况，可以填写尚未缴纳罚款的数额以及加处罚款的数额，例如："一、罚款 3 000 元；二、因逾期未缴纳上述罚款，依法加处的罚款 3 000 元"。

## 【文书格式示例 5－34】

××××（渔业行政处罚机关全称）

**履行行政处罚决定催告书**

_____催告字〔 〕第_____号

_____：

本机关于_____年_____月_____日向你（单位）送达了_____渔业_____罚〔年份〕_____号行政处罚决定书，于_____年_____月

_____日对你（单位）进行如下行政处罚：__（写明行政处罚决定书确定的义务）__。要求你（单位）于_____年_____月_____日前到__（填写指定缴纳罚款的银行）__银行缴纳罚没款。

由于你（单位）至今未（全部）履行处罚决定，根据《中华人民共和国行政处罚法》第七十二条第一项的规定，本机关决定自_____年_____月_____日起每日按罚款额的百分之三加处罚款。

请接到本催告书后十个工作日内到__（填写指定缴纳罚款的银行）__银行缴清应缴罚没款及加处罚款__（填写尚未缴纳罚款的数额以及加处罚款的数额）__。如果逾期，本机关将根据《中华人民共和国行政强制法》第五十三条、第五十四条的规定，依法向人民法院申请强制执行。

渔业行政处罚机关（印章）

年  月  日

## 三十五、强制执行申请书

强制执行申请书是指渔业处罚机关向人民法院申请强制执行时应制作的文书。

强制执行申请书中应当写明申请人及被申请人基本情况、作出行政处罚决定及送达情况、申请执行内容和催告等有关情况，由处罚机关负责人签名并加盖执法机关印章。

**【文书格式示例 5－35】**

××××（渔业行政处罚机关全称）

**强制执行申请书**

_____渔_____〔  〕_____号

申请人：__（填写执法机关名称、法定代表人、地址、联系电话）__

被申请人：__（填写案件当事人基本情况：姓名、性别、住所、联系电话或者单位名称、法定代表人、住所、联系电话）__

申请人于_____年_____月_____日对被申请人__（填写当事人的违法案件名称）__案依法作出行政处罚决定（_____渔业_____罚〔  〕_____号），并已于_____年_____月_____日送达被申请人，被申请人在法定期限内未履行行政处罚决定，也未申请行政复议或者提起行政诉讼。经本机关书面催告，被申请人仍未履行义务。根据《中华人民共和国行政强制法》第五十三条的规定，特申请强制执行。

　　申请执行内容：＿＿＿（填写申请强制执行的具体内容）＿＿。

　　此致
　　（执法机关所在地）人民法院

　　附件：1. 行政处罚决定书及送达回证
　　　　　2. 催告书等其他有关材料

渔业行政处罚机关（印章）<br>年　月　日

## 三十六、延期（分期）缴纳罚款通知书

延期（分期）缴纳罚款通知书是当事人确有经济困难，需要延期或者分期缴纳罚款，向渔业行政处罚机关提出书面申请后，渔业行政处罚机关负责人依法批准同意后，告知当事人时使用的文书。

**【文书格式示例 5－36】**

××××（渔业行政处罚机关全称）<br>延期（分期）缴纳罚款通知书<br>＿＿＿＿＿渔＿＿＿〔　〕＿＿＿＿号

＿＿＿＿＿＿＿＿＿＿：

　　本机关于＿＿＿年＿＿月＿＿日对你（单位）作出渔业行政处罚决定书（＿＿＿渔业＿＿＿罚〔　〕＿＿＿＿号），其中对你（单位）处以罚款（大写）＿＿＿＿＿（￥＿＿＿）。你（单位）于＿＿＿年＿＿月＿＿日向本机关提出延期/分期缴纳罚款的申请。

根据《中华人民共和国行政处罚法》第七十二条、《农业行政处罚程序规定》第八十一条的规定，本机关决定：（以下内容区分延期或者分期缴纳的情形选择性填写）

暂缓缴纳的罚款，限你（单位）于＿＿＿＿年＿＿＿月＿＿＿日前缴清。

分期缴纳的罚款，限你（单位）于＿＿＿＿年＿＿＿月＿＿＿日前分＿＿＿＿期缴清。

于＿＿＿＿年＿＿＿月＿＿＿日前缴纳第一期（大写）＿＿＿＿＿＿＿（¥＿＿＿）；

于＿＿＿＿年＿＿＿月＿＿＿日前缴纳（大写）＿＿＿＿＿＿＿（¥＿＿＿）；

于＿＿＿＿年＿＿＿月＿＿＿日前缴纳（大写）＿＿＿＿＿＿＿（¥＿＿＿）。

如果到期不缴纳罚款，依据《中华人民共和国行政处罚法》第七十二条的规定，本机关将按照每日按罚款数额的百分之三加处罚款，并依法申请人民法院强制执行。

渔业行政处罚机关（印章）

年 月 日

## 三十七、罚没物品处理记录

渔业行政处罚机关对罚没物品依法进行处理时，应制作罚没物品处理记录。在罚没物品处理记录中，应载明对罚没物品处理的时间、地点、方式，参与处理的渔业行政执法人员及渔业行政处罚机关负责人应当在记录上签字。

**【文书格式示例 5－37】**

**罚没物品处理记录**

处理物品：＿＿＿＿＿＿＿＿＿＿＿＿＿＿＿＿＿＿＿＿＿＿＿＿＿＿＿

物品来源：＿＿＿＿＿＿＿＿＿＿＿＿＿＿＿＿＿＿＿＿＿＿＿＿＿＿＿

处理时间：＿＿＿＿＿＿＿＿＿＿＿＿＿＿＿＿＿＿＿＿＿＿＿＿＿＿＿

处理地点：＿＿＿＿＿＿＿＿＿＿＿＿＿＿＿＿＿＿＿＿＿＿＿＿＿＿＿

执行人：＿＿＿＿＿＿＿＿＿＿＿＿＿＿＿＿＿＿＿＿＿＿＿＿＿＿＿＿

记录人：＿＿＿＿＿＿＿＿＿＿＿＿＿＿＿＿＿＿＿＿＿＿＿＿＿＿＿＿

处理情况： _（应当真实、准确地写明处理的情况）_

_____

_____

_____

_____

执法人员签名： 年 月 日

执法机构负责人签名： 年 月 日

渔业行政处罚机关（印章）

年 月 日

## 三十八、行政处罚结案报告

行政处罚结案报告是指案件终结后，渔业行政执法人员报请渔业行政处罚机关负责人批准结案的文书。

其中，"案件名称"栏中，对于终结的案件，按照"当事人姓名（名称）＋违法行为性质＋案"的方式表述；案件终止调查、违法事实不能成立、立案调查后移送其他行政管理部门和司法机关等处理决定的，按照"当事人姓名（名称）＋涉嫌＋违法行为性质＋案"的方式表述。

行政处罚结案报告应当对案件的办理情况进行总结。给予行政处罚的，写明处罚决定的内容及执行方式；不予行政处罚的，应当写明理由；予以撤销案件的，写明撤销的理由。

案件终止调查或者违法事实不能成立的，不需填写"处理决定文书"栏。

罚没财物处置情况应当写明罚没物品的处置时间、方式及结果。

**【文书格式示例 5－38】**

### 行政处罚结案报告

| 案件名称 | _[按照"当事人姓名（名称）＋违法行为性质＋案"的方式表述]_ | | |
|---|---|---|---|
| 立案时间 | | 案件承办人员 | |
| 处理决定文书 | （案件终止调查或者违法事实不能成立的，不需填写"处理决定文书"栏） | 处理决定日期 | |

（续）

| 结案情况 | □行政处罚决定由当事人履行完毕<br>□行政处罚决定由人民法院裁定终结执行<br>□不予行政处罚<br>□行政处罚决定被依法撤销<br>□移送其他行政管理部门<br>□移送司法机关<br>□其他：＿＿＿＿＿＿＿＿＿＿ | | |
| --- | --- | --- | --- |
| 不予行政处罚 | （不予行政处罚的，应填写不予行政处罚的理由） | | |
| 撤销处罚决定 | （撤销处罚决定的，应填写撤销处罚决定的理由） | | |
| 行政处罚内容 | （填写行政处罚的具体内容） | | |
| 行政处罚执行方式 | □主动履行<br>□强制执行<br>□其他：＿＿＿＿＿＿ | 罚没财物处置情况 | （填写处置时间、方式、结果等） |
| 案件承办人员意见 | （同意结案或者不同意结案。如果不同意，还应写明不同意的理由）<br><br>承办人员：<br>年　月　日 | | |
| 执法机构意见 | （同意结案或者不同意结案。如果不同意，还应写明不同意的理由）<br><br>执法机构负责人：<br>年　月　日 | | |
| 法制机构意见 | （同意结案或者不同意结案。如果不同意，还应写明不同意的理由）<br><br>法制机构负责人：<br>年　月　日 | | |
| 执法机关意见 | （同意结案或者不同意结案。如果不同意，还应写明不同意的理由）<br><br>执法机关负责人：<br>年　月　日 | | |
| 备注 | （如果有特别情况，在此标注） | | |

# 第四节　渔政执法文书归档及管理

渔业行政执法机关应当严格按照《行政处罚法》《中华人民共和国档案法》《农业行政处罚程序规定》《机关文件材料归档范围和文书档案保管期限规定》和《农业行政执法文书制作规范》的要求，做好立卷归档工作。

## 一、渔业行政执法文书归档的基本要求

### （一）组卷要求

组卷就是将要归档入卷的各种文书材料按照办案的程序以及文书材料的相对独立性和内部联系进行必要的组合、排列，使在行政处罚过程中制作的文书材料形成相互联系、相互作用、相互依赖的统一体。

渔业行政执法机关各类文书应当按照利于保密、方便利用的原则分别立为正卷和副卷。

普通程序案件应当按年度、一案一号的原则单独立卷；简易程序案件可以多案合并组卷，每卷不超过 50 个案件。

### （二）归档材料要求

案卷归档一般包括整理材料，排序编号，填写卷宗封面、卷内目录、卷内备考表和装订入盒等步骤。

**1. 行政处罚简易程序案件归档材料**

行政处罚简易程序案件归档材料包括：

（1）当场处罚决定书。

（2）罚款收据。

（3）其他文件材料。

**2. 行政处罚普通程序案件归档材料**

行政处罚普通程序案件归档材料包括：

（1）立案材料，包括投诉信函、投诉受理记录、案件移送函、立案审批表等。

（2）调查取证材料。

（3）审查决定材料，包括案件调查终结审批表、行政处罚事先（听证）告知书、陈述申辩笔录、听证笔录、重大行政处罚决定集体讨论记录、行政处罚决定书等。

（4）处罚执行材料，包括罚款收据、执行情况记录、行政决定履行催告书、强制执行决定书、结案审批表等。当事人提起行政复议或者行政诉讼形成的文件材料可以合并入原案卷保管，或者另行立卷保管。

**3. 材料整理要求**

案件结案后，立卷人应当及时将案件处理过程中形成的各种文书和材料进行收集整理。材料整理应当符合下列要求：

（1）能够采用原件的材料应当采用原件，不得以复印件代替原件存档。

（2）整理时应当拆除文件上的金属物，超大纸张应当折叠成 A4 纸大小，已破损的文件应当修整，字迹模糊或者易褪色的文件、热敏传真纸文件应当复制。

（3）横向页面打印的文件材料应当字头朝装订线摆放。

（4）文件材料装订部分过窄或者有字的，用纸加宽装订，纸张小于卷面的用 A4 纸进行托裱。

（5）需要附卷保存的信封，应当打开展平后加贴衬纸或者复制留存，邮票不得撕揭。

（6）卷内文书材料应当齐全完整，无重复或者多余材料。

**4. 案件材料排序编号**

案件材料整理后，按照下列规定进行排序编号：

（1）简易程序案卷的排序编号。同一案件按当场处罚决定书、罚款收据（现场收缴的将收据号码登记在行政处罚决定书上）、其他文件材料的顺序排列；不同案件按结案时间先后顺序排列。

（2）普通程序案卷的排序编号。按照执法办案流程的时间先后顺序排列；档案管理部门另有规定的，从其规定。

（3）卷内文件材料的排序编号。用号码机以阿拉伯数字依次编号，正面编号在文件的右上角，背面编号在文件的左上角，背面无信息内容的不编号。

**（三）案卷装订要求**

（1）装订时左边和下边取齐，采用三孔一线的方法在左边装订。装订要牢固、整齐，不压字迹，便于翻阅。

（2）案卷背面装订线处用封条封装，并加盖单位公章。

（3）将案卷置于规格统一的卷盒中，并在卷盒盒脊填写所存案卷的年份、保管期限、起止卷号。

**（四）保管与移交**

对于难以入卷保存的物证、视听资料、电子数据等证据材料，可以拍摄、冲洗或者打印后入卷，相关证据材料装入证据袋另行保存，并在卷内备考表注明。

简易程序案卷保管期限为 10 年。普通程序案卷保管期限为 30 年。案件涉及行政复议、行政诉讼的，保管期限为永久。

保管期限从案卷装订成册次年 1 月 1 日起计算。

渔业行政执法案卷应当于次年一季度前移交本单位档案管理机构集中统一管理。案卷归档，不得私自增加或者抽取案卷材料，不得修改案卷内容。

## 二、渔业行政执法文书案卷制作

渔业行政执法案卷由卷宗封面、卷内目录、卷内文件材料、卷内备考表、封底组成。卷宗封面包括立卷单位、案号、案件名称、年度、页数、保管期限。卷内目录包括序号、文号、文件材料名称、页号、备注。卷内备考表包括本卷情况说明、立卷人、检查人、立卷时间。

### （一）封面、目录和备考表

**1. 封面**

封面题名应当由当事人和违法行为定性两部分组成，例如"关于×××违反禁渔期规定案"。封面所列的各个项目都要用毛笔、黑色或蓝黑色钢笔或水笔逐项填写齐全，书写要工整，有条件的直接打印。

**【案卷封面格式示例 5－1】**

| ××××（渔业行政处罚机关全称） | | | | | |
|---|---|---|---|---|---|
| **渔业行政处罚案卷** | | | | | |
| **×××违反禁渔期规定案** | | | | | |
| 当事人 | | 案由 | | | |
| 调查人员 | | 案号 | | | |
| 处理结果 | | 立案日期 | | 年　月　日 | |
| | | 结案日期 | | 年　月　日（填写正式处罚结束日期） | |
| 本卷共　　　页 | 归档号 | 填写执法机构给本卷宗的归档时保管序号 | | 备注 | |

**2. 卷宗目录和备考表**

卷内文件目录应按卷宗内行政执法文书材料排列顺序逐份登记，包括序号、题名、页码和备注等内容。

备考表应当填写卷中需要说明的情况，并由立卷人、检查人签名。

**【卷宗目录格式示例 5－1】**

**卷 宗 目 录**

类别　　　　　　　　　　　　案号：

| 序　号 | 名　称 | 日　期 | 页　号 | 备　注 |
|---|---|---|---|---|
| 1 | 行政处罚决定书 | | | |
| 2 | 行政处罚立案审批表 | | | |
| 3 | 协助调查函 | | | |
| 4 | 协助调查结果告知函 | | | |

（续）

| 序　号 | 名　　　称 | 日　期 | 页　号 | 备　注 |
|---|---|---|---|---|
| 5 | 责令改正通知书 | | | |
| 6 | 询问笔录 | | | |
| 7 | 现场检查（勘验）笔录 | | | |
| 8 | 抽样取证凭证 | | | |
| 9 | 抽样检测结果告知书 | | | |
| 10 | 产品确认通知书 | | | |
| 11 | 证据先行登记保存通知书 | | | |
| 12 | 先行登记保存物品处理通知书 | | | |
| 13 | 查封（扣押）决定书 | | | |
| 14 | 查封（扣押）现场笔录 | | | |
| 15 | 解除查封（扣押）决定书 | | | |
| 16 | 查封（扣押） | | | |
| 17 | 解除查封（扣押）财物清单 | | | |
| 18 | 案件中止调查决定书 | | | |
| 19 | 恢复案件调查决定书 | | | |
| 20 | 案件处理意见书 | | | |
| 21 | 行政处罚事先告知书 | | | |
| 22 | 不予行政处罚决定书 | | | |
| 23 | 行政处罚决定审批表 | | | |
| 24 | 行政处罚听证会通知书 | | | |
| 25 | 听证委托书 | | | |
| 26 | 听证笔录 | | | |
| 27 | 行政处罚听证会报告书 | | | |
| 28 | 履行行政处罚决定催告书 | | | |
| 29 | 行政复议或行政诉讼有关文书材料 | | | |
| 30 | 强制执行申请书 | | | |
| 31 | 延期（分期）缴纳罚款通知书 | | | |
| 32 | 执行的票据 | | | |
| 33 | 罚没物品处理记录 | | | |
| 34 | 送达回证等其他有关材料 | | | |
| 35 | 案件交办通知书 | | | |
| 36 | 案件移送报告 | | | |
| 37 | 行政处罚结案报告 | | | |
| 38 | 卷内备考表 | | | |

实际上并不是每个案卷都具有卷宗目录格式示例 5-1 中所列的文书材料，有哪些文书材料因案件而异，没有的文书材料则不列在目录中。个别案件文书材料多于示例目录内容的，可在相应位置增加。

### （二）文书材料的归档顺序

渔业行政处罚文书材料排列总的要求是，按照行政处罚程序的客观进程形成文书的时间自然顺序进行排列。一般情况下的排列顺序见卷宗目录格式示例 5-1。

### （三）页号编写

一个案件的行政处罚文书材料经过系统排列后，要逐张编页号；两面有文字的，两面都编号。一本案卷编一个流水页号。卷宗封面、卷内文件目录、卷内备考表、卷底不编页码。卷内文件材料的页号编写要求如下：

（1）用阿拉伯数字从"1"开始依次编写页号。

（2）页号用铅笔编写在有字迹页面正面的右上角和背面的左上角。

（3）大张材料折叠后应当在有字迹页面的右上角编写页号。

（4）A4 纸横向页面打印的材料应当字头朝装订线摆放，再编写页号。

### （四）案卷装订

（1）案卷装订前，要做好文书材料的检查。对破损的文书材料应当进行修补或复制。材料上的全部金属物（如订书钉等）都要剔除干净。小页纸应当用 A4 纸托底粘贴；纸张大于卷面的材料，应当按卷宗大小先对折再向外折叠；装订部位过窄或有字迹的材料，要用纸加衬边；对字迹难以辨认的材料，应当附上抄件；需要附卷的信封要打开平放，邮票不要撕掉。

（2）案卷装订以后，应检查文件材料有无漏订现象，然后在卷底装订线上贴上封纸，并将经办人员名章加盖于骑缝处。

### （五）其他材料的处理

（1）不能随文书装订立卷的录音、录像资料和证据材料等应当放入证据袋中，并注明录制内容、数量、时间、地点、制作人等，随卷归档。

（2）归档的证物，凡是能够附卷保存的，应装订入卷或装入证物袋，在证物袋上写明名称、数量、特征、来源。

（3）易腐、易爆、易燃、有毒的证物，因不适于保存，可拍成照片附卷，经领导批准销毁或另作处理。

（4）单独装袋的录音、录像资料和证据材料，应与卷宗文字材料统一排列编号存放；特殊的也可以单独存放。统一划分保管期限。

## 三、案卷管理要求

案卷归档前，由案件主要负责人负责卷宗质量检查并签字。凡不符合规定要求的，由原办案人负责重新整理。确认完成立卷后，及时向档案室移交，进行归档。

**1. 案卷保管**

归档的渔业行政处罚文书案卷应由渔业行政处罚机关专门的文书管理或业务部门指定人员集中管理，不得散失。案卷的保管可以根据文书内容所涉及的不同管理领域进行分类，例如渔业捕捞、水产养殖、水生野生动物保护与管理、渔业水域环境保护与管理、渔港监督、渔业船舶检验等，以便于保存和查阅。

案件立卷归档后，任何单位和个人不得私自增加或者抽取案卷材料，不得修改案卷内容。特殊情况确实需要增添文书材料时，必须征得原办案人和档案人员同意，并经行政机关负责人批准，按立卷要求办理，以保证卷宗的质量。

**2. 案卷的利用**

任何个人和机构不得将案卷材料据为己有或拒绝归档。因实施渔业行政执法活动或开展教育、培训确实需要借阅、摘录或复制的，应报请所在机关负责人审查同意，办理相应的登记手续。

**3. 案卷的保存和销毁**

目前对渔业行政执法文书的案卷保存期限尚缺乏统一的规定。一般来讲，可以分为以下几种情况：①简易程序案卷保管期限为 10 年；②一般程序案卷保管期限为 30 年；③案件涉及行政复议、行政诉讼的，保管期限为永久。保管期限从案卷装订成册次年 1 月 1 日起计算。

案卷保存达到规定的保存期后，应按规定作销毁处理，并办理案卷销毁处理手续。销毁案卷应编制案卷销毁清单，注明销毁案卷的名称和页数，经所在机关负责人审批后，指定两人监督销毁。案卷销毁清单应由案卷管理人员、机关负责人和监督销毁人员签名后存档。

## 四、移送案件的案卷处理

对于渔业行政处罚机关受理的案件实施移送的，包括交办、报送、移送等情况，在案件处理结案后，应按照谁处理谁保管的原则进行归档管理。渔业行政处罚机关作为案件处理单位的，应将处理结果向移送单位反馈通报；渔业行政处罚机关将案件移送其他机关处理的，应要求案件处理机关将案件处理结果反馈给本渔业行政处罚机关，并将反馈材料归入案卷存档保管和备查。

# 第六章 渔业行政复议与渔业行政诉讼及应诉

行政复议制度和行政诉讼制度创设的目的是防止和纠正违法或者不当的行政行为，保护行政相对人的合法权益，保障和监督行政机关依法行使职权。渔业行政执法人员在履行法定职责时，要时刻牢记合法性原则与合理性原则，务必使所做行政行为在实体和程序两个方面均符合法律要求。

## 第一节 渔业行政复议

### 一、行政复议的概念

行政复议是指行政相对人不服具体行政行为决定或认为具体行政行为侵犯其合法权益，而依法向法定的行政复议机关提出复议申请，由行政复议机关依法对该具体行政行为进行合法性、适当性审查，并作出行政复议决定的行政行为。

### 二、行政复议的范围

行政复议的范围即指行政复议的受案范围，也就是哪些情形下行政相对人可以依法申请行政复议。根据《中华人民共和国行政复议法》（以下简称《行政复议法》）的规定，行政复议的范围非常广泛，包含了侵犯行政相对人合法权益的各种具体行政行为和行政不作为的情形。具体包括以下情形：

（1）对行政机关作出的警告、罚款、没收违法所得、没收非法财物、责令停产停业、暂扣或者吊销许可证、暂扣或者吊销证照、行政拘留等行政处罚决定不服的。

（2）对行政机关作出的限制人身自由或者查封、扣押、冻结财产等行政强制措施决定不服的。

（3）对行政机关作出的有关许可证、执照、资质证、资格证等证书变更、中止、撤销的决定不服的。

（4）对行政机关作出的关于确认土地、矿藏、水流、森林、山岭、草原、荒地、滩涂、海域等自然资源的所有权或者使用权的决定不服的。

（5）认为行政机关侵犯合法的经营自主权的。

（6）认为行政机关变更或者废止农业（渔业）承包合同，侵犯其合法权益的。

（7）认为行政机关违法集资、征收财物、摊派费用或者违法要求履行其他义务的。

（8）认为符合法定条件，申请行政机关颁发许可证、执照、资质证、资格证等证书，或者申请行政机关审批、登记有关事项，行政机关没有依法办理的。

（9）申请行政机关履行保护人身权利、财产权利、受教育权利的法定职责，行政机关没有依法履行的。

（10）申请行政机关依法发放抚恤金、社会保险金或者最低生活保障费，行政机关没有依法发放的。

（11）认为行政机关的其他具体行政行为侵犯其合法权益的。

此外，公民、法人或者其他组织认为行政机关的具体行政行为所依据的下列规定不合法，在对具体行政行为申请行政复议时，可以一并向行政复议机关提出对该规定的审查申请：①国务院部门的规定；②县级以上地方各级人民政府及其工作部门的规定；③乡、镇人民政府的规定。上述所说的规定不含国务院部、委员会规章和地方人民政府规章。规章的审查依照法律、行政法规办理。

## 三、行政复议参加人

行政复议参加人是指在行政复议过程中，依法参加行政复议的当事人和与行政复议当事人地位相类似的人。根据《行政复议法》的规定，行政复议参加人包括行政复议申请人、被申请人、第三人以及行政复议代理人。

除上述参加人以外，还可能有证人、鉴定人等参与行政复议活动，但只是协助行政复议机关查清事实，与案件本身没有直接利害关系，可以称之为其他行政复议参与人，而不是法律意义上的参加人。

### （一）申请人

行政复议申请人是指依法申请行政复议的公民、法人或者其他组织。根据《行政复议法》和《中华人民共和国行政复议法实施条例》（以下简称《行政复议法实施条例》）的规定，行政复议申请人有以下几种情况：

（1）公民、法人或者其他组织认为具体行政行为侵犯其合法权益的，有权依法申请行政复议。

（2）有权申请行政复议的公民死亡的，其近亲属可以申请行政复议。这里的近亲属指民事上的近亲属，包括配偶、父母、子女、同胞兄弟姐妹、祖父母、外祖父母、孙子女、外孙子女。

（3）有权申请行政复议的法人或者其他组织终止的，承受其权利的法人或者其他组织可以申请行政复议。

（4）有权申请行政复议的公民为无民事行为能力人或者限制民事行为能力人的，其法定代理人可以代为申请行政复议。

（5）合伙企业申请行政复议的，应当以核准登记的企业为申请人，由执行合伙事务的合伙人代表该企业参加行政复议；其他合伙组织申请行政复议的，由合伙人共同申请行政复议。

（6）不具备法人资格的其他组织申请行政复议的，由该组织的主要负责人代表该组织参加行政复议；没有主要负责人的，由共同推选的其他成员代表该组织参加行政复议。

（7）股份制企业的股东大会、股东代表大会、董事会认为行政机关作出的具体行政行为侵犯企业合法权益的，可以以企业的名义申请行政复议。

（8）同一行政复议案件申请人超过5人的，推选1～5名代表参加行政复议。

（9）申请人可以委托1～2名代理人参加行政复议。

**（二）被申请人**

行政复议被申请人是指所作出的具体行政行为被公民、法人或者其他组织申请行政复议的行政机关或法律授权的组织、机构。

**1. 《行政复议法实施条例》明确规定的被申请人**

关于行政复议被申请人，《行政复议法》仅作了原则性规定。《行政复议法实施条例》对行政复议被申请人进行了具体细化，包括以下几种情形：

（1）公民、法人或者其他组织对行政机关的具体行政行为不服，申请行政复议的，作出该具体行政行为的行政机关是被申请人。

（2）行政机关与法律、法规授权的组织以共同的名义作出具体行政行为的，行政机关和法律、法规授权的组织为共同被申请人。

（3）行政机关与其他组织以共同名义作出具体行政行为的，行政机关为被申请人。

（4）下级行政机关依照法律、法规、规章规定，经上级行政机关批准作出具体行政行为的，批准机关为被申请人。

（5）行政机关设立的派出机构、内设机构或者其他组织，未经法律、法规授权，对外以自己名义作出具体行政行为的，该行政机关为被申请人。

**2. 被申请人的其他情形**

在实践中，由于作出具体行政行为的主体情况十分复杂，还有一些情形未能在《行政复议法实施条例》中明确规定，但根据《行政复议法》第十五条的规定，被申请人还包括以下情形：

（1）县级以上地方人民政府依法设立的派出机关作出的具体行政行为引起行政复议的，该派出机关是被申请人。

（2）政府工作部门依法设立的派出机构依法以自己的名义作出具体行政行为引起行政复议的，该派出机构是被申请人。

（3）法律、法规授权的组织或机构依法以自己的名义作出具体行政行为引起行政复议的，该组织是被申请人。

（4）两个或者两个以上行政机关以共同名义作出的具体行政行为引起行政复议的，共同作出该具体行政行为的行政机关是共同被申请人。

（5）行政机关被撤销前作出的具体行政行为引起行政复议的，继续行使其职权的行政机关是被申请人。

除此之外，对于委托实施具体行政行为引起行政复议的，《行政复议法》和《行政复议法实施条例》均未规定。但按照行政法基本原理，行政机关或法律、法规授权的组织委托的其他人或其他组织作出的具体行政行为引起行政复议的，实施委托的行政机关或法律、法规授权的组织应是被申请人。

### （三）第三人

除了申请人、被申请人以外，同申请行政复议的具体行政行为有利害关系的其他公民、法人或者其他组织，可以作为第三人参加行政复议。按照《行政复议法》和《行政复议法实施条例》的规定，行政复议第三人有以下情况：

（1）行政复议期间，行政复议机构认为申请人以外的公民、法人或者其他组织与被审查的具体行政行为有利害关系的，可以通知其作为第三人参加行政复议；

（2）行政复议期间，申请人以外的公民、法人或者其他组织与被审查的具体行政行为有利害关系的，也可以向行政复议机构申请作为第三人参加行政复议。

需要注意的是，第三人不是行政复议必要的参加人，《行政复议法实施条例》明确规定：第三人不参加行政复议，并不影响行政复议案件的审理。

### （四）代理人

代理人是指由法律规定或者受申请人、第三人的委托，以委托人的名义在代理权限内，代表委托人参加行政复议的人。作为行政复议参加人的代理人有以下两种情况：

#### 1. 法定代理人

有权申请行政复议的公民为无民事行为能力人或者限制民事行为能力人的，其法定代理人可以代为申请行政复议。

#### 2. 委托代理人

申请人、第三人都可以委托1～2名代理人代为参加行政复议。

申请人、第三人委托代理人的，应当向行政复议机构提交授权委托书。授权委托书应当载明委托事项、权限和期限。公民在特殊情况下无法书面委托的，可以口头委托。口头委托的，行政复议机构应当核实并记录在卷。申请人解除或者变更委托的，应当书面报告行政复议机构。

## 四、渔业行政复议机关

根据《行政复议法》的相关规定，结合我国渔业行政执法实行的"统一领导、分级管理"基本体制，渔业行政复议机关包括以下几种情况：

（1）对县级以上地方各级人民政府渔业行政主管部门的具体行政行为不服的，由申请人选择，可以向该部门的本级人民政府申请行政复议，也可以向其上一级政府渔业行政主管部门申请行政复议。

（2）对县级以上地方各级人民政府渔业行政主管部门所属的渔业行政执法机构以自己的名义作出的具体行政行为不服的，向该机构的本级地方人民政府渔业行政主管部门申请行政复议；对上述渔业行政执法机构以本级地方人民政府渔业行政主管部门的名义作出的具体行政行为不服的，由申请人选择，可以向该部门的本级人民政府申请行政复议，也可以向其上一级政府渔业行政主管部门申请行政复议。

（3）对国务院渔业行政主管部门（即农业农村部）的具体行政行为不服的，向国务院渔业行政主管部门申请行政复议。根据《行政复议法》第十四条的规定，这种情形下对行政复议决定不服的，可以向人民法院提起行政诉讼，也可以向国务院申请裁决，国务院依照《行政复议法》的规定作出最终裁决。

（4）对国务院渔业行政主管部门所属的渔业行政执法机构作出的具体行政行为不服的，向国务院渔业行政主管部门申请行政复议。

（5）对于县级以上各级地方人民政府渔业行政主管部门依法设立的派出机构作出的具体行政行为引起的行政复议，由于我国各级政府渔业行政主管部门的派出机构均不具备以自己的名义作出具体行政行为的法律资格，因此申请人既可以选择向该渔业行政主管部门的本级人民政府申请行政复议，也可以选择向其上一级政府渔业行政主管部门申请行政复议。

（6）对两个或者两个以上政府渔业行政主管部门或其所属的渔业行政执法机构以共同的名义作出的具体行政行为不服的，向其共同上一级政府渔业行政主管部门申请行政复议。此外，申请人也可以向具体行政行为发生地的县级地方人民政府提出行政复议申请，由县级地方人民政府转送前述复议机构。

（7）对被撤销的政府渔业行政主管部门或其所属的渔业行政执法机构在撤销前所作出的具体行政行为不服的，向继续行使其职权的部门或机构的上一级行政机关申请行政复议。

## 五、渔业行政复议的实施

### （一）渔业行政复议的申请

#### 1. 申请方式和要求

申请人申请渔业行政复议，可以书面申请，也可以口头申请。

申请人书面申请行政复议的，可以采取当面递交、邮寄或者传真等方式提出。按照《行政复议法实施条例》的规定，有条件的行政复议机关可以接受以电子邮件形式提出的行政复议申请。行政复议申请书中应包括申请人的基本情况信息、被申请人的名称、行政复议请求、申请行政复议的主要事实和理由、申请人的签名或盖章、申请行政复议的日期等。

口头申请行政复议的，渔业行政复议机关应当当场制作笔录，记录申请人的基本情况、行政复议请求，以及申请行政复议的主要事实、理由和时间，并将笔录交申请人核对或向申请人宣读，并由申请人签字确认。

有下列情形之一的，应要求申请人提供相应的证明材料：

（1）认为被申请人不履行法定职责的，应提供曾经要求被申请人履行法定职责而被申请人未履行的证明材料。

（2）申请行政复议时一并提出行政赔偿请求的，应提供受具体行政行为侵害而造成损害的证明材料。

（3）法律、法规规定需要申请人提供证据材料的其他情形。

**2. 申请期限**

申请人认为具体的渔业行政执法行为侵犯其合法权益的，可以自知道该具体行政行为之日起 60 d 内提出行政复议申请；但是法律规定的申请期限超过 60 d 的除外。因不可抗力或者其他正当理由耽误法定申请期限的，申请期限自障碍消除之日起继续计算。

### （二）渔业行政复议的受理

**1. 受理审查的内容**

渔业行政复议机关在收到行政复议申请后应当在 5 d 内进行审查。审查内容包括：

（1）是否有明确的申请人和符合规定的被申请人。

（2）申请人与具体行政行为是否有利害关系。

（3）是否有具体的行政复议请求和理由。

（4）是否在法定申请期限内提出。

（5）是否属于行政复议法规定的行政复议范围。

（6）是否属于收到行政复议申请的行政复议机构的职责范围。

（7）确认其他行政复议机关尚未受理同一行政复议申请，人民法院尚未受理同一主体就同一事实提起的行政诉讼。

**2. 受理申请的处理**

经审查的行政复议申请，除了不符合上述规定的，都必须予以受理。

对于以下情况，可分别按规定予以处理：

（1）申请材料不齐全或者表述不清楚的，渔业行政复议机构可以自收到该行政复议申请之日起 5 d 内书面通知申请人补正。补正通知应载明需要补正的事项和合理的补正期限。无正当理由逾期不补正的，视为申请人放弃申请。补正申请材料所用时间不计入行政复议审理期限。

（2）申请人就同一事项向两个或者两个以上有权受理的渔业行政机关申请行政复议的，由最先收到申请的行政机关受理；同时收到行政复议申请的，由收到申请的行政机关在 10 d 内协商确定；协商不成的，由其共同上一级行政机关在 10 d 内指定受理机关。协商确定或者指定受理机关所用时间不计入行政复议审理期限。

（3）对不符合规定的行政复议申请，决定不予受理并书面告知申请人；对符合规定但不属本机关受理的行政复议申请，应告知申请人向有关的行政复议机关提出。上级行政机关认为行政复议机关不予受理的理由不成立的，可以先行督促其受理；经督促仍不受理的，应当责令其限期受理，必要时也可直接受理。

### （三）渔业行政复议的审查

行政复议机关受理的行政复议事项，由本机关负责法制工作的机构依法办理。行政机关中初次从事行政复议的人员，应当通过国家统一法律职业资格考试取得法律职业资格。

**1. 通知被申请人答复**

经审查决定受理的，应当自行政复议申请受理之日起 7 d 内，向被申请人发出行政复议提出答复通知书，将行政复议申请书副本或者行政复议申请笔录复印件一并发送被申请人，并要求被申请人书面答复和提供复议材料。

**2. 审查办法和要求**

（1）原则上采取书面审查的办法，但当申请人提出要求或者行政复议机关负责法制工作的机构认为有必要时，可以向有关组织和人员调查情况，听取申请人、被申请人和第三人的意见，对重大、复杂的案件还可以采取听证的方式审理。

（2）审查内容主要包括：作出具体行政处罚决定的事实证据、执法程序以及法律、法规的适用等；取得证据是否符合合法性、关联性、客观性原则；执法程序是否合法；法律、法规的适用是否准确，量罚是否适当；有无存在行政不作为或行政乱作为的情形。

（3）审理行政复议案件，应当由 2 名以上行政复议人员参加。

（4）被申请人应在收到行政复议申请书副本之日起 10 d 内提出书面答复意见，并提供作出具体行政行为决定的证据、依据以及相关的材料。

（5）申请人、第三人可以查阅被申请人提出的书面答复、作出具体行政行为的证据、依据和其他有关材料。行政复议机关应当为申请人、第三人查阅有关材料提供必要条件，除涉及国家秘密、商业秘密或者个人隐私外，行政复议机关不得拒绝。

（6）行政复议过程中，被申请人不得自行向申请人和其他有关组织或者个人收集证据。

（7）行政复议期间被申请人改变原具体行政行为的，不影响行政复议案件的审理。但是，申请人依法撤回行政复议申请的除外。

（8）行政复议期间涉及专门事项需要鉴定的，当事人可以自行委托鉴定机构进行鉴定，也可以申请行政复议机构委托鉴定机构进行鉴定。鉴定费用由当事人承担。鉴定所用时间不计入行政复议审理期限。

**（四）渔业行政复议的决定和执行**

**1. 渔业行政复议的决定期限**

渔业行政复议机关应当自受理申请之日起 60 d 内作出行政复议决定，但是法律规定的行政复议期限少于 60 d 的除外。情况复杂，不能在规定期限内作出行政复议决定的，经行政复议机关的负责人批准，可以适当延长，并告知申请人和被申请人，但是延长期限最多不超过 30 d。

**2. 不同情形下渔业行政复议的决定内容**

（1）对于被申请人的具体行政行为认定事实清楚、证据确凿、适用依据正确、程序合法、内容适当的，应决定维持。

（2）被申请人不履行法定职责的，应决定其在一定期限内履行。

（3）被申请人作出的具体行政行为属于以下情况之一的，应决定撤销、变更或者确认该具体行政行为违法；决定撤销或者确认该具体行政行为违法的，可以责令被申请人在一定期限内重新作出具体行政行为。这些情况包括：①认定事实不清、证据不足，但是经行政复议机关审理查明事实清楚、证据确凿的；②认定事实清楚、证据确凿、程序合法，但是具体行政行为明显不当或者适用依据错误的；③违反法定程序的；④超越或者滥用职权的。

（4）被申请人不按规定提出书面答复、提交当初作出具体行政行为的证据、依据和其他有关材料的，视为该具体行政行为没有证据、依据，决定撤销该具体行政行为。

（5）有下列情形之一的，行政复议机关应当决定驳回行政复议申请：①申请人认为行政机关不履行法定职责申请行政复议，行政复议机关受理后发现该行政机关没有相应法定职责或者在受理前已经履行法定职责的；②受理行政复议申请后，发现该行政复议申请不符合法定受理条件的。

**3. 渔业行政复议决定的执行**

渔业行政复议机关作出行政复议决定，应当制作行政复议决定书。行政复议决定书一经送达，即发生法律效力。

（1）被申请人应当履行行政复议决定。被申请人不履行或者无正当理由拖延履行行政复议决定的，行政复议机关或者有关上级行政机关应当责令其限期履行。

（2）申请人逾期不起诉又不履行行政复议决定或者不履行最终裁决的行政复议决定的，对于维持具体行政行为的行政复议决定，由作出具体行政行为的渔业行政执法机构依法强制执行，或者申请人民法院强制执行；对于变更具体行政行为的行政复议决定，由渔业行政复议机关依法强制执行，或者申请人民法院强制执行。

（3）渔业行政复议机关责令被申请人重新作出具体行政行为的，被申请人不得以同一的事实和理由作出与原具体行政行为相同或者基本相同的具体行政行为。

（4）渔业行政复议机关责令被申请人重新作出具体行政行为的，被申请人应当在法定的期限内重新作出具体行政行为；未有法定期限的，重新作出具体行政行为的期限为 60 d。公民、法人或者其他组织对被申请人重新作出的具体行政行为不服，仍可以依法申请行政复议或者提起行政诉讼。

**（五）渔业行政复议有关情形的处理**

**1. 行政复议申请的撤回**

申请人在行政复议决定作出前自愿撤回行政复议申请的，经行政复议机关同意，可以撤回。

申请人撤回行政复议申请的，不得再以同一事实和理由提出行政复议申请。但是，申请人能够证明撤回行政复议申请违背其真实意思表示的除外。

**2. 行政复议的和解与调解**

申请人对渔业行政执法机构行使法定自由裁量权作出的具体行政行为不服申请行政复议，申请人与被申请人在行政复议决定作出前自愿达成和解的，可向行政复议机构提交书面和解协议；和解内容不损害社会公共利益和他人合法权益的，渔业行政复议机构应当准许。

对于申请人和被申请人之间的行政赔偿或补偿纠纷，也可进行调解。

**3. 行政复议的中止**

渔业行政复议期间有下列情形之一，影响行政复议案件审理的，行政复议中止：

（1）作为申请人的自然人死亡，其近亲属尚未确定是否参加行政复议的。

（2）作为申请人的自然人丧失参加行政复议的能力，尚未确定法定代理人参加行政复议的。

（3）作为申请人的法人或者其他组织终止，尚未确定权利、义务承受人的。

（4）作为申请人的自然人下落不明或者被宣告失踪的。

（5）申请人、被申请人因不可抗力，不能参加行政复议的。

（6）案件涉及法律适用问题，需要有权机关作出解释或者确认的。

（7）案件审理需要以其他案件的审理结果为依据，而其他案件尚未审结的。

（8）其他需要中止行政复议的情形。

行政复议中止的原因消除后，应当及时恢复行政复议案件的审理；行政复议中止、恢复行政复议案件的审理，均应当告知有关当事人。

**4. 行政复议的终止**

渔业行政复议期间有下列情形之一的，行政复议终止：

（1）申请人要求撤回行政复议申请，行政复议机构准予撤回的。

（2）作为申请人的自然人死亡，没有近亲属或者其近亲属放弃行政复议权利的。

（3）作为申请人的法人或者其他组织终止，其权利、义务的承受人放弃行政复议权利的。

（4）符合前述和解情形，申请人与被申请人经行政复议机构准许达成和解的。

（5）因前述作为申请人的自然人死亡或丧失参加行政复议的能力，或法人或者其他组织终止而引起行政复议中止，满 60 d 行政复议中止的原因仍未消除的。

**5. 对政府规定的审查**

申请人在申请行政复议时，一并提出对政府有关规定的审查申请的，渔业行政复议机关应当在 7 d 内按照法定程序转送有权处理的行政机关依法处理，有权处理的行政机关应当在 60 d 内依法处理。处理期间，中止对具体行政行为的审查。

# 第二节　渔业行政诉讼及应诉

## 一、行政诉讼的概念

简单地讲，行政诉讼就是应行政相对人的申请，由人民法院解决行政争议的诉讼活动。

具体地讲，行政诉讼是指作为行政相对人的公民、法人或其他组织认为行政机关或法律、法规授权的组织作出的行政行为侵犯其合法权益，依法向人民法院起诉，由人民法院在当事人及其他诉讼参与人的参加下，对具体行政行为的合法性进行司法审查并作出裁决的制度。

## 二、行政诉讼的受案范围

行政诉讼的受案范围指人民法院依法可受理哪些行政案件，也就是说公民、法人或其他组织可以对哪些行政案件提起行政诉讼。

### （一）人民法院受理是案件范围

《行政诉讼法》第十二条明确规定，人民法院受理公民、法人和其他组织对下列具体行政行为不服提起的诉讼：

（1）对行政拘留、暂扣或者吊销许可证和执照、责令停产停业、没收违法所得、没收非法财物、罚款、警告等行政处罚不服的。

（2）对限制人身自由或者对财产的查封、扣押、冻结等行政强制措施和行政强制执行不服的。

（3）申请行政许可，行政机关拒绝或者在法定期限内不予答复，或者对行政机关作出的有关行政许可的其他决定不服的。

（4）对行政机关作出的关于确认土地、矿藏、水流、森林、山岭、草原、荒地、滩涂、海域等自然资源的所有权或者使用权的决定不服的。

（5）对征收、征用决定及其补偿决定不服的。

（6）申请行政机关履行保护人身权、财产权等合法权益的法定职责，行政机关拒绝履行或者不予答复的。

（7）认为行政机关侵犯其经营自主权或者农村土地承包经营权、农村土地经营权的。

（8）认为行政机关滥用行政权力排除或者限制竞争的。

（9）认为行政机关违法集资、摊派费用或者违法要求履行其他义务的。

（10）认为行政机关没有依法支付抚恤金、最低生活保障待遇或者社会保险待遇的。

（11）认为行政机关不依法履行、未按照约定履行或者违法变更、解除政府特许经营协议、土地房屋征收补偿协议等协议的。

（12）认为行政机关侵犯其他人身权、财产权等合法权益的。

此外，人民法院还受理法律、法规明确规定可以提起诉讼的其他行政案件。

### （二）人民法院不受理的案件

**1. 《中华人民共和国行政诉讼法》的相关规定**

《行政诉讼法》规定，人民法院不受理公民、法人或者其他组织对下列事项提起的诉讼：

（1）国防、外交等国家行为。

（2）行政法规、规章或者行政机关制定、发布的具有普遍约束力的决定、命令。

（3）行政机关对行政机关工作人员的奖惩、任免等决定。

（4）法律规定由行政机关最终裁决的具体行政行为。

**2. 最高人民法院对《中华人民共和国行政诉讼法》的相关解释规定**

除上述情形外，《最高人民法院关于执行〈中华人民共和国行政诉讼法〉若干问题的解释》和《最高人民法院关于适用〈中华人民共和国行政诉讼法〉的解释》中进一步规定，以下行为也不属于行政诉讼的受案范围：

（1）公安、国家安全等机关依照《中华人民共和国刑事诉讼法》的明确授权实施的行为。

（2）调解行为以及法律规定的仲裁行为。

（3）不具有强制力的行政指导行为。

（4）驳回当事人对行政行为提起申诉的重复处理行为。

（5）行政机关作出的不产生外部法律效力的行为。

（6）行政机关为作出行政行为而实施的准备、论证、研究、层报、咨询等过程性行为。

（7）行政机关根据人民法院的生效裁判、协助执行通知书作出的执行行为，但行政机关扩大执行范围或者采取违法方式实施的除外。

（8）上级行政机关基于内部层级监督关系对下级行政机关作出的听取报告、执法检查、督促履责等行为。

（9）行政机关针对信访事项作出的登记、受理、交办、转送、复查、复核意见等行为。

（10）对公民、法人或者其他组织的权利、义务不产生实际影响的行为。

### 三、行政诉讼参加人

行政诉讼参加人是指因起诉或者应诉参加行政诉讼活动的人，包括原告、被告、第三人以及他们的诉讼代理人。其中，行政诉讼原告、被告、第三人总称为诉讼当事人，是与被诉的具体行政行为有着法律上的利害关系、以自己的名义参与行政诉讼活动并受人民法院裁判拘束的参加人。此外，在行政诉讼中还有证人、鉴定人、翻译人、勘验人等，一般称为行政诉讼参与人。

#### （一）行政诉讼原告

行政诉讼原告是指提起行政诉讼的公民、法人或其他组织。

**1. 行政诉讼原告的具体情形**

（1）公民、法人或其他组织认为具体行政行为侵犯其合法权益，有权提起诉讼。

（2）有权提起诉讼的公民死亡，其近亲属可以提起诉讼，包括配偶、父母、子女、兄弟姐妹、祖父母、外祖父母、孙子女、外孙子女和其他具有扶养、赡养关系的亲属。

（3）公民因被限制人身自由而不能提起诉讼的，其近亲属可以依其口头或者书面委托以该公民的名义提起诉讼。

（4）有权提起诉讼的法人或其他组织终止，承受其权利的法人或其他组织可以提起诉讼。

（5）当事人一方或者双方为两人以上，因同一具体行政行为发生的行政案件，或者因同样的具体行政行为发生的行政案件、人民法院认为可以合并审理并经当事人同意的，为共同诉讼。

（6）与具体行政行为有法律上利害关系的公民、法人或者其他组织对该行为不服的，可以依法提起行政诉讼。

（7）合伙企业向人民法院提起诉讼的，应当以核准登记的字号为原告。未依法登记领取营业执照的个人合伙的全体合伙人为共同原告。全体合伙人可以推选代表人，被推选的代表人，应当由全体合伙人出具推选书。

（8）个体工商户向人民法院提起诉讼的，以营业执照上登记的经营者为原告。有字号的，以营业执照上登记的字号为原告，并应当注明该字号经营者的基本信息。

（9）有下列情形之一的，公民、法人或者其他组织可以依法提起行政诉讼：①被诉的行政行为涉及其相邻权或者公平竞争权的；②在行政复议等行政程序中被追加为第三人的；③要求行政机关依法追究加害人法律责任的；④撤销或者变更行政行为涉及其合法权益的；⑤为维护自身合法权益向行政机关投诉，具有处理投诉职责的行政机关作出或者未作出处理的；⑥其他与行政行为有利害关系的情形。

**2. 行政诉讼原告的特点**

在行政诉讼中，原告只能是行政行为的相对人，包括行政机关或行政组织、机构作为行政相对人的情形。原告一旦提起行政诉讼，其撤诉必须获得法院的准许（以裁定形式）。此外，原告对所诉行政行为的违法性不承担举证责任。

**（二）行政诉讼被告**

行政诉讼的被告是对被诉行政行为承担法律责任的行政主体，包括行政机关和法律、法规授权的组织或机构。

**1. 行政诉讼被告的具体情形**

（1）公民、法人或者其他组织直接向人民法院提起诉讼的，作出行政行为的行政机关是被告。

（2）经复议的案件，复议机关决定维持原行政行为的，作出原行政行为的行政机关和复议机关是共同被告；复议机关改变原行政行为的，复议机关是被告。

（3）复议机关在法定期限内未作出复议决定，公民、法人或者其他组织起诉原行政行为的，作出原行政行为的行政机关是被告；起诉复议机关不作为的，复议机关是被告。

（4）两个以上行政机关作出同一行政行为的，共同作出行政行为的行政机关是共同被告。

（5）行政机关委托的组织所作的行政行为，委托的行政机关是被告。

（6）行政机关被撤销或者职权变更的，继续行使其职权的行政机关是被告。

**2. 行政诉讼被告的特点**

在行政诉讼中，被告必须也只能是被诉行政行为的责任主体。被告对原告的诉讼请求没有反诉权，并承担被诉行政行为合法性的举证责任。

**（三）行政诉讼第三人**

与被诉行政行为有利害关系的其他公民、法人或者其他组织，可作为第三人申请或由人民法院通知参加诉讼。第三人有权提出与本案有关的诉讼主张；对一审判决不服的，有权上诉。

### （四）行政诉讼代理人

**1. 法定代理人**

对于没有诉讼行为能力的公民，可以由其法定代理人代为参加行政诉讼。如果出现法定代理人互相推诿代理责任的情况，由人民法院指定其中一人代为诉讼。

**2. 委托代理人**

参加行政诉讼的当事人，包括原告、被告、第三人以及法定代理人，都可以委托1～2人代为诉讼。律师、社会团体、提起诉讼的公民的近亲属或者所在单位推荐的人，以及经人民法院许可的其他公民，可以受委托为诉讼代理人。

## 四、行政诉讼的证据

行政诉讼证据是行政诉讼主体用于证明被诉的具体行政行为是否合法的所有证据材料。包括书证、物证、视听资料、电子数据、证人证言、当事人的陈述、鉴定意见、勘验笔录和现场笔录等。

### （一）行政诉讼的举证责任

**1. 被告的举证责任**

行政诉讼中，被告对被诉行政行为负有举证责任，这是行政诉讼的基本举证责任原则。根据《行政诉讼法》的规定，被告对作出的行政行为负有举证责任，应当提供作出该行政行为的证据和所依据的规范性文件。被告不提供或者无正当理由逾期提供证据，视为没有相应证据。但是，被诉行政行为涉及第三人合法权益，第三人提供证据的除外。

被告应当在收到起诉状副本之日起15 d内提交答辩状，并提供作出行政行为时的证据、依据。被告不提供或者无正当理由逾期提供的，应当认定该具体行政行为没有证据、依据。并承担由此产生的法律后果。

**2. 原告的举证责任**

行政诉讼中被告对行政行为承担举证责任，并不排除在某些情况下原告也承担举证责任，但仅限于法律的特别规定。包括以下情形：

（1）证明起诉符合法定条件。

（2）在起诉被告不作为的案件中，证明其提出申请的事实。

（3）在一并提起的行政赔偿诉讼中，证明因受被诉行为侵害而造成损失的事实。

（4）其他应当由原告承担举证责任的事项。

原告应在开庭审理前或人民法院指定的交换证据之日提供证据。逾期提供的，视为放弃举证权利。

### （二）行政诉讼证据的收集、质证和审查认定

**1. 证据的收集和保全**

行政诉讼中证据的收集和保全应符合以下规定：

（1）人民法院有权要求当事人提供或者补充证据，有权向有关行政机关以及其他组织、公民调取证据。调取证据适用于以下 3 种情形：①由国家机关保存而须由人民法院调取的证据；②涉及国家秘密、商业秘密和个人隐私的证据；③确因客观原因不能自行收集的其他证据。

（2）人民法院认为对专门性问题需要鉴定的，应当交由法定鉴定部门鉴定。没有法定鉴定部门的，由人民法院指定的鉴定部门鉴定。

（3）在证据可能灭失或者以后难以取得的情况下，诉讼参加人可以向人民法院申请保全证据，人民法院也可以主动采取保全措施。

（4）在行政诉讼过程中，被告及其诉讼代理人不得自行向原告和证人收集证据。

（5）复议机关在复议过程中收集和补充的证据，不能作为人民法院维持原行政行为的根据。

（6）被告在二审过程中向法庭提交在一审过程中没有提交的证据，不能作为二审法院撤销或者变更一审裁判的根据。

**2. 证据的质证和审查认定**

作为审判依据的证据，必须在法庭上由双方当事人质证，未经法庭质证的证据不能作为人民法院裁判的根据。

一般来讲，作为诉讼的证据，都需由人民法院根据案件的具体情况从合法性和真实性两方面进行审查、加以认定。只有经过庭审质证并经法庭审查认定的证据，才能作为裁判的依据。

## 五、渔业行政诉讼案的应诉

### （一）应诉的概念和及其要点

应诉是指被告接到人民法院发出的应诉通知书和起诉状副本后，依法提交作出行政行为的有关材料、提出答辩状、出庭参加庭审等一系列行使诉讼权利、履行诉讼义务的活动。

行政诉讼的应诉应把握以下几个要点：

（1）应诉的主体是对被诉行政行为负有法定责任的主体。对于渔业行政诉讼而言，应诉主体是作出被诉渔业行政执法行为的渔业行政执法机关，包括政府渔业行政主管部门或其所属的渔业行政执法机构，但该主体必须是以本部门或本机构的名义作出该渔业行政执法行为的。被诉行政行为的法律责任由谁承担，就由谁应诉。具体从事应诉的人员可以是应诉单位的法定代表人，也可以是其委托的诉讼代理人。委托代理人应诉的应出示委托书。

（2）应诉是一种诉讼行为，而不是行政行为。在进入诉讼程序之前，被告与原告之间是一种行政法律关系，是管理者与被管理者的关系，双方法律地位不平等；进入诉讼程序后，被告与原告成为具有平等地位的诉讼当事人，都在人民法院的主导下参加诉讼，失去了在行政法律关系中的主导地位。

（3）应诉是一种肯定或否定原告诉讼请求的行为。应诉的全过程都是围绕被诉行政行为是否合法、是否肯定原告诉讼请求而展开的，具体体现为在法定诉讼期限内作出应诉答辩和出庭。

（4）应诉的目的是维护行政执法行为的合法、正确实施。应诉的本质是要证明被诉具体行政行为的合法性，请求人民法院予以维持，维护行政执法行为的合法实施。

### （二）应诉的基本内容和要求

**1. 应诉的基本内容**

人民法院审理行政诉讼案件，实行两审终审制度。

在一审阶段，应诉的主要内容包括：①针对起诉状作出答辩，提交答辩状；②出庭应诉；③向法庭举证；④履行判决或申请执行判决；⑤如果不服一审判决，应提起上诉；⑥履行其他判决义务。

在二审阶段，应诉的主要内容包括：①针对上诉状作出答辩；②出庭应诉；③履行二审判决或申请执行判决；④履行其他判决义务。

如果不服生效判决，也可申请再审。在再审阶段，应诉的主要内容包括：①提交再审申请书；②出庭应诉；③履行再审判决或申请执行。

**2. 应诉的基本要求**

应诉应做到以下几点：

（1）遵守诉讼规定，避免有妨碍诉讼正常进行的行为出现。

（2）及时应诉。所有应诉活动都必须在法定期限内或人民法院指定的期限内作出。

（3）所有应诉行为都必须符合法定要求和标准。

要做到以上几点，就必须熟悉《行政诉讼法》及相关法律规范的规定，以防止或避免不应有的滥用诉讼权利或怠于行使诉讼权利的现象。

### （三）庭审前的应诉准备

在人民法院受理行政案件向被告发出应诉通知书和起诉状副本后至开庭审理这段时间内，作为被告的渔业行政执法机构应按照有关法律规定和人民法院的要求，积极进行庭审前的准备。应诉准备主要包括以下几个方面：

**1. 审查起诉是否成立**

渔业行政执法机构收到人民法院送达的应诉通知书和原告起诉状副本后，应当对原告诉讼状进行仔细阅读、分析，审查起诉是否成立。审查内容可主要针对以下几个方面：

（1）审查原告所诉行政行为是不是由本单位承担行为主体法律责任的行为。这是审查本单位是不是原告所诉行政行为的责任主体，即是不是被告。如果经审查被诉行为不是本单位作出的，也不是本单位委托其他组织作出的，也不存在因作出被诉行政行为的原单位被撤销而导致责任主体资格转移到本单位的问题，或者被诉行政行为确实是本单位作出，但经行政复议已经被改变了的，均应通知受诉人民法院，请法院通知原告更改原告以及相应的诉讼管辖。如果被诉行政行为是本单位和其他行政机关联合作出的，但原告只诉本单位的，应告知法院通知原告增加被告。如果被诉行政行为是本单位行政工作人员以单位名义越权或违法作出的，须先应诉，内部问题待以后处理。

（2）审查原告是否适格。这是在前述审查的基础上，审查原告是否具备提起诉讼的权利资格。一般审查以下内容：原告是不是本单位实施的行政行为所侵犯的公民、法人或者其他组织；有权诉讼的公民死亡的，原告是不是其近亲属；有权诉讼的法人或其他组织终止的，原告是不是承受其权利的法人或其他组织；原告是否符合其他法律规定的情形。具体可参见前文关于原告的介绍。

（3）原告所诉行政行为是否存在法律规定的行政复议前置程序。如果所诉行政行为存在法律规定的行政复议前置程序，应告知受诉法院通知原告先申请行政复议。

（4）审查期限和范围。包括：原告提起的诉讼是否在法律规定的期限内提出，超过诉讼期限的原因是否属于不可抗力，本案是否属于人民法院受案范围和受诉法院管辖范围。

**2. 确定应诉人员**

在审查确认起诉成立后，应及时确定应诉人员。按照《行政诉讼法》的规定，出庭应诉时，法定代表人可直接参加，也可委托1～2名代理人代为应诉。为此，应根据被诉行政案件的具体情况，慎重确定合适的人员应诉。一般情况下，重大案件应由法定代表人出庭应诉，其他案件可委托渔业行政执法机构内部的法制机构的有关人员应诉。此外还可委托办案人员出庭应诉。

确定了应诉人员后，非法定代表人出庭应诉的，应制作授权委托书，标明代理人姓名及委托权限，并以名字先后为准确定第一代理人、第二代理人，明确应诉的主要负责人。在应诉中，第一、第二代理人要分清主次、明确责任、密切配合、互为补充。

**3. 全面复查被诉行政行为**

在应诉准备阶段，应对原告所诉行政行为进行全面复查，查阅相关案卷，了解案件处理全过程，重点审查证据、适用法律和办案程序。按照《行政诉讼法》规定的判决种类，复查内容主要包括以下几个方面：

（1）是否存在超越职权的情形。

（2）事实是否清楚，证据是否确凿。

（3）适用法律、法规是否正确。

（4）是否符合法定程序的。

（5）是否公平、公正，有无滥用职权的情形。

（6）是否存在不履行或者拖延履行法定职责的情形。

经全面复查后，发现被诉行政行为的合法性、合理性确实存在问题的，可及时主动改变行政行为，包括内容变更或撤销。其中，变更主要针对被诉行政行为出现不合理的情形，撤销则必须在被诉行政行为不合法的情况下才能撤销。无论哪种改变都必须以符合法律规定、符合国家利益和社会公共利益为条件，不能为求得息事宁人而作出改变。

改变行政行为应在法院宣告判决或裁定之前完成，并告知法院和原告。如果原告同意并申请撤诉，经法院审查符合法律规定的，可裁定终结诉讼；原告不同意撤诉的，诉讼继续进行。

**4. 应诉人员熟悉案情**

应诉人员被确定后，包括法定代表人、委托的渔业行政执法人员或者是代理律师等，都应充分熟悉、掌握案情的全部情况。首先，应参与对被告被诉行政行为的复查，全面掌握其内容；其次，应依法经法院允许后到法院查阅案卷材料，发现自己提供的证据材料不完备的，可以进行补充。但是，不得自行向原告或证人调查取证。

应诉人员在全面调查掌握案情的基础上，必要时可及时提请召开案情集体研究讨论会，深入研究讨论应诉对策。

**5. 制作、提交答辩状**

被告在行政诉讼中第一次行使答辩权就是向法院提交答辩状。答辩状是被告针对原告起诉状中提出的诉讼请求及其事实、理由进行答复、辩解和反驳的一种应诉文书，目的是用事实和法律对原告提出的诉讼请求和理由进行辩驳，阐明自己的理由和要求，证明所作出的行政执法活动的合法性、正确性。

答辩状的主要内容是答辩理由，一般包括以下几个方面：被告作出行政行为的事实依据和法律依据、证据、经过和具体内容等。

制作答辩状应注意以下几个方面：

（1）依据事实和法律，说明原具体行政行为的合法性。

（2）揭示原告诉状中存在的问题，请求人民法院全面了解案情，依法审理。

（3）有针对性、合情、合理、合法地阐述答辩理由和意见。

（4）如果被诉行政行为确实是违法的，应当正视错误，不能避而不谈，或者无理强辩。

答辩状应及时提交法院，除正本外，还应按照原告人数提交相应的副本，由法院转交副本给原告。按照《行政诉讼法》的规定，被告应提交答辩状，但不提交答辩状，不影响人民法院审理。

**6. 提交案件材料**

根据《行政诉讼法》的规定，被告应当在收到起诉状副本之日起 15 d 内向人民法院提交作出行政行为的有关材料。如果不及时提交，其后果将对被告极为不利，人民法院很有可能直接判决撤销被诉行政行为。

应提交的材料主要是被诉行政行为的证据、依据和其他材料，一般包括：

（1）被诉行政行为决定书。例如行政处罚决定书、行政强制类决定书等。

（2）被诉行政行为所认定的事实和所依据的证据。其中，事实材料包括决定书上写明的事实认定以及办案时的内部结论，证据材料包括前述法院审理案件所依据的各种证据。

（3）被诉行政行为所依据的法律、法规和规章。所提供的法律依据一方面要齐全，包括各层次的法律规范；另一方面要符合要求，是发布机关印发的文件，不能是转抄件。

上述材料一般可提交复印件，在法庭质证阶段当庭提供原件。

此外，作为被告应诉人员的法定代表人的身份证明、委托代理人的身份证明和委托书等材料，也应及时提交法院。

### (四) 出庭应诉的注意事项

**1. 全面了解人民法院开庭审理行政案件的程序**

只有全面、清楚地了解人民法院开庭审理行政案件的程序，才能保证在出庭过程中及时、正确、合法地应诉。人民法院开庭审理行政案件的程序一般按以下顺序包括以下环节：

(1) 开庭前，书面通知当事人和其他诉讼参加人到庭，在公开审理的开庭前进行公告。

(2) 开庭后，在审理前查点人员到场情况并核对身份。

(3) 审判长宣布案由，宣读组成合议庭人员名单，告知当事人诉讼权利和义务，处理回避申请事项。

(4) 询问当事人和当事人陈述，一般对当事人双方争议的焦点问题进行重点询问。

(5) 询问证人或宣读未到庭证人的证言。

(6) 询问鉴定人或宣读鉴定结论，出示物证、书证、视听资料，宣读勘验笔录或现场笔录。

(7) 法庭辩论。

(8) 评议宣判。

上述每个程序环节都有其特定的目的和作用、秩序或要求，渔业行政执法机构的应诉人员必须予以全面熟悉和掌握，特别是要熟知各环节诉讼参加人的权利和义务、法庭秩序等细节，运用事实、法律和证据为自己辩护。

**2. 充分准备调查阶段的应诉事项**

调查阶段是开庭审理的核心，是审查案件事实和核对证据的关键阶段。由于被告对被诉行政行为的合法性负举证责任，因此在调查阶段法庭主要是询问被告，被告应认真、准确、如实回答。

为此，应诉人员应充分准备各种证据，特别是要以直接证据、准确性高的证据为重点。对于原告的反证，应尽可能当场举证反驳；如果一时不能举证反驳，则要在辩论阶段加以证明。对于在调查阶段不允许提出的但对自己很重要的证据，可在辩论阶段结合辩论内容提出。

**3. 把握好法庭辩论**

法庭辩论阶段是通过当事人的辩论查明事实、分清是非的重要阶段。渔业行政执法机构的应诉人员应充分把握好辩论阶段，特别是要把以下问题辩论清楚：

(1) 案件的基本事实。

(2) 证据的证明力，加以证明或反驳。

(3) 被诉行政行为适用法律的正确性。

(4) 被诉行政行为程序上的合法性。

在辩论中可运用以下辩论技巧：善于论辩和辩驳，积极争取主动，充分、准确地使用第一手资料，准确、清楚、全面地引用法律条文，善于发现并点明对方的错误，善于及时补救失误。

### （五）正确对待法院判决

**1. 行政诉讼案件判决类型**

人民法院应当在立案之日起 6 个月内作出第一审判决。判决类型包括：判决维持、判决撤销、判决变更、判决被告履行法定职责、判决确认违法、判决确认无效。

（1）判决维持。行政行为证据确凿，适用法律、法规正确，符合法定程序的，或者原告申请被告履行法定职责或者给付义务理由不成立的，人民法院判决驳回原告的诉讼请求。

（2）判决撤销。经法庭审理认为行政行为有下列情形之一的，人民法院判决撤销或者部分撤销，并可以判决被告重新作出行政行为：①主要证据不足的；②适用法律、法规错误的；③违反法定程序的；④超越职权的；⑤滥用职权的；⑥明显不当的。

（3）判决变更。行政处罚明显不当，或者其他行政行为涉及对款额的确定、认定确有错误的，人民法院可以判决变更。

（4）判决被告履行法定职责。经法庭审理认为被告不履行职责的，判决其在一定期限内履行。人民法院经过审理，查明被告依法负有给付义务的，判决被告履行给付义务。

（5）判决确认违法。经法庭审理认为行政行为有下列情形之一的，人民法院判决确认违法，但不撤销行政行为：①行政行为依法应当撤销，但撤销会给国家利益、社会公共利益造成重大损害的；②行政行为程序轻微违法，但对原告权利不产生实际影响的。

经法庭审理认为行政行为有下列情形之一，不需要撤销或者判决履行的，人民法院判决确认违法：①行政行为违法，但不具有可撤销内容的；②被告改变原违法行政行为，原告仍要求确认原行政行为违法的；③被告不履行或者拖延履行法定职责，判决履行没有意义的。

（6）判决确认无效。行政行为有实施主体不具有行政主体资格或者没有依据等重大且明显违法情形，原告申请确认行政行为无效的，人民法院判决确认无效。

**2. 履行判决或申请执行**

如果对人民法院作出的判决无异议，应及时履行判决或申请执行判决。

（1）对于判决维持的，若原告逾期不履行被诉行政行为决定，可自行依法强制执行或申请人民法院强制执行。

（2）对于判决撤销的，应及时撤销具体行政行为，并履行赔偿等判决义务。

（3）对于判决重新作出行政行为的，应及时、主动地履行义务，并不得以同一的事实和理由作出与原行政行为基本相同的行政行为。

（4）对于判决变更的行政处罚，应按照判决要求变更已作出的行政处罚。

（5）对于判决履行法定职责的，应在判决要求的期限内及时依法履行职责。

**3. 不服一审判决提起上诉**

如果不服人民法院一审判决，渔业行政执法机构有权在判决书送达之日起 15 d 内向上一级人民法院提起上诉。上诉应提交上诉状，并按照原告和第三方当事人数量提交上诉状副本。上诉状应包括以下内容：①上诉人和被上诉人基本情况；②一审法院名称、案号和案由；③上诉请求和理由，上诉理由可包括对一审法院查明的事实、证据的不同认识，对一审判决或裁定的异议，以及在一审时未能提供的证据等。

二审人民法院对上诉案件作出的判决或裁定是终审裁判，双方当事人都必须履行，不得再行上诉。如果认为二审判决或裁定有错误的，可以依法申诉，但不停止执行。

### 4. 申诉和申请再审

根据《行政诉讼法》的规定，当事人对已经发生法律效力的判决、裁定，认为确有错误的，可以向上一级人民法院申请再审，但判决、裁定不停止执行。

当事人的申请符合下列情形之一的，人民法院应当再审：

（1）不予立案或者驳回起诉确有错误的。

（2）有新的证据，足以推翻原判决、裁定的。

（3）原判决、裁定认定事实的主要证据不足、未经质证或者系伪造的。

（4）原判决、裁定适用法律、法规确有错误的。

（5）违反法律规定的诉讼程序，可能影响公正审判的。

（6）原判决、裁定遗漏诉讼请求的。

（7）据以作出原判决、裁定的法律文书被撤销或者变更的。

（8）审判人员在审理该案件时有贪污受贿、徇私舞弊、枉法裁判行为的。

按照《最高人民法院关于适用〈中华人民共和国行政诉讼法〉的解释》的规定，当事人知道有下列情形之一的，可以自知道或者应当知道之日起 6 个月内提出向上一级人民法院申请再审：

（1）有新的证据，足以推翻原判决、裁定的。

（2）原判决、裁定认定事实的主要证据是伪造的。

（3）据以作出原判决、裁定的法律文书被撤销或者变更的。

（4）审判人员审理该案件时有贪污受贿、徇私舞弊、枉法裁判行为的。

因此，作为被告的渔业行政执法机构在行政诉讼判决生效后，认为有错误的，可以申诉或申请再审。

# 第七章　长江流域渔业行政执法规范与作风

　　在长江水生生物保护区全面禁捕和长江重点水域实行暂定为期10年的常年禁捕背景下，长江流域渔业行政执法工作迎来前所未有的挑战，执法任务繁重而艰巨，并且很多是历史上从未遇到的新问题、新矛盾，对渔业行政执法提出了更高的要求。2019年，党的十九届四中全会通过了《中共中央关于坚持和完善中国特色社会主义制度　推进国家治理体系和治理能力现代化若干重大问题的决定》，明确要求全面推进依法治国，坚持依法治国、依法执政、依法行政共同推进，坚持法治国家、法治政府、法治社会一体建设。因此，在长江禁捕新形势下，长江流域必须进一步加强渔业行政执法队伍的思想、作风和制度建设，打造一支思想好、业务精、能力强、作风硬、素质高的执法队伍，为有效维护长江禁捕秩序提供坚强保障。

## 第一节　习近平法治思想

　　党的十八大以来，习近平总书记领导全党开展的一系列工作实践、理论创新，逐步形成了习近平法治思想，这一思想体现在党的十八大报告、十八届四中全会公报、十九大报告、十九届二中全会公报，以及习近平总书记在中央全面依法治国委员会第一次会议上的重要讲话和在中央全面依法治国工作会议上的重要讲话等一系列重要文件和讲话中。在2020年11月召开的中央全面依法治国工作会议上，习近平总书记从统筹中华民族伟大复兴战略全局和世界百年未有之大变局、实现党和国家长治久安的战略高度，深入回答了我国社会主义法治建设一系列重大理论和实践问题，明确提出了当前和今后一个时期推进全面依法治国的总体要求，系统阐述了新时代推进全面依法治国的重要思想和战略部署，具体概括为"十一个坚持"，其核心要义如下[①]：

**1. 坚持党对全面依法治国的领导**

　　党的领导是推进全面依法治国的根本保证。党的领导是我国社会主义法治之魂，社会主义法治必须坚持党的领导。

---

　　① 资料来源：徐显明，2021. 习近平法治思想的核心要义［EB/OL］. (2021 - 09 - 27). http://www.npc.gov.cn/npc/c30834/202109/832bbd4bfb52407c8ee2a61f6d7d2dfa. shtml.

**2. 坚持以人民为中心**

全面依法治国最广泛、最深厚的基础是人民，推进全面依法治国根本目的是依法保障人民权益。要努力让人民群众在每一项法律制度、每一个执法决定、每一宗司法案件中都感受到公平正义。

**3. 坚持中国特色社会主义法治道路**

中国特色社会主义法治道路，本质上是中国特色社会主义道路在法治领域的具体体现。推进全面依法治国必须走对路，要从中国国情和实际出发，走适合自己的法治道路。

**4. 坚持依宪治国、依宪执政**

宪法是国家的根本法，具有最高的法律效力。依法治国首先是依宪治国，依法执政首先是依宪执政。要加强宪法实施和监督，推进合宪性审查工作，维护国家法治统一。

**5. 坚持在法治轨道上推进国家治理体系和治理能力现代化**

法治是国家治理体系和治理能力的重要依托。全面依法治国才能有效保障国家治理体系的系统性、规范性、协调性，才能最大限度凝聚社会共识。

**6. 坚持建设中国特色社会主义法治体系**

要加快形成完备的法律规范体系、高效的法治实施体系、严密的法治监督体系、有力的法治保障体系，形成完善的党内法规体系。要坚持依法治国和以德治国相结合，实现法治和德治相辅相成、相得益彰。

**7. 坚持依法治国、依法执政、依法行政，共同推进法治国家、法治政府、法治社会一体建设**

全面依法治国是一个系统工程，要整体谋划，更加注重系统性、整体性、协同性。

**8. 坚持全面推进科学立法、严格执法、公正司法、全民守法**

要继续推进法治领域改革，解决好立法、执法、司法、守法等领域的突出矛盾和问题。

**9. 坚持统筹推进国内法治和涉外法治**

要加快涉外法治工作战略布局，协调推进国内治理和国际治理。要积极参与国际规则制定，提出改革方案，推动全球治理变革，推动构建人类命运共同体。

**10. 坚持建设德才兼备的高素质法治工作队伍**

要推进法治专门队伍革命化、正规化、专业化、职业化，确保做到忠于党、忠于国家、忠于人民、忠于法律。法律服务队伍是全面依法治国的重要力量。

**11. 坚持抓住领导干部这个"关键少数"**

领导干部具体行使党的执政权和国家立法权、行政权、监察权、司法权，党的领导能不能在全面依法治国实践中得到具体落实，领导干部是关键。

# 第二节　依法行政的基本原则和基本要求

2004年3月，国务院印发了《全面推进依法行政实施纲要》，明确了全面推进依法行政的指导思想和具体目标、基本原则和要求、主要任务和措施，是推进我国社会主义政治文明建设的重要政策文件。依据《全面推进依法行政实施纲要》的规定，依法行政的基本原则和基本要求如下：

## 一、依法行政的基本原则

依法行政必须坚持党的领导、人民当家做主和依法治国三者的有机统一；必须把维护最广大人民的根本利益作为政府工作的出发点；必须维护《宪法》权威，确保法制统一和政令畅通；必须把发展作为执政兴国的第一要务，坚持以人为本和全面、协调、可持续的发展观，促进经济社会和人的全面发展；必须把依法治国和以德治国有机结合起来，大力推进社会主义政治文明、精神文明建设；必须把推进依法行政与深化行政管理体制改革、转变政府职能有机结合起来，坚持开拓创新与循序渐进的统一，既要体现改革和创新的精神，又要有计划、有步骤地分类推进；必须把坚持依法行政与提高行政效率统一起来，做到既严格依法办事，又积极履行职责。

## 二、依法行政的基本要求

### 1. 合法行政

行政机关实施行政管理，应当依照法律、法规、规章的规定进行；没有法律、法规、规章的规定，行政机关不得作出影响公民、法人和其他组织合法权益或者增加公民、法人和其他组织义务的决定。

### 2. 合理行政

行政机关实施行政管理，应当遵循公平、公正的原则。要平等对待行政管理相对人，不偏私、不歧视。行使自由裁量权应当符合法律目的，排除不相关因素的干扰；所采取的措施和手段应当必要、适当；行政机关实施行政管理可以采用多种方式实现行政目的的，应当避免采用损害当事人权益的方式。

### 3. 程序正当

行政机关实施行政管理，除涉及国家秘密和依法受到保护的商业秘密、个人隐私的外，应当公开，注意听取公民、法人和其他组织的意见；要严格遵循法定程序，依法保障行政管理相对人、利害关系人的知情权、参与权和救济权。行政机关工作人员履行职责，与行政管理相对人存在利害关系时，应当回避。

### 4. 高效便民

行政机关实施行政管理，应当遵守法定时限，积极履行法定职责，提高办事效率，提供优质服务，方便公民、法人和其他组织。

### 5. 诚实守信

行政机关公布的信息应当全面、准确、真实。非因法定事由并经法定程序，行政机关不得撤销、变更已经生效的行政决定；因国家利益、公共利益或者其他法定事由需要撤回或者变更行政决定的，应当依照法定权限和程序进行，并对行政管理相对人因此而受到的财产损失依法予以补偿。

**6. 权责统一**

行政机关依法履行经济、社会和文化事务管理职责，要由法律、法规赋予其相应的执法手段。行政机关违法或者不当行使职权，应当依法承担法律责任，实现权力和责任的统一。依法做到执法有保障、有权必有责、用权受监督、违法受追究、侵权须赔偿。

# 第三节　渔业行政执法基本规范与条件保障

为贯彻落实中央关于长江十年禁渔，强化渔业行政执法攻坚，提高严格规范公正文明执法水平，农业农村部于 2020 年 12 月颁布了《渔政执法工作规范（暂行）》。该规范自 2021 年 2 月开始实施，规定了渔业行政执法工作人员在检查、办案、执行、行刑衔接、结案工作中的程序规范以及工作条件。其中，涉及渔业行政执法具体方面的规范内容已经在第六章中进行了介绍，在此不予重复。

## 一、渔业行政执法基本规范

（1）渔业行政执法人员应当通过行政执法资格考试，取得行政执法资格。

（2）进行执法活动时，应当由 2 名以上渔业行政执法人员共同进行，并向当事人出示执法证件，表明身份，告知执法的内容和依据。渔业行政执法机关带有专用标志的执法船艇开展水上执法工作时，视为表明身份。

（3）渔业行政执法人员与当事人有利害关系，可能影响案件公正处理的，应当按规定主动申请回避或者根据当事人的申请进行回避。

（4）渔业行政执法人员应当通过文字或者影像如实完整记录执法启动、调查取证（勘验）、行政强制、决定、送达、执行等执法过程，并及时归档保存，做到可回溯管理。

（5）渔业行政执法文书应当根据农业农村部规定的规范和基本文书格式并结合本地工作实际进行制作。基本文书格式以外的文书格式，按照省级人民政府渔业行政执法机关的规定执行。

（6）渔业行政执法人员从事执法活动，应当仪表整洁、举止得体、用语文明、方式得当。

（7）因执法工作需要穿着便装的以外，渔业行政执法人员开展执法活动应当按规定着装，规范佩戴执法标志。制服和执法标志应当保持清洁、完整。

（8）渔业行政执法机关应当按照执法信息公开的有关规定，通过本部门官方网站、执法信息平台等公开执法决定信息，法律、法规另有规定或者涉及国家秘密、商业秘密、个人隐私不宜公开的除外。

## 二、渔业行政执法工作条件保障

（1）渔业行政执法机关应当积极维护渔业行政执法人员执法权威，保障渔业行政执法人员合法权益，防止渔业行政执法人员的人身安全和人格尊严受到不法侵害。

（2）渔业行政执法机关应当对涉及渔业违法行为的举报材料以及举报人的姓名、住址、工作单位等个人信息依法严格保密（举报人同意公开的除外）。

（3）渔业行政执法机关应当通过下列方式提高渔业行政执法人员的安全防护能力：①加强执法风险评估和预警防范；②强化执法装备配备和后勤保障水平；③开展渔业法律、法规和执法规范培训；④加强执法技战术及安全防护训练演练。

（4）渔业行政执法机关应当为渔业行政执法人员办理人身意外伤害保险。

（5）渔业行政执法机关应当建立渔业行政执法人员援助制度，对履职过程中遭受人身、财产侵害和精神创伤的渔业行政执法人员提供经济、法律、医疗、心理等方面的援助。

（6）渔业行政执法机关应当向执行水上执法任务的渔业行政执法人员发放执勤补贴，标准按不低于本级人民政府机关差旅补贴确定。

（7）渔业行政执法人员按照法定条件和程序履行职责、行使职权，对公民、法人或者其他组织合法权益造成损害的，渔业行政执法人员个人不承担责任，由其所属渔业行政执法机关按照国家有关规定对造成的损害给予补偿。

# 第四节　渔业行政执法队伍作风建设

习近平总书记指出，机关作风状况"关系党和政府在人民群众中的形象"。渔业行政执法队伍的纪律作风建设是渔业行政队伍建设的重要组成部分，作风建设工作的好坏直接关系到渔业行政部门在人民群众中的形象，关系到渔业行政执法工作保护生态、守护生物资源的职能作用的发挥。由于种种原因，渔业行政执法队伍作风建设责任制的落实情况不尽如人意。例如，有的渔业行政部门领导仅重视业务工作，忽视作风建设；有的渔业行政部门作风建设责任制流于形式，落实不到位；还有的缺乏相应的考核和责任追究机制；等等。目前渔业行政执法人员作风建设工作存在以下问题，亟待解决：

## 一、当前渔业行政执法队伍纪律作风建设存在问题及原因

### 1. 政治站位不够高

随着长江禁捕退捕进入到常态化，渔业行政执法人员的执法工作任务越来越重，案多人少的矛盾越来越突出。有的领导把主要精力都放在执法业务上，认为抓作风建设是纪检监察部门的事，对此项工作安排不力，措施也不到位，出现"一手硬一手软"等现象；有的中层干部和执法人员认为，自己只是普通的党员干部，既无人事权又无财权，更无决策权，干好自己的执法工作就行了，抓作风建设是领导的事，与自己无关；还有的则存在"渔业违法案件标的小，执法人员出现违法违纪的机会少，廉政建设可有可无"的片面认识。正因为少数行政执法人员对廉政建设的认识不够到位，以致出现该管不管、该严不严的现象。

**2. 责任追究不明确**

党风廉政责任制实施以来，大多数渔业行政机构的做法是每年按照层级签订党风廉政建设责任书，机构负责人与分管领导签，分管领导与各科室负责人签，各科室负责人与基层执法人员签。但是责任条款过于笼统，内容不明确，基本上都是上行下效，照抄照搬上级的相关规定，没有结合本机构的实际情况，也没有根据不同岗位、不同部门、不同对象、不同特点来设置不同的内容，缺乏针对性和可操作性，最终是内容空洞、责任模糊，一旦出现人员违法违纪情况，由于缺乏具体的责任追究办法，导致廉政责任制不能发挥其应有的作用。

**3. 考核方法不完善**

目前各级渔业行政执法机构所签订的责任书中都规定了相应的考核方法，例如有的实行半年或年度考核、有的实行按季考核等。但是在现实中，有的机构责任书一签了之，根本就没有进行考核；有的机构照搬照抄上级部门或其他部门的做法，脱离了本机构的实际情况，考核内容空洞，无法进行考核；有的机构没有建立科学统一的既能定性定量又方便操作的指标体系，考核程序也存在着问题，具体操作时随意性较大，对考核对象难以作出精准的评判，导致考核结果不能令人信服。

**4. 制度规范不健全**

守纪律、讲规矩是作风建设的重要内容，必须抓住"明规"环节，正风肃纪，标明禁区，守牢底线。加强渔业行政执法队伍的作风建设，队伍是基础，制度是关键，监督是保证。只有建立健全有关廉政方面的各项规章制度，靠制度去约束和管理执法人员，才能使执法人员自觉做到有章可循、有章可依。有的基层渔业行政执法机构不关心制度建设，把制定制度看成一种形式，不重视制度的可操作性，导致制度文件成为了一纸空文。

**5. 责任监督不到位**

从目前的情况看，很多渔业行政执法机关和机构在作风建设责任追究上仍然有失之于宽、失之于软的现象。一方面，有的单位对纪检监察干部查办案件缺乏理解和支持，总认为纪检监察干部查办案件是在挑刺找茬，对纪检干部查案采取消极态度，不支持、不配合，甚至有抵触情绪；另一方面，有的单位领导存在"家丑不可外扬"的思想，怕问题暴露了会影响本单位的形象。所以，一些单位存在追究责任不彻底的现象。

## 二、加强和完善渔业行政执法队伍作风建设的措施

针对当前渔业行政执法队伍纪律作风建设存在的问题，要努力践行执法为民，切实转变工作作风，提升渔业行政执法公信力，加强纪律作风建设。

**1. 强化思想道德教育**

为进一步转变执法作风，提升队伍纪律，以长江大保护各项活动为契机，提升执法人员做好群众工作的能力，密切联系群众，引导执法人员坚定理念信念，自觉加强党性修养，不断增强拒腐防变能力。进一步强化宗旨意识、改进执法作风、规范执法行为，以公正高效文明廉洁的执法工作，扎实推进渔业行政执法队伍的公信建设。

**2. 强化廉洁执法的操守**

认真学习领会习近平总书记的系列讲话和党的十九大、二十大以及十九届二中、三中、四中全会精神，学习中央、省、市、县有关廉政建设的规定，引导广大执法人员牢固树立正确的权力观，强化廉洁自律意识，筑牢拒腐防变防线，严格遵守党员领导干部廉洁从政准则、公务员行为准则，确保正确行使执法权，防止对老百姓"吃拿卡要"和办"金钱案、人情案、关系案"等执法不廉行为。

**3. 强化及时到位的督促检查**

坚持把加强作风建设列入重要议事日程，领导干部要带头加强作风建设，用自身的模范行动教育和影响广大执法人员，推动渔业行政执法队伍的作风建设。要继续加大明察暗访力度，建立完善工作责任追究制度。每季度对自身服务发展、解决问题的情况进行自查，认真分析存在问题原因，对不认真办理和解决问题、群众不满意的行政执法行为，要追究责任。

**4. 完善制度规范、提高执行力建设**

进一步加强廉洁自律制度建设，在提高制度的执行力上狠下功夫，坚决纠正有令不行、有禁不止甚至顶风违纪的行为。

（1）以教"明规"。常态化开展党章党规党纪、法律、法规学习教育，把党规党纪知识测试纳入干部培训考试内容。做实基层党支部纪律建设，增强警示教育针对性时效性。

（2）以严"明规"。持之以恒落实中央八项规定精神，深挖细查隐形变异问题，防范纠治"四风"（即形式主义、官僚主义、享乐主义和奢靡之风）。贯通协同主体责任和监督责任，把全面从严治党要求落实到每个支部、每名党员。健全机关监督体系，优强项、补短板，探索建立具有机关特色的融会贯通监督机制，防控廉政风险。正确运用监督执纪"四种形态"[①]，抓早抓小，防微杜渐。

（3）以治"明规"。开展不作为、急行政整治行动，推进"三不"（即不敢腐、不能腐、不想腐）机制建设。坚持"回头看"思路，定期梳理群众反映的突出问题和违纪违法案例、舆情事件、工作事故中暴露出的机关作风问题，碰硬开展专项整治，打好作风"攻坚战"。

**5. 强化机关作风的正气引领**

政治生态是树立机关政风的环境和土壤，必须扶正祛邪、激浊扬清，养浩然正气。

（1）发挥表率作用，形成"以上率下"之风。着力"正上梁"，坚持"四好一强"领导班子创建，用好领导班子定期综合分析研究成果，强化对执行民主集中制的监督检查。压实全面从严治党政治责任，督促各级党组织履行作风建设主体责任。发挥"一把手"和班子成员示范效应，自上而下传承理想信念、传导严实作风，形成以上率下、整体联动的浓厚氛围。

（2）构建公正环境，激发干事做事之风。坚持好干部标准，树立重实干、重实绩、重

---

① 根据党的十八届六中全会审议通过的《中国共产党党内监督条例》，监督执纪的"四种形态"分别是：第一种形态，经常开展批评和自我批评、约谈函询，让"红红脸、出出汗"成为常态；第二种形态，让党纪轻处分、组织调整成为违纪处理的大多数；第三种形态，让党纪重处分、重大职务调整的成为少数；第四种形态，让严重违纪涉嫌违法立案审查的成为极少数。

担当的鲜明导向，健全能者上、优者奖、庸者下的选用机制，推动形成愿干事、敢干事、能干成事的良好风尚。打破"严管失温度、厚爱失力度"怪圈，健全正向激励机制，深入落实《关于进一步激励广大干部新时代新担当新作为的意见》，发挥好考核"指挥棒"作用，调动和激发渔业行政执法人员积极性、创造性。

（3）坚持全面从严，孕育清正廉洁之风。坚持把"两个维护"作为最高政治原则和根本政治规矩，决不让危害党中央权威和集中统一领导的现象在渔业行政执法队伍内部有任何市场。经常性开展政治体检，定期研判政治生态，以解决少数机关干部存在的错误观念和突出问题。加强机关政治文化建设，坚决反对码头文化、圈子文化，构建清新友善、坦诚相待的同志关系。

**6. 加强队伍精神教育**

教育全体渔业行政执法人员忠诚于党、忠诚于人民、忠诚于法律、忠诚于事业，营造风清气正、奋发有为、积极向上的团队文化和氛围，锻造好队伍的精、气、神，稳固好队伍的魂，打造能征善战、业务精湛的渔业行政执法铁的队伍，服务渔业，为生态文明建设作出应有的贡献。

# 第五节　渔业行政执法人员过错责任追究

## 一、渔业行政执法人员过错责任追究的主要法律依据

《渔业法》第四十九条规定，渔业行政主管部门和其所属的渔业行政执法机构及其工作人员违反本法规定核发许可证、分配捕捞限额或者从事渔业生产经营活动的，或者有其他玩忽职守不履行法定义务、滥用职权、徇私舞弊的行为的，依法给予行政处分；构成犯罪的，依法追究刑事责任。

渔业行政执法人员在执法过程中可能会存在滥用职权、行政不作为、徇私舞弊等违法行为。对这些行为要坚决依法处理、严肃处理。我国对违法违纪的公务员、事业单位工作人员的惩戒主要依据是《中华人民共和国监察法》《中华人民共和国公职人员政务处分法》《中华人民共和国公务员法》《中华人民共和国法官法》《中华人民共和国检察官法》《行政机关公务员处分条例》《事业单位人事管理条例》《事业单位工作人员处分暂行规定》等法律、行政法规和规章。其中，《中华人民共和国公职人员政务处分法》《行政机关公务员处分条例》对公务人员违法违纪行为规定了严格的政务处分和处分措施。

## 二、渔业行政执法人员过错责任追究的主要内容

依据上述法律、法规的规定，渔业行政执法人员过错责任追究主要包括以下几个方面的内容：

（1）有下列行为之一的，予以警告、记过或者记大过；情节严重的，予以降级或者撤职。

① 违反民主集中制原则，个人或者少数人决定重大事项，或者拒不执行、擅自改变

集体作出的重大决定的。

② 拒不执行或者变相不执行、拖延执行上级依法作出的决定、命令的。

（2）有下列行为之一的，予以警告、记过或者记大过；情节较重的，予以降级或者撤职；情节严重的，予以开除。

① 贪污贿赂的。

② 利用职权或者职务上的影响为本人或者他人谋取私利的。

③ 纵容、默许特定关系人利用本人职权或者职务上的影响谋取私利的。

拒不按照规定纠正特定关系人违规任职、兼职或者从事经营活动，且不服从职务调整的，予以撤职。

（3）收受可能影响公正行使公权力的礼品、礼金、有价证券等财物的，予以警告、记过或者记大过；情节较重的，予以降级或者撤职；情节严重的，予以开除。向渔业行政执法人员及其特定关系人赠送可能影响公正行使公权力的礼品、礼金、有价证券等财物，或者接受、提供可能影响公正行使公权力的宴请、旅游、健身、娱乐等活动安排，情节较重的，予以警告、记过或者记大过；情节严重的，予以降级或者撤职。

（4）违反规定从事或者参与营利性活动，或者违反规定兼任职务、领取报酬的，予以警告、记过或者记大过；情节较重的，予以降级或者撤职；情节严重的，予以开除。利用宗族或者黑恶势力等欺压群众，或者纵容、包庇黑恶势力活动的，予以撤职；情节严重的，予以开除。

（5）有下列行为之一，情节较重的，予以警告、记过或者记大过；情节严重的，予以降级或者撤职。

① 违反规定向管理服务对象收取、摊派财物的。

② 在管理服务活动中故意刁难、吃拿卡要的。

③ 在管理服务活动中态度恶劣粗暴，造成不良后果或者影响的。

④ 不按照规定公开工作信息，侵犯管理服务对象知情权，造成不良后果或者影响的。

⑤ 其他侵犯管理服务对象利益的行为，造成不良后果或者影响的。

（6）有下列行为之一，造成不良后果或者影响的，予以警告、记过或者记大过；情节较重的，予以降级或者撤职；情节严重的，予以开除。

① 滥用职权，危害国家利益、社会公共利益或者侵害公民、法人、其他组织合法权益的。

② 不履行或者不正确履行职责，玩忽职守，贻误工作的。

③ 工作中有形式主义、官僚主义行为的。

④ 工作中有弄虚作假、误导、欺骗行为的。

⑤ 泄露国家秘密、工作秘密，或者泄露因履行职责掌握的商业秘密、个人隐私的。

（7）有其他违法行为，影响公职人员形象，损害国家和人民利益的，可以根据情节轻重给予相应政务处分。如果涉嫌犯有贪污罪、挪用公款罪、受贿罪、玩忽职守罪、滥用职权罪的，由检察院侦查并提起公诉。

# 附　　录

## 附录一　率先全面禁捕的长江流域水生生物保护区名录①

### 一、水生动植物自然保护区

| 序号 | 保护区名称 | 省（直辖市） | 行政区域 |
|---|---|---|---|
| 1 | 长江上游珍稀特有鱼类国家级自然保护区 | 云南省、贵州省、四川省、重庆市 | 云南省昭通市，贵州省毕节市、遵义市，四川省宜宾市、泸州市，重庆市永川区、江津区、九龙坡区 |
| 2 | 秦州珍稀水生野生动物国家级自然保护区 | 甘肃省 | 天水市 |
| 3 | 陕西略阳珍稀水生动物国家级自然保护区 | 陕西省 | 汉中市 |
| 4 | 陕西太白湑水河珍稀水生生物国家级自然保护区 | 陕西省 | 宝鸡市 |
| 5 | 陕西丹凤武关河珍稀水生动物国家级自然保护区 | 陕西省 | 商洛市 |
| 6 | 诺水河珍稀水生动物国家级自然保护区 | 四川省 | 巴中市 |
| 7 | 湖南张家界大鲵国家级自然保护区 | 湖南省 | 张家界市 |
| 8 | 长江天鹅洲白鱀豚国家级自然保护区 | 湖北省 | 荆州市 |
| 9 | 洪湖湿地国家级自然保护区 | 湖北省 | 荆州市 |
| 10 | 长江新螺段白鱀豚国家级自然保护区 | 湖北省 | 荆州市、咸宁市 |
| 11 | 铜陵淡水豚国家级自然保护区 | 安徽省 | 铜陵市、池州市、芜湖市 |
| 12 | 牛栏江鱼类市级自然保护区 | 云南省 | 曲靖市 |
| 13 | 金沙江绥江段珍稀特有鱼类县级自然保护区 | 云南省 | 昭通市绥江县 |
| 14 | 康县大鲵省级自然保护区 | 甘肃省 | 陇南市 |
| 15 | 文县白龙江大鲵省级自然保护区 | 甘肃省 | 陇南市 |
| 16 | 汉王山东河湿地省级自然保护区 | 四川省 | 广元市 |
| 17 | 周公河珍稀鱼类省级自然保护区 | 四川省 | 眉山市、雅安市 |
| 18 | 天全河珍稀鱼类省级自然保护区 | 四川省 | 雅安市 |
| 19 | 宝兴河珍稀鱼类市级自然保护区 | 四川省 | 雅安市 |
| 20 | 色曲河州级珍稀鱼类自然保护区 | 四川省 | 甘孜藏族自治州 |

---

① 资料来源：农业部，2017. 农业部关于公布率先全面禁捕长江流域水生生物保护区名录的通告［EB/OL］.（2017-12-20）. http://www.moa.gov.cn/nybgb/2017/201712/201802/t20180202_6136343.htm.

（续）

| 序号 | 保护区名称 | 省（直辖市） | 行政区域 |
|---|---|---|---|
| 21 | 乌江—长溪河鱼类省级自然保护区 | 重庆市 | 彭水苗族土家族自治县 |
| 22 | 三黛沟县级自然保护区 | 重庆市 | 酉阳土家族苗族自治县 |
| 23 | 合川大口鲶县级自然保护区 | 重庆市 | 合川区 |
| 24 | 七眼泉市级自然保护区 | 湖南省 | 张家界市 |
| 25 | 华容集城长江故道江豚省级自然保护区 | 湖南省 | 岳阳市 |
| 26 | 岳阳东洞庭湖江豚市级自然保护区 | 湖南省 | 岳阳市 |
| 27 | 黄盖湖中华鲟、胭脂鱼县级自然保护区 | 湖南省 | 岳阳市临湘市 |
| 28 | 西洞庭湖水生野生动植物县级自然保护区 | 湖南省 | 常德市汉寿县 |
| 29 | 竹溪万江河大鲵省级自然保护区 | 湖北省 | 十堰市 |
| 30 | 长江湖北宜昌中华鲟省级自然保护区 | 湖北省 | 宜昌市 |
| 31 | 梁子湖省级湿地自然保护区 | 湖北省 | 鄂州市 |
| 32 | 何王庙长江江豚省级自然保护区 | 湖北省 | 荆州市 |
| 33 | 咸宁市西凉湖水生生物自然保护区 | 湖北省 | 咸宁市 |
| 34 | 孝感市老灌湖水生动植物自然保护区 | 湖北省 | 孝感市 |
| 35 | 天门市橄榄蛏蚌市级自然保护区 | 湖北省 | 天门市 |
| 36 | 清江中上游水生野生动物市级自然保护区 | 湖北省 | 恩施土家族苗族自治州 |
| 37 | 三峡库区恩施州水生生物自然保护区 | 湖北省 | 恩施土家族苗族自治州 |
| 38 | 西陕大鲵省级自然保护区 | 河南省 | 三门峡市 |
| 39 | 潦河大鲵省级自然保护区 | 江西省 | 宜春市 |
| 40 | 铜鼓棘胸蛙省级自然保护区 | 江西省 | 宜春市 |
| 41 | 井冈山市大鲵省级自然保护区 | 江西省 | 吉安市 |
| 42 | 鄱阳湖长江江豚省级自然保护区 | 江西省 | 南昌市、上饶市、九江市、鹰潭市 |
| 43 | 鄱阳湖鲤鲫鱼产卵场省级自然保护区 | 江西省 | 南昌市、上饶市、九江市、鹰潭市 |
| 44 | 鄱阳湖银鱼产卵场省级自然保护区 | 江西省 | 南昌市、上饶市、鹰潭市 |
| 45 | 巢湖渔业生态市级保护区 | 安徽省 | 合肥市 |
| 46 | 岳西县大鲵市级自然保护区 | 安徽省 | 安庆市 |
| 47 | 安庆市江豚市级自然保护区 | 安徽省 | 安庆市 |
| 48 | 黄山大鲵市级自然保护区 | 安徽省 | 黄山市 |
| 49 | 宁国市黄缘闭壳龟县级自然保护区 | 安徽省 | 宣城市宁国市 |
| 50 | 金寨县大鲵县级自然保护区 | 安徽省 | 六安市金寨县 |
| 51 | 南京长江江豚省级自然保护区 | 江苏省 | 南京市 |
| 52 | 镇江长江豚类省级自然保护区 | 江苏省 | 镇江市 |
| 53 | 上海市长江口中华鲟自然保护区 | 上海市 | 上海市 |

## 二、水产种质资源保护区

| 序号 | 保护区名称 | 省（直辖市） | 行政区域 |
|---|---|---|---|
| 1 | 滇池国家级水产种质资源保护区 | 云南省 | 昆明市 |
| 2 | 白水江特有鱼类国家级水产种质资源保护区 | 云南省 | 昭通市 |
| 3 | 程海湖特有鱼类国家级水产种质资源保护区 | 云南省 | 丽江市 |
| 4 | 白水江重口裂腹鱼国家级水产种质资源保护区 | 甘肃省 | 陇南市 |
| 5 | 永宁河特有鱼类国家级水产种质资源保护区 | 甘肃省 | 陇南市 |
| 6 | 嘉陵江两当段特有鱼类国家级水产种质资源保护区 | 甘肃省 | 陇南市 |
| 7 | 甘肃宕昌国家级水产种质资源保护区 | 甘肃省 | 陇南市 |
| 8 | 白龙江特有鱼类国家级水产种质资源保护区 | 甘肃省 | 甘南藏族自治州 |
| 9 | 太平河闵孝河特有鱼类国家级水产种质资源保护区 | 贵州省 | 铜仁市 |
| 10 | 马蹄河鲇黄颡鱼国家级水产种质资源保护区 | 贵州省 | 铜仁市 |
| 11 | 松桃河特有鱼类国家级水产种质资源保护区 | 贵州省 | 铜仁市 |
| 12 | 龙川河泉水鱼鳜国家级水产种质资源保护区 | 贵州省 | 铜仁市 |
| 13 | 印江河泉水鱼国家级水产种质资源保护区 | 贵州省 | 铜仁市 |
| 14 | 谢桥河特有鱼类国家级水产种质资源保护区 | 贵州省 | 铜仁市 |
| 15 | 锦江河特有鱼类国家级水产种质资源保护区 | 贵州省 | 铜仁市 |
| 16 | 龙底江黄颡鱼大口鲇国家级水产种质资源保护区 | 贵州省 | 铜仁市 |
| 17 | 乌江黄颡鱼国家级水产种质资源保护区 | 贵州省 | 铜仁市 |
| 18 | 潕阳河特有鱼类国家级水产种质资源保护区 | 贵州省 | 铜仁市 |
| 19 | 翁密河特有鱼类国家级水产种质资源保护区 | 贵州省 | 黔东南苗族侗族自治州 |
| 20 | 清水江特有鱼类国家级水产种质资源保护区 | 贵州省 | 黔东南苗族侗族自治州 |
| 21 | 六冲河裂腹鱼国家级水产种质资源保护区 | 贵州省 | 毕节市 |
| 22 | 油杉河特有鱼类国家级水产种质资源保护区 | 贵州省 | 毕节市 |
| 23 | 芙蓉江大口鲇国家级水产种质资源保护区 | 贵州省 | 遵义市 |
| 24 | 芙蓉江特有鱼类国家级水产种质资源保护区 | 贵州省 | 遵义市 |
| 25 | 马颈河中华倒刺鲃国家级水产种质资源保护区 | 贵州省 | 遵义市 |
| 26 | 龙江河光倒刺鲃国家级水产种质资源保护区 | 贵州省 | 黔东南州 |
| 27 | 龙江河裂腹鱼国家级水产种质资源保护区 | 贵州省 | 黔东南州 |
| 28 | 舞阳河黄平段黄颡鱼国家级水产种质资源保护区 | 贵州省 | 黔东南州 |
| 29 | 仪陇河特有鱼类国家级水产种质资源保护区 | 四川省 | 南充市 |
| 30 | 李家河鲫鱼国家级水产种质资源保护区 | 四川省 | 南充市 |
| 31 | 构溪河特有鱼类国家级水产种质资源保护区 | 四川省 | 南充市 |
| 32 | 蒙溪河特有鱼类国家级水产种质资源保护区 | 四川省 | 内江市 |
| 33 | 龙潭河特有鱼类国家级水产种质资源保护区 | 四川省 | 达州市 |

| 序号 | 保护区名称 | 省（直辖市） | 行政区域 |
|---|---|---|---|
| 34 | 南河白甲鱼瓦氏黄颡鱼国家级水产种质资源保护区 | 四川省 | 广元市 |
| 35 | 清江河特有鱼类国家级水产种质资源保护区 | 四川省 | 广元市 |
| 36 | 硬头河特有鱼类国家级水产种质资源保护区 | 四川省 | 广元市 |
| 37 | 西河剑阁段特有鱼类国家级水产种质资源保护区 | 四川省 | 广元市 |
| 38 | 插江国家级水产种质资源保护区 | 四川省 | 广元市 |
| 39 | 焦家河重口裂腹鱼国家级水产种质资源保护区 | 四川省 | 巴中市 |
| 40 | 大通江河岩原鲤国家级水产种质资源保护区 | 四川省 | 巴中市 |
| 41 | 恩阳河中华鳖国家级水产种质资源保护区 | 四川省 | 巴中市 |
| 42 | 通河特有鱼类国家级水产种质资源保护区 | 四川省 | 巴中市 |
| 43 | 平通河裂腹鱼类国家级水产种质资源保护区 | 四川省 | 绵阳市 |
| 44 | 梓江国家级水产种质资源保护区 | 四川省 | 绵阳市 |
| 45 | 凯江国家级水产种质资源保护区 | 四川省 | 绵阳市 |
| 46 | 郪江黄颡鱼国家级水产种质资源保护区 | 四川省 | 遂宁市、德阳市 |
| 47 | 嘉陵江岩原鲤中华倒刺鲃国家级水产种质资源保护区 | 四川省 | 广安市 |
| 48 | 大洪河国家级水产种质资源保护区 | 四川省 | 广安市 |
| 49 | 渠江黄颡鱼白甲鱼国家级水产种质资源保护区 | 四川省 | 广安市 |
| 50 | 渠江岳池段长薄鳅大鳍鳠国家级水产种质资源保护区 | 四川省 | 广安市 |
| 51 | 后河特有鱼类国家级水产种质资源保护区 | 四川省 | 达州市 |
| 52 | 巴河岩原鲤华鲮国家级水产种质资源保护区 | 四川省 | 达州市 |
| 53 | 岷江长吻鮠国家级水产种质资源保护区 | 四川省 | 眉山市、乐山市 |
| 54 | 濑溪河翘嘴鲌蒙古鲌国家级水产种质资源保护区 | 四川省 | 泸州市 |
| 55 | 消水河国家级水产种质资源保护区 | 四川省 | 南充市 |
| 56 | 嘉陵江南部段国家级水产种质资源保护区 | 四川省 | 南充市 |
| 57 | 镇溪河南方鲇翘嘴鱼白国家级水产种质资源保护区 | 四川省 | 自贡市 |
| 58 | 巴河特有鱼类国家级水产种质资源保护区 | 四川省 | 达州市 |
| 59 | 嘉陵江合川段国家级水产种质资源保护区 | 重庆市 | 合川区 |
| 60 | 长江重庆段四大家鱼国家级水产种质资源保护区 | 重庆市 | 巴南区、南岸区、江北区、渝北区、长寿区、涪陵区 |
| 61 | 浏阳河特有鱼类国家级水产种质资源保护区 | 湖南省 | 长沙市 |
| 62 | 汨罗江平江段斑鳜黄颡鱼国家级水产种质资源保护区 | 湖南省 | 岳阳市 |
| 63 | 东洞庭湖鲤鲫黄颡鱼国家级水产种质资源保护区 | 湖南省 | 岳阳市 |
| 64 | 洞庭湖口铜鱼短颌鲚国家级水产种质资源保护区 | 湖南省 | 岳阳市 |
| 65 | 南洞庭湖大口鲇青虾中华鳖国家级水产种质资源保护区 | 湖南省 | 岳阳市 |

（续）

| 序号 | 保护区名称 | 省（直辖市） | 行政区域 |
|---|---|---|---|
| 66 | 汨罗江河口段鲙国家级水产种质资源保护区 | 湖南省 | 岳阳市 |
| 67 | 东洞庭湖中国圆田螺国家级水产种质资源保护区 | 湖南省 | 岳阳市 |
| 68 | 湘江潇水双牌段光倒刺鲃拟尖头鲌国家级水产种质资源保护区 | 湖南省 | 永州市 |
| 69 | 湘江刺鲃厚唇鱼华鳊国家级水产种质资源保护区 | 湖南省 | 永州市 |
| 70 | 澧水源特有鱼类国家级水产种质资源保护区 | 湖南省 | 张家界市 |
| 71 | 沅水辰溪段鲌类黄颡鱼国家级水产种质资源保护区 | 湖南省 | 怀化市 |
| 72 | 沅水特有鱼类国家级水产种质资源保护区 | 湖南省 | 怀化市 |
| 73 | 耒水斑鳜国家级水产种质资源保护区 | 湖南省 | 郴州市 |
| 74 | 北江武水河临武段黄颡鱼黄尾鲴国家级水产种质资源保护区 | 湖南省 | 郴州市 |
| 75 | 浙水资兴段大刺鳅条纹二须鲃国家级水产种质资源保护区 | 湖南省 | 郴州市 |
| 76 | 洣水茶陵段中华倒刺鲃国家级水产种质资源保护区 | 湖南省 | 株洲市 |
| 77 | 湘江株洲段鳊鱼国家级水产种质资源保护区 | 湖南省 | 株洲市 |
| 78 | 澧水石门段黄尾密鲴国家级水产种质资源保护区 | 湖南省 | 常德市 |
| 79 | 沅水桃源段黄颡鱼黄尾鲴国家级水产种质资源保护区 | 湖南省 | 常德市 |
| 80 | 沅水桃花源段鲂大鳍鳠国家级水产种质资源保护区 | 湖南省 | 常德市 |
| 81 | 沅水鼎城段褶纹冠蚌国家级水产种质资源保护区 | 湖南省 | 常德市 |
| 82 | 沅水武陵段青虾中华鳖国家级水产种质资源保护区 | 湖南省 | 常德市 |
| 83 | 资水新邵段沙塘鳢黄尾鲴国家级水产种质资源保护区 | 湖南省 | 邵阳市 |
| 84 | 资水新化段鳜鲌国家级水产种质资源保护区 | 湖南省 | 娄底市 |
| 85 | 资江油溪河拟尖头鲌蒙古鲌国家级水产种质资源保护区 | 湖南省 | 娄底市 |
| 86 | 资水益阳段黄颡鱼国家级水产种质资源保护区 | 湖南省 | 益阳市 |
| 87 | 南洞庭湖银鱼三角帆蚌国家级水产种质资源保护区 | 湖南省 | 益阳市 |
| 88 | 南洞庭湖草龟中华鳖国家级水产种质资源保护区 | 湖南省 | 益阳市 |
| 89 | 湘江湘潭段野鲤国家级水产种质资源保护区 | 湖南省 | 湘潭市 |
| 90 | 湘江衡阳段四大家鱼国家级水产种质资源保护区 | 湖南省 | 衡阳市 |
| 91 | 永顺司城河吻鮈大眼鳜国家级水产种质资源保护区 | 湖南省 | 湘西土家族苗族自治州 |
| 92 | 龙山洗车河大鳍鳠吻鮈国家级水产种质资源保护区 | 湖南省 | 湘西土家族苗族自治州 |
| 93 | 酉水湘西段翘嘴红鲌国家级水产种质资源保护区 | 湖南省 | 湘西土家族苗族自治州 |
| 94 | 安乡杨家河段短颌鲚国家级水产种质资源保护区 | 湖南省 | 常德市 |
| 95 | 虎渡河安乡段翘嘴鲌国家级水产种质资源保护区 | 湖南省 | 常德市 |
| 96 | 澧水洪道熊家河段大口鲇国家级水产种质资源保护区 | 湖南省 | 常德市 |
| 97 | 武湖黄颡鱼国家级水产种质资源保护区 | 湖北省 | 武汉市 |
| 98 | 鲁湖鳜鲌国家级水产种质资源保护区 | 湖北省 | 武汉市 |
| 99 | 梁子湖武昌鱼国家级水产种质资源保护区 | 湖北省 | 武汉市、鄂州市 |
| 100 | 花马湖国家级水产种质资源保护区 | 湖北省 | 鄂州市 |

（续）

| 序号 | 保护区名称 | 省（直辖市） | 行政区域 |
|---|---|---|---|
| 101 | 圣水湖黄颡鱼国家级水产种质资源保护区 | 湖北省 | 十堰市 |
| 102 | 堵河龙背湾段多鳞白甲鱼国家级水产种质资源保护区 | 湖北省 | 十堰市 |
| 103 | 丹江鲌类国家级水产种质资源保护区 | 湖北省 | 十堰市 |
| 104 | 堵河黄龙滩水域鳜类国家级水产种质资源保护区 | 湖北省 | 十堰市 |
| 105 | 丹江口库区武当山水域王家河鲌类国家级水产种质资源保护区 | 湖北省 | 十堰市 |
| 106 | 汉江郧县翘嘴鲌国家级水产种质资源保护区 | 湖北省 | 十堰市 |
| 107 | 琵琶湖细鳞斜颌鲴国家级水产种质资源保护区 | 湖北省 | 随州市 |
| 108 | 溠水河黑屋湾段翘嘴鲌国家级水产种质资源保护区 | 湖北省 | 随州市 |
| 109 | 先觉庙漂水支流细鳞鲴国家级水产种质资源保护区 | 湖北省 | 随州市 |
| 110 | 府河支流徐家河水域银鱼国家级水产种质资源保护区 | 湖北省 | 随州市 |
| 111 | 大富水河斑鳜国家级水产种质资源保护区 | 湖北省 | 孝感市 |
| 112 | 汉江汉川段国家级水产种质资源保护区 | 湖北省 | 孝感市 |
| 113 | 汉北河瓦氏黄颡鱼国家级水产种质资源保护区 | 湖北省 | 孝感市 |
| 114 | 涢水翘嘴鲌国家级水产种质资源保护区 | 湖北省 | 孝感市 |
| 115 | 府河细鳞鲴国家级水产种质资源保护区 | 湖北省 | 孝感市 |
| 116 | 观音湖鳜国家级水产种质资源保护区 | 湖北省 | 孝感市 |
| 117 | 野猪湖鲌类国家级水产种质资源保护区 | 湖北省 | 孝感市 |
| 118 | 王母湖团头鲂短颌鲚国家级水产种质资源保护区 | 湖北省 | 孝感市 |
| 119 | 龙潭湖蒙古鲌国家级水产种质资源保护区 | 湖北省 | 孝感市 |
| 120 | 龙赛湖细鳞鲴翘嘴鲌国家级水产种质资源保护区 | 湖北省 | 孝感市 |
| 121 | 姚河泥鳅国家级水产种质资源保护区 | 湖北省 | 孝感市 |
| 122 | 西凉湖鳜鱼黄颡鱼国家级水产种质资源保护区 | 湖北省 | 咸宁市 |
| 123 | 墦河特有鱼类国家级水产种质资源保护区 | 湖北省 | 咸宁市 |
| 124 | 富水湖鲌类国家级水产种质资源保护区 | 湖北省 | 咸宁市 |
| 125 | 长江监利段四大家鱼国家级水产种质资源保护区 | 湖北省 | 荆州市 |
| 126 | 杨柴湖沙塘鳢刺鳅国家级水产种质资源保护区 | 湖北省 | 荆州市 |
| 127 | 淤泥湖团头鲂国家级水产种质资源保护区 | 湖北省 | 荆州市 |
| 128 | 洪湖国家级水产种质资源保护区 | 湖北省 | 荆州市 |
| 129 | 庙湖翘嘴鲌国家级水产种质资源保护区 | 湖北省 | 荆州市 |
| 130 | 牛浪湖鳜国家级水产种质资源保护区 | 湖北省 | 荆州市 |
| 131 | 崇湖黄颡鱼国家级水产种质资源保护区 | 湖北省 | 荆州市 |
| 132 | 南海湖短颌鲚国家级水产种质资源保护区 | 湖北省 | 荆州市 |
| 133 | 洈水鳜国家级水产种质资源保护区 | 湖北省 | 荆州市 |
| 134 | 王家大湖绢丝丽蚌国家级水产种质资源保护区 | 湖北省 | 荆州市 |
| 135 | 金家湖花鱼骨国家级水产种质资源保护区 | 湖北省 | 荆州市 |

（续）

| 序号 | 保护区名称 | 省（直辖市） | 行政区域 |
|:---:|:---|:---:|:---:|
| 136 | 红旗湖泥鳅黄颡鱼国家级水产种质资源保护区 | 湖北省 | 荆州市 |
| 137 | 东港湖黄鳝国家级水产种质资源保护区 | 湖北省 | 荆州市 |
| 138 | 长湖鲌类国家级水产种质资源保护区 | 湖北省 | 荆州市、荆门市 |
| 139 | 汉江钟祥段鳡鳤鯮鱼国家级水产种质资源保护区 | 湖北省 | 荆门市 |
| 140 | 汉江沙洋段长吻鮠瓦氏黄颡鱼国家级水产种质资源保护区 | 湖北省 | 荆门市 |
| 141 | 钱河鲇国家级水产种质资源保护区 | 湖北省 | 荆门市 |
| 142 | 惠亭水库中华鳖国家级水产种质资源保护区 | 湖北省 | 荆门市 |
| 143 | 南湖黄颡鱼乌鳢国家级水产种质资源保护区 | 湖北省 | 荆门市 |
| 144 | 沙滩河中华刺鳅乌鳢国家级水产种质资源保护区 | 湖北省 | 荆门市、宜昌市、襄阳市 |
| 145 | 清江宜都段中华倒刺鲃国家级水产种质资源保护区 | 湖北省 | 宜昌市 |
| 146 | 清江白甲鱼国家级水产种质资源保护区 | 湖北省 | 宜昌市 |
| 147 | 沮漳河特有鱼类国家级水产种质资源保护区 | 湖北省 | 宜昌市 |
| 148 | 汉江襄阳段长春鳊国家级水产种质资源保护区 | 湖北省 | 襄阳市 |
| 149 | 保安湖鳜鱼国家级水产种质资源保护区 | 湖北省 | 黄石市 |
| 150 | 猪婆湖花鱼骨国家级水产种质资源保护区 | 湖北省 | 黄石市 |
| 151 | 长江黄石段四大家鱼国家级水产种质资源保护区 | 湖北省 | 黄石市、黄冈市 |
| 152 | 太白湖国家级水产种质资源保护区 | 湖北省 | 黄冈市 |
| 153 | 策湖黄颡鱼乌鳢国家级水产种质资源保护区 | 湖北省 | 黄冈市 |
| 154 | 赤东湖鳊国家级水产种质资源保护区 | 湖北省 | 黄冈市 |
| 155 | 望天湖翘嘴鲌国家级水产种质资源保护区 | 湖北省 | 黄冈市 |
| 156 | 天堂湖鲌类国家级水产种质资源保护区 | 湖北省 | 黄冈市 |
| 157 | 金沙湖鲂国家级水产种质资源保护区 | 湖北省 | 黄冈市 |
| 158 | 上津湖国家级水产种质资源保护区 | 湖北省 | 石首市 |
| 159 | 胭脂湖黄颡鱼国家级水产种质资源保护区 | 湖北省 | 石首市 |
| 160 | 玉泉河特有鱼类国家级水产种质资源保护区 | 湖北省 | 神农架林区 |
| 161 | 五湖黄鳝国家级水产种质资源保护区 | 湖北省 | 仙桃市 |
| 162 | 汉江潜江段四大家鱼国家级水产种质资源保护区 | 湖北省 | 潜江市、天门市 |
| 163 | 咸丰忠建河大鲵国家级水产种质资源保护区 | 湖北省 | 恩施土家族苗族自治州 |
| 164 | 丹江特有鱼类国家级水产种质资源保护区 | 河南省 | 南阳市 |
| 165 | 鸭河口水库蒙古红鲌国家级水产种质资源保护区 | 河南省 | 南阳市 |
| 166 | 鄱阳湖鳜鱼翘嘴鲌红鲌国家级水产种质资源保护区 | 江西省 | 南昌市、上饶市 |
| 167 | 万年河特有鱼类国家级水产种质资源保护区 | 江西省 | 上饶市 |
| 168 | 信江特有鱼类国家级水产种质资源保护区 | 江西省 | 上饶市 |
| 169 | 定江河特有鱼类国家级水产种质资源保护区 | 江西省 | 宜春市 |
| 170 | 袁河上游特有鱼类（棘胸蛙）国家级水产种质资源保护区 | 江西省 | 宜春市 |

（续）

| 序号 | 保护区名称 | 省（直辖市） | 行政区域 |
|---|---|---|---|
| 171 | 萍水河特有鱼类国家级水产种质资源保护区 | 江西省 | 萍乡市 |
| 172 | 芦溪棘胸蛙国家级水产种质资源保护区 | 江西省 | 萍乡市 |
| 173 | 德安县博阳河翘嘴鲌黄颡鱼国家级水产种质资源保护区 | 江西省 | 九江市 |
| 174 | 修水源光倒刺鲃国家级水产种质资源保护区 | 江西省 | 九江市 |
| 175 | 修河下游三角帆蚌国家级水产种质资源保护区 | 江西省 | 九江市 |
| 176 | 长江江西段四大家鱼国家级水产种质资源保护区 | 江西省 | 九江市 |
| 177 | 八里江段长吻鮠鲶国家级水产种质资源保护区 | 江西省 | 九江市 |
| 178 | 庐山西海鳡国家级水产种质资源保护区 | 江西省 | 九江市 |
| 179 | 太泊湖彭泽鲫国家级水产种质资源保护区 | 江西省 | 九江市 |
| 180 | 赣江源斑鳠国家级水产种质资源保护区 | 江西省 | 赣州市 |
| 181 | 琴江细鳞斜颌鲴国家级水产种质资源保护区 | 江西省 | 赣州市 |
| 182 | 濊水特有鱼类国家级水产种质资源保护区 | 江西省 | 赣州市 |
| 183 | 东江源平胸龟国家级水产种质资源保护区 | 江西省 | 赣州市 |
| 184 | 桃江刺鲃国家级水产种质资源保护区 | 江西省 | 赣州市 |
| 185 | 上犹江特有鱼类国家级水产种质资源保护区 | 江西省 | 赣州市 |
| 186 | 抚河鳜鱼国家级水产种质资源保护区 | 江西省 | 抚州市 |
| 187 | 宜黄棘胸蛙大鲵国家级水产种质资源保护区 | 江西省 | 抚州市 |
| 188 | 泸溪河大鳍鳠国家级水产种质资源保护区 | 江西省 | 鹰潭市 |
| 189 | 昌江刺鲃国家级水产种质资源保护区 | 江西省 | 景德镇市 |
| 190 | 赣江峡江段四大家鱼国家级水产种质资源保护区 | 江西省 | 吉安市 |
| 191 | 阊江特有鱼类国家级水产种质资源保护区 | 安徽省 | 黄山市 |
| 192 | 黄姑河光唇鱼国家级水产种质资源保护区 | 安徽省 | 黄山市 |
| 193 | 新安江歙县段尖头鲅光唇鱼宽鳍鱲国家级水产种质资源保护区 | 安徽省 | 黄山市 |
| 194 | 长江河宽鳍马口鱼国家级水产种质资源保护区 | 安徽省 | 六安市 |
| 195 | 城西湖国家级水产种质资源保护区 | 安徽省 | 六安市 |
| 196 | 万佛湖国家级水产种质资源保护区 | 安徽省 | 六安市 |
| 197 | 城东湖国家级水产种质资源保护区 | 安徽省 | 六安市 |
| 198 | 漫水河蒙古红鲌国家级水产种质资源保护区 | 安徽省 | 六安市 |
| 199 | 武昌湖中华鳖黄鳝国家级水产种质资源保护区 | 安徽省 | 安庆市 |
| 200 | 泊湖秀丽白虾青虾国家级水产种质资源保护区 | 安徽省 | 安庆市 |
| 201 | 长江安庆江段长吻鮠大口鲶鳜鱼国家级水产种质资源保护区 | 安徽省 | 安庆市 |
| 202 | 破罡湖黄颡鱼国家级水产种质资源保护区 | 安徽省 | 安庆市 |
| 203 | 花亭湖黄尾密鲴国家级水产种质资源保护区 | 安徽省 | 安庆市 |
| 204 | 嬉子湖国家级水产种质资源保护区 | 安徽省 | 安庆市 |
| 205 | 长江安庆段四大家鱼国家级水产种质资源保护区 | 安徽省 | 安庆市 |

（续）

| 序号 | 保护区名称 | 省（直辖市） | 行政区域 |
|---|---|---|---|
| 206 | 淮河荆涂峡鲤长吻鮠国家级水产种质资源保护区 | 安徽省 | 蚌埠市 |
| 207 | 怀洪新河太湖新银鱼国家级水产种质资源保护区 | 安徽省 | 蚌埠市 |
| 208 | 焦岗湖芡实国家级水产种质资源保护区 | 安徽省 | 淮南市 |
| 209 | 淮河淮南段长吻鮠国家级水产种质资源保护区 | 安徽省 | 淮南市 |
| 210 | 登源河特有鱼类国家级水产种质资源保护区 | 安徽省 | 宣城市 |
| 211 | 青龙湖光倒刺鲃国家级水产种质资源保护区 | 安徽省 | 宣城市 |
| 212 | 徽水河特有鱼类国家级水产种质资源保护区 | 安徽省 | 宣城市 |
| 213 | 秋浦河特有鱼类国家级水产种质资源保护区 | 安徽省 | 池州市 |
| 214 | 黄湓河鰕虎鱼青虾国家级水产种质资源保护区 | 安徽省 | 池州市 |
| 215 | 龙窝湖细鳞斜颌鲴国家级水产种质资源保护区 | 安徽省 | 芜湖市 |
| 216 | 池河翘嘴鲌国家级水产种质资源保护区 | 安徽省 | 滁州市 |
| 217 | 淮河阜阳段橄榄蛏蚌国家级水产种质资源保护区 | 安徽省 | 阜阳市 |
| 218 | 故黄河砀山段黄河鲤国家级水产种质资源保护区 | 安徽省 | 宿州市 |
| 219 | 固城湖中华绒螯蟹国家级水产种质资源保护区 | 江苏省 | 南京市 |
| 220 | 长江大胜关长吻鮠铜鱼国家级水产种质资源保护区 | 江苏省 | 南京市 |
| 221 | 阳澄湖中华绒螯蟹国家级水产种质资源保护区 | 江苏省 | 苏州市 |
| 222 | 太湖银鱼翘嘴红鲌秀丽白虾国家级水产种质资源保护区 | 江苏省 | 苏州市 |
| 223 | 太湖青虾中华绒螯蟹国家级水产种质资源保护区 | 江苏省 | 苏州市 |
| 224 | 长漾湖国家级水产种质资源保护区 | 江苏省 | 苏州市 |
| 225 | 淀山湖蚬翘嘴红鲌国家级水产种质资源保护区 | 江苏省 | 苏州市 |
| 226 | 太湖梅鲚河蚬国家级水产种质资源保护区 | 江苏省 | 苏州市、无锡市、常州市 |
| 227 | 宜兴团氿东氿翘嘴鲌国家级水产种质资源保护区 | 江苏省 | 无锡市 |
| 228 | 长荡湖国家级水产种质资源保护区 | 江苏省 | 常州市 |
| 229 | 滆湖国家级水产种质资源保护区 | 江苏省 | 常州市 |
| 230 | 滆湖鲌类国家级水产种质资源保护区 | 江苏省 | 常州市 |
| 231 | 白马湖泥鳅沙塘鳢国家级水产种质资源保护区 | 江苏省 | 淮安市 |
| 232 | 洪泽湖青虾河蚬国家级水产种质资源保护区 | 江苏省 | 淮安市 |
| 233 | 洪泽湖银鱼国家级水产种质资源保护区 | 江苏省 | 淮安市 |
| 234 | 高邮湖大银鱼湖鲚国家级水产种质资源保护区 | 江苏省 | 淮安市、扬州市 |
| 235 | 洪泽湖虾类国家级水产种质资源保护区 | 江苏省 | 淮安市、宿迁市 |
| 236 | 宝应湖国家级水产种质资源保护区 | 江苏省 | 扬州市 |
| 237 | 长江扬州段四大家鱼国家级水产种质资源保护区 | 江苏省 | 扬州市 |

（续）

| 序号 | 保护区名称 | 省（直辖市） | 行政区域 |
|------|-----------|-------------|----------|
| 238 | 射阳湖国家级水产种质资源保护区 | 江苏省 | 扬州市 |
| 239 | 邵伯湖国家级水产种质资源保护区 | 江苏省 | 扬州市 |
| 240 | 高邮湖河蚬秀丽白虾国家级水产种质资源保护区 | 江苏省 | 扬州市 |
| 241 | 洪泽湖秀丽白虾国家级水产种质资源保护区 | 江苏省 | 宿迁市 |
| 242 | 洪泽湖鳜国家级水产种质资源保护区 | 江苏省 | 宿迁市 |
| 243 | 骆马湖青虾国家级水产种质资源保护区 | 江苏省 | 宿迁市 |
| 244 | 骆马湖国家级水产种质资源保护区 | 江苏省 | 宿迁市、徐州市 |
| 245 | 长江扬中段暗纹东方鲀刀鲚国家级水产种质资源保护区 | 江苏省 | 镇江市 |
| 246 | 长江靖江段中华绒螯蟹鳜鱼国家级水产种质资源保护区 | 江苏省 | 泰州市 |
| 247 | 金沙湖黄颡鱼国家级水产种质资源保护区 | 江苏省 | 盐城市 |
| 248 | 长江如皋段刀鲚国家级水产种质资源保护区 | 江苏省 | 南通市 |
| 249 | 高邮湖青虾国家级水产种质资源保护区 | 江苏省 | 淮安市、扬州市 |
| 250 | 洪泽湖黄颡鱼国家级水产种质资源保护区 | 江苏省 | 宿迁市泗阳县 |
| 251 | 长江刀鲚国家级水产种质资源保护区 | 安徽省、江苏省、上海市 | 安徽省安庆市，江苏省南通市，上海市 |
| 252 | 漾弓江流域小裂腹鱼省级水产种质资源保护区 | 云南省 | 大理市 |
| 253 | 黎明河硬刺裸鲤鱼省级水产种质资源保护区 | 云南省 | 丽江市 |
| 254 | 复兴河裂腹鱼省级水产种质资源保护区 | 贵州省 | 遵义市 |
| 255 | 琼江翘嘴红鲌省级水产种质资源保护区 | 四川省 | 遂宁市 |
| 256 | 东河上游特有鱼类省级水产种质资源保护区 | 四川省 | 广元 |
| 257 | 嘉陵江南充段省级水产种质资源保护区 | 四川省 | 南充 |
| 258 | 龙溪河省级水产种质资源保护区 | 四川省 | 泸州 |
| 259 | 雅砻江鲈鲤长丝裂腹鱼省级水产种质资源保护区 | 四川省 | 甘孜藏族自治州 |
| 260 | 阿拉沟高原冷水性鱼类省级水产种质资源保护区 | 四川省 | 甘孜藏族自治州 |
| 261 | 渠水靖州段埋头鲤省级水产种质资源保护区 | 湖南省 | 怀化 |
| 262 | 上犹江汝城段香螺省级水产种质资源保护区 | 湖南省 | 郴州 |
| 263 | 松虎洪道安乡段瓦氏黄颡鱼赤眼鳟省级水产种质资源保护区 | 湖南省 | 常德 |
| 264 | 宣恩白水河大鲵省级水产种质资源保护区 | 湖北省 | 恩施土家族苗族自治州 |
| 265 | 牛山湖团头鲂细鳞鲴水产种质资源保护区 | 湖北省 | 武汉市 |
| 266 | 白斧池鳜省级水产种质资源保护区 | 湖北省 | 荆州市 |
| 267 | 中湖翘嘴鲌省级水产种质资源保护区 | 湖北省 | 荆州市 |
| 268 | 丰溪河花鱼骨省级水产种质资源保护区 | 江西省 | 上饶市 |

（续）

| 序号 | 保护区名称 | 省（直辖市） | 行政区域 |
|---|---|---|---|
| 269 | 萍乡红鲫省级水产种质资源保护区 | 江西省 | 萍乡市 |
| 270 | 信江翘嘴红鲌省级水产种质资源保护区 | 江西省 | 上饶市 |
| 271 | 信江源黄颡鱼省级水产种质资源保护区 | 江西省 | 上饶市 |
| 272 | 白荡湖翘嘴红鲌省级水产种质资源保护区 | 安徽省 | 铜陵市 |
| 273 | 黄湖中华绒螯蟹省级水产种质资源保护区 | 安徽省 | 安庆市 |
| 274 | 旌德县平胸龟省级水产种质资源保护区 | 安徽省 | 宣城市 |
| 275 | 淮河蚌埠段四大家鱼长春鳊省级水产种质资源保护区 | 安徽省 | 蚌埠市 |
| 276 | 城东湖芡实省级水产种质资源保护区 | 安徽省 | 六安市 |
| 277 | 夹溪河瘤拟黑螺放逸短沟蜷省级水产种质资源保护区 | 安徽省 | 黄山市 |
| 278 | 芡河鳜鱼青虾省级水产种质资源保护区 | 安徽省 | 亳州市 |
| 279 | 芡河湖大银鱼省级水产种质资源保护区 | 安徽省 | 蚌埠市 |

# 附录二　长江流域分布的主要国家重点保护水生野生动物

## 一、长江流域分布的国家重点保护水生野生动物名录[①]

| 中文名 | 学名 | 保护级别 | 备注 |
|---|---|---|---|
| 脊索动物门　CHORDATA | | | |
| 哺乳纲　MAMMALIA | | | |
| 食肉目 | **CARNIVORA** | | |
| 　鼬科 | **Mustelidae** | | |
| 　水獭 | *Lutra lutra* | 二级 | |
| 鲸目♯ | **CETACEA** | | |
| 　白鱀豚科 | **Lipotidae** | | |
| 　白鱀豚 | *Lipotes vexillifer* | 一级 | |
| 　鼠海豚科 | **Phocoenidae** | | |
| 　长江江豚 | *Neophocaena asiaeorientalis* | 一级 | |
| 爬行纲　REPTILIA | | | |
| 龟鳖目 | **TESTUDINES** | | |
| 　平胸龟科♯ | **Platysternidae** | | |
| 　平胸龟 | *Platysternon megacephalum* | 二级 | 仅限野外种群 |
| 　地龟科 | **Geoemydidae** | | |
| 　乌龟 | *Mauremys reevesii* | 二级 | 仅限野外种群 |
| 　花龟 | *Mauremys sinensis* | 二级 | 仅限野外种群 |
| 　黄喉拟水龟 | *Mauremys mutica* | 二级 | 仅限野外种群 |
| 　闭壳龟属所有种 | *Cuora* spp. | 二级 | 仅限野外种群 |
| 　眼斑水龟 | *Sacalia bealei* | 二级 | 仅限野外种群 |
| 　四眼斑水龟 | *Sacalia quadriocellata* | 二级 | 仅限野外种群 |
| 　鳖科 | **Trionychidae** | | |
| 　鼋 | *Pelochelys cantorii* | 一级 | |
| 　斑鳖 | *Rafetus swinhoei* | 一级 | |

---

[①] 资料来源：国家林业和草原局，2021. 国家林业和草原局 农业农村部公告：2021 年第 3 号［EB/OL］. (2021 - 02 - 05). http://www.forestry.gov.cn/main/5461/20210205/122418860831352.html.

（续）

| 中文名 | 学名 | 保护级别 | 备注 |
|---|---|---|---|
| **鳄目** | **CROCODYLIA** | | |
| **鼍科♯** | **Alligatoridae** | | |
| 扬子鳄 | *Alligator sinensis* | 一级 | |
| | 两栖纲　AMPHIBIA | | |
| **有尾目** | **CAUDATA** | | |
| **小鲵科♯** | **Hynobiidae** | | |
| 中国小鲵 | *Hynobius chinensis* | 一级 | |
| 秦巴巴鲵 | *Liua tsinpaensis* | 二级 | |
| 黄斑拟小鲵 | *Pseudohynobius flavomaculatus* | 二级 | |
| 贵州拟小鲵 | *Pseudohynobius guizhouensis* | 二级 | |
| 金佛拟小鲵 | *Pseudohynobius jinfo* | 二级 | |
| 宽阔水拟小鲵 | *Pseudohynobius kuankuoshuiensis* | 二级 | |
| 弱唇褶山溪鲵 | *Batrachuperus cochranae* | 二级 | |
| 无斑山溪鲵 | *Batrachuperus karlschmidti* | 二级 | |
| 龙洞山溪鲵 | *Batrachuperus londongensis* | 二级 | |
| 山溪鲵 | *Batrachuperus pinchonii* | 二级 | |
| 西藏山溪鲵 | *Batrachuperus tibetanus* | 二级 | |
| 盐源山溪鲵 | *Batrachuperus yenyuanensis* | 二级 | |
| **隐鳃鲵科** | **Cryptobranchidae** | | |
| 大鲵 | *Andrias davidianus* | 二级 | 仅限野外种群 |
| **蝾螈科** | **Salamandridae** | | |
| 大凉螈 | *Liangshantriton taliangensis* | 二级 | 原名"大凉疣螈" |
| 贵州疣螈 | *Tylototriton kweichowensis* | 二级 | |
| 川南疣螈 | *Tylototriton pseudoverrucosus* | 二级 | |
| 安徽瑶螈 | *Yaotriton anhuiensis* | 二级 | |
| 细痣瑶螈 | *Yaotriton asperrimus* | 二级 | 原名"细痣疣螈" |
| 宽脊瑶螈 | *Yaotriton broadoridgus* | 二级 | |
| 大别瑶螈 | *Yaotriton dabienicus* | 二级 | |
| 浏阳瑶螈 | *Yaotriton liuyangensis* | 二级 | |
| 莽山瑶螈 | *Yaotriton lizhenchangi* | 二级 | |
| 文县瑶螈 | *Yaotriton wenxianensis* | 二级 | |
| 尾斑瘰螈 | *Paramesotriton caudopunctatus* | 二级 | |

（续）

| 中文名 | 学名 | 保护级别 | | 备注 |
|---|---|---|---|---|
| 中国瘰螈 | *Paramesotriton chinensis* | | 二级 | |
| 富钟瘰螈 | *Paramesotriton fuzhongensis* | | 二级 | |
| 无斑瘰螈 | *Paramesotriton labiatus* | | 二级 | |
| 龙里瘰螈 | *Paramesotriton longliensis* | | 二级 | |
| 七溪岭瘰螈 | *Paramesotriton qixilingensis* | | 二级 | |
| 武陵瘰螈 | *Paramesotriton wulingensis* | | 二级 | |
| 云雾瘰螈 | *Paramesotriton yunwuensis* | | 二级 | |
| 织金瘰螈 | *Paramesotriton zhijinensis* | | 二级 | |
| **无尾目** | **ANURA** | | | |
| **叉舌蛙科** | **Dicroglossidae** | | | |
| 虎纹蛙 | *Hoplobatrachus chinensis* | | 二级 | 仅限野外种群 |
| 叶氏肛刺蛙 | *Yerana yei* | | 二级 | |
| **蛙科** | **Ranidae** | | | |
| 务川臭蛙 | *Odorrana wuchuanensis* | | 二级 | |
| 硬骨鱼纲　OSTEICHTHYES | | | | |
| **鲟形目#** | **ACIPENSERIFORMES** | | | |
| **鲟科** | **Acipenseridae** | | | |
| 中华鲟 | *Acipenser sinensis* | 一级 | | |
| 长江鲟 | *Acipenser dabryanus* | 一级 | | 原名"达氏鲟" |
| **匙吻鲟科** | **Polyodontidae** | | | |
| 白鲟 | *Psephurus gladius* | 一级 | | |
| **鳗鲡目** | **ANGUILLIFORMES** | | | |
| **鳗鲡科** | **Anguillidae** | | | |
| 花鳗鲡 | *Anguilla marmorata* | | 二级 | |
| **鲤形目** | **CYPRINIFORMES** | | | |
| **裸吻鱼科** | **Psilorhynchidae** | | | |
| 平鳍裸吻鱼 | *Psilorhynchus homaloptera* | | 二级 | |
| **亚口鱼科** | **Catostomidae** | | | 原名"胭脂鱼科" |
| 胭脂鱼 | *Myxocyprinus asiaticus* | | 二级 | 仅限野外种群 |
| **鲤科** | **Cyprinidae** | | | |
| 稀有鮈鲫 | *Gobiocypris rarus* | | 二级 | 仅限野外种群 |
| 鯮 | *Luciobrama macrocephalus* | | 二级 | |

（续）

| 中文名 | 学名 | 保护级别 | 备注 |
|---|---|---|---|
| 多鳞白鱼 | *Anabarilius polylepis* | 二级 | |
| 圆口铜鱼 | *Coreius guichenoti* | 二级 | 仅限野外种群 |
| 长鳍吻鉤 | *Rhinogobio ventralis* | 二级 | |
| 金线鲃属所有种 | *Sinocyclocheilus* spp. | 二级 | |
| 四川白甲鱼 | *Onychostoma angustistomata* | 二级 | |
| 多鳞白甲鱼 | *Onychostoma macrolepis* | 二级 | 仅限野外种群 |
| 金沙鲈鲤 | *Percocypris pingi* | 二级 | 仅限野外种群 |
| 细鳞裂腹鱼 | *Schizothorax chongi* | 二级 | 仅限野外种群 |
| 巨须裂腹鱼 | *Schizothorax macropogon* | 二级 | |
| 重口裂腹鱼 | *Schizothorax davidi* | 二级 | 仅限野外种群 |
| 拉萨裂腹鱼 | *Schizothorax M>altoni* | 二级 | 仅限野外种群 |
| 厚唇裸重唇鱼 | *Gymnodiptychus pachycheilus* | 二级 | 仅限野外种群 |
| 尖裸鲤 | *Oxygymnocypris stewartii* | 二级 | 仅限野外种群 |
| 小鲤 | *Cyprinus micristius* | 二级 | |
| 抚仙鲤 | *Cyprinus fuxianensis* | 二级 | |
| 岩原鲤 | *Procypris rabaudi* | 二级 | 仅限野外种群 |
| **鳅科** | **Cobitidae** | | |
| 红唇薄鳅 | *Leptobotia rubrilabris* | 二级 | 仅限野外种群 |
| 长薄鳅 | *Leptobotia elongata* | 二级 | 仅限野外种群 |
| **条鳅科** | **Nemacheilidae** | | |
| 湘西盲高原鳅 | *Triplophysa xiangxiensis* | 二级 | |
| **鲇形目** | **SILURIFORMES** | | |
| **鲿科** | **Bagridae** | | |
| 斑鳠 | *Hemibagrus guttatus* | 二级 | 仅限野外种群 |
| **鲇科** | **Siluridae** | | |
| 昆明鲇 | *Silurus mento* | 二级 | |
| **钝头鮠科** | **Amblycipitidae** | | |
| 金氏鉠 | *Liobagrus kingi* | 二级 | |
| **鲱科** | **Sisoridae** | | |
| 青石爬鮡 | *Euchiloglanis davidi* | 二级 | |
| 黑斑原姚 | *Glyptostemum maculatum* | 二级 | |
| **鲑形目** | **SALMONIFORMES** | | |

（续）

| 中文名 | 学名 | 保护级别 | 备注 |
|---|---|---|---|
| **鲑科** | **Salmonidae** | | |
| 细鳞鲑属所有种 | *Brachymystax* spp. | 二级 | 仅限野外种群 |
| 川陕哲罗鲑 | *Hucho bleekeri* | 一级 | |
| **鲉形目** | **SCORPAENIFORMES** | | |
| **杜父鱼科** | **Cottidae** | | |
| 松江鲈 | *Trachidermus fasciatus* | 二级 | 仅限野外种群。原名"松江鲈鱼" |
| **软体动物门　MOLLUSCA** | | | |
| **双壳纲　BIVALVIA** | | | |
| **蚌目** | **UNIONIDA** | | |
| **蚌科** | **Unionidae** | | |
| 绢丝丽蚌 | *Lamprotula fibrosa* | 二级 | |
| 背瘤丽蚌 | *Lamprotula leai* | 二级 | |
| 多瘤丽蚌 | *Lamprotula polysticta* | 二级 | |
| 刻裂丽蚌 | *Lamprotula scripta* | 二级 | |
| **截蛏科** | **Solecurtidae** | | |
| 中国淡水蛏 | *Novaculina chinensis* | 二级 | |
| 龙骨蛏蚌 | *Solenaia carinatus* | 二级 | |

注：♯代表该分类单元所有种均列入名录。

## 二、人工繁育国家重点保护水生野生动物名录
### （第一批）[①]

| 序号 | 中文名 | 学名 |
|---|---|---|
| 1 | 三线闭壳龟 | *Cuora trifasciata* |
| 2 | 大鲵 | *Andrias davidianus* |
| 3 | 胭脂鱼 | *Myxocyprinus asiaticus* |
| 4 | 山瑞鳖 | *Trionyx steindachneri* |
| 5 | 淞江鲈 | *Trachidermus fasciatus* |
| 6 | 金线鲃 | *Sinocyclocheilus grahami grahami* |

① 资料来源：农业部，2017. 中华人民共和国农业部公告：第 2608 号［EB/OL］.（2017 - 11 - 13）. http://www. moa. gov. cn/gk/tzgg _ 1/gg/201711/t20171115 _ 5901412. htm.

## 三、人工繁育国家重点保护水生野生动物名录
### (第二批)①

| 序号 | 中文名 | 学名 |
| --- | --- | --- |
| 1 | 黄喉拟水龟 | *Mauremys mutica* |
| 2 | 花龟 | *Mauremys sinensis* |
| 3 | 黑颈乌龟 | *Mauremys nigricans* |
| 4 | 安南龟 | *Mauremys annamensis* |
| 5 | 黄缘闭壳龟 | *Cuora flavomarginata* |
| 6 | 黑池龟 | *Geoclemys hamiltonii* |
| 7 | 暹罗鳄 | *Crocodylus siamensis* |
| 8 | 尼罗鳄 | *Crocodylus niloticus* |
| 9 | 湾鳄 | *Crocodylus porosus* |
| 10 | 施氏鲟 | *Acipenser schrenckii* |
| 11 | 西伯利亚鲟 | *Acipenser baerii* |
| 12 | 俄罗斯鲟 | *Acipenser gueldenstaedtii* |
| 13 | 小体鲟 | *Acipenser ruthenus* |
| 14 | 鳇 | *Huso dauricus* |
| 15 | 匙吻鲟 | *Polyodon spathula* |
| 16 | 唐鱼 | *Tanichthys albonubes* |
| 17 | 大头鲤 | *Cyprinus pellegrini* |
| 18 | 大珠母贝 | *Pinctada maxima* |

## 四、人工繁育国家重点保护水生野生动物名录
### (第三批)②

| 序号 | 中文名 | 学名 |
| --- | --- | --- |
| 1 | 岩原鲤 | *Procypris rabaudi* |
| 2 | 细鳞裂腹鱼 | *Schizothorax chongi* |
| 3 | 重口裂腹鱼 | *Schizothorax davidi* |
| 4 | 哲罗鲑 | *Hucho taimen* |
| 5 | 细鳞鲑 | *Brachymystax lenok* |
| 6 | 花羔红点鲑 | *Salvelinus malma* |

---

① 资料来源：农业农村部，2017. 中华人民共和国农业农村部公告：第 200 号 [EB/OL]. (2020 - 01 - 09). http://www. moa. gov. cn/nybgb/2019/201908/202001/t20200109 _ 6334610. htm.

② 资料来源：农业农村部，2021. 中华人民共和国农业农村部公告：第 490 号 [EB/OL]. (2021 - 12 - 06). http://www. moa. gov. cn/govpublic/YYJ/202112/t20211206 _ 6383853. htm.

（续）

| 序号 | 中文名 | 学名 |
|---|---|---|
| 7 | 马苏大马哈鱼 | *Oncorhynchus masou* |
| 8 | 北鲑 | *Stenodus leucichthus* |
| 9 | 北极茴鱼 | *Thymallus arcticus* |
| 10 | 虎纹蛙 | *Hoplobarrachus chinensis* |
| 11 | 乌龟 | *Mauremys reevesii* |

## 五、农业农村部 国家林业和草原局
## 关于进一步规范蛙类保护管理的通知[①]

### 农渔发〔2020〕15 号

各省、自治区、直辖市农业农村（农牧）厅（局、委）、林业和草原主管部门，福建省海洋与渔业局，内蒙古森工集团，新疆生产建设兵团农业农村局、林业和草原主管部门，大兴安岭林业集团：

为切实解决部分蛙类交叉管理问题，进一步明确保护管理主体，落实执法监管责任，加强蛙类资源保护，现将有关事项通知如下。

一、明确管理责任，完善名录调整

根据专家研究论证意见，对于目前存在交叉管理、养殖历史较长、人工繁育规模较大的黑斑蛙、棘胸蛙、棘腹蛙、中国林蛙（东北林蛙）、黑龙江林蛙等相关蛙类（以下简称"相关蛙类"），由渔业主管部门按照水生动物管理。对其他蛙类，农业农村部和国家林草局将本着科学性优先和兼顾管理可操作性的总体原则，共同确定分类划分方案，适时调整相关名录。各地渔业主管部门、林业和草原主管部门要依法依规推进地方重点保护野生动物名录的调整。

二、加强协调配合，做好工作衔接

各地渔业主管部门、林业和草原主管部门要建立工作协调机制，制订工作方案，确保相关蛙类管理调整工作交接到位；要做好相关证件撤回注销和档案资料移交，主动告知从业者相关管理政策，优化办事流程；对于情况复杂、短时间内难以完全交接到位的，可协商通过设立一定过渡期等措施，确保有关调整工作平稳有序，避免出现管理真空。

三、加大保护力度，打击违法活动

各地渔业主管部门要依据有关法律法规，加大相关蛙类野生资源保护力度，利用活动仅限于增养殖群体。除科学研究、种群调控等特殊需要外，禁止捕捞相关蛙类野生资源；确需捕捞的，要严格按照有关法律规定报经相关渔业主管部门批准，在指定的区域和时间

---

① 资料来源：农业农村部，国家林业和草原局，2021.农业农村部 国家林业和草原局关于进一步规范蛙类保护管理的通知 ［EB/OL］.（2021 - 12 - 06）. http://www.gov.cn/zhengce/zhengceku/2020 - 05/29/content _ 5515958.htm.

内，按照限额捕捞。各地渔业主管部门、林业和草原主管部门要加强协调配合，把蛙类保护与当地森林等自然生态系统保护有机结合起来，严禁在自然保护区开展捕捞利用活动；积极会同公安、市场监管等部门加大执法监管力度，严厉打击非法捕捞、出售、购买、利用相关蛙类野生资源的行为。

四、规范养殖管理，科学增殖放流

各地渔业主管部门要加强相关蛙类的养殖管理，强化苗种生产审批和监管。在县级以上地方人民政府颁布的养殖水域滩涂规划确定的养殖区和限养区内从事养殖生产的，要依法向县级以上人民政府渔业主管部门提出申请，由本级人民政府核发养殖证。各地渔业主管部门、林业和草原主管部门要相互配合，科学合理安排蛙类野外增殖放流，扩大种群规模，加强放流效果跟踪评估，保护种质资源。

五、加强科学监测，强化保护宣传

各地渔业主管部门、林业和草原主管部门要加强本底调查，准确掌握蛙类野生资源状况，建立健全监测网络和保护体系，全方位提升野生蛙类保护能力和水平；要加强对蛙类分布的自然保护区域、重要栖息地等生态环境的监测和保护，严防破坏野外生境等违法行为发生；要建立信息发布和有奖举报机制，主动公开蛙类野生资源和栖息地状况，接受公众监督，积极开展蛙类保护宣传，营造全社会关心支持蛙类保护的良好氛围。

农业农村部　国家林业和草原局

2020 年 5 月 28 日

## 附录三　农业部濒危水生野生动植物种鉴定单位名单[①]

| 编号 | 鉴定单位 | 推荐鉴定类群 |
|---|---|---|
| 1 | 中国科学院动物研究所 | 淡水鱼类，板鳃亚纲 |
| 2 | 中国科学院水生生物研究所 | 鲸目，淡水鱼类，医蛭科，贻贝科，蚌科 |
| 3 | 中国科学院深海科学与工程研究所 | 鲸目，海豹科、海狮科、海象科，儒艮 |
| 4 | 中国科学院海洋研究所 | 无脊椎动物（国家重点保护名录物种） |
| 5 | 中国科学院水利部水工程生态研究所 | 鲟形目，淡水鱼类（国家重点保护名录物种） |
| 6 | 中国科学院南海海洋研究所 | 海洋鱼类（国家重点保护名录物种），珊瑚虫纲 |
| 7 | 中国科学院成都生物研究所 | 爬行纲（国家重点保护名录物种），两栖纲（国家重点保护名录物种） |
| 8 | 中国科学院昆明动物研究所 | 淡水鱼类（国家重点保护名录物种） |
| 9 | 中国水产科学研究院 | 鱼类（国家重点保护名录物种），双壳纲（国家重点保护名录物种），腹足纲（国家重点保护名录物种） |
| 10 | 中国水产科学研究院南海水产研究所 | 鱼类（国家重点保护名录物种），头足纲（国家重点保护名录物种），双壳纲（国家重点保护名录物种），腹足纲（国家重点保护名录物种），中华白海豚，波纹唇鱼 |
| 11 | 中国水产科学研究院黄海水产研究所 | 海豹科、海狮科、海象科，鱼类（国家重点保护名录物种），双壳纲（国家重点保护名录物种） |
| 12 | 中国水产科学研究院淡水渔业研究中心 | 淡水鱼类（国家重点保护名录物种） |
| 13 | 中国水产科学研究院珠江水产研究所 | 淡水鱼类（国家重点保护名录物种） |
| 14 | 中国水产科学研究院黑龙江水产研究所 | 淡水鱼类（国家重点保护名录物种） |
| 15 | 中国水产科学研究院东海水产研究所 | 海洋生物（国家重点保护名录物种） |
| 16 | 中国水产科学研究院长江水产研究所 | 两栖纲（国家重点保护名录物种），淡水鱼类（国家重点保护名录物种） |
| 17 | 国家海洋局第三海洋研究所 | 鲸目，海龟科，棱皮龟，鲸鲨，石珊瑚目 |
| 18 | 上海海洋大学 | 鲸目，鱼类，砗磲科，头足纲（国家重点保护名录物种），双壳纲（国家重点保护名录物种），腹足纲（国家重点保护名录物种） |
| 19 | 西南大学 | 淡水龟鳖，大鲵，鲟形目，头足纲（国家重点保护名录物种），双壳纲（国家重点保护名录物种），腹足纲（国家重点保护名录物种） |

① 资料来源：农业部，2017. 中华人民共和国农业部公告：第 2607 号 ［EB/OL］.（2017 - 11 - 13）. http://www.moa.gov.cn/govpublic/YYJ/201711/t20171117_5903808.htm.

（续）

| 编号 | 鉴定单位 | 推荐鉴定类群 |
|------|----------|--------------|
| 20 | 浙江海洋大学 | 鲸目，海龟科，棱皮龟，板鳃亚纲，鲟形目所有种，鱼类（国家重点保护名录物种），头足纲（国家重点保护物种），双壳纲（国家重点保护名录物种），腹足纲（国家重点保护名录物种） |
| 21 | 钦州学院 | 海洋鱼类（国家重点保护名录物种），头足纲（国家重点保护名录物种），双壳纲（国家重点保护名录物种），腹足纲（国家重点保护名录物种），砗磲科 |
| 22 | 汕头大学 | 鲸目，海龟科，棱皮龟 |
| 23 | 四川大学 | 鲟形目，淡水鱼类（国家重点保护名录物种） |
| 24 | 复旦大学 | 鱼类（国家重点保护名录物种） |
| 25 | 南京师范大学 | 鲸目（国家重点保护名录物种）、爬行纲（国家重点保护名录物种）、两栖纲（国家重点保护名录物种） |
| 26 | 武汉大学 | 水生植物 |
| 27 | 海南师范大学 | 哺乳纲（国家重点保护名录物种），爬行纲（国家重点保护名录物种），两栖纲（国家重点保护名录物种） |
| 28 | 江西省科学院生物资源研究所 | 长江江豚，淡水龟科，爬行纲（国家重点保护名录物种），两栖纲（国家重点保护名录物种），淡水鱼类（国家重点保护名录物种） |
| 29 | 湖南省水产科学研究所 | 鼬科（国家重点保护名录物种），长江江豚，两栖纲（国家重点保护名录物种），淡水鱼类（国家重点保护名录物种），双壳纲（国家重点保护名录物种） |
| 30 | 广东省生物资源应用研究所（华南野生动物物种鉴定中心） | 淡水龟鳖，鱼类（国家重点保护名录物种），头足纲（国家重点保护名录物种），双壳纲（国家重点保护名录物种），腹足纲（国家重点保护名录物种） |
| 31 | 海南省海洋与渔业科学院 | 鱼类（国家重点保护名录物种），双壳纲（国家重点保护名录物种），砗磲科，石珊瑚目 |
| 32 | 辽宁省海洋水产科学研究院 | 鲸目、海豹科、海狮科，海象科、儒艮 |

# 附录四　水生野生动物基准价值标准目录[①]

| 物种名称 | 学名 | 单位 | 基准价值（元） |
|---|---|---|---|
| 脊索动物门　CHORDATA | | | |
| 哺乳纲　MAMMALIA | | | |
| 食肉目　CARNIVORA | | | |
| 鼬科　Mustelidae | | | |
| 　水獭亚科　Lutrinae | | | |
| 　　小爪水獭 | *Aonyx cinerea* | 只 | 2 000 |
| 　　水獭亚科其他种 | | 只 | 1 800 |
| 鳍足类　PINNIPEDIA | | | |
| 海象科　Odobenidae | | | |
| 　海象 | *Odobenus rosmarus* | 头 | 3 000 |
| 海狗科　Otariidae | | | |
| 　毛皮海狮属所有种 | *Arctocephalus* spp. | 头 | 8 000 |
| 海豹科　Phocidae | | | |
| 　斑海豹 | *Phoca largha* | 头 | 10 000 |
| 　僧海豹属所有种 | *Monachus* spp. | 头 | 10 000 |
| 　南象海豹 | *Mirounga leonina* | 头 | 5 000 |
| 　鳍足类其他种 | | 头 | 2 000 |
| 鲸目　CETACEA | | | |
| 　露脊鲸科所有种 | Balaenidae spp. | 头 | 150 000 |
| 　须鲸科所有种 | Balaenopteridae spp. | 头 | 120 000 |
| 海豚科　Delphinidae | | | |
| 　中华白海豚 | *Sousa chinensis* | 头 | 200 000 |
| 　海豚科其他种 | | 头 | 50 000 |
| 　灰鲸科所有种 | Eschrichtiidae spp. | 头 | 100 000 |
| 亚马孙河豚科　Iniidae | | | |
| 　白鱀豚 | *Lipotes vexillifer* | 头 | 600 000 |
| 　亚马孙河豚科其他种 | | 头 | 50 000 |
| 鼠海豚科　Phocoenidae | | | |
| 　窄脊江豚长江种群（长江江豚） | *Neophocaena asiaeorientalis* | 头 | 250 000 |
| 　鼠海豚科其他种 | | 头 | 50 000 |

[①] 资料来源：农业农村部，2019. 中华人民共和国农业农村部令：2019 年第 5 号：水生野生动物及其制品价值评估办法 [EB/OL]. (2019-08-27). http://www.moa.gov.cn/govpublic/YYJ/201909/t20190906_6327447.htm.

（续）

| 物种名称 | 学名 | 单位 | 基准价值（元） |
|---|---|---|---|
| 抹香鲸科所有种 | Physeteridae spp. | 头 | 150 000 |
| 鲸目其他种 | | 头 | 75 000 |
| **海牛目　SIRENIA** | | | |
| **儒艮科　Dugongidae** | | | |
| 儒艮 | *Dugong dugon* | 头 | 250 000 |
| 海牛科所有种 | Trichechidae spp. | 头 | 150 000 |
| **爬行纲　REPTILIA** | | | |
| **鳄目　CROCODYLIA** | | | |
| 鳄目所有种（除鼍） | Crocodylia spp. | 尾 | 500 |
| **蛇目　SERPENTES** | | | |
| 蛇目所有种（仅瘰鳞蛇、水蛇及海蛇） | Serpentes spp. | 条 | 300 |
| **龟鳖目　TESTUDINES** | | | |
| 两爪鳖科所有种 | Carettochelyidae spp. | 只 | 500 |
| 蛇颈龟科所有种 | Chelidae spp. | 只 | 500 |
| **海龟科　Cheloniidae** | | | |
| 绿海龟 | *Chelonia mydas* | 只 | 15 000 |
| 玳瑁 | *Eretmochelys imbricata* | 只 | 20 000 |
| 蠵龟 | *Caretta caretta* | 只 | 15 000 |
| 太平洋丽龟 | *Lepidochelys olivacea* | 只 | 15 000 |
| 海龟科其他种 | | 只 | 10 000 |
| **棱皮龟科　Dermochelyidae** | | | |
| 棱皮龟 | *Dermochelys coriacea* | 只 | 20 000 |
| 鳄龟科所有种 | Chelydridae spp. | 只 | 300 |
| 泥龟科所有种 | Dermatemydidae spp. | 只 | 500 |
| 龟科所有种 | Emydidae spp. | 只 | 500 |
| **地龟科　Geoemydidae** | | | |
| 三线闭壳龟 | *Cuora trifasciata* | 只 | 10 000 |
| 云南闭壳龟 | *Cuora yunnanensis* | 只 | 30 000 |
| 百色闭壳龟 | *Cuora mccordi* | 只 | 30 000 |
| 金头闭壳龟 | *Cuora aurocapitata* | 只 | 30 000 |
| 潘氏闭壳龟 | *Cuora pani* | 只 | 30 000 |
| 周氏闭壳龟 | *Cuora zhoui* | 只 | 30 000 |
| 黄额闭壳龟 | *Cuora galbinifrons* | 只 | 600 |
| 图纹闭壳龟 | *Cuora picturata* | 只 | 600 |
| 布氏闭壳龟 | *Cuora bourreti* | 只 | 600 |

（续）

| 物种名称 | 学名 | 单位 | 基准价值（元） |
|---|---|---|---|
| 地龟科其他种 | | 只 | 500 |
| 侧颈龟科所有种 | Podocnemididae spp. | 只 | 500 |
| **鳖科　Trionychidae** | | | |
| 山瑞鳖 | *Palea steindachneri* | 只 | 1 000 |
| 鼋属所有种 | *Pelochelys* spp. | 只 | 150 000 |
| 斑鳖 | *Rafetus swinhoei* | 只 | 200 000 |
| 鳖科其他种 | | 只 | 500 |
| **两栖纲　AMPHIBIA** | | | |
| **有尾目　CAUDATA** | | | |
| **隐鳃鲵科　Cryptobranchidae** | | | |
| 大鲵 | *Andrias davidianus* | 只 | 2 500 |
| 隐鳃鲵科其他种 | | 只 | 500 |
| **蝾螈科　Salamandridae** | | | |
| 细痣疣螈 | *Tylototriton asperrimus* | 只 | 400 |
| 镇海疣螈 | *Tylototriton chinhaiensis* | 只 | 400 |
| 贵州疣螈 | *Tylototriton kweichowensis* | 只 | 400 |
| 大凉疣螈 | *Tylototriton taliangensis* | 只 | 500 |
| 红瘰疣螈 | *Tylototriton verrucosus* | 只 | 350 |
| 有尾目其他种 | | 只 | 300 |
| **无尾目　ANURA** | | | |
| 无尾目所有种 | Anura spp. | 只 | 100 |
| **板鳃亚纲　ELASMOBRANCHII** | | | |
| **鼠鲨目　LAMNIFORMES** | | | |
| **姥鲨科　Cetorhinidae** | | | |
| 姥鲨 | *Cetorhinus maximus* | 尾 | 50 000 |
| **鼠鲨科　Lamnidae** | | | |
| 噬人鲨 | *Carcharodon carcharias* | 尾 | 20 000 |
| **鲼目　MYLIOBATIFORMES** | | | |
| 鲼科所有种 | Myliobatidae spp. | 尾 | 200 |
| 江魟科所有种 | Potamotrygonidae spp. | 尾 | 150 |
| **须鲨目　ORECTOLOBIFORMES** | | | |
| **鲸鲨科　Rhincodontidae** | | | |
| 鲸鲨 | *Rhincodon typus* | 尾 | 40 000 |
| 鲨类其他种 | | 尾 | 200 |
| **锯鳐目　PRISTIFORMES** | | | |
| 锯鳐科所有种 | Pristidae spp. | 尾 | 5 000 |

（续）

| 物种名称 | 学名 | 单位 | 基准价值（元） |
|---|---|---|---|
| **辐鳍亚纲　ACTINOPTERI** | | | |
| **鲟形目　ACIPENSERIFORMES** | | | |
| **鲟科　Acipenseridae** | | | |
| 中华鲟 | *Acipenser sinensis* | 尾 | 50 000 |
| 中华鲟（卵） | | 万粒 | 20 000 |
| 达氏鲟 | *Acipenser dabryanus* | 尾 | 50 000 |
| 达氏鲟（卵） | | 万粒 | 20 000 |
| **匙吻鲟科　Polyodontidae** | | | |
| 白鲟（成体） | *Psephurus gladius* | 尾 | 500 000 |
| 白鲟（卵） | *Psephurus gladius* | 万粒 | 200 000 |
| 鲟形目其他种（成体） | | 尾 | 5 000 |
| 鲟形目其他种（卵） | | 万粒 | 2 000 |
| **鳗鲡目　ANGUILLIFORMES** | | | |
| **鳗鲡科　Anguillidae** | | | |
| 花鳗鲡 | *Anguilla marmorata* | 尾 | 500 |
| 鳗鲡科其他种 | | 尾 | 50 |
| **鲤形目　CYPRINIFORMES** | | | |
| **胭脂鱼科　Catostomidae** | | | |
| 胭脂鱼 | *Myxocyprinus asiaticus* | 尾 | 200 |
| 胭脂鱼科其他种 | | 尾 | 150 |
| **鲤科　Cyprinidae** | | | |
| 唐鱼 | *Tanichthys albonubes* | 尾 | 50 |
| 大头鲤 | *Cyprinus pellegrini* | 尾 | 100 |
| 金线鲃 | *Sinocyclocheilus grahami* | 尾 | 100 |
| 新疆大头鱼 | *Aspiorhynchus laticeps* | 尾 | 500 |
| 大理裂腹鱼 | *Schizothorax taliensis* | 尾 | 100 |
| 鲤科其他种 | | 尾 | 100 |
| **骨舌鱼目　OSTEOGLOSSIFORMES** | | | |
| **巨骨舌鱼科　Arapaimidae** | | | |
| 巨巴西骨舌鱼 | *Arapaima gigas* | 尾 | 500 |
| **骨舌鱼科　Osteoglossidae** | | | |
| 美丽硬仆骨舌鱼（包括丽纹硬骨舌鱼） | *Scleropages formosus* | 尾 | 500 |
| **鲈形目　PERCIFORMES** | | | |
| **隆头鱼科　Labridae** | | | |
| 波纹唇鱼（苏眉） | *Cheilinus undulatus* | 尾 | 5 000 |

（续）

| 物种名称 | 学名 | 单位 | 基准价值（元） |
|---|---|---|---|
| 杜父鱼科　Cottidae | | | |
| 　松江鲈 | *Trachidermus fasciatus* | 尾 | 100 |
| 石首鱼科　Sciaenidae | | | |
| 　黄唇鱼 | *Bahaba flavolabiata* | 尾 | 16 000 |
| 　加利福尼亚湾石首鱼 | *Totoaba macdonaldi* | 尾 | 16 000 |
| 海龙鱼目　SYNGNATHIFORMES | | | |
| 海龙鱼科　Syngnathidae | | | |
| 　克氏海马 | *Hippocampus kelloggi* | 尾 | 200 |
| 　海马属其他种 | | 尾 | 30 |
| 鲑型目　SALMONIFORMES | | | |
| 鲑科　Salmonidae | | | |
| 　川陕哲罗鲑 | *Hucho bleekeri* | 尾 | 2 000 |
| 　秦岭细鳞鲑 | *Brachymystax lenok tsinlingensis* | 尾 | 1 000 |
| 肺鱼亚纲　DIPNEUSTI | | | |
| 角齿肺鱼目　CERATODONTIFORMES | | | |
| 角齿肺鱼科　Ceratodontidae | | | |
| 　澳大利亚肺鱼 | *Neoceratodus forsteri* | 尾 | 100 |
| 腔棘亚纲　COELACANTHI | | | |
| 腔棘鱼目　COELACANTHIFORMES | | | |
| 矛尾鱼科　Latimeriidae | | | |
| 　矛尾鱼属所有种 | *Latimeria* spp. | 尾 | 100 000 |
| 文昌鱼纲　APPENDICULARIA | | | |
| 文昌鱼目　AMPHIOXIFORMES | | | |
| 文昌鱼科　Branchiostomatidae | | | |
| 　文昌鱼 | *Branchiostoma belcheri* | 尾 | 10 |
| 半索动物门　HEMICHORDATA | | | |
| 肠鳃纲　ENTEROPNEUSTA | | | |
| 柱头虫科　Balanoglossidae | | | |
| 　多鳃孔舌形虫 | *Glossobalanus polybranchioporus* | 只 | 100 |
| 玉钩虫科　Harrimaniidae | | | |
| 　黄岛长吻虫 | *Saccoglossus hwangtauensis* | 只 | 100 |
| 棘皮动物门　ECHINODERMATA | | | |
| 　海参纲所有种 | Holothuroidea spp. | 只 | 10 |

（续）

| 物种名称 | 学名 | 单位 | 基准价值（元） |
|---|---|---|---|
| 环节动物门　ANNELIDA | | | |
| 蛭纲　HIRUDINOIDEA | | | |
| 无吻蛭目　ARHYNCHOBDELLIDA | | | |
| 医蛭科所有种 | Hirudinidae spp. | 只 | 10 |
| 软体动物门　MOLLUSCA | | | |
| 腹足纲　GASTROPODA | | | |
| 中腹足目　MESOGASTROPODA | | | |
| 宝贝科　Cypraeidae | | | |
| 虎斑宝贝 | Cypraea tigris | 只 | 50 |
| 冠螺科　Cassididae | | | |
| 冠螺 | Cassis cornuta | 只 | 100 |
| 瓣鳃纲　LAMELLIBRANCHIA | | | |
| 异柱目　ANISOMYRIA | | | |
| 珍珠贝科　Pteriidae | | | |
| 大珠母贝 | Pinctada maxima | 只 | 100 |
| 真瓣鳃目　EULAMELLIBRANCHIA | | | |
| 砗磲科　Tridacnidae | | | |
| 库氏砗磲 | Tridacna cookiana | 只 | 5 000 |
| | | kg | 60 |
| 砗磲科其他种 | | 只 | 200 |
| 蚌科　Unionidae | | | |
| 佛耳丽蚌 | Lamprotula mansuyi | 只 | 100 |
| 头足纲　CEPHALOPODA | | | |
| 鹦鹉螺目　NAUTILIDA | | | |
| 鹦鹉螺科所有种 | Nautilidae spp. | 只 | 3 000 |
| 刺胞亚门　CNIDARIA | | | |
| 珊瑚虫纲　ANTHOZOA | | | |
| 柳珊瑚目　GORGONACEAE | | | |
| 红珊瑚科所有种 | Coralliidae spp. | kg | 50 000 |
| 珊瑚类其他种 | | kg | 500 |

# 附录五　长江流域渔业行政处罚管辖主体与罚则速查表①

| 类别 | 捕捞管理类 | |
|---|---|---|
| 违法行为 | 1. 在长江流域水生生物保护区内从事生产性捕捞，或者在长江干流和重要支流、大型通江湖泊、长江河口规定区域等重点水域禁捕期间从事天然渔业资源的生产性捕捞 | |
| 执法主体 | 农业农村主管部门 | |
| 法律依据 | 禁止性条款 | 《中华人民共和国长江保护法》第五十三条规定：在长江流域水生生物保护区全面禁止生产性捕捞；在国家规定的期限内，长江干流和重要支流、大型通江湖泊、长江河口规定区域等重点水域全面禁止天然渔业资源的生产性捕捞。具体办法由国务院农业农村主管部门会同国务院有关部门制定。<br>《中华人民共和国渔业法》第三十条第一款规定：禁止在禁渔区、禁渔期进行捕捞 |
| | 处罚性条款 | 《中华人民共和国长江保护法》第八十六条第一款规定：违反本法规定，在长江流域水生生物保护区内从事生产性捕捞，或者在长江干流和重要支流、大型通江湖泊、长江河口规定区域等重点水域禁捕期间从事天然渔业资源的生产性捕捞的，由县级以上人民政府农业农村主管部门没收渔获物、违法所得以及用于违法活动的渔船、渔具和其他工具，并处1万元以上5万元以下罚款；采取电鱼、毒鱼、炸鱼等方式捕捞，或者有其他严重情节的，并处5万元以上50万元以下罚款 |
| 处罚种类与幅度 | 没收渔获物、违法所得以及用于违法活动的渔船、渔具和其他工具，并处1万元以上5万元以下罚款；采取电鱼、毒鱼、炸鱼等方式捕捞，或者有其他严重情节的，并处5万元以上50万元以下罚款 | |
| 构成犯罪的刑事责任 | 《中华人民共和国刑法》第三百四十条规定：违反保护水产资源法规，在禁渔区、禁渔期或者使用禁用的工具、方法捕捞水产品，情节严重的，处3年以下有期徒刑、拘役、管制或者罚金。<br>最高人民法院、最高人民检察院、公安部、农业农村部联合印发的《依法惩治长江流域非法捕捞等违法犯罪的意见》中规定，违反保护水产资源法规，在长江流域重点水域非法捕捞水产品，具有下列情形之一的，依照《中华人民共和国刑法》第三百四十条的规定，以非法捕捞水产品罪定罪处罚：<br>（1）非法捕捞水产品500 kg以上或者1万元以上的。<br>（2）非法捕捞具有重要经济价值的水生动物苗种、怀卵亲体或者在水产种质资源保护区内捕捞水产品50 kg以上或者1 000元以上的。<br>（3）在禁捕区域使用电鱼、毒鱼、炸鱼等严重破坏渔业资源的禁用方法捕捞的。<br>（4）在禁捕区域使用农业农村部规定的禁用工具捕捞的。<br>（5）其他情节严重的情形 | |
| 违法行为 | 2. 收购、加工、销售在长江流域水生生物保护区内生产性捕捞的渔获物，或者在长江干流和重要支流、大型通江湖泊、长江河口规定区域等重点水域禁捕期间生产性捕捞天然渔业资源的渔获物 | |
| 执法主体 | 农业农村、市场监督管理等部门按照职责分工 | |

① 资料来源：编者根据相关法律、法规的规定整理而得。

（续）

| 类别 | 捕捞管理类 | |
|---|---|---|
| 法律依据 | 禁止性条款 | 《中华人民共和国长江保护法》第五十三条规定：在长江流域水生生物保护区全面禁止生产性捕捞；在国家规定的期限内，长江干流和重要支流、大型通江湖泊、长江河口规定区域等重点水域全面禁止天然渔业资源的生产性捕捞。具体办法由国务院农业农村主管部门会同国务院有关部门制定。《中华人民共和国渔业法》第三十条第一款规定：禁止在禁渔区、禁渔期进行捕捞 |
| | 处罚性条款 | 《中华人民共和国长江保护法》第八十六条第二款规定：收购、加工、销售前款规定的渔获物的，由县级以上人民政府农业农村、市场监督管理等部门按照职责分工，没收渔获物及其制品和违法所得，并处货值金额10倍以上20倍以下罚款；情节严重的，吊销相关生产经营许可证或者责令关闭 |
| 处罚种类与幅度 | 没收渔获物及其制品和违法所得，并处货值金额10倍以上20倍以下罚款；情节严重的，吊销相关生产经营许可证或者责令关闭 | |
| 构成犯罪的刑事责任 | 《中华人民共和国刑法》第三百一十二条规定：明知是犯罪所得及其产生的收益而予以窝藏、转移、收购、代为销售或者以其他方法掩饰、隐瞒的，处3年以下有期徒刑、拘役或者管制，并处或者单处罚金；情节严重的，处3年以上7年以下有期徒刑，并处罚金。单位犯前款罪的，对单位判处罚金，并对其直接负责的主管人员和其他直接责任人员，依照前款的规定处罚。最高人民法院、最高人民检察院、公安部、农业农村部联合印发的《依法惩治长江流域非法捕捞等违法犯罪的意见》中规定：明知是在长江流域重点水域非法捕捞犯罪所得的水产品而收购、贩卖，价值1万元以上的，应当依照《中华人民共和国刑法》第三百一十二条的规定，以掩饰、隐瞒犯罪所得罪定罪处罚 | |
| 违法行为 | 3.使用炸鱼、毒鱼、电鱼等破坏渔业资源方法进行捕捞 | |
| 执法主体 | 渔业行政主管部门或者其所属渔政渔港监督管理机构 | |
| 法律依据 | 禁止性条款 | 《中华人民共和国渔业法》第三十条第一款规定：禁止使用炸鱼、毒鱼、电鱼等破坏渔业资源的方法进行捕捞。禁止制造、销售、使用禁用的渔具。禁止在禁渔区、禁渔期进行捕捞。禁止使用小于最小网目尺寸的网具进行捕捞。捕捞的渔获物中幼鱼不得超过规定的比例。在禁渔区或者禁渔期内禁止销售非法捕捞的渔获物 |
| | 处罚性条款 | 《中华人民共和国渔业法》第三十八条第一款规定：使用炸鱼、毒鱼、电鱼等破坏渔业资源方法进行捕捞的，违反关于禁渔区、禁渔期的规定进行捕捞的，或者使用禁用的渔具、捕捞方法和小于最小网目尺寸的网具进行捕捞或者渔获物中幼鱼超过规定比例的，没收渔获物和违法所得，处5万元以下的罚款；情节严重的，没收渔具，吊销捕捞许可证；情节特别严重的，可以没收渔船；构成犯罪的，依法追究刑事责任 |
| 处罚种类与幅度 | 没收渔获物和违法所得，处5万元以下的罚款；情节严重的，没收渔具，吊销捕捞许可证；情节特别严重的，可以没收渔船；构成犯罪的，依法追究刑事责任 | |

（续）

| 类别 | 捕捞管理类 | |
|---|---|---|
| 构成犯罪的刑事责任 | 《中华人民共和国刑法》第三百四十条规定：违反保护水产资源法规，在禁渔区、禁渔期或者使用禁用的工具、方法捕捞水产品，情节严重的，处 3 年以下有期徒刑、拘役、管制或者罚金。<br>最高人民法院、最高人民检察院、公安部、农业农村部联合印发的《依法惩治长江流域非法捕捞等违法犯罪的意见》中规定，违反保护水产资源法规，在长江流域重点水域非法捕捞水产品，具有下列情形之一的，依照《中华人民共和国刑法》第三百四十条的规定，以非法捕捞水产品罪定罪处罚：<br>（1）非法捕捞水产品 500 kg 以上或者 1 万元以上的。<br>（2）非法捕捞具有重要经济价值的水生动物苗种、怀卵亲体或者在水产种质资源保护区内捕捞水产品 50 kg 以上或者 1 000 元以上的。<br>（3）在禁捕区域使用电鱼、毒鱼、炸鱼等严重破坏渔业资源的禁用方法捕捞的。<br>（4）在禁捕区域使用农业农村部规定的禁用工具捕捞的。<br>（5）其他情节严重的情形 | |
| 违法行为 | 4. 使用禁用的渔具、捕捞方法和小于最小网目尺寸的网具进行捕捞 | |
| 执法主体 | 渔业行政主管部门或者其所属渔政渔港监督管理机构 | |
| 法律依据 | 禁止性条款 | 《中华人民共和国渔业法》第三十条第一款规定：禁止使用炸鱼、毒鱼、电鱼等破坏渔业资源的方法进行捕捞。禁止制造、销售、使用禁用的渔具。禁止在禁渔区、禁渔期进行捕捞。禁止使用小于最小网目尺寸的网具进行捕捞。捕捞的渔获物中幼鱼不得超过规定的比例。在禁渔区或者禁渔期内禁止销售非法捕捞的渔获物 |
| | 处罚性条款 | 《中华人民共和国渔业法》第三十八条第一款规定：使用炸鱼、毒鱼、电鱼等破坏渔业资源方法进行捕捞的，违反关于禁渔区、禁渔期的规定进行捕捞的，或者使用禁用的渔具、捕捞方法和小于最小网目尺寸的网具进行捕捞或者渔获物中幼鱼超过规定比例的，没收渔获物和违法所得，处 5 万元以下的罚款；情节严重的，没收渔具，吊销捕捞许可证；情节特别严重的，可以没收渔船；构成犯罪的，依法追究刑事责任 |
| 处罚种类与幅度 | 没收渔获物和违法所得，处 5 万元以下的罚款；情节严重的，没收渔具，吊销捕捞许可证；情节特别严重的，可以没收渔船；构成犯罪的，依法追究刑事责任 | |
| 构成犯罪的刑事责任 | 《中华人民共和国刑法》第三百四十条规定：违反保护水产资源法规，在禁渔区、禁渔期或者使用禁用的工具、方法捕捞水产品，情节严重的，处 3 年以下有期徒刑、拘役、管制或者罚金。<br>最高人民法院、最高人民检察院、公安部、农业农村部印发的《依法惩治长江流域非法捕捞等违法犯罪的意见》中规定，违反保护水产资源法规，在长江流域重点水域非法捕捞水产品，具有下列情形之一的，依照《中华人民共和国刑法》第三百四十条的规定，以非法捕捞水产品罪定罪处罚：<br>（1）非法捕捞水产品 500 kg 以上或者 1 万元以上的。<br>（2）非法捕捞具有重要经济价值的水生动物苗种、怀卵亲体或者在水产种质资源保护区内捕捞水产品 50 kg 以上或者 1 000 元以上的。<br>（3）在禁捕区域使用电鱼、毒鱼、炸鱼等严重破坏渔业资源的禁用方法捕捞的。<br>（4）在禁捕区域使用农业农村部规定的禁用工具捕捞的。<br>（5）其他情节严重的情形 | |

（续）

| 类别 | 捕捞管理类 | |
|---|---|---|
| 违法行为 | 5. 违反关于禁渔区、禁渔期的规定进行捕捞 | |
| 执法主体 | 渔业行政主管部门或者其所属渔政渔港监督管理机构 | |
| 法律依据 | 禁止性条款 | 《中华人民共和国渔业法》第三十条第一款规定：禁止使用炸鱼、毒鱼、电鱼等破坏渔业资源的方法进行捕捞。禁止制造、销售、使用禁用的渔具。禁止在禁渔区、禁渔期进行捕捞。禁止使用小于最小网目尺寸的网具进行捕捞。捕捞的渔获物中幼鱼不得超过规定的比例。在禁渔区或者禁渔期内禁止销售非法捕捞的渔获物 |
| | 处罚性条款 | 《中华人民共和国渔业法》第三十八条第一款规定：使用炸鱼、毒鱼、电鱼等破坏渔业资源方法进行捕捞的，违反关于禁渔区、禁渔期的规定进行捕捞的，或者使用禁用的渔具、捕捞方法和小于最小网目尺寸的网具进行捕捞或者渔获物中幼鱼超过规定比例的，没收渔获物和违法所得，处5万元以下的罚款；情节严重的，没收渔具，吊销捕捞许可证；情节特别严重的，可以没收渔船；构成犯罪的，依法追究刑事责任 |
| 处罚种类与幅度 | 没收渔获物和违法所得，处5万元以下的罚款；情节严重的，没收渔具，吊销捕捞许可证；情节特别严重的，可以没收渔船；构成犯罪的，依法追究刑事责任 | |
| 构成犯罪的刑事责任 | 《中华人民共和国刑法》第三百四十条规定：违反保护水产资源法规，在禁渔区、禁渔期或者使用禁用的工具、方法捕捞水产品，情节严重的，处三年以下有期徒刑、拘役、管制或者罚金。<br><br>最高人民法院、最高人民检察院、公安部、农业农村部联合印发的《依法惩治长江流域非法捕捞等违法犯罪的意见》中规定，违反保护水产资源法规，在长江流域重点水域非法捕捞水产品，具有下列情形之一的，依照《中华人民共和国刑法》第三百四十条的规定，以非法捕捞水产品罪定罪处罚：<br>（1）非法捕捞水产品500 kg以上或者1万元以上的。<br>（2）非法捕捞具有重要经济价值的水生动物苗种、怀卵亲体或者在水产种质资源保护区内捕捞水产品50 kg以上或者1000元以上的。<br>（3）在禁捕区域使用电鱼、毒鱼、炸鱼等严重破坏渔业资源的禁用方法捕捞的。<br>（4）在禁捕区域使用农业农村部规定的禁用工具捕捞的。<br>（5）其他情节严重的情形 | |
| 违法行为 | 6. 违反垂钓管理规定 | |
| 执法主体 | 农业农村部门 | |
| 法律依据 | 禁止性条款 | 《长江水生生物保护管理规定》第二十五条规定：禁止在长江流域以水生生物为主要保护对象的自然保护区、水产种质资源保护区核心区和水生生物重要栖息地垂钓。倡导正确、健康、文明的休闲垂钓行为，禁止一人多杆、多线多钩、钓获物买卖等违规垂钓行为 |
| | 处罚性条款 | 《长江水生生物保护管理规定》第三十条规定：违反本规定，在长江流域重点水域进行增殖放流、垂钓或者在禁渔期携带禁用渔具进入禁渔区的，责令改正，可以处警告或1000元以下罚款；构成其他违法行为的，按照《中华人民共和国长江保护法》《中华人民共和国渔业法》等法律或者行政法规予以处罚 |
| 处罚种类与幅度 | 责令改正，可以处警告或1000元以下罚款；构成其他违法行为的，按照《中华人民共和国长江保护法》《中华人民共和国渔业法》等法律或者行政法予以处罚 | |

（续）

| 类别 | | 捕捞管理类 |
|---|---|---|
| 构成犯罪的刑事责任 | | 无 |
| 违法行为 | | 7. 在禁渔期携带禁用渔具进入禁渔区 |
| 执法主体 | | 农业农村部门 |
| 法律依据 | 禁止性条款 | 《长江水生生物保护管理规定》第二十四条第二款规定：禁止在禁渔期携带禁用渔具进入禁渔区 |
| | 处罚性条款 | 《长江水生生物保护管理规定》第三十条规定：违反本规定，在长江流域重点水域进行增殖放流、垂钓或者在禁渔期携带禁用渔具进入禁渔区的，责令改正，可以处警告或1 000元以下罚款；构成其他违法行为的，按照《中华人民共和国长江保护法》《中华人民共和国渔业法》等法律或者行政法规予以处罚 |
| 处罚种类与幅度 | | 责令改正，可以处警告或1 000元以下罚款；构成其他违法行为的，按照《中华人民共和国长江保护法》《中华人民共和国渔业法》等法律或者行政法规予以处罚 |
| 构成犯罪的刑事责任 | | 无 |
| 违法行为 | | 8. 捕捞的渔获物中幼鱼超过规定比例 |
| 执法主体 | | 渔业行政主管部门或者其所属渔政渔港监督管理机构 |
| 法律依据 | 禁止性条款 | 《中华人民共和国渔业法》第三十条第一款规定：禁止使用炸鱼、毒鱼、电鱼等破坏渔业资源的方法进行捕捞。禁止制造、销售、使用禁用的渔具。禁止在禁渔区、禁渔期进行捕捞。禁止使用小于最小网目尺寸的网具进行捕捞。捕捞的渔获物中幼鱼不得超过规定的比例。在禁渔区或者禁渔期内禁止销售非法捕捞的渔获物 |
| | 处罚性条款 | 《中华人民共和国渔业法》第三十八条第一款规定：使用炸鱼、毒鱼、电鱼等破坏渔业资源方法进行捕捞的，违反关于禁渔区、禁渔期的规定进行捕捞的，或者使用禁用的渔具、捕捞方法和小于最小网目尺寸的网具进行捕捞或者渔获物中幼鱼超过规定比例的，没收渔获物和违法所得，处5万元以下的罚款；情节严重的，没收渔具，吊销捕捞许可证；情节特别严重的，可以没收渔船；构成犯罪的，依法追究刑事责任 |
| 处罚种类与幅度 | | 没收渔获物和违法所得，处5万元以下的罚款；情节严重的，没收渔具，吊销捕捞许可证；情节特别严重的，可以没收渔船 |
| 构成犯罪的刑事责任 | | 无 |
| 违法行为 | | 9. 制造、销售禁用的渔具 |
| 执法主体 | | 渔业行政主管部门或者其所属渔政渔港监督管理机构 |

（续）

| 类别 | | 捕捞管理类 |
|---|---|---|
| 法律依据 | 禁止性条款 | 《中华人民共和国渔业法》第三十条第一款规定：禁止使用炸鱼、毒鱼、电鱼等破坏渔业资源的方法进行捕捞。禁止制造、销售、使用禁用的渔具。禁止在禁渔区、禁渔期进行捕捞。禁止使用小于最小网目尺寸的网具进行捕捞。捕捞的渔获物中幼鱼不得超过规定的比例。在禁渔区或者禁渔期内禁止销售非法捕捞的渔获物 |
| | 处罚性条款 | 《中华人民共和国渔业法》第三十八条第三款规定：制造、销售禁用的渔具的，没收非法制造、销售的渔具和违法所得，并处 1 万元以下的罚款 |
| 处罚种类与幅度 | | 没收非法制造、销售的渔具和违法所得，并处 1 万元以下的罚款 |
| 构成犯罪的刑事责任 | | 无 |
| 违法行为 | | 10. 未依法取得捕捞许可证擅自进行捕捞 |
| 执法主体 | | 渔业行政主管部门或者其所属渔政渔港监督管理机构 |
| 法律依据 | 制度性条款 | 《中华人民共和国渔业法》第二十三条第一款规定：国家对捕捞业实行捕捞许可证制度 |
| | 处罚性条款 | 《中华人民共和国渔业法》第四十一条规定：未依法取得捕捞许可证擅自进行捕捞的，没收渔获物和违法所得，并处 10 万元以下的罚款；情节严重的，并可以没收渔具和渔船 |
| 处罚种类与幅度 | | 没收渔获物和违法所得，并处 10 万元以下的罚款；情节严重的，并可以没收渔具和渔船 |
| 构成犯罪的刑事责任 | | 无 |
| 违法行为 | | 11. 无证捕捞（使用无效的渔业捕捞许可证或者无正当理由不能提供渔业捕捞许可证） |
| 执法主体 | | 渔业行政主管部门或者其所属渔政渔港监督管理机构 |
| 法律依据 | 制度性条款 | 《中华人民共和国渔业法》第二十三条第一款规定：国家对捕捞业实行捕捞许可证制度。《渔业捕捞许可管理规定》第二十条第三款规定：渔业捕捞许可证应当随船携带，徒手作业的，应当随身携带，妥善保管，并接受渔业行政执法人员的检查 |
| | 处罚性条款 | 《中华人民共和国渔业法》第四十一条规定：未依法取得捕捞许可证擅自进行捕捞的，没收渔获物和违法所得，并处 10 万元以下的罚款；情节严重的，并可以没收渔具和渔船。《渔业捕捞许可管理规定》第四十七条第二款规定：使用无效的渔业捕捞许可证或者无正当理由不能提供渔业捕捞许可证的，视为无证捕捞 |
| 处罚种类与幅度 | | 没收渔获物和违法所得，并处 10 万元以下的罚款；情节严重的，并可以没收渔具和渔船 |
| 构成犯罪的刑事责任 | | 无 |

(续)

| 类别 | 捕捞管理类 | |
|---|---|---|
| 违法行为 | 12. 违反捕捞许可证关于作业类型、场所、时限和渔具数量的规定进行捕捞 | |
| 执法主体 | 渔业行政主管部门或者其所属渔政渔港监督管理机构 | |
| 法律依据 | 义务性条款 | 《中华人民共和国渔业法》第二十五条规定：从事捕捞作业的单位和个人，必须按照捕捞许可证关于作业类型、场所、时限、渔具数量和捕捞限额的规定进行作业，并遵守国家有关保护渔业资源的规定，大中型渔船应当填写渔捞日志 |
| | 处罚性条款 | 《中华人民共和国渔业法》第四十二条规定：违反捕捞许可证关于作业类型、场所、时限和渔具数量的规定进行捕捞的，没收渔获物和违法所得，可以并处 5 万元以下的罚款；情节严重的，并可以没收渔具，吊销捕捞许可证 |
| 处罚种类与幅度 | 没收渔获物和违法所得，可以并处五万元以下的罚款；情节严重的，并可以没收渔具，吊销捕捞许可证 | |
| 构成犯罪的刑事责任 | 无 | |
| 违法行为 | 13. 涂改、买卖、出租或者以其他形式转让捕捞许可证 | |
| 执法主体 | 渔业行政主管部门或者其所属渔政渔港监督管理机构 | |
| 法律依据 | 禁止性条款 | 《中华人民共和国渔业法》第二十三条第三款规定：捕捞许可证不得买卖、出租和以其他形式转让，不得涂改、伪造、变造 |
| | 处罚性条款 | 《中华人民共和国渔业法》第四十三条规定：涂改、买卖、出租或者以其他形式转让捕捞许可证的，没收违法所得，吊销捕捞许可证，可以并处 1 万元以下的罚款；伪造、变造、买卖捕捞许可证，构成犯罪的，依法追究刑事责任。<br>《渔业行政处罚规定》第十条规定，按照《渔业法》第四十三条规定，对涂改、买卖、出租或以其他形式非法转让捕捞许可证的，没收违法所得，吊销捕捞许可证，可以并处罚款。罚款按以下标准执行：①买卖、出租或以其他形式非法转让捕捞许可证的，对违法双方各处 1 万元以下罚款；②涂改捕捞许可证的，处 1 万元以下罚款 |
| 处罚种类与幅度 | 没收违法所得，吊销捕捞许可证。<br>买卖、出租或以其他形式非法转让捕捞许可证的，可以对违法双方各处 1 万元以下罚款；涂改捕捞许可证的，处 1 万元以下罚款；伪造、变造、买卖捕捞许可证，构成犯罪的，依法追究刑事责任 | |
| 构成犯罪的刑事责任 | 《中华人民共和国刑法》第二百八十条规定：伪造、变造、买卖或者盗窃、抢夺、毁灭国家机关的公文、证件、印章的，处 3 年以下有期徒刑、拘役、管制或者剥夺政治权利，并处罚金；情节严重的，处 3 年以上 10 年以下有期徒刑，并处罚金 | |
| 类别 | 水生野生动物保护类 | |
| 违法行为 | 14. 非法捕杀国家重点保护的水生野生动物 | |
| 执法主体 | 渔业行政主管部门 | |

（续）

| 类别 | | 捕捞管理类 |
|---|---|---|
| 法律依据 | 禁止性条款 | 《中华人民共和国野生动物保护法》第二十一条规定：禁止猎捕、杀害国家重点保护野生动物。因科学研究、种群调控、疫源疫病监测或者其他特殊情况，需要猎捕国家一级保护野生动物的，应当向国务院野生动物保护主管部门申请特许猎捕证；需要猎捕国家二级保护野生动物的，应当向省、自治区、直辖市人民政府野生动物保护主管部门申请特许猎捕证。《中华人民共和国渔业法》第三十七条规定：国家对白鱀豚等珍贵、濒危水生野生动物实行重点保护，防止其灭绝。禁止捕杀、伤害国家重点保护的水生野生动物。因科学研究、驯养繁殖、展览或者其他特殊情况，需要捕捞国家重点保护的水生野生动物的，依照《中华人民共和国野生动物保护法》的规定执行 |
| | 处罚性条款 | 《中华人民共和国野生动物保护法》第四十五条规定：违反本法第二十条、第二十一条、第二十三条第一款、第二十四条第一款规定，在相关自然保护区域、禁猎（渔）区、禁猎（渔）期猎捕国家重点保护野生动物，未取得特许猎捕证、未按照特许猎捕证规定猎捕、杀害国家重点保护野生动物，或者使用禁用的工具、方法猎捕国家重点保护野生动物的，由县级以上人民政府野生动物保护主管部门、海洋执法部门或者有关保护区域管理机构按照职责分工没收猎获物、猎捕工具和违法所得，吊销特许猎捕证，并处猎获物价值2倍以上10倍以下的罚款；没有猎获物的，并处1万元以上5万元以下的罚款；构成犯罪的，依法追究刑事责任。《中华人民共和国水生野生动物保护实施条例》第二十六条规定，非法捕杀国家重点保护的水生野生动物的，依照《中华人民共和国刑法》有关规定追究刑事责任；情节显著轻微危害不大的，或者犯罪情节轻微不需要判处刑罚的，由渔业行政主管部门没收捕获物、捕捉工具和违法所得，吊销特许捕捉证，并处以相当于捕获物价值10倍以下的罚款，没有捕获物的处以1万元以下的罚款 |
| 处罚种类与幅度 | | 情节显著轻微危害不大的，或者犯罪情节轻微不需要判处刑罚的，由渔业行政主管部门没收捕获物、捕捉工具和违法所得，吊销特许捕捉证，并处以相当于捕获物价值2倍以上10倍以下的罚款，没有捕获物的，并处以1万元以上5万元以下的罚款 |
| 构成犯罪的刑事责任 | | 《中华人民共和国刑法》三百四十一条规定：非法猎捕、杀害国家重点保护的珍贵、濒危野生动物的，或者非法收购、运输、出售国家重点保护的珍贵、濒危野生动物及其制品的，处五年以下有期徒刑或者拘役，并处罚金；情节严重的，处5年以上10年以下有期徒刑，并处罚金；情节特别严重的，处10年以上有期徒刑，并处罚金或者没收财产。《最高人民法院 最高人民检察院关于办理破坏野生动物资源刑事案件适用法律若干问题的解释》第六条规定：非法猎捕、杀害国家重点保护的珍贵、濒危野生动物，或者非法收购、运输、出售国家重点保护的珍贵、濒危野生动物及其制品，价值2万元以上不满20万元的，应当依照《中华人民共和国刑法》第三百四十一条第一款的规定，以危害珍贵、濒危野生动物罪处5年以下有期徒刑或者拘役，并处罚金；价值20万元以上不满200万元的，应当认定为"情节严重"，处5年以上10年以下有期徒刑，并处罚金；价值200万元以上的，应当认定为"情节特别严重"，处十年以上有期徒刑，并处罚金或者没收财产 |

（续）

| 类别 | 捕捞管理类 | |
|---|---|---|
| 违法行为 | 15. 在长江流域重点水域非法猎捕、杀害中华鲟、长江鲟、长江江豚或者其他国家重点保护的珍贵、濒危水生野生动物 | |
| 执法主体 | 渔业行政主管部门或者其所属渔政渔港监督管理机构 | |
| 法律依据 | 禁止性条款 | 《中华人民共和国野生动物保护法》第二十一条规定：禁止猎捕、杀害国家重点保护野生动物。因科学研究、种群调控、疫源疫病监测或者其他特殊情况，需要猎捕国家一级保护野生动物的，应当向国务院野生动物保护主管部门申请特许猎捕证；需要猎捕国家二级保护野生动物的，应当向省、自治区、直辖市人民政府野生动物保护主管部门申请特许猎捕证。<br>《中华人民共和国渔业法》第三十七条规定：国家对白鱀豚等珍贵、濒危水生野生动物实行重点保护，防止其灭绝。禁止捕杀、伤害国家重点保护的水生野生动物。因科学研究、驯养繁殖、展览或者其他特殊情况，需要捕捞国家重点保护的水生野生动物的，依照《中华人民共和国野生动物保护法》的规定执行 |
| | 处罚性条款 | 《中华人民共和国野生动物保护法》第四十五条规定：违反本法第二十条、第二十一条、第二十三条第一款、第二十四条第一款规定，在相关自然保护区域、禁猎（渔）区、禁猎（渔）期猎捕国家重点保护野生动物，未取得特许猎捕证、未按照特许猎捕证规定猎捕、杀害国家重点保护野生动物，或者使用禁用的工具、方法猎捕国家重点保护野生动物的，由县级以上人民政府野生动物保护主管部门、海洋执法部门或者有关保护区域管理机构按照职责分工没收猎获物、猎捕工具和违法所得，吊销特许猎捕证，并处猎获物价值2倍以上10倍以下的罚款；没有猎获物的，并处1万元以上5万元以下的罚款；构成犯罪的，依法追究刑事责任。<br>《中华人民共和国水生野生动物保护实施条例》第二十六条规定：非法捕杀国家重点保护的水生野生动物的，依照《中华人民共和国刑法》有关规定追究刑事责任；情节显著轻微危害不大的，或者犯罪情节轻微不需要判处刑罚的，由渔业行政主管部门没收捕获物、捕捉工具和违法所得，吊销特许捕捉证，并处以相当于捕获物价值10倍以下的罚款，没有捕获物的处以1万元以下的罚款 |
| 处罚种类与幅度 | 情节显著轻微危害不大的，或者犯罪情节轻微不需要判处刑罚的，由渔业行政主管部门没收捕获物、捕捉工具和违法所得，吊销特许捕捉证，并处以相当于捕获物价值2倍以上10倍以下的罚款，没有捕获物的，并处以1万元以上5万元以下的罚款 | |
| 构成犯罪的刑事责任 | 《中华人民共和国刑法》三百四十一条规定：非法猎捕、杀害国家重点保护的珍贵、濒危野生动物的，或者非法收购、运输、出售国家重点保护的珍贵、濒危野生动物及其制品的，处5年以下有期徒刑或者拘役，并处罚金；情节严重的，处5年以上10年以下有期徒刑，并处罚金；情节特别严重的，处10年以上有期徒刑，并处罚金或者没收财产。<br>最高人民法院、最高人民检察院、公安部、农业农村部联合印发的《依法惩治长江流域非法捕捞等违法犯罪的意见》中规定：在长江流域重点水域非法猎捕、杀害中华鲟、长江鲟、长江江豚或者其他国家重点保护的珍贵、濒危水生野生动物，价值2万元以上不满20万元的，应当依照《中华人民共和国刑法》第三百四十一条的规定，处五年以下有期徒刑或者拘役，并处罚金；价值20万元以上不满200万元的，应当认定为"情节严重"，处5年以上10年以下有期徒刑，并处罚金；价值200万元以上的，应当认定为"情节特别严重"，处10年以上有期徒刑，并处罚金或者没收财产 | |

（续）

| 类别 | 捕捞管理类 | |
|---|---|---|
| 违法行为 | 16. 非法收购、运输、出售在长江流域重点水域非法猎捕、杀害的中华鲟、长江鲟、长江江豚或者其他国家重点保护的珍贵、濒危水生野生动物及其制品 | |
| 执法主体 | 渔业行政主管部门或者市场监督管理部门 | |
| 法律依据 | 禁止性条款 | 《中华人民共和国野生动物保护法》第二十七条规定：禁止出售、购买、利用国家重点保护野生动物及其制品。<br>因科学研究、人工繁育、公众展示展演、文物保护或者其他特殊情况，需要出售、购买、利用国家重点保护野生动物及其制品的，应当经省、自治区、直辖市人民政府野生动物保护主管部门批准，并按照规定取得和使用专用标识，保证可追溯，但国务院对批准机关另有规定的除外 |
| | 处罚性条款 | 《中华人民共和国野生动物保护法》第四十八条规定：违反本法第二十七条第一款和第二款、第二十八条第一款、第三十三条第一款规定，未经批准、未取得或者未按照规定使用专用标识，或者未持有、未附有人工繁育许可证、批准文件的副本或者专用标识出售、购买、利用、运输、携带、寄递国家重点保护野生动物及其制品或者本法第二十八条第二款规定的野生动物及其制品的，由县级以上人民政府野生动物保护主管部门或者市场监督管理部门按照职责分工没收野生动物及其制品和违法所得，并处野生动物及其制品价值2倍以上10倍以下的罚款；情节严重的，吊销人工繁育许可证、撤销批准文件、收回专用标识；构成犯罪的，依法追究刑事责任 |
| 处罚种类与幅度 | 没收野生动物及其制品和违法所得，并处野生动物及其制品价值2倍以上10倍以下的罚款；情节严重的，吊销人工繁育许可证、撤销批准文件、收回专用标识；构成犯罪的，依法追究刑事责任 | |
| 构成犯罪的刑事责任 | 最高人民法院、最高人民检察院、公安部、农业农村部联合印发的《依法惩治长江流域非法捕捞等违法犯罪的意见》规定：非法收购、运输、出售在长江流域重点水域非法猎捕、杀害的中华鲟、长江鲟、长江江豚或者其他国家重点保护的珍贵、濒危水生野生动物及其制品，价值2万元以上不满20万元的，应当依照《中华人民共和国刑法》第三百四十一条的规定，处五年以下有期徒刑或者拘役，并处罚金；价值20万元以上不满200万元的，应当认定为"情节严重"，处5年以上10年以下有期徒刑，并处罚金；价值200万元以上的，应当认定为"情节特别严重"，处10年以上有期徒刑，并处罚金或者没收财产 | |
| 违法行为 | 17. 超过特许捕捉证控制指标捕捉水上野生动物 | |
| 执法主体 | 渔业行政主管部门 | |
| 法律依据 | 义务性条款 | 《中华人民共和国野生动物保护法》第二十三条规定：猎捕者应当按照特许猎捕证、狩猎证规定的种类、数量、地点、工具、方法和期限进行猎捕。<br>《中华人民共和国水生野生动物保护实施条例》第十五条规定：取得特许捕捉证的单位和个人，必须按照特许捕捉证规定的种类、数量、地点、期限、工具和方法进行捕捉，防止误伤水生野生动物或者破坏其生存环境。捕捉作业完成后，应当及时向捕捉地的县级人民政府渔业行政主管部门或者其所属的渔政监督管理机构申请查验 |

（续）

| 类别 | | 捕捞管理类 |
|---|---|---|
| 法律依据 | 处罚性条款 | 《中华人民共和国野生动物保护法》第四十五条规定：违反本法第二十条、第二十一条、第二十三条第一款、第二十四条第一款规定，在相关自然保护区域、禁猎（渔）区、禁猎（渔）期猎捕国家重点保护野生动物，未取得特许猎捕证、未按照特许猎捕证规定猎捕、杀害国家重点保护野生动物，或者使用禁用的工具、方法猎捕国家重点保护野生动物的，由县级以上人民政府野生动物保护主管部门、海洋执法部门或者有关保护区域管理机构按照职责分工没收猎获物、猎捕工具和违法所得，吊销特许猎捕证，并处猎获物价值2倍以上10倍以下的罚款；没有猎获物的，并处1万元以上5万元以下的罚款；构成犯罪的，依法追究刑事责任 |
| 处罚种类与幅度 | | 没收捕获物、捕捉工具和违法所得，吊销特许捕捉证，并处以相当于捕获物价值2倍以上10倍以下的罚款，没有捕获物的，并处以1万元以上5万元以下的罚款 |
| 构成犯罪的刑事责任 | | 《最高人民法院　最高人民检察院关于办理破坏野生动物资源刑事案件适用法律若干问题的解释》第六条规定：非法猎捕、杀害国家重点保护的珍贵、濒危野生动物，或者非法收购、运输、出售国家重点保护的珍贵、濒危野生动物及其制品，价值2万元以上不满20万元的，应当依照《中华人民共和国刑法》第三百四十一条第一款的规定，以危害珍贵、濒危野生动物罪处5年以下有期徒刑或者拘役，并处罚金；价值20万元以上不满200万元的，应当认定为"情节严重"，处5年以上10年以下有期徒刑，并处罚金；价值200万元以上的，应当认定为"情节特别严重"，处10年以上有期徒刑，并处罚金或者没收财产 |
| 违法行为 | | 18. 未取得人工繁育许可证，人工繁育国家重点保护的水生野生动物 |
| 执法主体 | | 渔业行政主管部门 |
| 法律依据 | 义务性条款 | 《中华人民共和国野生动物保护法》第二十五条规定：国家支持有关科学研究机构因物种保护目的人工繁育国家重点保护野生动物。<br>前款规定以外的人工繁育国家重点保护野生动物实行许可制度。人工繁育国家重点保护野生动物的，应当经省、自治区、直辖市人民政府野生动物保护主管部门批准，取得人工繁育许可证，但国务院对批准机关另有规定的除外 |
| | 处罚性条款 | 《中华人民共和国野生动物保护法》第四十七条规定：违反本法第二十五条第二款规定，未取得人工繁育许可证繁育国家重点保护野生动物或者本法第二十八条第二款规定的野生动物的，由县级以上人民政府野生动物保护主管部门没收野生动物及其制品，并处野生动物及其制品价值1倍以上5倍以下的罚款 |
| 处罚种类与幅度 | | 没收野生动物及其制品，并处野生动物及其制品价值1倍以上5倍以下的罚款 |
| 构成犯罪的刑事责任 | | 无 |
| 违法行为 | | 19. 超越人工繁育许可证规定范围，人工繁育国家重点保护的水生野生动物 |
| 执法主体 | | 渔业行政主管部门 |

（续）

| 类别 | | 捕捞管理类 |
|---|---|---|
| 法律依据 | 义务性条款 | 《中华人民共和国水生野生动物利用特许办法》第十七条规定：人工繁育水生野生动物的单位和个人，必须按照人工繁育证的规定进行人工繁育活动。<br>需要变更人工繁育种类的，应当按照本办法第十七条规定的程序申请变更手续。经批准后，由审批机关在人工繁育证上作变更登记 |
| | 处罚性条款 | 《中华人民共和国水生野生动物保护实施条例》第三十条规定：违反野生动物保护法规，未取得驯养繁殖许可证或者超越驯养繁殖许可证规定范围，驯养繁殖国家重点保护的水生野生动物的，由渔业行政主管部门没收违法所得，处3 000元以下的罚款，可以并处没收水生野生动物、吊销驯养繁殖许可证 |
| 处罚种类与幅度 | | 没收违法所得，处3 000元以下的罚款，可以并处没收水生野生动物、吊销驯养繁殖许可证 |
| 构成犯罪的刑事责任 | | 无 |
| 违法行为 | | 20. 以收容救护为名买卖野生动物及其制品 |
| 执法主体 | | 渔业行政主管部门 |
| 法律依据 | 禁止性条款 | 《中华人民共和国野生动物保护法》第十五条第三款规定：禁止以野生动物收容救护为名买卖野生动物及其制品 |
| | 处罚性条款 | 《中华人民共和国野生动物保护法》第四十四条规定：违反本法第十五条第三款规定，以收容救护为名买卖野生动物及其制品的，由县级以上人民政府野生动物保护主管部门没收野生动物及其制品、违法所得，并处野生动物及其制品价值2倍以上10倍以下的罚款，将有关违法信息记入社会诚信档案，向社会公布；构成犯罪的，依法追究刑事责任 |
| 处罚种类与幅度 | | 没收野生动物及其制品、违法所得，并处野生动物及其制品价值2倍以上10倍以下的罚款，将有关违法信息记入社会诚信档案，向社会公布；构成犯罪的，依法追究刑事责任 |
| 构成犯罪的刑事责任 | | 《最高人民法院 最高人民检察院关于办理破坏野生动物资源刑事案件适用法律若干问题的解释》第六条规定：非法猎捕、杀害国家重点保护的珍贵、濒危野生动物，或者非法收购、运输、出售国家重点保护的珍贵、濒危野生动物及其制品，价值2万元以上不满20万元的，应当依照《中华人民共和国刑法》第三百四十一条第一款的规定，以危害珍贵、濒危野生动物罪处5年以下有期徒刑或者拘役，并处罚金；价值20万元以上不满200万元的，应当认定为"情节严重"，处5年以上10年以下有期徒刑，并处罚金；价值200万元以上的，应当认定为"情节特别严重"，处10年以上有期徒刑，并处罚金或者没收财产 |
| 违法行为 | | 21. 未经批准、未取得或者未按照规定使用专用标识，或者未持有、未附有人工繁育许可证、批准文件的副本或者专用标识出售、购买、利用、运输、携带、寄递国家重点保护野生动物及其制品或者《中华人民共和国野生动物保护法》第二十八条第二款规定的不再列入国家重点保护野生动物名录的有关人工繁育技术成熟稳定野生动物的人工种群的野生动物及其制品 |

（续）

| 类别 | 捕捞管理类 | |
|---|---|---|
| 执法主体 | 渔业行政主管部门或者市场监督管理部门 | |
| 法律依据 | 禁止性条款 | 《中华人民共和国野生动物保护法》第二十七条规定：禁止出售、购买、利用国家重点保护野生动物及其制品。<br><br>因科学研究、人工繁育、公众展示展演、文物保护或者其他特殊情况，需要出售、购买、利用国家重点保护野生动物及其制品的，应当经省、自治区、直辖市人民政府野生动物保护主管部门批准，并按照规定取得和使用专用标识，保证可追溯，但国务院对批准机关另有规定的除外。<br><br>《中华人民共和国野生动物保护法》第二十八条规定：对人工繁育技术成熟稳定的国家重点保护野生动物，经科学论证，纳入国务院野生动物保护主管部门制定的《人工繁育国家重点保护野生动物名录》。对列入名录的野生动物及其制品，可以凭人工繁育许可证，按照省、自治区、直辖市人民政府野生动物保护主管部门核验的年度生产数量直接取得专用标识，凭专用标识出售和利用，保证可追溯。<br><br>对本法第十条规定的《国家重点保护野生动物名录》进行调整时，根据有关野外种群保护情况，可以对前款规定的有关人工繁育技术成熟稳定野生动物的人工种群，不再列入《国家重点保护野生动物名录》，实行与野外种群不同的管理措施，但应当依照本法第二十五条第二款和本条第一款的规定取得人工繁育许可证和专用标识。<br><br>《中华人民共和国野生动物保护法》第三十三条规定：运输、携带、寄递国家重点保护野生动物及其制品、本法第二十八条第二款规定的野生动物及其制品出县境的，应当持有或者附有本法第二十一条、第二十五条、第二十七条或者第二十八条规定的许可证、批准文件的副本或者专用标识，以及检疫证明 |
| | 处罚性条款 | 《中华人民共和国野生动物保护法》第四十八条规定：违反本法第二十七条第一款和第二款、第二十八条第一款、第三十三条第一款规定，未经批准、未取得或者未按照规定使用专用标识，或者未持有、未附有人工繁育许可证、批准文件的副本或者专用标识出售、购买、利用、运输、携带、寄递国家重点保护野生动物及其制品或者本法第二十八条第二款规定的野生动物及其制品的，由县级以上人民政府野生动物保护主管部门或者市场监督管理部门按照职责分工没收野生动物及其制品和违法所得，并处野生动物及其制品价值 2 倍以上 10 倍以下的罚款；情节严重的，吊销人工繁育许可证、撤销批准文件、收回专用标识；构成犯罪的，依法追究刑事责任 |
| 处罚种类与幅度 | 没收野生动物及其制品和违法所得，并处野生动物及其制品价值 2 倍以上 10 倍以下的罚款；情节严重的，吊销人工繁育许可证、撤销批准文件、收回专用标识；构成犯罪的，依法追究刑事责任 | |
| 构成犯罪的刑事责任 | 《中华人民共和国刑法》第三百四十一条规定，非法猎捕、杀害国家重点保护的珍贵、濒危野生动物的，或者非法收购、运输、出售国家重点保护的珍贵、濒危野生动物及其制品的，处五年以下有期徒刑或者拘役，并处罚金；情节严重的，处 5 年以上 10 年以下有期徒刑，并处罚金；情节特别严重的，处 10 年以上有期徒刑，并处罚金或者没收财产 | |

（续）

| 类别 | 捕捞管理类 | |
|---|---|---|
| 构成犯罪的刑事责任 | 《最高人民法院 最高人民检察院关于办理破坏野生动物资源刑事案件适用法律若干问题的解释》第六条规定：非法猎捕、杀害国家重点保护的珍贵、濒危野生动物，或者非法收购、运输、出售国家重点保护的珍贵、濒危野生动物及其制品，价值2万元以上不满20万元的，应当依照《中华人民共和国刑法》第三百四十一条第一款的规定，以危害珍贵、濒危野生动物罪处5年以下有期徒刑或者拘役，并处罚金；价值20万元以上不满200万元的，应当认定为"情节严重"，处5年以上10年以下有期徒刑，并处罚金；价值200万元以上的，应当认定为"情节特别严重"，处10年以上有期徒刑，并处罚金或者没收财产 | |
| 违法行为 | 22. 未持有合法来源证明出售、利用、运输非国家重点保护野生动物 | |
| 执法主体 | 渔业行政主管部门或者市场监督管理部门 | |
| 法律依据 | 禁止性条款 | 《中华人民共和国野生动物保护法》第二十七条第四款规定：出售、利用非国家重点保护野生动物的，应当提供狩猎、进出口等合法来源证明。<br>《中华人民共和国野生动物保护法》第三十三条第二款规定：运输非国家重点保护野生动物出县境的，应当持有狩猎、进出口等合法来源证明，以及检疫证明 |
| | 处罚性条款 | 《中华人民共和国野生动物保护法》第四十八条第二款规定：违反本法第二十七条第四款、第三十三条第二款规定，未持有合法来源证明出售、利用、运输非国家重点保护野生动物的，由县级以上地方人民政府野生动物保护主管部门或者市场监督管理部门按照职责分工没收野生动物，并处野生动物价值1倍以上5倍以下的罚款 |
| 处罚种类与幅度 | 没收野生动物，并处野生动物价值1倍以上5倍以下的罚款 | |
| 构成犯罪的刑事责任 | 无 | |
| 违法行为 | 23. 出售、运输、携带、寄递有关水生野生动物及其制品未持有或者未附有检疫证明 | |
| 执法主体 | 动物卫生监督机构 | |
| 法律依据 | 禁止性条款 | 《中华人民共和国野生动物保护法》第二十七条第五款规定：出售本条第二款（因科学研究、人工繁育、公众展示展演、文物保护或者其他特殊情况，需要出售、购买、利用国家重点保护野生动物及其制品的）、第四款（出售、利用非国家重点保护野生动物的）规定的野生动物的，还应当依法附有检疫证明。<br>《中华人民共和国野生动物保护法》第三十三条规定：运输、携带、寄递国家重点保护野生动物及其制品、本法第二十八条第二款规定的野生动物及其制品出县境的，应当持有或者附有本法第二十一条、第二十五条、第二十七条或者第二十八条规定的许可证、批准文件的副本或者专用标识，以及检疫证明。<br>运输非国家重点保护野生动物出县境的，应当持有狩猎、进出口等合法来源证明，以及检疫证明 |

（续）

| 类别 | | 捕捞管理类 |
|---|---|---|
| 法律依据 | 处罚性条款 | 《中华人民共和国野生动物保护法》第四十八条第三款规定：违反本法第二十七条第五款、第三十三条规定，出售、运输、携带、寄递有关野生动物及其制品未持有或者未附有检疫证明的，依照《中华人民共和国动物防疫法》的规定处罚。<br>《中华人民共和国动物防疫法》第一百条规定：违反本法规定，屠宰、经营、运输的动物未附有检疫证明，经营和运输的动物产品未附有检疫证明、检疫标志的，由县级以上地方人民政府农业农村主管部门责令改正，处同类检疫合格动物、动物产品货值金额1倍以下罚款；对货主以外的承运人处运输费用3倍以上5倍以下罚款，情节严重的，处5倍以上10倍以下罚款 |
| 处罚种类与幅度 | | 责令改正，处同类检疫合格动物、动物产品货值金额1倍以下罚款；对货主以外的承运人处运输费用3倍以上5倍以下罚款，情节严重的，处5倍以上10倍以下罚款 |
| 构成犯罪的刑事责任 | | 无 |
| 违法行为 | | 24. 外国人未经批准在中国境内对国家重点保护的水生野生动物进行科学考察、标本采集、拍摄电影、录像 |
| 执法主体 | | 渔业行政主管部门 |
| 法律依据 | 禁止性条款 | 《中华人民共和国野生动物保护法》第四十条规定：外国人在我国对国家重点保护野生动物进行野外考察或者在野外拍摄电影、录像，应当经省、自治区、直辖市人民政府野生动物保护主管部门或者其授权的单位批准，并遵守有关法律法规规定 |
| | 处罚性条款 | 《中华人民共和国水生野生动物保护实施条例》第三十一条规定：外国人未经批准在中国境内对国家重点保护的水生野生动物进行科学考察、标本采集、拍摄电影、录像的，由渔业行政主管部门没收考察、拍摄的资料以及所获标本，可以并处5万元以下的罚款 |
| 处罚种类与幅度 | | 没收考察、拍摄的资料以及所获标本，可以并处5万元以下的罚款 |
| 构成犯罪的刑事责任 | | 无 |
| 类别 | | 渔业水域生态环境保护及涉渔工程类 |
| 违法行为 | | 25. 在长江流域开放水域养殖、投放外来物种或者其他非本地物种种质资源 |
| 执法主体 | | 农业农村主管部门 |
| 法律依据 | 制度性条款 | 《中华人民共和国长江保护法》第四十二条第三款规定：禁止在长江流域开放水域养殖、投放外来物种或者其他非本地物种种质资源 |

（续）

| 类别 | | 捕捞管理类 |
|---|---|---|
| 法律依据 | 处罚性条款 | 《中华人民共和国长江保护法》第八十五条规定：违反本法规定，在长江流域开放水域养殖、投放外来物种或者其他非本地物种种质资源的，由县级以上人民政府农业农村主管部门责令限期捕回，处 10 万元以下罚款；造成严重后果的，处 10 万元以上 100 万元以下罚款；逾期不捕回的，由有关人民政府农业农村主管部门代为捕回或者采取降低负面影响的措施，所需费用由违法者承担 |
| 处罚种类与幅度 | | 责令限期捕回，处 10 万元以下罚款；造成严重后果的，处 10 万元以上 100 万元以下罚款；逾期不捕回的，由有关人民政府农业农村主管部门代为捕回或者采取降低负面影响的措施，所需费用由违法者承担 |
| 构成犯罪的刑事责任 | | 无 |
| 违法行为 | | 26. 企业事业单位造成渔业污染事故 |
| 执法主体 | | 渔业行政主管部门 |
| 法律依据 | 制度性条款 | 《中华人民共和国渔业法》第三十六条规定：各级人民政府应当采取措施，保护和改善渔业水域的生态环境，防治污染。<br>渔业水域生态环境的监督管理和渔业污染事故的调查处理，依照《中华人民共和国海洋环境保护法》和《中华人民共和国水污染防治法》的有关规定执行 |
| | 处罚性条款 | 《中华人民共和国水污染防治法》第九十四条规定：企业事业单位违反本法规定，造成水污染事故的，除依法承担赔偿责任外，由县级以上人民政府环境保护主管部门依照本条第二款的规定处以罚款，责令限期采取治理措施，消除污染；未按照要求采取治理措施或者不具备治理能力的，由环境保护主管部门指定有治理能力的单位代为治理，所需费用由违法者承担；对造成重大或者特大水污染事故的，还可以报经有批准权的人民政府批准，责令关闭；对直接负责的主管人员和其他直接责任人员可以处上一年度从本单位取得的收入 50％以下的罚款；有《中华人民共和国环境保护法》第六十三条规定的违法排放水污染物等行为之一，尚不构成犯罪的，由公安机关对直接负责的主管人员和其他直接责任人员处 10 d 以上 15 d 以下的拘留；情节较轻的，处 5 d 以上 10 d 以下的拘留。<br>对造成一般或者较大水污染事故的，按照水污染事故造成的直接损失的 20％计算罚款；对造成重大或者特大水污染事故的，按照水污染事故造成的直接损失的 30％计算罚款<br>造成渔业污染事故或者渔业船舶造成水污染事故的，由渔业主管部门进行处罚；其他船舶造成水污染事故的，由海事管理机构进行处罚 |
| 处罚种类与幅度 | | 对造成一般或者较大水污染事故的，按照水污染事故造成的直接损失的 20％计算罚款；对造成重大或者特大水污染事故的，按照水污染事故造成的直接损失的 30％计算罚款 |
| 构成犯罪的刑事责任 | | 无 |
| 违法行为 | | 27. 规划编制机关违反规定，组织环境影响评价时弄虚作假或者有失职行为，造成环境影响评价严重失实 |
| 执法主体 | | 规划编制机关的上级机关或者监察机关 |

（续）

| 类别 | | 捕捞管理类 |
|---|---|---|
| 法律依据 | 制度性条款 | 《中华人民共和国环境影响评价法》第七条规定：国务院有关部门、设区的市级以上地方人民政府及其有关部门，对其组织编制的土地利用的有关规划，区域、流域、海域的建设、开发利用规划，应当在规划编制过程中组织进行环境影响评价，编写该规划有关环境影响的篇章或者说明。<br><br>规划有关环境影响的篇章或者说明，应当对规划实施后可能造成的环境影响作出分析、预测和评估，提出预防或者减轻不良环境影响的对策和措施，作为规划草案的组成部分一并报送规划审批机关 |
| | 处罚性条款 | 《中华人民共和国环境影响评价法》第二十九条规定：规划编制机关违反本法规定，未组织环境影响评价，或者组织环境影响评价时弄虚作假或者有失职行为，造成环境影响评价严重失实的，对直接负责的主管人员和其他直接责任人员，由上级机关或者监察机关依法给予行政处分 |
| 处罚种类与幅度 | | 依法给予行政处分 |
| 构成犯罪的刑事责任 | | 无 |
| 违法行为 | | 28. 接受委托为建设项目环境影响评价提供技术服务的机构在环境影响评价工作中不负责任或者弄虚作假，致使环境影响评价文件存在严重质量问题 |
| 执法主体 | | 生态环境主管部门 |
| 法律依据 | 义务性条款 | 《中华人民共和国环境影响评价法》第二十条规定：建设单位应当对建设项目环境影响报告书、环境影响报告表的内容和结论负责，接受委托编制建设项目环境影响报告书、环境影响报告表的技术单位对其编制的建设项目环境影响报告书、环境影响报告表承担相应责任 |
| | 处罚性条款 | 《中华人民共和国环境影响评价法》第三十二条第二款规定：接受委托编制建设项目环境影响报告书、环境影响报告表的技术单位违反国家有关环境影响评价标准和技术规范等规定，致使其编制的建设项目环境影响报告书、环境影响报告表存在基础资料明显不实，内容存在重大缺陷、遗漏或者虚假，环境影响评价结论不正确或者不合理等严重质量问题的，由设区的市级以上人民政府生态环境主管部门对技术单位处所收费用3倍以上5倍以下的罚款；情节严重的，禁止从事环境影响报告书、环境影响报告表编制工作；有违法所得的，没收违法所得。<br><br>编制单位有本条第一款、第二款规定的违法行为的，编制主持人和主要编制人员5年内禁止从事环境影响报告书、环境影响报告表编制工作；构成犯罪的，依法追究刑事责任，并终身禁止从事环境影响报告书、环境影响报告表编制工作 |
| 处罚种类与幅度 | | 处所收费用3倍以上5倍以下的罚款；情节严重的，禁止从事环境影响报告书、环境影响报告表编制工作；有违法所得的，没收违法所得。<br><br>编制单位有本条第一款、第二款规定的违法行为的，编制主持人和主要编制人员5年内禁止从事环境影响报告书、环境影响报告表编制工作；构成犯罪的，依法追究刑事责任，并终身禁止从事环境影响报告书、环境影响报告表编制工作 |

（续）

| 类别 | 捕捞管理类 | |
|---|---|---|
| 构成犯罪的<br>刑事责任 | 略 | |
| 违法行为 | 29. 建设单位未依法报批建设项目环境影响评价文件的，或者应当重新报批而未报批或者报请重新审核环境影响评价文件，擅自开工建设 | |
| 执法主体 | 生态环境主管部门 | |
| 法律依据 | 制度性<br>条款 | 《中华人民共和国环境影响评价法》第二十二条第一款规定：建设项目的环境影响报告书、报告表，由建设单位按照国务院的规定报有审批权限的环境保护行政主管部门审批。<br>《中华人民共和国环境影响评价法》第二十四条规定：建设项目的环境影响评价文件经批准后，建设项目的性质、规模、地点、采用的生产工艺或者防治污染、防止生态破坏的措施发生重大变动的，建设单位应当重新报批建设项目的环境影响评价文件。<br>建设项目的环境影响评价文件自批准之日起超过 5 年，方决定该项目开工建设的，其环境影响评价文件应当报原审批部门重新审核；原审批部门应当自收到建设项目环境影响评价文件之日起 10 d 内，将审核意见书面通知建设单位。<br>《中华人民共和国环境影响评价法》第二十五条规定：建设项目的环境影响评价文件未依法经审批部门审查或者审查后未予批准的，建设单位不得开工建设 |
| | 处罚性<br>条款 | 《中华人民共和国环境影响评价法》第三十一条规定：建设单位未依法报批建设项目环境影响报告书、报告表，或者未依照本法第二十四条的规定重新报批或者报请重新审核环境影响报告书、报告表，擅自开工建设的，由县级以上生态环境主管部门责令停止建设，根据违法情节和危害后果，处建设项目总投资额 1% 以上 5% 以下的罚款，并可以责令恢复原状；对建设单位直接负责的主管人员和其他直接责任人员，依法给予行政处分。<br>建设项目环境影响报告书、报告表未经批准或者未经原审批部门重新审核同意，建设单位擅自开工建设的，依照前款的规定处罚、处分 |
| 处罚种类<br>与幅度 | 责令停止建设，根据违法情节和危害后果，处建设项目总投资额 1% 以上 5% 以下的罚款，并可以责令恢复原状；对建设单位直接负责的主管人员和其他直接责任人员，依法给予行政处分 | |
| 构成犯罪的<br>刑事责任 | 无 | |

## 附录六　农业农村部关于发布长江流域重点水域禁用渔具名录的通告①

落实习近平生态文明思想，加强长江水生生物资源保护，推进水域生态修复，依法严惩非法捕捞等危害水生生物资源和生态环境的各类违法犯罪行为，切实保障长江禁捕工作顺利实施，根据《中华人民共和国渔业法》《中华人民共和国长江保护法》等的规定，我部决定发布长江流域重点水域禁用渔具名录。现通告如下。

一、本通告所指长江流域重点水域范围包括《农业农村部关于长江流域重点水域禁捕范围和时间的通告》《农业农村部关于设立长江口禁捕管理区的通告》规定的禁捕水域范围，及各省（直辖市）依据上述通告确定的本辖区禁捕水域范围。

二、长江流域重点水域各省（直辖市）渔业行政主管部门，可在本通告禁用渔具名录的基础上，根据本地区水生生物资源保护和渔政执法监管工作实际，补充制定适合本地实际管理需要的禁用渔具名录并报我部备案。

三、因教学、科研等确需使用名录中禁用渔具进行捕捞，需按照有关要求组织专家进行充分论证，严格控制范围、规模、渔获物品种及数量，申请专项（特许）渔业捕捞许可证并明确上述内容。

四、本通告自 2021 年 12 月 1 日起施行。原《农业部关于长江干流禁止使用单船拖网等十四种渔具的通告（试行）》（农业部通告〔2017〕2 号）同时废止。

附件：长江流域重点水域禁用渔具名录

农业农村部

2021 年 10 月 11 日

### 长江流域重点水域禁用渔具名录

| 序号 | 渔具类别 | 序号 | 渔具名称 | 结构说明和作业方式（型和式） | 危害性说明 |
|---|---|---|---|---|---|
| 1 | 刺网 | （1） | 单片刺网（网目内径尺寸小于 60 mm） | 主体由单片网衣和上、下纲构成 | 捕捞强度大，对渔业资源破坏严重。阻挡鱼类洄游，影响河道通航。渔具丢弃、抛弃和遗失的数量多，容易造成"幽灵"捕捞 |
| | | （2） | 双重刺网 | 由两片网目尺寸不同的重合网衣和上、下纲构成 | |
| | | （3） | 三重及以上刺网 | 由两片大网目网衣中间夹一片或多片小网目网衣和上、下纲构成 | |

① 资料来源：农业农村部，2021. 农业农村部关于发布长江流域重点水域禁用渔具名录的通告［EB/OL］.（2021 - 12 - 21）. http://www.moa.gov.cn/nybgb/2021/202111/202112/t20211221_6385194.htm.

（续）

| 序号 | 渔具类别 | 序号 | 渔具名称 | 结构说明和作业方式（型和式） | 危害性说明 |
|------|----------|------|----------|------------------------------|------------|
| 1 | 刺网 | （4） | 框格刺网<br>（网目内径尺寸小于 60 mm） | 由被细绳分隔成若干框架的网衣和上、下纲构成 | 捕捞强度大，对渔业资源破坏严重。阻挡鱼类洄游，影响河道通航。渔具丢弃、抛弃和遗失的数量多，容易造成"幽灵"捕捞 |
| | | （5） | 无下纲刺网<br>（网目内径尺寸小于 60 mm） | 下缘部装纲索，由单片网衣和上纲构成 | |
| | | （6） | 混合刺网<br>（网目内径尺寸小于 60 mm） | 具有两种"型"以上性质的渔具 | |
| 2 | 围网 | （7） | 单船围网 | 用一艘渔船作业 | 捕捞强度大，对渔业资源影响大，尤其对幼鱼资源破坏严重 |
| | | （8） | 双船围网 | 用两艘渔船作业 | |
| | | （9） | 多船围网 | 用两艘以上的渔船作业 | |
| 3 | 拖网 | （10） | 单船拖网 | 用一艘渔船作业 | 对捕捞对象的选择性差，捕捞强度大，对渔业资源破坏严重。破坏底栖生态环境 |
| | | （11） | 双船拖网 | 用两艘渔船作业 | |
| | | （12） | 多船拖网 | 用两艘以上的渔船作业 | |
| 4 | 地拉网 | （13） | 船布地拉网<br>（网目内径尺寸小于 30 mm） | 用船布设在岸边水域中，在岸上作业 | 网目尺寸小，对捕捞对象的选择性差，对幼鱼资源破坏严重 |
| 5 | 张网 | （14） | 单片张网<br>（网目内径尺寸小于 50 mm） | 主体由单片网衣和上、下纲构成，用两门（个）以上的锚（桩）定置在水域中作业 | 网目尺寸小，对捕捞对象的选择性差，对幼鱼资源破坏严重 |
| | | （15） | 桁杆张网<br>（网目内径尺寸小于 50 mm） | 由桁杆或桁架和网身、网囊（兜）构成 | |
| | | （16） | 框架张网<br>（网目内径尺寸小于 50 mm） | 由框架、网身和网囊构成 | |
| | | （17） | 竖杆张网<br>（网目内径尺寸小于 50 mm） | 由竖杆、网身和网囊构成 | |
| | | （18） | 张纲张网<br>（网目内径尺寸小于 50 mm） | 由扩张网口的钢索和网身、网囊构成 | |
| | | （19） | 有翼单囊张网<br>（网目内径尺寸小于 50 mm） | 由网翼（袖）、网身和一个网囊构成 | |
| 6 | 敷网 | 20 | 拦河撑架敷网<br>（网目内径尺寸小于 30 mm） | 由支架或支持索和矩形网衣等构成，敷设在河道上作业 | 网目尺寸小，对捕捞对象的选择性差，对幼鱼资源破坏严重。横贯河道拦河作业，阻挡鱼类洄游，影响河道通航 |

（续）

| 序号 | 渔具类别 | 序号 | 渔具名称 | 结构说明和作业方式（型和式） | 危害性说明 |
|---|---|---|---|---|---|
| 6 | 敷网 | （21） | 船敷敷网<br>（网目内径尺寸小于 30 mm） | 由网衣组成簸箕状的网具，或由支架或支持索和矩形网衣等构成，将渔具敷设在船边水域中，在船上进行作业 | 网目尺寸小，对捕捞对象的选择性差，对幼鱼资源破坏严重 |
| 7 | 陷阱 | （22） | 插网陷阱 | 由带形网衣和插杆构成 | 对捕捞对象的选择性差，对渔业资源破坏严重。阻挡鱼类洄游，影响河道通航 |
| | | （23） | 建网陷阱 | 由网墙、网圈和取鱼部等构成 | |
| | | （24） | 箔筌陷阱 | 由箔帘（栅）和筌构成 | |
| 8 | 钓具 | （25） | 定置延绳真饵单钩钓具 | 具有真饵和单钩，为延绳结构，定置在水域中作业 | 渔具敷设范围广，捕捞强度相对较大 |
| | | （26） | 漂流延绳真饵单钩钓具 | 具有真饵和单钩，为延绳结构，随水流漂流作业 | |
| | | （27） | 拟饵复钩钓具<br>（钓钩数 7 个及以上） | 具有拟饵和复钩（为一轴多钩或由多枚单钩组合成的钓钩结构） | 捕捞强度大，钓获效率高，对渔业资源保护造成不利影响 |
| | | （28） | 真饵复钩钓具<br>（钓钩数 7 个及以上） | 具有真饵和复钩（为一轴多钩或由多枚单钩组合成的钓钩结构） | |
| 9 | 耙刺 | （29） | 拖曳齿耙耙刺 | 由耙架装齿、钩或另附容器构成，以拖曳方式作业 | 捕捞强度大，严重破坏底栖生物资源和底栖生态环境 |
| | | （30） | 拖曳泵吸耙刺 | 将捕捞对象以抽吸的方式经管道输送至船上，以拖曳方式作业 | |
| | | （31） | 定置延绳滚钩耙刺 | 由干线直接连接或干线上若干支线连接锐钩构成，为延绳结构，定置在水域中的方式作业 | 破坏渔业资源。对长江江豚等保护动物威胁较大，对渔业资源保护造成不利影响 |
| | | （32） | 钩刺耙刺<br>（仅限锚鱼、武斗竿） | 主动收竿使钩刺入捕捞对象的身体将其捕获，用钩或刺的方式作业 | 破坏渔业资源。对长江江豚等保护动物威胁大，对渔业资源保护造成不利影响 |
| | | （33） | 投射箭括耙刺 | 由绳索连接箭形尖刺或者带有倒刺的尖刺构成，以投射的方式作业 | 对长江江豚等保护动物威胁大。存在安全使用隐患 |
| | | （34） | 投射叉刺耙刺 | 由柄和叉构成，以投射的方式作业 | |

（续）

| 序号 | 渔具类别 | 序号 | 渔具名称 | 结构说明和作业方式（型和式） | 危害性说明 |
|---|---|---|---|---|---|
| 10 | 笼壶 | （35） | 定置（串联）倒须笼壶<br>（网目内径尺寸小于 30 mm） | 由若干规格相同的刚性框架和网衣构成，连成一体构成笼具，相邻框架间有倒须网口结构，定置于水中作业 | 网目尺寸小，对捕捞对象的选择性差，对幼鱼资源破坏严重 |
| | | （36） | 定置延绳倒须笼壶<br>（网目内径尺寸小于 30 mm） | 其入口有倒须装置的笼型渔具，为延绳结构，定置于水域中作业 | |

## 附录七　农业部关于长江干流实施捕捞准用渔具和过渡渔具最小网目尺寸制度的通告（试行）<sup>①</sup>

为全面贯彻中央关于推进生态文明建设的决策部署，进一步落实"长江大保护"的有关要求，加强内陆捕捞渔具管理，有效降低捕捞生产对渔业资源的不利影响，切实做好长江水生生物资源和生态环境保护工作，根据《中华人民共和国渔业法》《中国水生生物资源养护行动纲要》和《长江渔业资源管理规定》等法律法规章有关规定，我部决定在长江干流实施捕捞准用渔具和过渡渔具最小网目尺寸制度。现通告如下。

**一、实行时间和范围**

自 2017 年 7 月 1 日起，青海省曲麻莱县以下至长江河口（东经 122°）的长江干流江段全面实施捕捞准用渔具和过渡渔具最小网目尺寸标准制度（有关最小网具尺寸标准见附件 1 和附件 2）。

**二、渔具类别和标准调整**

（一）长江干流最小网目尺寸制度分为准用渔具和过渡渔具两个类别。准用渔具类别是国家允许在长江干流水域使用的捕捞渔具。过渡渔具类别是国家现阶段允许使用的捕捞渔具，在经过一定时期的实践检验后，根据渔业资源和生态环境保护的需要，今后再分别转为准用渔具或禁用渔具。

（二）各省（自治区、直辖市）渔业行政主管部门，可在本通告规定的最小网目尺寸标准基础上，根据本地区渔业资源保护和捕捞生产实际，制定更严格的本省（自治区、直辖市）捕捞渔具最小网目尺寸标准，对于重点保护的渔业资源品种及其可捕捞标准，以及其他保护渔业资源的措施，可由各省（自治区、直辖市）研究规定，并报农业部长江流域渔政监督管理办公室备案。

**三、最小网目测量方法**

根据 GB/T 6964—2010 规定，采用扁平楔形网目内径测量仪进行测量。测量网目长度时，网目应沿有结网的纵向或无结网的长轴方向充分拉直，每次逐目测量相邻 5 目的网目内径，取其最小值为该网片的网目内径。三重刺网测量最里层网的最小网目尺寸，双重刺网测量两层网中网眼更小的网的最小网目尺寸。各省（自治区、直辖市）渔业行政主管部门可采用科学简便的测量办法。

**四、有关要求**

（一）长江干流水域准用渔具与过渡渔具的所有者、使用者须在 2017 年 6 月 30 日前将小于最小网目尺寸的捕捞渔具及时调整与更换。自 2017 年 7 月 1 日起，全面禁止使用小于最小网目尺寸的渔具进行捕捞。

---

① 资料来源：农业部，2017. 农业部关于长江干流实施捕捞准用渔具和过渡渔具最小网目尺寸制度的通告（试行）[EB/OL]. （2017 - 01 - 22）. http://www.cjyzbgs.moa.gov.cn/zcjd/201904/t20190428_6220255.htm.

（二）长江干流各级渔业行政主管部门及其所属渔政渔港监督管理机构要对辖区水域内渔船携带和使用渔具的网目情况进行专项执法检查。对使用小于最小网目尺寸的渔具进行渔业捕捞的，依据《中华人民共和国渔业法》第三十八条予以处罚，并对使用小于最小网目尺寸渔具的渔船，视情全部或者部分扣除当年的渔业油价补助资金。对携带小于最小网目尺寸渔具的捕捞渔船，按使用小于最小网目尺寸渔具予以处罚。

（三）严禁在拖网等具有网囊的渔具内加装衬网，一经发现，按违反最小网目尺寸规定予以处罚。

（四）本通告自 2017 年 7 月 1 日起施行。

附件：1. 准用渔具最小网目（或网囊）尺寸标准

2. 过渡渔具最小网目（或网囊）尺寸标准

农业部

2017 年 1 月 18 日

**1. 准用渔具最小网目（或网囊）尺寸标准**

| 序号 | 渔具类别 | 渔具名称 | | 最小网目（或网囊）尺寸（mm） |
|---|---|---|---|---|
| 1 | 刺网类 | 定置刺网、包围刺网 | | 60 |
| | | 拖曳刺网 | | 100 |
| 2 | 围网类 | 单船围网、双船围网、多船围网 | | 30 |
| 3 | 钓具类 | 曳绳钓、垂钓钓、定置延绳钓、漂流延绳钓 | | |
| 4 | 耙刺类 | 投射耙刺、钩刺耙刺 | | |
| 5 | 杂渔具 | 掩罩 | 撑开掩罩、扣罩掩罩、罩夹掩罩、抛撒掩罩 | 30 |
| | | 地拉网 | 抛散地拉网、穿冰地拉网、船布地拉网 | 30 |
| | | 抄网 | 推移抄网 | 20 |

**2. 过渡渔具最小网目（或网囊）尺寸标准**

| 序号 | 渔具类别 | 渔具名称 | 最小网目（或网囊）尺寸（mm） | 备注 |
|---|---|---|---|---|
| 1 | 刺网类 | 漂流刺网 | 60 | |
| 2 | 张网类 | 除多桩有翼单囊张网和双锚框架张网外 | 50 | |
| | | 除多桩有翼单囊张网和双锚框架张网外 | 3 | 主捕种类为银鱼和鳗苗，仅在特定捕捞作业水域和时间内使用 |
| 3 | 耙刺类 | 除投射耙刺、钩刺耙刺、拖曳齿耙耙刺、定置延绳滚钩耙刺外 | | |
| 4 | 陷阱类 | 拦截建网陷阱、多锚建网陷阱、导陷建网陷阱、多锚插网陷阱、多锚箔筌陷阱 | 40 | |

（续）

| 序号 | 渔具类别 | 渔具名称 | | 最小网目（或网囊）尺寸（mm） | 备注 |
|------|----------|----------|------|------|------|
| 5 | 笼壶类 | 散布笼壶、定置延绳笼壶、漂流延绳笼壶 | | 30 | |
| 6 | 杂渔具 | 敷网 | 除拦河撑架敷网、岸敷箕状敷网、岸敷撑架敷网外 | 30 | 主捕银鱼的定置撑架敷网最小网目尺寸为20mm，仅在特定捕捞作业水域和时间内使用 |